刘乃忠　崔学森 主编

中国近代法制史料

戴　瑛　吴　迪 编

第二册

中华书局

目　录

大清宪法论

保廷梁　著

大藏实义论

　　整理者按：《大清宪法论》，全 1 册，作者为日本法政大学法学士保廷梁，宣统二年（1910 年）十一月初版发行，由东京秀光社印刷，中国各书坊寄售，版权页盖有上海模范书局的钤章。宣统三年三月该书再版发行，由东京公木社印刷，上海江左书林和模范书局发行。两版定价均为 2 元。封皮由吴壮以楷书题名并钤印。正文前有平陵吴壮序、太和张耀曾序和作者自序，三篇序均作于日本东京。正文前另有例言。全书共 5 篇，22 章。第一篇国权总论，第二篇国权主体，第三篇国权机关，第四篇国权作用，第五篇国权基础。

　　保廷梁（1874－1947），字树勋，号康一，回族，云南昆明人。1904年官费赴日留学，就读于日本法政大学速成科，毕业后入该校专法科和研究科，获法学学士学位。宣统元年（1909 年）学成归国，1911 年参加了清政府举办的最后一次留学生考试，得受法政科举人，但因清王朝覆灭，未受官职。辛亥革命爆发后，保廷梁积极投身革命，历任云南都督府法制局参事，会泽府和东川府府长，云南高等审判厅厅长、财政厅厅长和高等检察院院长等职。

　　保廷梁在《大清宪法论》中系统阐释了明治宪法学中一直悬而未决的统治权与主权关系的争论，且提出作为对内最高权的统治权和对外最高权的主权共同构成国权，进而提出国权"主体—基础"论。另外，保廷梁还在批判明治宪法制度设计之不足的基础上，针对中国的制宪、选举、自治等问题提出了富有见地的观点。

　　《大清宪法论》在清末有一定影响力。清政府指派李家驹、汪荣宝起草《钦定宪法草案》时，汪荣宝在日记中提及曾参考此书。此外，关于《大清宪法论》的研究，北京大学历史系尚小明在《两种宪法稿本质疑》一文中提及保廷梁和《大清宪法论》，翟海涛的博士论文《法政人与清末法制变革研究——以日本法政速成科为中心》里也提到保廷梁的名字。目前，关于《大清宪法论》的研究有山东大学马晓伟的硕士论文《保廷梁的议会学说述评》。崔学森对《大清宪法论》有所探讨（见崔学森《清廷制宪与明治日本》，中国社会科学出版社 2020 年）。吴迪从宪法学的角度对保廷梁的宪法论进行了分析（参见吴迪《近代中国宪法学的诞生和明治宪法学》，载庆应义塾大学《大学院法学研究科论文集》2020 年第 60 号）。

　　本书以宣统三年（1911）上海江左书林和模范书局发行的版本为底本。

大清宪法论序

自拳匪肆扰，国势益形阽危。朝廷锐意改革，派遣都人士就学于东邻。一时有识者亦稍稍悟。于是担簦负笈，接踵联翩。从事兵农实业及医学美术等科者，固亦实繁有徒，而独以肄习政法者为尤多。盖国与天地，必有与立，立国之道，端恃法制以维持之、活动之。倘法律纷糅、政治颓坠，其他纵极精良，而皮之不存，毛将安附？亦同归于尽而已。惟是研究政法，尚矣！何以自先朝下立宪之谕，改良法制，五稔于兹。近且咨议局成立于各省，资政院开幕于中央，形式规模，仅见宪法大纲之颁布，而朝野士夫，侈谈宪政者，若宪政公会及政闻社等，则不过时至势会，共表同情，具有热诚，鼓吹众听。问有能锤炉众说、独运匠心，抉法理之奥、通立宪之邮，以上应旁求下资参政者乎？即学界诸人，偶有所表见，又往往译述者居其半。而师说拘守，畸于一偏，编辑者居其半。而他国成规，只堪借镜，若器具然，求其适用于一端者有之，求其适用于全体者实鲜。且迩来强邻逼，潮流激，救国之声嚣嚣盈耳。有谓我国立宪，宜效法日本成规者，以其同洲同文，政教不甚相远也。有谓宜取美国为法者，以其土地广大、物产富饶，殊种杂居，三者皆略相同也。则又发言盈庭，谁敢执其咎。综是数者以观，求一确有见地，孤诣苦心，集其大成，通其原委，现完全之色相，足为吾国预备立宪时代之补助品者，盖已戛戛乎难之。余友保君廷梁，留东六载，法学精深，凡关于宪政之书，涉猎广博，夙有见于各国宪法，皆各本其国民之气质习惯，与其国土之形式位置，及其政治宗教以制定。而体裁亦因以不同。故美与法皆共和政体也，而宪法则异。英与德皆君主政体也，而宪法则亦异。即日本宪法，始虽以德国为模范，而究其内容，则又迥异。他如无论何国宪法，虽无不参照英国宪法而来，实则各呈现象，各具精神。互有短长、互形好恶，不过据为标本，要非泥其模型也。于是贯穿泰东西宪法学者数十家言，折衷定义，成大清宪法论一书，属叙于余。余取而读之，其主旨以君主为国权主体，可谓切中我国之情势者矣。夫宪政之要义，在定政府之组织、明大权之所在、示国民与政府之关系者也。而其总揽此定之明之示之之大权者，君主也。主旨既正，耳目斯赅。殆所谓建立一干，枝叶扶疏者非欤？至其网罗繁富、抉择精实、从违准诸法理，讵同喜素而非丹？去取酌乎国情，未尝胶柱而鼓瑟，犹其余事焉。吾国人士，持是编也以往，本研精之结果，供参考之所需。屠牛坦一朝解十二牛，吾知其奏刀骗然矣。宪政前途，裨益匪鲜。因为序而归之。盖感余友所学之能济世用，而非以其相好之私也。

宣统二年秋重九日

平陵吴壮

叙于日本东京丰多摩郡村居之草庐

序

　　盖闻民生以群，群立于法，法明于知。何也？群之为义，相依交养，相依交养之道，固有精粗，而有其事者，不能无其道。道即法也。诗曰：天生蒸民，有物有则。言群与法之生，初无先后之序，法也者，群之不可须臾离也，可离非群矣。顾群知有疏密偏全之殊，斯群法生隐显明浍之异，而群治乃呈隆污荣悴之观。盖法之成立，起于群行一致，行之者一。而所以行之者，群各有异。或冥然行之而不自知，或知而行之莫喻其故，或信而行之得其所安。要其所异，恒视群心知法之度为准，冥然行之，偶合而已。偶则陵躐无度，出入不一。有法等于无法。徽章之群、血统之群，无秩而易溃，盖以此也。知而行之，行之者较有据矣。顾知其然而不知其必然，知未尽理，行非所安，故易为感情所摇，而守法难固。百年以往，欧洲专制之国，公法亦稍发达。然上有虐民之政，下多行险之心，上下交否者，法苟理未尽，群知法未深。恒至蔑理恃力败坏法治故也。若夫群治大进、法理普明，全群之心理纯为一法治之心理，集而为法，法之所矩，即心之所欲，安而行之、信而不疑，上下四旁，悉以理为依归，即悉为法所弥纶。群已调和，永无侵越，此则法治之极则、群治之究竟矣。求之今日，殆未易睹，若英吉利者，或庶几焉。故缮群首贵明法，明法端在启知。我国自明诏立宪，朝野上下，竞言预备。宪政编查馆且有宪法大纲之草，所以预示宪治旨归，意至善也。惟法者，非纲目条款之谓，而意思经界之谓。意立法成，无待典章。苟法理未明于国内，法意非源于群心，则宪法之精神不立。虽有皇皇大典，将终于渊渊天浩之美名，其何以行之哉？保君树勋，学法于东有年，卒业将归，出所著大清宪法论索序。受而读之，盖推演法理以诏我国人者也。近年东邦论宪之书华译者不尠，惟国情攸殊、义各有当，足资借镜，难作准绳。其能深察中国之情势、博稽名家之学说，折衷至当、独出心裁者，前乎此著，盖未有闻。吾知启说法之先声，辟明法之捷径，阐明宪意、造就宪民。下以培国人自治之基，上以辅圣代宪政之美，必此书也。厥功顾不伟哉！不辞谫陋，为赘管见，质之海内法士以为何如。

宣统二年秋八月
太和张耀曾序
于日本东京帝国大学

大清宪法论自叙

　　泰西学者有曰：法以研究而愈精，理以研究而愈明。予之研究宪法也，区区之意，窃为此耳。虽然法之为义深矣，有竭毕世精神以赴之，而犹以为未得者，况以最短之岁月乎？以最短之岁月而研究渊渊之学理，古所谓望孔子之门墙而未入于其宫者，又焉足以知是且非耶？然而既研究矣，亦既成篇矣，是耶非耶，姑听诸外界之批评，予何敢知之曰，予之所言者皆以为是而无有非之者矣。夫予之游学于日本也，星霜七易矣。所读之律书亦多矣，顾其始也，讲师之所是者亦是之，讲师之所非者亦非之，初未尝有酌量之见解也。既而以同一之学科，参以二家之论著，则或非或是，互不相谋，于是始稍稍疑虑，若有不释然者，然而犹未知其所以也，亦仍是其所是，非其所非而已矣。如是者久之，然后知法之条款有定者也，法之解释无定者也，以无定而待有定，故浩乎其无涯涘也，活乎其无拘束也。虽然若此者，其有得于心乎？其未得于心也！

何也？法之理未充也。理未充而漫曰此是也彼非也，则人将群笑而共讥之也。然则如之何而后可，曰求在我者也。是非研究不为功，然而研究非易易也。言法之书汗牛充栋，以主义之不同也而理论各殊，以组织之不同也而详略互异，以宗派之不同也而各守绳墨，以识见之不同也而自由弃取。或详于法理而略于事实，或合于事实而悖于法理，或注重解释而全无议论，或专事辩驳而失其旨归。又或引征学说刺刺不休，又或新义独标洋洋自得，光怪陆离、杂陈几案。愈读而愈迷，愈迷而愈惑，如入五里雾中而不知其东西也，如游汪洋大海而不知其底止也。由是掩卷而思之，平心而察之，一旦憬然曰：法者，一国之私也；理者，世界之公也。中无主宰，勿怪乎被其束缚之、驰骤之，而不知所适从也。盖亦自立主旨以为研究之标准乎？虽然抑又有难焉者，研究非徒自觉也，必见诸文也，文之不通，研究之丑。自吾从学于东，文之不讲久矣，乃今为之，则不汉不和不今不古，佶倔聱牙，满纸涂鸦。呜呼！新者方进而未熟也，旧者已退而且远矣。欲其振笔直书，而使其言之短长与声之高下，投之所向，无不如意。此诚不易之业也，然而尤不止此也。先儒韩昌黎曰：根之茂者其实遂，膏之沃者其光晔，仁义之人其言蔼如也。此明学道立言之旨也。而学法者，亦何独不然。道其体也，法其用也，舍仁义而言道，固知其不可。无仁义之心而言法，则流于酷戾狼狼，未有不毒及天下者也。然则学法者，乌可置吾古圣先贤之经书于无足重轻之地哉！诚能先此而玩味之，则经明而根自茂，书熟而膏自沃。由是以之立法也，法必善。以之司法也，法必公。以之研究法学，而笔之于书也，则引经证史、出入百家，体用俱完而华实兼美矣。呜呼！吾自束发受书，十余年呀唔占毕，所谓经书者，虽未能遽窥其藩，而私淑亦有与闻矣。迨学法于日，遂决然舍去，亦未知其可贵也，孰料今知之，而欲用之，已如风马牛之不相及也乎。呜呼！根之不茂，而欲其实遂，膏之不沃，而求其光晔，是犹缘木而求鱼也，庸足取哉。虽然，往者不可追矣，勉而致之，或可俟诸异日，而兹之所研究者，无所谓文也，亦无与于经书也。聊以明夫理之所宜而已。理者非空虚无实之谓，必有物有则焉，驯是以求之，汇群说以观之，而又加之以衡平，出之以判断，其有合者是之，其不合者非之，惧其隘而不广也。征之历史以导其源，验之事实以昭其信，涉之政治以肆其端，惧其泛而不切也，察其国情以应其所需，揭其条文以证其所自，又惧其阙而不完也，为之采择名言以补之，惧其混而莫辨也。为之比较得失以别之，言必尽意，意必尽言，书既成，名曰：大清宪法论。同人劝其付梓，初未敢应，既自忖曰：予之研究是书也，非自以为足也，盖将以启吾研究法学之端也，予之付印也，非出而问诸世也，将为抛砖引玉之计，以望吾同学之雄于文，而深于经书者，兴起而从事于斯，勿徒鳃鳃于移译为也。且望吾后之欲从学于法政者，必先熟读经书，通于文艺，以造就法界之全才也。予之用心如此，凡阅是书者，尚其谅之。

宣统二年秋八月
云南昆明保廷梁
自叙于日本东京旅次

例言

一、本书为著者专攻国法学之一，因按切中国情形，仰体奏订宪法纲要及新颁法令，并旁征列国宪法及东西有名诸家论著，参互折衷，研究而成。故名曰大清宪法论。

一、东西君主立宪国宪法学说原有三派：一曰君主机关说（又曰机关说），一曰君主统治权主体说（又曰统治权说），一曰君主主权主体说（又曰主权说）。著者因研究之结果殊觉于意未浃，乃独创一说以为本书主旨，即君主国权主体说（又曰国权说）是也。本书主旨既未沿袭陈套，故立论自与他本多有未合，幸阅者察之。

一、本书虽以推阐法理为主，而亦往往涉及政论，征引事实，盖欲详尽其旨、期无疑义，至于宪法之精神，则未敢忽也。

一、本书虽以论名，而实仿照讲义体裁，故具体的事由，一若与日本宪法讲义无甚大差，而抽象的论断，则迥然各异也。

一、著者留学多年，日事于外语文，其于汉学，未免荒疏，故本书文字但求说明其理，殊欠凝练修饰，海内硕学幸匡正之。

著者识

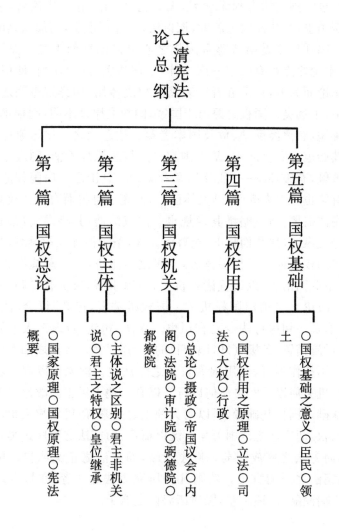

大清宪法论总纲

第一篇　国权总论　　○国家原理○国权原理○宪法概要

第二篇　国权主体　　○主体说之区别○君主非机关说○君主之特权○皇位继承

第三篇　国权机关　　○总论○摄政○帝国议会○内阁○法院○审计院○弼德院○都察院

第四篇　国权作用　　○国权作用之原理○立法○司法○大权○行政

第五篇　国权基础　　○国权基础之意义○臣民○领土

绪论

　　建国于大地，纪年于历史，外示独立以重于邦交，内成统一以趋于群治，而气势蓬勃，足以永维生存者，无他焉，以有国权而已矣。国权者,主权与统治权之全体也。予之论大清宪法也,实本此意以立言。何也? 国无权力则无立宪,无立宪,斯无宪法。宪法者,表示国权之纲领也,宪法而以论著者,探讨法理,详征事实,而加以判断之说明也。呜呼! 览是篇者尊重国权之心可以油然而生矣。夫国权虽一,而本论之点则有二。一曰主体,二曰机关,三曰作用,四曰基础,并合总论而为五,具是五者以表著国权之体用,而详解宪法之精神。虽不中,不远矣。国权之源出于国家,国权之原理不明,则根本错误。要素舛违,有离经反常、危及国本者矣。故总论之一曰国家原理,所以明其始也。立宪之本,基于国权。国权之原理不清,则政令分歧、互相抵触,有破坏统一、乱及邦家者矣。故总论之二曰国权原理,所以明有绪也。二者既明,则大体已立,而宪法可得而言矣。故总论之三曰宪法概要,所以略举其通规也。国权浩浩,其将谁属,必有主体焉。操之纵之,居高而临下,至尊而无极,圣子神孙承承继继,故论之二篇曰国权主体。国权主体者,一国之君主也,君主总揽国权,端居九重,不劳而治者,以设置诸种机关,授以事事,故责有专归,而政务毕举。故论之三篇曰国权机关。国权机关者,摄政、议会、法院、内阁、政府及一切执行法令之官司也。立法、司法、行政三大纲要权限攸分,设施措置,各极其妙,国家目的,于斯以达。故论之四篇曰国权作用。国权作用者,运用国家权力之方法也。国家何以存? 君主何以尊? 机关何以设? 法命何以行? 以有土地人民也。故论之五篇曰国权基础。国权基础者,所以明夫领土之关系、臣民之权义也。要之统以国权,而宪法之范围著矣。区以篇章,而宪法之秩序定矣。旁征远引,而宪法之鉴戒昭矣。折衷论断,而宪法之正义明矣。按切国情,而宪法之适用宜矣。然则凡为研究宪法之学者,亦将有取于斯乎! 不揣固陋,陈述于左,以质诸海内之君子。

第一篇　国权总论[①]

第一章　国家原理

第一节　国家成立及国权起源

客问曰：茫茫大地，有人民焉以居乎其上，而相养以生，相守以死。如是者，谓之国家乎？曰未也！有神圣英武者起，统一其人民，略定其土地，割境分疆，设官立法。相争也，为之裁判以平之。相夺也，为之甲兵以守之。患生而有以防，害至而有以备，如是者谓之国家乎？曰唯唯。虽然客知夫国家成立之形质矣，而犹未知夫国家成立之精神也。精神为何？曰有物焉，无形无体，弗闻弗见，苟非此则人民不能以统一，土地不能以略定，境不能划、疆不能分、官不能设、法不能立、相争也不能为之裁判、相夺也不能为之甲兵。且患生害至，而不能为之防备，所谓神圣英武者，亦与木强之人等耳，国家安在哉！客曰：噫！我知之矣。子所谓国家成立之精神者，岂非权力也耶！曰：然矣！客亦知夫权力之真义欤？以自己之知觉、运动，能衡量于物而左右之者，个人权力也。结个人之知觉、运动以同谋利益，而得左右其所属者，公司权力也。集天下众人之知觉、运动以衡量天下之物，以经纶天下之事，而内以镇邦家，外以御强敌者，国家权力也。盖自天降生民莫不与之以生存、竞争之权矣，而其运用或有不齐，故外之不足以驱虫蛇恶物，而处其中土。内之不足以保秩序安宁，而奠厥攸居。圣人有忧之。然后以个人之权力连络众生之权力，复以众生之权力结成一公共之权力，而为圣人者，乃君主乎！其上而总揽之，而操纵之，人民不可不统一也。则以公共之权力统一之，土地不可不略定也。则以公共之权力略定之、推之、划境分疆、设官立法、施于裁判、练于甲兵，无一而非行使公共权力者，又况

乎排其难以宁其宇,兴其利以遂其生哉。此世界所以有国家也。此国家所以成立也。客又曰:信如斯言! 是众人之权力,既集中于君主,而为君主总揽之矣。然则人民将不得为有权力者乎? 曰:恶! 是何言也。客以权力视为有体物耶? 则误而已矣。假命权力为有体物也,一既奉之君主以成立国家,则云亡也宜矣。抑知非也。客不会以国家成立之权力谓为精神者乎? 精神者,知觉运动也。人人有知觉运动,即人人有权力。权力也,精神也,知觉运动也。言虽不同,其实一也。所谓权力集中于君主者,明夫人人之精神,皆与君主之精神相贯通,而君主之精神,复能使人人之精神相敬畏。易言之,即人人之知觉,皆有君主。人人之运动,皆为君主。惟人人知觉有君主故,君主之命之也莫敢不遵。惟人人运动为君主故,君主之使之也莫敢不力。然则君主之命之使之,而人人莫敢不尊不力者,岂非权力关系耶! 抑岂非精神上事耶! 是可知人之于精神也,生生不已,用用不穷。一方面虽对于君主而知觉之而运动之,一方面尤能为自己之生活存在以为其知觉、以为其运动。是以权力之集中于君主,以听诺君主之自由操纵。而成立国家者,谓之公权。为自己之生活存在以自由知觉、自由运动者,谓之私权。公权属于国家,故又曰国权。私权属于人民,故又曰民权。以是而言,则公私之辨严矣。又何疑于人民之不得为有权力者耶! 盖盍反其本矣。

第二节　国家观念之学说

国家思想,每随学说以为转移。据欧书所载,则导源于罗马,渐浸于欧洲。至于中世,学理昌明,于是有契约之说焉。契约说者,谓国家原始于人民之自由契约。霍布士据此以提倡君权,卢梭氏据此以提倡民权。而十八世纪之交,遂风靡一世而不可抑遏。于是性理学派之机械制作说又出焉。机械制作说者谓国家依人类之自由意志而成,如机械的制作物非自然发生者也。是说虽占一时势力,迨有机体说出,遂如摧枯拉朽而无余地之可容矣。有机体说者谓国家乃自然生长发达,非人之意志所得而制作而破坏者。又云,国家具有物质的要素与精神的魄力,且于其全体之各部各有机关之能力作用以资生活。是说一倡,和者四起,十九世纪以来遂为国家思想之根本,而牢不可破矣。虽然,更有分子说出焉,大分二派,耸动全欧,至于今日犹有道者。其一派曰国家即人民土地说,其二派曰国家即君主说。主张国家即人民土地说之最力者,德国查蝶尔也,谓土地人民相合而成国,统治此土地人民之君主者,立乎土地人民之上,而超乎国家以外。主张国家即君主说之最力者,亦德国之波龙哈克也,谓土地人民为君主统治之目的物,君主自为统治权之主体者,故君主即国家也。之二说貌虽异,而实则同。反复推察,其谬皆有不可掩者。夫大匠之为宫室也,合土木与铁石之属而后成。苟仅以铁石而曰宫,或仅以土木而曰室,其不贻笑于匠人也几希矣。国家亦然,合土地人民与国权主体,夫而后名之为国。苟单指君主为国家,或单指国家即土地人民,是仅知其一部而未察其全体,于是而欲得国家之真相也不亦难哉。且君主非立于国家以外也,土地、人民亦非君主之目的物也,信如查氏说,是直以君主国家分离而独立推其结果,必致君民交争、敌视决裂,而无可救药者。信如波氏说,是直以土地人民为禽为兽,而为君主之私有财产。如欧洲封建时代之诸侯王售土地于他人时必以人民附随之者。呜乎!若二氏之说者,例以近世国家观念,可谓无足挂齿者矣。乃观日本法学泰斗如清水澄辈,犹复祖述波氏而创统治权主体客体之说以解释日本宪法,窥其用意,必以为有合于君主立宪国之国家观念者。而不知以君主为统治权之主体,不过仅得国权之半面,尚未得国权之全体也。且以君主为主体,以土地人民为客体,是直分国家为并立之主客二部于不自觉也。噫!一国家也,一国家之要素也,而分为主客划为两体,如此观念,如此法理,尚执以当夫现代思潮,有不令人唾弃者,吾未之信也。

如上诸说,不知几经学人之推究,数费文士之苦心,而相攻相击,相正相规,遂由世风之丕变,演出一伟大势力之人格说,以灌输于人脑。此又国家思想进步之一大新纪元也。试引申其义如次。人格有二种,一曰单纯人格,一曰合成人格。单纯人格者何?指自然人而言也。合成人格者何?指国家而言也。单纯人格指自然人固无容疑,而国家为合成人格之理由有不能不详解者。夫自然人各有自由意力,各为利己活动则冲突散乱,日无宁晷,于是自然人中之聪明睿智者乃合众人之自由意力以构成一己之自由意力,复发展一己之自由意力以统一众人之自由意力,二者和合、相维相系,于是冲突散乱之自然人而组成一共同利害之大团体者,即国家也。国家既以单纯人格组织而成,则其间自具一种精神力以为无形之活动,而权利义务亦与自然人有同一之要点。故曰国家者,合成人格也。是说也,源出于希腊古籍,发明于德国亚尔普希,推演于英、墺、意、普诸学者,又日本笕克彦、美浓部达吉等亦主张之,而骎骎乎有横流世界而莫能禁止之势矣。原来国家人格云者,有痛痒相关之精神,寓忠君爱国之深意,苟奖之掖之,因其势而利导之,则是说之风潮将转瞬而入于我国以启发吾民之国家思想者可勿疑也。

第二章　国权原理

第一节　概论

国权有二义:一曰本体,一曰效用。本体唯一而不可分,分则离,离则散,散则乱,乱则国家于是乎壤,民命亦与之而俱危。效用有二而不可淆,淆则混,混则迷,迷则误,误则法理于是乎谬,事为亦与之而颠倒。是故欲国家之安全者,不能不一其国权本体,欲政法之秩序者,不能不二其国权效用。本体立,则万机有绪,而天下无不集之权力。效用著,则表里咸宜,而天下无不明之学理。前者由于国家之公共上着眼,故又曰公共权力,后者从对内对外之最高处观察,故又曰最高权力。公共云者,表示国权本体之旨也。最高云者,表示国权效用之极也。有本体而后效用生,有效用而后本体存。一而二也,二而一也。知乎此方可以言国权原理。

国无大小强弱,其国权之本体原无差别相。惟单一国与联合国,各其国权之效用,有不能不说明者。单一国之最高权得以独立自由,虽有时被屈抑于列强,而犹不失其为国家,不过曰无对外之自由活动而已矣。而联合国家由诸联合国联合而成,诸联合国之最高权初与单一国原无二致,迨联合而后,则诸联合国各以对外之最高权共同组成一最大之机关,即曰联合国家。然则联合国家之所藉以成立者,以集合诸联合国之最高权故也。至于诸联合国对内之最高权,则仍无恙也。以是观之,则诸联合国较单一国对外最高权之受抑制于他国者,自不可同年而语。何则?诸联合国之对外最高权乃各出于其本意,以组成一联合国家者,且联合国家之最高权,非诸联合国中之一国所得而私,而诸联合国之所共有也。是故联合国家对外之最高权,谓之诸联合国各其本体之对外最高权也,固宜。联合国家对外之活动,谓之诸联合国各其本体对外之活动也,亦无不宜。虽然诸联合国之对外最高权较单一国之受抑制者,其不同如此。然则单一国之对外最高权自受抑制以后,将永久瑟缩而无伸张之一日乎？是又不然。夫国权之本体尚在，国家犹存，其受抑制也殆一时强弱之差有以致之耳。苟发奋为雄，改弱为强，一旦脱其羁绊，跃然以出，则其对外最高权之伸张，有不与列强齐驱并驾者，决无是理也。

第二节　主权与统治权

主权云者，有独立对外之意义，即对外最高权也。统治权云者，有包举支配之意义，即对内最高权也。对外最高权与对内最高权非相对之二物，亦非由一物而分割为二者。乃共属一国权本体，而有内外之效用耳。学者不察，每以主权及统治权混为一事，对外曰主权，对内亦曰主权，对内曰统治权，对外亦曰统治权。纷然错杂，莫衷于一，使阅者惝恍迷离，无所适从。此非徒解释未合，抑亦根本上之错误使然也。是乌可以不辨。

所谓主者，别乎客而言也。所谓主权者，明其国有主宰以操纵其权力也，非此外立于客观地位者所得而干涉也。譬以甲国视乙丙，则乙丙两国为客，而甲为主权者。以乙国视丙甲，则丙甲两国为客，而乙为主权者。推之于丙，亦莫不然。又易而言之，两相对立，我反观诸我，则我主而他客。他反观诸他，则他主而我客。各主其主，各权其权，两不相侵，互相尊重。于是乎主权之名词遂成国际交涉上不可少之熟语。然则主权云者，乃对于平等之国表示独立而言也，故曰主权者，非对于内而对于外之最高权。统治权则反是。统者，包举所属之谓也，治者，命令禁止之谓也。统治权云者，谓所属于其国之臣民、领土皆立于同一国权之下而服从其命令禁止也。夫然，是国家与臣民立于统治与受统治之不对等之地位，较之独立国与独立国各有主权立于对等之地位者，自有区别。然则国家与臣民之关系不可云主权，而国与国之关系，不可云统治，已彰彰明矣！故曰：统治权者，非对于外而对于内之最高权也。

虽然，是说也，非徒理论而已。盇〔盖〕征诸历史，在昔欧洲诸国，久被罗马神圣帝国及基督教会之抑制，至于中世，人智日辟，始觉国家权力被他国抑制之不可，于是乎欲脱却其抑制而主权之论始萌芽，至十六世纪，罗马内乱，威权减缩，基督教会亦至服从于国王权力之下。由是列国乘机而起，遂脱罗马羁绊而号称独立，此欧洲主权伸张之一大关键也。然而外国之羁绊虽脱，国中之封建诸侯及自由市府之权力犹与国王相对抗，于是法兰西有波丹氏者出，袭主权说之余威，作抑制诸侯之计划，乃倡主权在国王而不在诸侯之议，岂知诸侯乃国内之自治团体，立于国家统治权之下而受其监督者，有自治权而非主权也。虽诸侯跋扈，诸多僭妄，谓之违犯国家统治权可耳，乃计不出此。故未几遂有倡国民主权说者出而与之相抗，迨卢梭氏起，更推演其义以鼓吹之。由是两派之竞争轧轹，益无终日之势，而法兰西革命之风潮起矣。呜乎！学说之足以左右社会也如此，可不慎欤！虽然，君主主权说与国民主权说者，不过历史上过去之一事实耳，惟其说明主权之意义，如波丹氏者，谓国家之立法权、宣战讲和权、官吏任命权、最高裁判权、特赦权、租税征收权等，皆属于主权之范围，此等观念与统治权两相混同、毫无区别。至十九世纪德国之国法学大家亚耳普西及格耳巴氏等，始力驳其谬，由是主权及统治权之意义乃判然而各别。

主权与统治权之观念既不可混同如此，然而学者之解释又有谓主权与统治权同具万能性，无论对外对内，皆有绝对无制限之权力者。噫！是说也仅得其偏而未得其全，是亦不足以解释国权之性质也。夫无制限权力云者，非自己之权力毫无制限，乃谓自己之权力不受他国权力所制限是也。换言之，即他国之权力不制限我国之权力，则我国之权力乃为绝对无人制限之权力。如曰我国之权力绝对无制限，不问何事，皆得为所欲为，谬矣。何则？我国之权力不受他国之权力制限者，不受他国法律上之制限云耳，然而亦有例外焉。苟他国法律上之制限乃出于我国本意而承认之者，亦自无妨。非然者是事实上之制限也，而法理何足以知之哉。然则制限权力云者，果何如乎？曰其对外也如受国际公法之拘束，是其对内也如受国法之拘束，是近世文明各国互以独立主权，组织国际团体、规定国际规约，凡在斯会，共同遵守，由是即受国际公法之拘束也。国家以自己之权力制定诸种法规，一方面制限臣民之行为，一方面制限国权之活动，是即受国法之拘束也。虽然，国际公法究非立于主权以上而特有命令国家服从之能力也，而国法亦非大于统治权而特有拘束国家权力之性质也，顾其所以被其拘束者，以国权本体之任意承诺与任意制定而已。何也？国际公法者，以各主权所规定之法律也，主权自规定之，主权自承认之，自遵守之，非被他人之胁迫而任意之行为也。反之，国法亦何独不然。其制定也，出于统治权之任意，其拘束也，亦出于统治权之任意。然则主权与统治权之意义，可不深长思之也哉。

第三节　权力之区别

国家最高权力本一体,而有两面之效用者,其对于外则曰主权,其对于内则曰统治权,亦既述之于前矣。虽然,权力云者,非国家专有之名词,而一般通用之文字也。故在于公曰公之权力,在于私曰私之权力。且于人有人之权力,于团体于组合有团体与组合之权力。推之,凡得以自己之力而束缚他人之意志者,莫不得谓之曰权力。独是称权力之范围,虽不限于一物一事,而总括以分其类,得一言以蔽之,曰国家权力与非国家权力而已。国家权力者,国家所专有之权力也,非国家权力者,国家以外凡一切之权力者皆是也。比较论列如左:

(一)国家权力者,国家固有之权力也。而非国家权力,则受国家之委任而得,或为国家之承认而有,原非其所固有也。夫国家权力既为国家所固有,则国家之行使其权力也,除自制限外无有能抵抗之者。而非国家权力则不然,其受之于国家委任者,如地方自治团体之权力是也,其为国家所承认者如财团法人、社团法人与各商事组合会社等之权力是也,此等权力国家能委任之,亦可收回之,能承认之,亦可取消之。何以故? 以其非固有权力而由授受而来故。要之,国家权力与国家同其运命,国存斯存,国灭斯灭。而非国家权力,则或得或失,原无标准,故与本体无存亡之密接关系也。

(二)国家权力得为强制命令,而非国家权力则不然。例如会社之于社员、学校之于生徒、工场之于徒弟。对于其违反自定法则者,虽得为惩戒之命令,然其惩戒不过私法关系,而究非能强制其服从者。既不能强制其服从,则无论何时,社员得退脱其会社、生徒得退脱其学校、徒弟得退脱其工场,而为会社、学校、工场者,且不能反其社员、生徒、徒弟之意志以抑留而不许退脱,此必然之效也。若夫国家权力,则大异于是。其对于臣民之违反法规者不独能强制服从其命令,且不准退脱国家之关系,故列国法制虽通常许其臣民入籍于他国,然究非漫无制限,不过于一定条件之下许之而已。且许其出籍与否,全属国家之任意,苟不许而抑留之,臣民亦无如之何。即虽许之,若臣民对于国家尚应负担义务者,则非履行义务后不能遽脱服从关系。例如未终兵役义务与犯罪而应处罚者,苟非兵役义务与刑罚执行告竣后不能从所欲也。

（三）得以自己之法律而规定自己之组织者，国家权力也。非依国家之法律不能组织其自身者，非国家权力也。例如地方团体之自治权力，非国家权力也，而地方团体之所以为地方团体者，其构成组织究非自己之自治权力所能及也。不观夫日本之府县郡市町村乎？虽得以自治权力定条例以资循守，而所谓府县郡制市町村制者，必出于国家权力之制定，夫而后府者吾乃知其为府，县者吾乃知其为县，郡者吾乃知其为郡，市町村者吾乃知其为市町村。且府县郡市町村之自治团体乃于是乎构成。又不观夫英吉利之于加奈大、濠太利亚乎？虽以最广漠之权力听其自治，然加奈大之所以为加奈大，濠太利亚之所以为濠太利亚，其构成之法规究非出于加奈大与濠太利亚，而英国国家权力之所制定也。反之，国家自己之组织则不然。夫国家之权力者，原始的权力也，国家之生存者，原始的生存也。以自己原始的权力定自己组织的法规，非有待于外也。以自己原始的生存，图自身绵远的发展，非可委其责也。推斯意也，不独单一国惟然，即联合国内之诸邦与合众国国内之各州，凡以自己之意志定自己之法律、成自己之组织者，要皆称为国家，要皆基于国家之权力。

以是而论，国家权力与非国家权力，其分别也如此，其严，固不必复有所疑也。虽然此特就近世之国家而言，非所论于中世也。其在欧洲中世，凡国中一切组合团体之权力与国家权力之相混者，不乏其例。其间最大者，如基督教会，时与国家权力相对抗。次则封建诸侯，亦以自治权力视为独立固有之权力。职此之故，中世国家权力与非国家权力颇难为严格之区别，洎乎近世，由发达变迁之结果，乃划然无复混淆。而权力之种别，始显著于世界。

第四节　三权分立主义

一国而一国权，一人而一灵魂，灵魂不可分而为二，而谓国权可分而为三乎？虽然，不可分者，其体也。可分者，其用也。不可分者，其机能也。可分者，其机关也。譬之于人口何以言，耳何以听，目何以视，鼻何以嗅。一似灵魂分立，始有此自然之活动者，而不知其所以能言、能视、能听、能嗅者，实人生唯一之灵魂有以宰乎其中而命令之、而分配之。夫而后关于身体生活必要之件。不可无视也，为之目以察乎色；不可无言也,为之口以宣乎意;不可无听也,为之耳以收乎声;不可无嗅也,为之鼻以别乎味,然则耳目口鼻者不过代表灵魂以司其作用,而实非由一灵魂之化分,而为数而独立也。是故耳之有闻也,耳不能辨其形,似必目睹之,而后明目之所睹也,目不能写其状况,必口语之而后著。惟国亦然,国有国权,犹人之有灵魂,权有立法、司法、行政,犹魂之有视、听、言、嗅,立法属之国会、司法属之法院、行政属之政府,与目之司视、耳之司听、口之司言、鼻之司嗅其理一也。且也立法、行政互为参酌,犹之视听言嗅之交相辅助也。政府、国会、法院在宪法上为独立机关,犹之耳目口鼻在身体上有独立之位置也。立法、司法、行政三权之总揽者属于君主,亦犹视听言嗅之支配者属于灵脑。脑者,魂之总揽者也,知乎此方以言三权分立之主义。

卓哉! 孟德斯鸠之言曰:欲抑专制之强横,不可不行三权分立之制度。三权分立者,国会立法、君主执行、法院司法是也。是说虽未尽善,而实为立宪国之根本思想。所谓一言而为天下法者非欤! 虽然,予慕孟德斯鸠开三权分立之先河,予究不能不举其说之缺点。

孟氏分立法、执行、司法为三权。所谓执行者,仅指代表国家对于外界而言,而于行政之大部付诸阙如。其缺点一也。孟氏以三权分离互不相谋,是不啻裂国权而坏统一,其缺点二也。此二大缺点为世界所公认。欧洲学者苦心以思,恒欲得一连络善法以补其缺,于是主张以国会统一君主与裁判者,则有卢梭之学说。主张以君主介乎国会、裁判、行政之间者,则有孔尔达之学说。而德国学者又主张以君主统括国会、行政、裁判而一之,其最近者莫如日本之笕克彦氏谓国家由乎自我之发达,须统一于自我。诸说纷纷莫衷一是,而予则以为最适于君主立宪国之观念者,厥惟美浓部达吉之权力意思说。

立法、行政、司法之三权者属于主权乎? 抑属于统治权乎? 此一问题也。夫主权与统治权一而已矣,分而言之有二名,合而观之即一体。故谓三权单属于主权者,非谓单属于统治权者,亦非何则? 三权者,即国权所有事务之大别也。三权分立者,即以国权所有事务分掌于三种之机关也,然机关虽三而所以统摄之者则一。一者何? 即国权主体之君主也。有国权主体之君主,然后国权作用之分配乃不失其意思,统一意思既归一致,则立法也、行政也、司法也,其互相之关系乃于是乎相辅而相与有成也。然则立法国权也,司法国权也,行政亦国权也。国权者，主权统治权之全体也。

第三章　宪法概要

第一节　宪法在公法上之位置及与诸法之区别

宪法者，国法中之一部也。国法者，公法也。欲知公法，不能不先知公法与私法之区别。欲知宪法，不能不先知公法之种类。

区别法之公私，非立法上之必要，而解释上之便宜也。学者论说约有数端，胪陈批驳于左。

（一）关系标准说

关系标准云者，谓公法为规定命令服从之关系，私法为规定平等之关系，是其义也。虽然，如国际法者，公法也，非规定命令服从之关系而规定主权平等之关系也。又亲属法者，私法也，虽属于私人之利益而实规定命令服从之关系也。以是观之，然则此说犹未尽善也。

（二）利益标准说

利益标准云者，谓保护公之利益者为公法，保护私之利益者为私法。是其义也。虽然，粗言之，杀人则害社会安宁，不杀则全社会秩序。此公法也。又借债必偿，则于个人有益，不偿，则于个人有害，此私法也。精言之，则杀人亦害个人私利，不偿亦害社会公益，以是而论，则此说尚未完全也。

（三）人格对立说

人格对立云者，谓公法者规定国家与国家，又国家与私人互相之关系也。私法者，规定私人与私人立于同等地位者互相之关系也。是其义也。虽然，国家与一私人之关系非必尽属公法。例如国家与一私人为卖买或为请负（即包办又承揽也）之契约是也。又私人互相之关系亦常带有公法性质，例如殴伤人之身体是也。

（四）应用标准说

应用标准云者，谓公法者一个人不能左右其应用之法律也，私法者一个人得左右其应用之法律也。是其义也。虽然，公法上之应用，一个人亦有能左右之者。例如抛弃选举权被选举权是也。私法上之应用一个人亦有不能左右之者，例如父母之奉养、子女之教育是也。

以上诸说虽各言之有故，而其批驳亦持之成理。然而以予之所见，则公法者国家自制限其国权发动之法也,私法者规定平等对立之权利关系之法也。何以言之? 专制国之权力无限,国家得恣其所之,故无所谓公法。法治国则否,盖法治国关于国权发动之事,皆自规定于法令而制限之故,曰国家自制限其国权发动之法者为公法。

私权种种,不限于自然人有之,即国家与公共团体亦有之。故私法上之目的,无论自然人与国家及公共团体,凡有私之权利关系者皆以平等对立视之。盖私之权利关系不能束缚自由,亦无强制命令,故曰规定平等对立之权利关系者为私法。

公私法之界划既明,于是乎公法之所以为公法者,可得而言矣。君主立宪国以君主为国权主体,以分掌国权之地位为国权机关,而公法即规定国权主体与国权机关之国权作用也。国权为立法、司法、行政之三权,而此三权名虽独立,实则不可无互相连络之组织。而公法即规定此三权互相之关系也。国家非能独立而存在者,故不能不交通于他国。而彼此交通有种种法律上之关系,而公法即规定对于外国之权利义务也。臣民对于国家,虽有绝对服从之义务,然国家亦认臣民之人格,且认人民有对抗之权利范围。而公法即规定臣民对于国家之权利义务也。近世国家认于国内设立诸种团体,俾行公家政务之一部,而公法即规定此等团体之组织权限及国家与团体之关系,又团体与个人之关系也。

公法全体大别为二。一曰国际公法,一曰国内公法。国际公法规定国与国之权利义务,与国内公法之界线自明。国内公法又称为广义国法,广义国法中所包含者,一刑法、二司法法、三狭义国法。刑法为独立之一分科,司法法合民刑诉讼法与法院构成法而成。狭义国法者,宪法与行政法之总称也。即如左图:

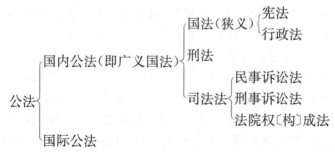

宪法与行政法同为狭义国法,原有不可分离之势,然以法理言,先

有宪法,然后有行政法。故欲研究行政法,不可不先研究宪法。既欲研究宪法,则宪法与行政法之区别不可不知。

宪法与行政法之区别有左之数学说。

（一）法规统系说

法规统系云者,谓宪法为诸法纲领,有统系之法规也。而行政法则集合行政机关所作用之诸等法规而成,非一统系之法规,而特别之一学科也。

（二）组织作用标准说

组织作用标准云者,谓宪法为国法中之组织法,而行政法则国法中作用法之一部分也。申言之,即关于国家构成之诸原素,与机关组织之规定全体者,是为宪法。而关于此等机关作用之规定全体为作用法。行政法者,作用法之一部分也。

（三）原则细则标准说

原则细则标准云者,谓宪法者,规定统治机关之组织及其作用之一般原则也,而行政法即仅规定关于其强制细则之全体也。

（四）机关标准说

此说有二:一曰宪法者,系关于统治权之主体及其作用之规定全体也,而行政法则指关于国家机关之统治权执行之法也。二曰宪法者,规定关于国家机关所有位置之组织与作用及国家诸原素之关系之全体也。行政法者,关于此等机关以外之机关组织作用之全体也。

综观以上诸说,俱非确见。惟第四说较为进步,然亦不能无憾者,即一以君主为统治权主体,一以君主为国家机关,皆未尽合。且于行政法上之机关,一则指为国家机关,一则指为国家机关以外之机关。其于解释机关之处,犹欠真切,要皆不足以为区别之正鹄也。然则宪法与行政法之区别,予得直下定义曰:宪法者,规定国权主体及其作用又国权机关及其基础之大要也。行政法者,规定国权诸等机关之组织及其权力之分配又执行任务之方法也。是其义也,精确而不泛,圆满而无缺。以是为区别二法之标准,则亦庶乎其有得矣。要之,宪法者,国家之根本法也,又国法之总则法也。其位居高临下,如天之有北辰,而各法则列星也。如木之有根本而各法则枝叶也。如水之有源泉而各法则支派也。天有北辰,则众星环拱。木有根本,则枝叶扶疏。水有源泉,则川流不息。国有宪法,则万法皆宗。此必然之理也。是故欲观一国政体之大要者,须观其宪法,以宪法为国家之根本也。欲识一国法律之主旨者,须读其宪法,以宪法为国法之总则也。根本不立而欲国家之有条理,总则不完而欲国法之成统系,是犹责无根之木以繁荣,期无源之水以流远,岂可得哉!

第二节　宪法种别

宪法种类,有基于典章有无而为区别者,有基于制定原因而为区别者,有基于修正法则而为区别者。兹各从其类,列举如左:

第一,基于典章有无之区别

(甲)成典宪法。成典宪法者,以明文规定之宪法也。其明文不问以一典章或数典章而成者皆属之。采此主义者日、德、美、普、法、比等国其最著也。

(乙)不成典宪法。不成典宪法者,无规定之明文,由习惯条理及判例合而成之者也。如英吉利、匈牙利等国是。

第二,基于制定原因之区别

(甲)钦定宪法。有由君主独断制定者,如日本、俄罗斯是。有由君主制定经议会协赞而成者,如普国是。

(乙)协定宪法。协定宪法分为三种。

(1)协约宪法。由君臣协约而成者。

(2)民约宪法。由人民之协议而成者,如法国是。

(3)国约宪法。由联合国之协议而成者,如德国是。

第三,基于修正法则之区别

(甲)固定宪法。固定宪法之改正,较难于普通法律,其改正须设特别机关者,如美法是也。其改正要特别之法则者,如日德是也。

(乙)可动宪法。用普通立法手续即可改正者,是谓可动宪法,如英国是。

第三节　宪法制定

第一款　宪法制定权

宪法制定之权因国情而不同,若国权在君则其宪法之制定多属钦定宪法。若国权在民则其宪法之制定多属民约宪法。然其中犹有别者,如英吉利君主立宪国也,而其宪法非钦定者,以英国之国权尽属国会,所谓英王者不过徒拥虚器而已。试取英吉利史观之,如自由大宪章,如权利请愿,如权利宣言等,何一而非几经革命流血后由议会之强逼公布者,故其宪法非出于钦定也亦势使然耳。法兰西民主立宪国也,然自西历千七百九十一年至千八百七十五年,八十余年间纷争扰攘,屡经更易。当其权在君时则钦定宪法,权在民时又为民约宪法。遂使一国体制忽焉而共和立宪,忽焉而君主立宪,是以屡起革命风潮,大伤国家元气。迨德法战争一败涂地,共和政治乃于是乎定。呜呼! 横览世界立宪国中,如法兰西宪法制定之艰难者诚绝无而仅有矣。又进而征诸日本,日本二千余年君位一姓相传。自废封建,王政维新,故日本为钦定宪法也宜矣。虽然,以日本宪法制定之历史与他国此较难易、论究得失,则又不可同日而语矣。欧洲列国制定宪法之初,大都争执迁就、议论歧出,或几经蹉跌而后成,或颠覆丧失至于数世之后乃克保全基础、回复元气。又如近时之俄罗斯,纷争扰攘,流血未已。而日本之制定宪法则干纲独断、大信昭垂,故朝野靖肃、不劳而成,迄于今日,已收大效。以彼例此,则日本得之易而他国失之难,已彰影明矣。日人以无血宪法自豪于世界,岂过言哉。脱令日皇当日者执钦定宪法之权而犹虞、而迁就,则区区三岛将不知伊于胡底矣,岂有今日之盛哉。顾我中国则何如者? 我国涵濡教化已非一日,臣民之尊君亲上,固不亚于日本,而君主之英明果断,又高出乎日本而凌驾于欧洲。故宪法之制定不待臣民要求,而煌煌大诏早已昭示于寰宇,是则吾国制定宪法之稳捷较日本犹有进矣。而将来效果之美满,又何待于多言哉。

第二款　宪法制定主义

宪法之制定,无论其为钦定、为民约,或取成典主义,或取不成典主义,均各从其历史与现在之趋势以为定。试征之列国,英吉利以惯习为宪法之一大源泉,溯其最初由于政争之结果逐次增订,又伴于国家之发展时势之推移于是渐臻完备,人民称便,故无更事编纂,而自成经国大法。换言之,即英国宪法无论理的排列、无秩序的形态,循序发达,自然而成。与此外诸国宪法属于一时制定全赖乎人为者,自有天渊之别。然则英国宪法之为不成典宪法也不亦宜哉。

采成典宪法主义之国,大都一时制定,全赖乎人为。盖英国而外,其立宪思想皆自外输入,非由自身所发现者。故其所以制定宪法也,不能不以他国为模范。夫既模仿他国,则其制定宪法之材料都非自国固有,其所规定亦非自国惯习。故不能不以规定全文顺序,排列编纂成典,用明文公布之式,使全国习而闻之。此盖以宪法之制定成于一时,以人力编纂之,以人力维持之。虽欲不成典,岂可得哉。以是观之,近世立宪诸国,无不采成典主义者,亦出于自然之趋势也。

成典宪法渊源于美国,流播于欧洲,遂为制定宪法之定轨。初美国之开辟也,霍布士、德哇特辈以自然法学之观念,创社会契约之名言,移美人民,实被鼓吹。西历千六百三十八年,英国清教徒等,于美洲孔奈基为地方自治之故,以契约说为根据制定自治规划,其关于立法、行政颇称详备。迨美脱英独立,遂认此为根本法律,号称成典。自是以后,不独美之各州一律争相编纂,即列国亦来取法焉。呜乎! 一殖民地自治规则之形式耳,曾几何时,遂影响及于全球,其势亦云甚矣。岂非由世风之不变有以致此耶。

此外继美而起,制定成典宪法为欧洲先声者,法兰西是也。法之公民权宣言与人权宣言皆本于美,且经学者数年研究,于是宪法乃告完备。他如德意志联邦,如比,如澳,如瑞典,诺威以及意、荷等国,靡不尤而效之,争先恐后。其最近者如我东邻之日本宪法,取材欧美,灿然大备。又进而观夫我国,自颁立宪大诏、设立宪政编查馆以为编纂法律之机关,殆将集欧美之大成,规定不磨之令典,则我国制定宪法之主义,亦属成典宪法也。又何疑哉?

第四节　宪法之变更及改正废止

第一款　宪法变更改正之意义

制定宪法恒期永久,然无论何国,皆不能一成而无变者。日本笕克彦谓国之有宪法同于人之有魂,魂之关系,随人为变迁。故教育发达、文明增进者,容体虽无殊,而魂之灵明已变化随之矣。宪法亦然,时势推移,社会进步,则宪法亦随其程度之所至而递变之。例如社会之程度为甲,则为甲之宪法以应之。其程度为乙,又为乙之宪法。推而上之,为丙为丁,其揆一也。是说也,予颇是之。又副岛氏谓宪法设永远不变之规定者是自包藏破坏种子,此说可谓言简意赅,深得立宪国历史之大要矣。近世有鉴于此,凡制定宪法之初,皆留变更地步而豫为改正之计。如德国宪法第七十八条"将来宪法变更须依立法手续云云"。如瑞士宪法第百十一条"联邦国宪法无论何时皆得审正"。又日本宪法第七十三条"将来此宪法条项须改正时应以敕令云云"。以是观之,岂非宪法进步之一明征哉。

第二款　宪法变更之区别

宪法变更有广狭二义,狭义之变更者,以宪法之根本全部概行消灭而更创作新法以易之是也。广义之变更者,就原有宪法增之减之,或易其一部,或易其数句数字是也。例如法兰西,始焉为民约宪法,继焉一变而为钦定宪法,其次消灭钦定宪法又一变而为民约宪法,此等变更属于国家之根本问题,非有国者之所乐也。近数十年来,世界各国莫不以法兰西之祸乱引为前车之鉴,而狭义之变更殆绝迹矣。虽然,狭义之变更固宪法之不幸,而广义之变更又为宪法所欢迎者,何则? 宪法以发达圆满为目的,欲达其目的不能不为广义之变更。广义之变更者即如上云,就原有宪法增之减之及更正、改正、修正。名虽不同,其实一也。知乎此则后之所谓改正云者,即广义之变更,且与更正、修正同一视焉可也。

第三款　宪法改正

第一,发案权

宪法改正之发案权,笕克彦氏谓采大人本位主义之国,则属于君主一人。采民众本位主义之国,则属于人民。然其实亦有别。立宪君主国之发案权在日本国专属君主大权,而在他国则君主与议会皆可提出者亦多有其例。如巴威伦国君主依于一定条项,专有发案权。议会关于臣民权利义务与议会权限及司法权之行使亦有发案权。此外若索、白、葡、丁等国,亦大约类是。民主立宪国则不然,宪法改正之际,两院先行议决,然后再组织国民会发案者,法兰西也。议会有三分之二以上请其改正宪法,乃召集宪法改正会。俟议决然后发案者,北美合众国也。对于宪法之改正,若上下两院之议不协,非有五万以上国民之同意不能发案者,瑞西也。要之,君主国宪法改正之发案权多在君主与议会,民主国宪法改正之发案权多在议会与人民。

第二,议决方法

宪法改正议决之方法有不由立法机关而委任特别机关者,有不委任特别机关而由立法机关者。分别论述如左:

(甲)宪法之改正,不由立法机关而委任特别机关者,如美利坚、法兰西是。然二国虽同属委任特别机关,而方法则繁简各异。北美合众国宪法改正案于两院而外另召集特别议会,名曰宪法改正会,议决后再付各州议会使之议决。若得总数四分之三赞同,方能改正。盖合众国召集特别会议决,不过为提出议案,至通过与否,则专以四十六州之议决为主,非如改正普通法律,仅由合众国两院议员之过半数议决即可,故合众国宪法,因其改正方法繁重,自西历千八百〇九年以来,百年间仅三次之改正而已。法兰西改正宪法之方法不过较改正普通法律稍事区别,普通法律经两院议员过半数议决即可改正,宪法则于两院议决外再组织国民会议一次,即行议决。

由是以观,委任特别机关之方法,美则繁难,法则简易。虽各有得失,要亦因国情而不同。美国政党竞争风尚日炽,使宪法易改,则占优势者辄轻率从事,继起者又尤而效之,更变不时,无所底止,国家基础将有动摇之虞。且党派既多,机巧百出,其不致牺牲公益以图私便者几希,故不能不用繁重方法以杜其流弊也。法国宪法屡经更易,其视改革也不以为变,而以为常,且其人民性质喜动好事,故改正之案数见不鲜,而方法因以简易。此等特质盖从历史而来,非美所能比也。

(乙)宪法之改正不委任特别机关而由立法机关者,大半君主立宪国均采此义,然其间亦有种种限制之不同。试列举于左:

(1)议员出席与赞同之定数

定出席议员之数者,谓开议时非有若干数议员到会不能开议是也。定赞同议员之数者,谓议决时非有若干投票赞同不能议决是也。但定数标准,多少原无一致。须议员四分之三以上集议,三分之二以上赞同者如索逊巴威伦是。须议员三分之二以上集议,三分之二以上赞同者,如日本、比利时是。出席议员之数与议普通法律案同,但赞同须得三分之二以上者,如墺大利、巴丁、威敦堡是。又赞同须得四分之三以上者,如汉堡、布勒门是。

(2)隔一定期间为数次议决之制限

隔一定期间为数次议决者,例如普鲁士于第一次议决后必经过二十一日始开第二次议决。又如巴威伦必经三次议决,每次相距八日。

(3)两次议决之制限

宪法改正案经第一次议决后即解散旧议会,召集新议会使再议之。如议决仍前,即为决定采此制者,荷兰、诺威、罗马尼、葡萄牙、比利时、瑞典诸国是也。

(4)期间之制限

宪法改正后，非经过若干年不能再提出改正案者，多数之国皆取之。葡萄牙以四年为满期是其一例也。又摄政期中有绝对不许改正宪法者，如日本、比利时是。有相对禁止者，如索逊必经皇族会议后乃得改正是。

以上所述大都属于固定宪法改正之方法，苟为可动宪法，以改正普通法律之方法即可，如英吉利、意大利、西班牙等国是其实例也。

第四款　宪法废止

宪法废止问题，东西学者议论各歧，兹述日本最著之二学说。

（一）不可废止说。此说一木氏主倡之，一从法理上之理由而论，一从解释上之理由而论，并引征日本颁布宪法之敕语，谓宪法一经制定绝对不可废止。

（二）可废止说。此说穗积氏主倡之，谓宪法之制定废止在宪法范围以外，属于君主全能无限之大权，故无论何时，得废止之。

以上两说，极积反对均不免失之于偏信。如一木氏说，徒拘拘于法理解释而于君主大权弃置不顾，其用意已属狭隘。信如穗积氏说，徒偏重君主大权而于事实之利害得失又漠然不问，何以言之。如英吉利，立宪君主国也，就法理而论，国权固在君主矣，而不知事实上之权力已尽移于议会，以此等国之君主而欲行使大权废止宪法能乎？否乎？此第二说之所以未克完全也。又如日本亦立宪君主国也，凡解释日本宪法者，莫不知大权在君矣。设使君主欲废止宪法，虽有敕语，将不暇顾，遑问诸法理乎？此第一说之所以尚未完善也。然则将谓宪法可废止乎？抑不可废止乎？欲解决此一问题，须就历史上之事实与吾人之心理以为断。夫君主虽有废止宪法之大权，君主究不能逃世界之公论。方今天下万国立宪恐后者，不徒避专制以进入于文明。且举国臣民之身心性命皆集注于是，既制定之，又废止之，视国家根本大计以为儿戏，无论何国君主，谅不若是。且世界自有宪法史以来，从未闻有废止之说者。虽以法兰西之祸乱，亦不过变更宪法而已，谓之废止则未也。又如土耳其之宪法制定，在三十年前，实行在三十年后，谓之停止，中间效力，则可，谓之废止则否。以是而言，则宪法废止之事，微论君主立宪国可信其必无，即民主立宪国亦不致生此问题也。虽然，谓地球上绝无废止宪法之事焉，是亦不可譬有暴君污吏蔑视宪章之大规，蹂躏国民之权利，倒行逆施、毫无顾忌，是虽名有宪法，其实亦与废止等耳。又若昔日之波兰、犹太，国亡主灭，虽有宪法，亦同归消灭矣，又何待于废止哉。虽然，此特宪法之变例，究非通论也。故以吾人之所见，则故意废止宪法之国家，当信其必无是焉可。

第五节　宪法效力

第一款　效力程度

宪法者，国家之根本法也。其效力之程度不独优于私法，且优于国内诸种公法，何则？他法之效力仅及于臣民而不及于君主，而宪法则君主与臣民皆循守之，是宪法之效力且及于君主矣。夫君主有不负责任之权，而公私诸法之效力皆不能及，各国所同也。至于宪法，则君主自制定之，自与臣民共守之。然君主究非与臣民同其义务也。君主不过为国家根本大计，而自加以适当之制限耳。自加制限者，出于君主之自由意志也。此宪法效力之程度其高过于他法者一。他法互相依助，不能以此法之力量改变彼法之本质，而宪法一立则诸法皆仰其旨趣，而变更其倾向，以求适合乎宪法之目的。俾与宪法之精神有相契而无相妨。是他法之力，较宪法为薄弱，而宪法之力，则较他法为强大也。此宪法效力之程度其高过于他法者二。且普通法律改正之际，第得两院议决，君主裁可，即为有效，其方法极简而易。而宪法改正之方法则繁难而郑重，且须数次议决，而后可。是宪法效力之程度其高过于他法者三。宪法条文内有命令不能改变法律之规定，是命令效力之程度，既劣于法律矣。况宪法之位置又立于诸法之上，而谓命令之效力反优于宪法乎？此宪法效力之程度是又高过于命令矣。要之，一国之中，法不一法，令不一令，而其效力之程度绝无高出于宪法者，此不惟欧洲大陆诸国有，然即美国与日本亦莫不然。其间惟英吉利宪法效力之程度与普通法律不甚悬殊，盖英吉利系不成典宪法之国，其规定多散见于诸法，且由历年之惯习发达而成者。故英吉利宪法效力之程度，其不能与他国比也，亦自然必至之数耳。

第二款　效力范围

各国关于宪法效力之范围，有规定于宪法者，有不规定于宪法而规定于此外之单行各法并以敕令宣布者，不能一一悉数。兹大别为关于时、与人、与地之三者，而以次论列如左：

（甲）关于时之效力

时之效力有始期及现在、将来之三种。其以始期规定于宪法者,如意大利宪法第八十一条云"此国宪自两院集合之初日为有效力"是。其以将来规定于宪法者,如俄罗斯宪法第四十七条云"法律以及于将来为原则"是。其以始期现在及将来均以敕令宣布者,如日本是。日本宪法发布敕语有曰"朕在廷大臣,其任施行宪法之责。朕现在及将来之臣民,其资永远服从之义务"。又曰"帝国议会以明治二十三年召集之,其第一回议会开会之始即为此宪法施行有效之期"。合观以上三国制度,虽意、俄之规定于宪法反不若日本以敕令宣布之加详也。要之,宪法关于时之效力,除始期应公布外,虽不以法律规定及敕令宣布,其效力之及于现在将来亦可决定无疑。盖宪法有与国同永之精神,虽亿万斯年,亦持续其效力,可以推测而知也。

(乙)关于人之效力

宪法关于人之效力,各国皆无明文规定。惟据日本敕令所载,亦足见对人效力之一斑。其宪法告文有曰:"皇朕明征皇祖皇宗之遗训,成立典宪,昭示条章,内以为子孙率由之准,外以广臣民翼赞之道,其各永远遵行,俾益巩固国家之丕基,增进八州生民之庆福"。又宪法发布敕语有云"依此宪法所定要件议决外,朕子孙及其臣民不得妄试纷更"。由是观之,日本如此,他国应亦同尔。特是日本敕语之意,不过就在其国内之人而言耳。倘其臣民滞留他国,立于他国国权之下,其效力又将若何? 学者于此有二种之学说。一谓凡本国臣民,不问在内在外,皆适用自国宪法。一谓若效力及于滞留他国之臣民,必有妨害他国主权之虞者。以予所见,则二说俱未圆洽。夫人民对于国家有当兵纳税之义务,宪法所明定也。信如前说,是滞留他国人民亦不能不纳税于本国矣。殊不知滞留他国人民之财产,既在他国税法支配之下,若又纳税于本国,一分财产为两国纳税之目的物,人民何以堪此。此第一说之所以不完全也,信如后说效力及于滞留他国之人民必妨害他国之主权,是人民一自滞留他国后,即可逃当兵义务矣。殊不知人民欲出籍而尚未尽兵役义务者,国家犹不之许。况人民滞留他国而国籍仍在者乎? 使于此即脱兵役义务,则狡猾者将及成年皆去其本国,则国家征兵之事将无所措手矣。不观各国征兵制度乎? 凡本国男子至成年者,无论滞留何国,皆由领事册报,应征回国俾尽义务。而各国关于此事从未有妨害主权之论者。此第二说之所以不完全也。且夫本国臣民,自生至死有服从本国宪法之义务,当其滞留他国时,虽效力所及不无制限,而宪法之精神究不因是而稍有所损也。

(丙)关于地之效力

宪法效力所及之地,除固有领土外,能及于新领土与否,学者论说有三。

(一)援据条文说

援据条文说者,谓宪法效力及于新领土之范围当视条文之规定以为断。如普鲁士宪法第一条云"凡我王国土地,在现今区域中者皆为普鲁士领土"。其第二条又云"普鲁士疆界非由法章不得变改"。又比利时宪法第一条亦列记其领土,末云"若更分离置州时其权属于法章"。其第二条云"州内之区分非法章不得设置"。此外荷兰国宪法第一条第二条亦类是。又德意志宪法第一条亦详载其邦土。其第二条云"帝国依此宪法所定于前条之领域内行立法权"。合观以上数国规定,则效力之范围已揭诸条文。即新获领土亦非用法章规定编入宪法,则效力不能及也明甚。以是推之他国,虽未明定于宪法,亦可作如是观也云云。虽然,以予所见,如上诸国条文所载乃就当时之状态而言,非谓此外新获领土即不适用宪法也。信如彼说,是每得一领土必改正宪法一次,然后宪法之效力乃及于新获土地,岂不惮烦乎?夫国家之获新土也,往往出诸意外,其宪法效力之能及与否亦按诸时势以为权衡,未可援据二三国之条文直为判断也。

(二)法理说

主法理说者,谓宪法施行之范围随土地之广狭以为其广狭。如日本宪法第一条"日本帝国万世一系之天皇统治之",则日本帝国语中已明明包括新旧领土矣。苟国家之根本大法仅及于固有疆域而不及于新获土地,是国权自行分歧而失其统一之性质,且反乎宪法之法理矣。是说也理论甚足,一似无可议者。虽然,新获领土者,国权伸张之效也。既因国权之伸张而获新土,则新土之如何支配一任国权主体之自由。国权主体以为可施行宪法也则施之,以为未可也则止之。或行或止,皆由国权主体之意志以为鉴别。是治法虽异而权力则一,彼则曰失其统一之性质,殆拘拘于法理,而昧蹶国权之真义者欤。

(三)事实说

事实说者,谓国家新获领土如亚弗利加或南洋群岛诸野蛮地,而进以文明法律大典,犹使懦夫扛鼎、沐猴衣冠,微特实质不称,而形式亦非。何者？彼属未开化之民族,未足以负国家之义务,而享国家之权利故也。是说也,由事实上观之,固属不谬。虽然,人类社会之变迁进步日无宁晷,以蒙昧之民族未几而智识大启者比比皆然。如谓新获领土终不足以施行宪法,未免驰于极端,殊非折衷之定论也。

要而言之,国权之活动也,贵乎因时因地以为权衡。新领土之程度与国内相若,则宪法之效力虽直及之不为过。新领土之程度较国内悬殊,则稍示制限或暂以特别法治之,或施行宪法之一部分,待至程度增进然后因其需要之分量而供给之,则安且治顺而理矣。何尝偏重于条文法理而有悖于事实也哉。

第二篇　国权主体

第一章　主体说之区别

第一节　国权主体之意义与他说之异点

有一物焉,非形非体,视之弗见,听之弗闻,而舒敛张缩必赖自然人之操纵以为其活动者,国权是也。虽然,自然人多矣,将谓人人皆得而操纵之乎。是又不然。自然人中,有君主焉,有臣民焉,君主居高临下,发号施令,臣民莫敢不服。是操纵国权者,非自然人之臣民,而自然人之君主也。夫自然人之君主者,有形体者也。国权者,无形体者也。以无形体之国权,而操诸有形体之君主,则无形体者因是而有形体之可指矣。何则国权集中于君主,君主之命令即国权之命令也,君主之禁止即国权之禁止也。国权之命令禁止必依君主而后表现君主之命令,禁止必执国权而后施行君主与国权,顾可须臾离哉。故敢断言曰,君主国权主体也。

世之论者,以君主为主权主体,或统治权主体,未闻以君主为国权主体也。今予以君主为国权主体者,其亦有说国权者总括主权与统治权而言之者也。主权为对外之最高权,统治权为对内之最高权,二者和合而后,名之国权。是国权者,包举对内对外之权力而完全无缺者也,以君主为其主体,不惟法理圆满而亦符合乎事实。由是观之,彼单以君主为主权主体,或单以君主为统治权主体者,不过仅得国权之半面而尚未得国权之全体也。世岂有半面国权之君主耶,其亦不思而已矣。

所谓国权主体者,明乎至尊无上独立无匹之意也,而学者不察,往往用私权主体客体之例牵强立说,而以君主为统治权之主体,以臣民为统治权之客体,殊不知主体客体者乃平等相对之名词,非有尊卑上下之意义也。彼以臣民为客体是欲使臣民脱国家分子之地位而与君主相对立,其不经也孰甚。且君主之对于臣民,如父母之对于赤子,其关系之亲切也如此,而主体之对于客体,如甲国之对于乙国,其关系之疏远也如彼。以关系亲切之君主臣民而列为关系疏远之主体客体,不惟名分紊乱,而此拟亦非伦。予故表而出之以告夫我国之研究宪法者。(此段当与第一篇第二节《分子说》参看)

第二节　主权主体及统治权主体之解释

凡引据他国学说以解释本国法律者,须以他国之国情与本国之国情相对照,夫而后乃知他国学者之学说其观念之所在仅着眼于自国乎? 抑为世界之通论乎? 苟其学说之观念在自国而不在世界,则其说祇足以供吾学之参考,不足以为毕生研究法律之津梁。使墨守不移,其果适于本国之国情与否在所不计,而牵引之而附益之,以为解释本国法律之标准,呜呼谬矣。

日本解释宪法之学说,其间渊源于德国者有二派,即君主主权主体说,及君主统治权主体说是也。此二说在德国固占优胜而日本宪法正文又多模范德之普鲁士,乍见之固,不敢以为非难。细研之,有不能无所区别者。德意志联合国家也,普鲁士联合国家中之一国也,联合国家之宪法自不同于联合国家中诸小国之宪法,而解释联合国家中一国之宪法,与解释联合国家之宪法,其解释之观念,亦自不能一致,何以言之国权一而已矣。而一面为对外最高权之国权,一面为对内最高权之国权,对外最高权之国权即主权,对内最高权之国权即统治权,组成德意志联合国中之各国其初固各有完全自由之国权者,迨各以其国权之一面,即对外最高权之国权共同组合而成一德意志。于是乎联合国中各国之国权仅以对内最高权之国权而为活动,而联合国家之德意志者,亦仅合各国对外最高权之国权,以结成一极大最高权之国权以为其活动。由是联合国家中各国之君主惟得总揽对内最高权之国权(即统治权),而联合国家之共主(即德意志皇帝)亦惟得总揽对外最高权之国权(即主权)。故德国学者之解释德意志宪法者,即以德意志皇帝为德意志之主权主体,而解释联合国家中之一国如普鲁士之宪法者,即以普王为普国之统治权主体。以是而言德意志皇帝之为主权主体也,固德之国情使然。普鲁士王之为统治权主体,也亦普之国情有以致之。是二解释者在德意志普鲁士固确凿无憾,若袭而沿之以解释完全独立之君主立宪国之宪法,予未见其适当者。予故不能不区别说明之,以质诸研究宪法者。(此节与第一篇第一二节参看)

第二章　君主非机关说

　　欧洲法学大家以机关说解释宪法者,虽不乏其例,大都视其国情以为断。其在日本如美浓部达吉、笕克彦、副岛义一诸大博士,亦各言之凿凿,令人叹赏。虽然,其言虽高,要不足以为吾君主立宪国宪法之正解,适与吾君主立宪国宪法之主义大相反对,故不能无辨。

　　君主国权主体也,非机关也。机关者,由国权之作用而设置之者也。学者概以机关统括君主、议会、行政、官府、裁判所等,何其谬耶!假令君主而为机关也,则君主之地位必设置于驾乎君主以上之权力者,亦犹议会、行政、官府、裁判所等设置于立乎议会、行政、官府、裁判所以上之君主,而后可试问君主之上更有大于君主者乎?君主之地位果系何人设置之者乎?君主之上既无大于君主者,而君主之地位亦不能指明属于何人之设置,则君主之地位不能与议会、行政、官府、裁判所等同视为机关也明矣。且也,机关之权力由于委任而来,如议会、行政、官府、裁判所等,必由君主之委任,夫而后乃各有行使之权力。又试问君主之权力属于何人之委任乎?既不能指出委任者,则君主之权力为固有之权力,非由委任而来也章章矣。君主之权力既非委任而来,尚得谓君主与议会、行政、官府、裁判所等共属机关者乎?不宁惟是,君主以国权设置议会、行政、官府、裁判所诸种机关,君主亦可以国权废止其机关之一种或全废止之,试问君主之为君主谁得而废止之乎?君主既不能废止,则君主与机关之有区别也更不待言矣。但其中亦有变例,如法兰西之废止君主而为共和政体者,是为世界绝无仅有之变端,又属过去之历史,究不可以与近世君主立宪国同日而语也。此外,更有君主为国权主体而非机关之区别者,即国权主体之君主与国共存亡,未有国亡而国权主体犹存者。国权主体既不存在,则国权主体所置之机关亦归消灭,此必然之数也。至若国权主体尚存,国家仍在,则国权主体所置之诸种机关,虽有一二被制限于他国,暂行禁止其活动,则其被禁止之一二机关不足以牵动全局,所谓国权主体者仍不失其为国权主体,国家仍不失其为国家。与国权主体关系于国家之存亡者,自大相径庭,以是而言,则君主之非机关也不又大彰明较著耶。难者曰"子谓君主非机关而为国权主体,脱令君主崩御,是国家失其国权主体矣。而君主机关则异。是甲君主虽崩,乙君主又立,君主虽有变更,而机关则长在不移"。噫!斯言也,是直以君主视如行政与裁判之官吏,旋罢旋补,但求其机关中有执行职务之人而已。其谬误莫大乎!是夫予所谓国权主体之君主者,国法上之君主也,故君主虽亦自然人,然究与自然人之为官吏者,不同自然人之为官吏也。忽焉而置之甲机关,俾司甲机关之任务,又忽焉而置之乙机关,俾司乙机关之任务。迁徙频仍,而官不一官,更变无时,而人不一人。且升降去取,在在惟君主之命令,而自然人之君主岂有是哉!夫自然人之君主者,先君崩御,太子继之。虽非太子,亦一血族绵绵延延,永传不替。征诸日本宪法第一条"日本帝国万世一系之天皇统治之"与我国宪法大纲第一条"大清皇帝统治大清帝国,万世一系,永永尊戴",即可知自然人之君主乃与生俱来,虽前崩后立,不过一系相传,故自然人即有时不一,而国权主体之君主则永久存在。换言之,先君崩,太子继,一方面为自然人君体之传位,一方面为国权主体之继承,自然人君主无已时,国权主体亦无已时,此不独宪法条文之精神有如此,盖亦自国家历史上之事实有不可掩者矣。彼君主机关说者,殆未及君主立宪国之实情而一思之也哉。

国家机关说只可用以解释共和国大统领之地位,以共和国无一系相传之大统领,且大统领不过被选举以执行其国权之若干部分,非得总揽国权之全体也。大统领之选举,数年而一易,甲进乙退,与行政官府之机关无异。故直可断言曰:大统领者,共和国家执行国权之一机关也,何则大统领选举自人民,国又以民主立宪称,故可推定大统领之机关属于人民之设置。以是而论,机关说适用于大统领不适用于君主者更章章明甚。又且大统领非成立国家之要素,以共和国家成立之要素为人民、土地、权力是也,而君主为国家成立之要素,以君主立宪国家成立之要素为人民、土地与国权主体是也。但日本法学家论国家成立之要素者,不问君主国与民主国,均指为土地、人民、权力(或曰主权)三者,几于万口同声,莫能变易,而不知君主立宪国家成立之要素舍国权主体之君主,万不能成其为君主立宪国家。此等意义非甚难解,故予于前篇曾论及之。要之,彼等言国家要素,仅指权力云者,乃承袭机关说派而来,亦何足怪。由是观之,以成立国家要素之君主谓之机关可乎?若君主可名之为机关,则成立国家之要素如土地、人民者亦可指为机关矣。岂理也哉。

或者曰:"子谓君主为国权主体,非国家机关,信无疑矣。独是法律上亦认人民为权利主体,得勿相混乎。"应之曰:否。人民者,私法上之权利主体也,而其作用仅及于自身。君主者,公法上之权力主体也,而其作用及于全国内外。盖国权者,公法上之权力也,与私法上之权利自有严格之区别耳。或又问曰:"人民自出生时,法律上即认为权利主体,至于死后,其权利主体即为消灭。君主如何。"曰:君主自即位为国权主体,盖先君崩御之时,即太子嗣位之时。国不可一日无君,古有明训,是则国权主体永无消灭之一时可知矣。彼人民私法上之权利主体,乌可与公法上之权力主体相提并论哉。

第三章　君主之特权

第一节　尊称

称国权主体者曰君主,君主云者,各君主国通用之名词,非一二国所得而私也。惟君主国表示其君主之尊称,各从其历史之惯习,或曰帝,或曰王,曰天皇,曰天子,曰大公,曰公侯,曰元首,其实一也。我国自三皇五帝而后,君主皆称王。至于嬴秦始称皇帝,盖秦王当时兼并六国,六国之王莫不制从,于是特加尊号以别于王。汉兴因之,封皇族子弟及功臣以王,而称君主曰皇帝。自是以后,历代相沿,至今不改。虽然,皇帝云者,乃君主之尊号,若夫臣民对于君主之称谓,则曰皇上,曰陛下,君主自谓曰朕,亦曰寡人,曰孤。日本亦然。虽然,称帝称王者又不独君主国如是,即非君主国亦有称之者。如德意志联合国之共主称曰皇帝,瑞士之大统领称曰国王是也。且横览各国宪法,无论君主立宪国与民主立宪国,称其君主与大统领恒曰元首。例如日本宪法第四条"天皇为国之元首"。法国宪法第六条"共和国大统领为国之元首"是也。元首之语,说者谓根据于欧洲学者国家有机体说,殊不知欧洲学说未东来以前,我国早已有道之者,如君称元首,臣号股肱等语,岂非纯然国家有机体之意义乎? 要之,元首之文字乃表示君主与大统领为一国领袖,如人身之头脑然。非解释元首即君主与大统领在国法上之地位也。以是而论,则宪法书中有时称元首者,不仅指君主而言,兼包含大统领在内,而称君主者,乃单指君主立宪国之国权主体而言,是又不可不察也。

第二节　不可侵权

各君主国宪法,皆有君主神圣不可侵犯之明文。如普鲁士宪法第四十三条,意大利宪法第三条,墺大利宪法第一条,荷兰宪法第四十五条,西班牙宪法第三十九条,葡萄牙宪法第七十条,瑞典宪法第三条,俄国宪法第五条,日本宪法第三条。又其最近者,如我国宪法大纲第二条亦然。粤稽神圣字义,其在欧洲学者之考据,谓原出于罗马,以罗马当贵族专制时代,平民为保护权利计,特设护民官以与贵族抗。继而护民官常为贵族所斥退,平民争之,乃冠神圣二字于护民官上,盖谓护民官与神圣等,虽有罪恶不负责任也。厥后罗马法皇亦恒以神圣二字加诸罗马皇帝及各国国王之上,即神圣二字之由来云。然在我国,自来臣民颂扬君主亦尝用神圣之名词,其见诸诗文奏牍者指不胜屈,而其意义则同为表示君主尊大之威严。其于法理殊无关系,至于不可侵云者,学者解释互异,约有二种。一谓单注重于君主之身体,一谓凡与君主身体有关系者皆同在不可侵及之范围。以予观之,前者殆见意、西、葡、比等国宪法之规定,于神圣不可侵上加以国王之身体字样,故为是解。后者殆据普、日、荷、墺宪法之条文无身体字样者以为断。比较二说之长短,则以后说为是。何以言之? 自然人君主之身体即国权主体者之身体,故侵犯君主身体者是即侵犯国权主体,谓之大逆。国有常刑,万死不赦。虽然,不可侵云者,非仅对于君主惟然,即对于君身之有关系者,亦莫不皆然。与君身关系者有二,一即太上皇、皇太后、皇后、皇太子、皇太孙、摄政者及其皇族是也,一即帝居陵寝宗庙是也。在吾国更有宜敬避者如庙讳、御名。凡上书奏事,有侵犯者予以处分。他若盗取大祀之神物,冲犯君主之乘舆,皆不能无罪。凡此皆自历史沿习而来,虽科罪之条律有差等,而属于君主不可侵权之范围则一也。君主不可侵之意义,更易一面观之,即臣民对于君主不得谤议,又议会亦不得有非难君主之议决。万一有之,其议决即为不法,而获大不敬之罪戾。然其中应有区别者,即谏诤非侵犯是也。譬如我国自三代以来,君主以虚怀纳谏为美,人臣以犯颜敢谏为贤。故诗书所载,从谏则圣君之德也,衮阙而补臣之忠也,其在汉唐取材试士,犹注重于直言极谏一科。且朝廷置谏议之专官,国史传谏诤之盛事,然而君主之于谏臣,从未闻以面折廷诤为侵犯者。由是观之,则君主神圣不可侵之范围,未尝包含此意也明矣。解释宪法条文者勿误会斯旨也可。

第三节　不负责任权

君主为国权主体,且尊之曰神圣,则君主之不负责任也固无俟明文之规定矣。乃普、墺等国宪法,必明揭诸条文云“君主不负责任,使辅弼大臣负之”。此等规定何异画蛇添足。何则？君主以固有之权力,出于自己之意志,而设置诸等之机关,各配以国权所有事务之一部或数部,使之司掌而施行之。而其所受命之臣僚,无不任劳任怨,各尽乃职。是君主之责任固已分配于臣下之担任矣。然则君主之不负责任也不又章章明甚乎？此日本宪法与我国宪法大纲所以不列此条者意亦此欤！虽然,不负责任之意义如何？请申论之。

所谓责任者,有国务之行为责任,有私自之行为责任。国务之行为如关于立法、行政、司法等事,其范围甚广,假令设施不当,偶有过失,不能归咎君主,只能弹劾大臣,此君主不负国务行为责任者一也。私自之行为者,如刑事上之行为与民事上之行为,凡刑法与民法之规定,皆不得适用于君主,而君主独超然于法律之外,此君主不负私自行为责任者二也。盖君主为国权之主体,至尊无极,苟负责任,与神圣不可侵之原则不大相矛盾乎？欧洲学者有谓“君主不负刑事上之责任宜矣。至于民事上之责任有不可不负者,即如关于确认财产权之裁判,虽从裁判所之判决,亦与神圣不可侵之原则未相抵触。”此语在日本亦有道者,不知此等学说乃从君主机关说胎息而来者,殊非精确之论断,故不足取。何则？裁判所者,君主为司法而特设之机关也,其所裁判亦奉君主之命令,而以君主之名行之者。信如彼说,是君主自设机关而自为束缚也,岂理也哉！难者曰:若君主不负责任,则人民之身命财产将焉所托? 不知君主者,保民者也。宵旰勤劳,犹虑德泽未遍,肯令斯民失所耶? 英语曰:君主不为恶事。其深得此旨也夫。

以上乃就君主立宪国而言,非所论于民主国也。若夫民主国之大统领,诚为真正之机关,不惟宪法上无不可侵之特权,而对于国民且有种种之责任。如法国宪法第五条"共和国大统领对于法兰西人民当负责任"。又美国宪法第二条第三项"大统领有重罪之时,宜受弹劾,宣明其罪而黜其位"是也。盖大统领数年一易,变更频仍,非如君主国权主体之郑重。此君主立宪国之君主与民主立宪国大统领所以有不同之点也。

第四节　尊荣权

天子尊荣极矣。居于九重之上,而受四方万国之来朝,群臣引见则跪拜惶恐。君后诞日,则普天同庆,他如组织宫禁以别等级,置守卫仪仗以示威严。崇特别之称谓,佩特别之冠裳,历代所同也。以君丧为国丧,人民素服尽哀,筑隧道、起皇陵,君主而外孰得拟此。要之,君主之尊荣者,公法上应享之权利也。故虽列国之程度稍有不同,而要为君主特有,则一而已矣。

第五节　财产权

古者皇室财产与国有财产两相混同,近世立宪国则不然。就皇室经费而论,如何规定多载在宪法。据英国宪法,规定皇室经费在西历千六百八十七年。并有尔后新王登极,重为改定之语。普鲁士则定为每年二百五十万弗。意大利则宪法第十八条有云"王家经费平均前十年者以定其额"。日本则规定于宪法第六十六条云"皇室经费依现在定额,每年自国库支出。除将来增额外,不必帝国议会协赞"。我国宪法大纲亦有"皇室经费由君主自定,议会不得议及"之条。再由皇室财产观之,有规定于宪法者,有未规定于宪法者。规定于宪法者如意大利宪法第十九条"国王名义所有之物为其财产。又云国王私有之财产不循民法所设财产遗赠之定分,生存中得随意赠遗,又可以遗嘱赠遗。而其他之财产,则应循一般之法律"。又葡萄牙宪法第八十三条"现今国王所有宫殿并土地永属今王之承继者"。又俄罗斯宪法第二十条"属于皇帝之所有者称为御料,其关于赠与或分割,及不能让与之财产,皆由皇帝之诏敕及命令定之。凡御料及其他之财产,不担负一切租税"。其未规定于宪法者,如普,如奥,如比,如日本是也。然日本虽未规定于宪法,而有世传御产之习惯。凡土地物件,有编入于世传财产时,须咨询于枢密顾问,以敕书定之,且由宫内大臣之报告。要之,皇室经费者,公法上之权利也。世传御产者,私法上之权利也。其间性质自异,原不关系于宪法规定之或有或无耳。

第四章　皇位继承

自然人之君主有生不能无死,而国权主体则一日不可消灭。此皇位继承之事所由来也。盖皇位继承者,一方面为自然人君主之传位,一方面为国权主体之继续。是二者相因而至,同时并举。苟缺其一,即非斯旨。英谚有曰:国王不死。夫国王非真不死,以有继承者之故耳。试论列其事如左:

第一节　皇位继承主义

皇位继承主义分世袭与选举二种。欧洲古代皆尚选举。先帝崩时继承者必俟国民推戴,然其所推戴者,即非先帝之皇子,亦列祖列宗之后裔。故虽曰选举,实一血统相承,与世袭无异。至于中世,此风一变,遂趋重于世袭。独旧德意志诸邦相沿不易。迨十九世纪之改革乃已。自是以来,全欧君主国盖莫不取世袭主义者,而选举主义殆绝迹矣。进而征夫我国与日本,日本取世袭主义,二千余年殊无变更。我国唐虞以上,远不可考。据尚书所载,尧之授舜,舜之授禹,乃推贤让德,惟至圣能之,世界各国殊无其例。自夏禹传子,遂世世相仍。故昔人有官天下、家天下之语。官天下者,谓以天下之贤者继承皇位,如尧舜时代是也。家天下者,谓以帝王之子孙继承皇位,如夏禹以降是也。然则官天下为我国古时所特有,家天下与欧洲之世袭主义相埒,而选举主义则欧洲而外绝无所闻也。

第二节　皇位继承性质

(甲)皇位继承者公法上之关系也

　　德国学者鸠蒲耳氏《国法要论》谓皇位继承同于民法之一种家产相续,抑知大有不然者。民法相续为权利之转移,而皇位继承则非权利转移,而国权主体之继续也。民法依相续人之承认始生效力,而皇位继承则不必继承者之承认而当然生其效力。又民法虽他姓之养子亦可相续,而皇位继承则限于一定血族。且民法相续者,一国臣民所遵由之普通法,私法也。而皇位继承则从皇室典范之规定,皇室典范者,国法之一部分,公法也。以是观之,皇位继承之性质与民法相续之性质固大有区别矣。鸠蒲氏之说岂不谬哉。

　　(乙)皇位继承者国家之大事也

　　日本副岛氏谓皇位继承依皇室典范所定,而皇室典范如皇室私法。噫!信斯言也。是以皇位继承为皇室私事而无与于国家也。此等见解,与欧洲古时视土地、人民为君家私产,视皇位继承为君家私事者同出一辙。而不知皇位者,国权主体之地位也。国权主体者,成立国家之要素也。国家非国权主体无以成其为国家,则国权主体之继承也,其关系于国家之离合休戚岂浅鲜哉。是故近世以来,欧洲列国关于皇位继承之事,皆编入于宪法。虽不编入宪法,而别为皇室典范如日本者,亦视皇室典范与宪法有同一之效力。然则皇位继承非一家之私事,而国家之大事也。岂不彰彰明甚哉。

第三节　皇位继承资格

　　第一,祖宗血统

　　凡君主国,皆取血统主义。无论东西古今,若合符节,不必究其宪法之有规定否也。然观列国宪法,亦往往有规定者,如葡萄牙宪法第八十七条"外国人决不能嗣葡萄牙王位"。又比利时宪法第六十条"国王之位以雷渥耳枭鸡・格列起缘・布雷迭利克脱・撒克思・果布尔克陛下之直统。不论本生私生,累累相传"。此外如英吉利以苏匪亚为始祖,非苏匪亚之后裔不得继承王位。普鲁士以腓特力一世为始祖,除腓特力之子孙外不得为普王。日本皇室之始祖曰神武天皇,其宪法虽未明言,然观其第一条云"日本帝国万世一系之天皇统治之",则日本之皇位继承亦限于血统之子孙也可知。况其皇室典范又有祖宗血统以男系男子继承之条乎?以是观之,则我国宪法大纲第一条所谓"大清皇帝统治大清帝国,万世一系,永永尊戴",其词旨类于日本,而意义则同于英、普,可不烦言而解矣。

第二,男系男子

我国自虞夏商周以至今日,数千年来皆以男系男子继承皇位。故虽无宪法明文,而读其史则其事可知。日本亦取男系主义,其历史与我国相同,然其间亦有皇后、皇女即位之事,不过如我国唐时之武后,只可谓一时变例,不可云兼有女系主义也。且据日本宪法第二条"皇位依皇室典范所定以皇男子孙继承之",益明了无疑矣。此外,列国或取男系主义,或取男女皆可承统主义,顾莫不揭载于宪法,以白诸天下后世者。约言之,则普鲁士、意大利、比利时、瑞典、土耳其取男系主义者也,英吉利、荷兰、西班牙、葡萄牙、俄罗斯兼取女系主义者也。虽然,无论其为男系或兼女系,其继承之资格又有嫡出、庶出与婚姻关系之分别。其限于嫡出皇子始得继承皇位者古代多有之,今则虽庶子亦可继承。如日本皇室典范第四条"皇庶子孙得继承皇位"。又土耳其虽宫女所生者亦有继承资格。意大利、比利时于认知之私生子,亦能继承。此嫡庶皆可继承皇位之一佐证也。因婚姻之关系而有分别者,如日本皇室典范之规定皇族非与敕旨认定之华族结婚所生之子不认为嫡出,不得继承皇位。俄罗斯、普鲁士、英吉利等国亦非经君主许可结婚之皇族其所出子孙无继承资格。此又多数国之通例也。其次如墺大利及德意志联合国家中之数小国,单以门阀对等婚姻所生之子得继承,否则不能。此等制度又可谓特别而鲜有者也。

如上所述外,更有非信一特定宗教之君主不能有继承皇位资格者。如瑞典宪法第二条云"国王必奉清净真教"。丹马宪法第五条云"国王必为奉爱古立斯厄安森立古立犹特立斯教者"。又例如土耳其与波斯君主之于回回教,俄罗斯皇帝之于希腊教,墺大利君主之于罗马旧教,威敦堡君主之于耶苏教,英吉利君主之于英国教会,皆大书特书,揭于宪法,其郑重如此。普鲁士君主虽无信教之限制,而亦有罗马旧教僧侣不准继承王位之主张。盖此等国家,自有历史以来与宗教极有利害关系,故至今信教自由之时代而于君主犹留此习。至于我国与日本,自来无宗教之益,亦无宗教之害,故不生此问题,且不必有此规定者,亦固其所耳。

第四节 皇位继承之顺序

皇位继承之顺序,各国所取主义自来有四,即直系主义、年长主义及尊卑主义、近亲主义是也。试征诸各国之法规。

（一）取年长主义及近亲主义者，如普鲁士如荷兰是。据普国宪法第五十三条"王位循王族法而依大宗次序（以年长为宗），次从最近支亲为嗣之例"。又据荷兰宪法第五条云"王位以大宗承重之权为世传"又同第九条云"长统先于继统，兄先于弟，姊先于妹"。又同第十条云"国王无子时，则近亲之裔入而承统"。

（二）取尊卑主义及年长主义、近亲主义者，如西班牙是。据西班牙宪法第四十七条"西班牙之王位继承，循嫡长入嗣之正席，即尊系先于卑系，于同系内近族先于疏族，于同族内男先于女，于同类内长先于少"。

（三）取直系主义及年长主义、近亲主义者，如日本是。据日本皇室典范第五条、六条云"先直系后旁系"。又同第八条"先长子后次子"。又同第四条、第八条"先嫡出后庶子"。又同七条"无皇子孙、皇兄弟、皇伯叔时，传于最近亲之皇族"。

此外各国互有异同，不遑枚举。然要不出此四主义之范围而已。更进而征诸我国，据我国皇室系谱所载，较诸日本与欧洲各国有所不同者，即他国兼采四主义而用之，我国惟取直系主义而已。

直系主义者，由父而子，由子而孙，一系传下，无长幼尊卑之等差。虽其间有储贰空虚，以皇族子弟承嗣宗祧者，实与亲生无异。况继自近亲次序井然，以是而言，则专取直系主义之国与兼取二三主义之国较，则直系主义殊觉为优。何则？兼取二三主义者，每当继承时期，则各主义中均有继承资格者，各挟侥幸之心，互相觊觎，往往戾人情而起争端，大则有社稷之危，小则同室操戈，自相鱼肉，非国家之福也。

关于皇位继承之顺序，更有二问题亦当研究者，即胎中皇子与有缺限之皇嗣是也。

（甲）胎中皇子

胎中皇子，得列于皇位继承之顺序与否，日本有二学说。一谓胎儿未离母体，尚不知为男为女，况生产时能保其无恙否尚未可知。必苟虚皇位以待之，是失国家不可一日无君之旨矣。故胎中皇子无继承资格，不宜在皇位继承之顺序云云。此清水澄氏之所倡也。一谓胎中皇子有继承皇位之资格，日本历史上曾有其例，况皇室典范之规定亦无此禁。苟舍此不顾，径立旁系，是违背顺序之精神，而大伤先帝之感情矣云云。

此美浓部达吉与副岛义一之所倡也。是二说者，虽各有理由，然在直系主义之国宁取后说之为愈。何则？直系主义之国，先君虽乏储贰，犹取旁系子以为其嗣。况先君既有遗腹，乌可弃置不问耶。如谓国不可一日无君，可置近亲之在继承顺序者，权为摄政，一俟皇胎降诞，如女也，则摄政者即继承皇位而为先君嗣，其效力可溯及于先君崩御之时。苟男也，则先君幸有后，当然为皇位继承者。其继承之效力，亦溯及于先君崩御之时。如此既不背于人情，复合乎国权主体继续之理，岂不尽善尽美欤。

（乙）有缺限之皇嗣

缺限者，统身体、精神与行为而言也。皇嗣有缺限，亦可当继承皇位之顺序与否。据日本皇室典范之规定"若皇嗣精神上及身体上有难治之重患，或有重大事故时，可咨询于皇族会议及枢密顾问，以变更继承之顺序"。是皇嗣非有难治之重患与重大事故之二条件，不能有所更动也明矣。然此特就君主尚在，太子犹未即位之时而言。故君主有变更皇嗣之权衡也。倘君主崩御，太子既立，纵其身体有如何缺限，俱不得擅移皇位，只可置摄政而已。何也？君主国权主体，其关系至重，不能漫为侵犯也。

第五节　皇位继承之事项

第一，立皇嗣

欧洲各国皆有册立皇嗣之制度，不惟册立而已，如葡西等国。且必经议会之承认者，日本之立皇嗣也，以敕书定之。未立之前称曰皇子，既立以后则加以皇太子之尊称。推之，若立皇孙，则称曰皇太孙，立皇弟则称曰皇太弟，此不独日本如是，他国亦然。虽然，立皇嗣云者，不过指定继承皇位之最先顺序者，非付与皇位继承之权利也。且于法律上之效力，亦不过得一推测根据而已，亦非定皇位继承之权利也。何则？国权主体继续之效乃发生于事实上继承时，而非发生于册立皇嗣时也。我国古时亦有册立皇太子之制，自康熙以来，皆以不豫定宣示为家法，而仅择贤良者，亲书其名，藏之以俟继承时期，乃召诸王大臣，公同启视，然后定之。乾隆四十八年关于詹事府官制之上谕云：（上略）建储一事即如井田封建之必不可行，朕虽未有明诏立储，而于天祖之前既先齐心默告，实与立储无异。但不似往代覆辙，务虚名而受实祸耳。（见《东

华录》）

以是观之，我国近世制度虽与他国不同，实鉴于历代之弊而防微杜渐，其中深意，非愚者所能窥也。

第二，践祚

日本皇室典范有天皇崩时皇嗣即践祚之规定，解者谓：践祚者，行即位式也。欧洲往昔亦于王位继承后更行践祚礼，乃于国法上始生继承效力。然在近世观念，则不如是。夫践祚礼者，不过定一期日，受中外朝贺形式上之一端而已。其于法律上继承效力，决不待此时而始生也。何则？国权主体不能一日消灭。先帝崩时，皇嗣即当然为国权主体之继续。前与后无顷刻之间断，有如首尾衔接连续以进之势。学者不察，以行践祚礼为皇位继承之一要件，是舍其本而齐其末，殊失国权主体之旨矣。故论及之。

第三，改元

改元者，变更年号之称谓也。新君既继承大统，则先帝年号至先帝崩御之年即截止其效力。由是新建元号，使天下遵而奉之，以纪岁时。此皇位继承后之制度，不独我国惟然，日本亦如是。然在我国古时，改元之事除皇位继承外，亦往往见之。甚至一代君主而改元四五次者，是改元之举，不仅限于皇位继承也明矣。其他各国制度亦间有类似我国者，然究寥寥无几。考其纪年之制，如土耳其、波斯诸回教国，则用谟罕默德迁都后之纪年。英、法、德、奥诸国，则用耶苏降诞后之纪年。更有用建国后之纪年者，然颇居少数。现时欧美各国所用者，大率以耶苏纪元为最普通之制也。

第四，宣誓

皇位继承之皇嗣，于继承时必对议院宣明遵守宪法之誓者，惟欧西列国中有此惯例。其在东亚，则从古未闻也。原来欧西列国之立宪也，大半出于臣民之强迫，且鉴于法兰西之变更宪法，几危社稷，又防范后来之继承者或有蔑视宪法之举，故为是规定也，亦时势使然耳。其规定如何，试举例以明之。

意大利宪法第二十一条"国王嗣位时，于两院集会前宣确守国宪之誓"。

葡萄牙宪法第四十七条"国王当即位前，于上下两院会合之席，宣左之誓词：朕笃信罗马正教，保存王国之完全，遵守葡萄牙之建国法"

云云。

此外，如墺大利、比利时、丹马等国，皆莫不设此规定。一若宪法非此不足以巩国固者，不知宣誓一事，以法理论之，殊非皇位继承要素，且于继承上亦无何等效力。何则？君主为国权主体，至尊无上，虽不违宪，亦出于君主之自由。如谓君主继承之初，非对两院宣誓不可，是视两院权力在君主之上，而君主反仰承两院之势矣。故此等规定，谓循历史惯习则可，谓合乎法理则未也。试观日本制定宪法，并未采此主义者，殆亦知国情不同之故欤。

第三篇　国权机关

第一章　总论

第一节　国权机关与普通机关之区别

机关有二种。行使国权处理国务为国家而设置者，谓之国权机关。人民为相互之公益私益以若干私人之私权集合而设置者，谓之普通机关。普通机关无论何人何地皆可设置，凡一会、一社、一公司，私法上认为法人者是也。国权机关为国家所专有，限于国权主体方能设置，且关系于公法上之规定而无与于私法也。故设置普通机关之权利主体为合议的，如公司非若干人以上不许设置是也。而设置国权机关之国权主体为单独的，如一职守、一衙门必出于君主一人之旨意是也，不宁惟是。普通机关不问何时，皆可设置。亦不问何时，皆可转移、并合与废止。所谓流动的而非固定的也。而国权机关则有一经设置永久不能废止者，有因时会之需要而临时设置旋又废止者，是不惟有固定的而兼有流动的也。普通机关者，若一国中有亿万数，则出自亿万数人之意志，各不相统属，而互相竞争利益。国权机关则一国之中无论有什百千万，而此什百千万皆统摄于一君主而相维相系，各不相妨。又普通机关之设置，必请求国权机关之认可，始有效力。而国权机关之设置，则惟君主一人之所欲，不问他人之认可与否，即有效力。且也普通机关之增减随人民之欲望、智识与经济之状况以为其比例,欲望奢,智识进,经济充足,则共同组合经营之事业日渐繁多。故普通机关因之以增,否则有减而已。而国权机关之增减,则伴于国运之隆污,因乎国力之强弱。国运隆,国力强,浸假而新获领土,浸假而势力扩张,又浸假而新政日出,故国权机关亦不能不因之以增,反是者有减而已。不观夫日本乎? 未维新以前,无论普通机关与国权机关,其减少也如彼。自维新以后,社会之农工商业日渐发达,而农工商业组合之机关,不独充塞于内国,且增置于世界各国之通商埠矣。若夫国权机关,则更有足惊者,自甲午之役及日俄战后,不惟增置于新领土与保护国者不可胜数。且势力所及之地,亦莫不日见设置矣。由是观之,国权机关与普通机关有不能不严为区别者。吾独怪夫世之为机关说者,既不辩之于先,复不释明于后,徒使人惝恍迷离,而终不得一正解也。无已,更说明机关之意义如左。

第二节　国权机关之意义

第一,国权机关者,存在于人人之精神上者也。

卒然问曰:机关何物也? 将指司事之人而名之欤? 则司事之人亦自然人也,何机关之有? 将指事务之地位而名之欤? 则事务处不过房屋数椽而已,又何有于机关? 然则机关者,目不能确见,其为何物矣。目不能见,何以谓之机关? 曰:机关者,存乎人人之精神,精神所倾向而专注者,即机关所在之处也。然则机关存乎精神之理由,可得援引而证明之欤? 应之曰:可不审夫我国之所谓学部者乎,统属天下之学员,总管一国之学务,其可得而见者,学部之官吏耳、房屋耳。然而天下办学务者,皆曰遵学部之定章,奉学部之命令,未闻指学部之官吏而言曰遵某官之定章、奉某官之命令,抑未闻指学部之房屋而言曰定章由是出,命令由是出。是乃学部机关也。然则学部之为学部也,人人脑想上有此,言语上有此,事务上有此,合而言之,精神上有此而已。不然,为学部官吏之人犹是人也,学部之房屋亦犹是房屋也,我何遵之至而奉之极乎? 是可知遵之至奉之极者,乃人人精神上有学部之一机关,精神上有此机关,故亦不复问其官吏如何,其房屋如何,而学部之机关固俨乎其存在,确乎其有凭矣。

第二,国权机关者,依权力以为生灭者也。

机关有发生时乎? 曰有。机关有消灭时乎? 曰亦有。发生者,发生于权力付与之时也。消灭者,消灭于权力收夺之时也。例如国家欲清理财政,不可不设清理财政之机关。欲设清理财政之机关,不能不付与清理财政之权力。既付与清理财政之权力,则机关于是乎发生矣。机关发生,则清理财政之事,于是乎有专属矣。虽然,是机关也,国家能发生之,亦能消灭之,然则消灭于何时乎? 曰:或其事业已成功,或其目的之未达。今而后无复用此机关为,国家于是乎收夺其权力而回复其原状。权力夺,原状复,则机关欲不消灭焉不可得矣。

第三,国权机关者,有知觉而能活动者也。

无知觉非机关,无活动亦非机关。机关者,亦一有机体也。何则? 机关无耳,而何以举凡天下之事无所弗闻? 机关无目,而何以举凡天下之物无所弗见? 机关无身体、灵魂,而何以天下之无贤不肖皆畏其威、屈其力,而受其支配? 然则机关之有知觉而能活动也明矣。机关有知觉,故达于事体而有所判决。机关能活动,故机关之所有事事,与凡属于机关之所当为者,莫不巨细毕举而有所成功。例如外务部者,一外交之机关也。应对列国折冲御侮,非知己知彼,默操胜算焉? 往而不失败者,此外交机关有知觉之一明征也。派领事、置公使、履条约、争利权,往来频繁,应接不暇,此外交机关能活动之一明征也。要之,机关云者,必如是知觉,如是活动,而后可。非然者。一物不知,一事无为,是犹浮图寺观,徒有一名称一形式而已,恶得谓之机关哉。

第四,国权机关者,以有公法人格之自然人所组成之公法人也。

公法上人格之自然人与私法上人格之自然人,有以异乎? 曰:无以异也,均一自然人而已矣。公法上人格组织而成之法人与私法上人格组织而成之法人有以异乎? 曰:异矣。公法上人格组织而成之法人为公法人,私法上人格组织而成之法人为私法人。公法人者,国权机关也,私法人者,普通机关也。且夫人自属毛离里以后,有形体、有知觉、有活动,是即自然人也。自然人一日有生气,即一日为私法上之有人格者。然自然人皆有私法上之人格,而自然人究不能皆有公法上之人格,盖私法上人格与生俱来,原不待他人之授受,而自当然享有。而公法人格非待于国权主体者之付与,则绝对无之也。然则,国权机关之所以为公法人者,可以思矣。

第五,国权机关者,以公法上之人格组织而成,以自然人之心思体力而为其作用者也。

公法上之人格者何？由公法所拟制者也。公法何以拟制人格乎？为组织国权机关也。国权机关属于公法上之关系，故组织国权机关亦以公法上之人格。例如我国之法部机关也。法部尚书、侍郎等公法拟制之公法人格也。组织机关以公法人格，是即组织法部以尚书、侍郎等也。然则公法上之人格，即自然人乎？曰：否否。公法上之人格，为公法所拟制无形体者也，自然人有形体者也，以有形体之自然人而冠以无形体之公法人格，则此自然人也始足以司机关之任务，而为机关之代表。例如日本之大藏省机关也，大藏大臣，公法人格也。为大藏大臣之桂太郎，自然人也。自然人之桂太郎必经国权主体之天皇授与大藏大臣之品级，于是乎桂太郎者乃有所凭藉，而代表大藏大臣之机关大藏省机关之作用，乃于是乎表现于外部。何则？机关之所谓知觉者，即以公法上人格之自然人之心思以为其知觉也，机关之所谓活动者，即以公法上人格之自然人之体力以为其活动也。机关与自然人之关系如此，然则机关之组织不可无公法上人格，而自然人则因公法上人格之取得以代表机关。机关之作用又不可无自然人之心思体力。

第三节　国权机关与公私法人格互相之关系

有公法上人格之自然人是即有私法上人格之自然人，自然人既兼有公私二人格，则公私之界自不能无别。自然人而借贷金钱是为私法人格之行为，自然人而投票选举是为公法人格之行为。又如中国咨议院议员在咨议院中而为地方谋公益是为公法人格，若在贸易场而为己身谋利益是为私法人格。推斯义也，自各部大臣以至一兵一卒，莫不皆然顾其间不能不注意者，私法上人格无高下之区别，而公法上人格有等级之制度耳。

私法人格不能组织国权机关，公法人格始能组织国权机关。机关与私法人格之关系，治者与被治者之关系也。机关与公法人格之关系，组织作用之关系也。治者与被治者之关系，可以分离独立而存在，而组织作用之关系则否。何则？被治者可以脱治者之关系而他适，公法人格与机关则相维系而不可离。离则无所谓公法人格，而机关亦不成其为机关。

私法人格与自然人共生死，公法人格与自然人有离合。例如审判官某甲未奉审判委任以前，单有私法人格而无公法人格。既奉委任而行其职务,则组织审判机关之公法人格乃于是乎取得。此即公法人格与自然人合之之时也。然某甲取得公法人格,某甲必不能永存而无失,设一旦撤其委任、去其机关,是又公法人格与自然人离之之时也。然而,某甲虽失公法人格,而私法人格究仍然存在,且组织审判机关之公法人格亦不因某甲之去而消灭。盖公法人格与机关同其命运,机关无尽期,公法人格亦无尽期,何则?公法人格有定,自然人无定,以有定而待无定,故于公法人格无所损,于机关亦无所损。当自然人取得公法人格之时,可以视自然人与公法人格为一体。例如某省某人任某审判厅推事,一言某推事,而某人在其中矣。若谓某推事即机关,则误矣。盖推事者,组织机关之公法人格也。审判厅者,机关也。机关超越乎公法人格以外,而公法人格则当与自然人合故也。

同一组织机关之公法人格也,前者失之,后者得之,得失者自然人之常事也。前者去之,后者继之,继续者精神上之接合也。精神上之接合者,前之自然人于未失组织机关之公法人格时因代表机关所发之命令所定之规则,后之取得此公法人格者,均承认而踵行之是也。承认而踵行之者,非自然人与自然人之关系,而公法人格一致之效也。非然者,前者之法后者弃之,是公法人格前后矛盾矣。岂不背于法理哉?

第四节　国权机关与国权主体又组织国权机关之公法人格之自然人与国权主体之君主

先有国权主体,而后有国权机关。国权机关在国权主体支配之下,国权主体为国权机关发动之源。换言之,即国权机关者,国权主体之所设置者也。夫国权主体何以设置机关乎?为行使国权也。一国之权力大矣、广矣,主体总摄之,机关分掌之,故无论分掌国权之机关以万数,而总摄国权之主体则一人。以一人国权主体而支配万数之机关,有统系焉以连续之,无患其不通也。有源流焉以追寻之,无虑其不达也。通欤,达欤,如天地之大气往来感召,而人不知也。如身体之血脉循环无端,而人不觉也。且也以万数之机关分掌国权,非万数之机关各有一国权也,由一国权之配置而已矣。以一国权而配置机关,非国权之分割以万数也。统万数之机关权力皆发源于一国权而已矣。明斯义也,国权机关与国权主体之关系,非对抗而主从也章章矣。惟然而组织国权机关之公法人格之自然人与国权主体之君主其关系又如何?可得而进论焉。

有公法上人格之自然人对于国权主体之君主,一方面有执行机关权力之责任,一方面有尽忠国权主体之义务。二者词虽不同,而其义则一。世未有执行机关权力而非尽忠于国权主体者,亦未有尽忠于国权主体而舍执行机关权力者。盖机关权力者,由君主之分配也,执行者君主之所命也,遵君主之所命而执行君主分配之权力,在公法人格谓之循其职务。以循其职务乃公法人格之性质也。在自然人为尽忠于君主,以自然人之公法人格出自君主之授与,惟尽忠乃足以完自然人之天性也是。故自然人之尽忠于君主者,是即公法人格之循其职务也。公法人格之循其职务者,是即机关之动作也。换言之,机关之有动作者,以公法人格之循其职务也。公法人格之循其职务者,以自然人之尽忠于君主也。自然人之对于君主苟或不忠,是反乎自然人之天性矣。自然人反乎天性而公法人格之性质亦随之而异矣。公法人格既异,其性质是机关与君主成对抗之势矣。机关与君主成对抗之势,是没法理、紊秩序、损国权、害统一。揆诸国权主体设置机关之初意,不大相矛盾乎?然则欲杜其弊,厥道何由?将废止机关乎?曰:国权非机关无以为分配,无机关则国权隐而不显,未可也。将消灭公法人格乎?曰:机关非公法人格无以为组织,无公法人格则职务散而不专,亦未可也。然则如之何?而后可,曰:去其自然人之反乎天性者,进其自然人之纯乎天性者,所谓源一清而流自洁矣。且夫国权主体之君主者,有命令禁止之自由也。以自由之命令而命令有公法人格之自然人,则自然人罔有不遵以自由之禁止而禁止有公法人格之自然人。则自然人莫敢不服自由之命令禁止者,法律上之命令禁止也。自然人之遵焉服焉者,法律上之遵服也。法律上之命令禁止者,是即道德上之所谓君使臣以礼也,法律上自然人之遵服者,亦即道德上之所谓臣事君以忠也。

第五节　国权机关之分歧发达

动物之发达也以生育,植物之发达也以播种,机关之发达也以分歧。欲机关之发达而不分歧,是犹图动物之发达而不生育,植物之发达而不播种也,岂不悖哉。间尝远稽历史,近览环球,事无公私,业无大小,盖莫不由单而进于复、由简而进于繁、由少而进于多者,此其故何哉?随世运之递变、循社会之心理,所谓因时制宜、图自身之生存而已。

然则机关之分歧发达可思矣。爰分四说,论列如左:

第一,事实说

事实说者,谓机关之分歧发达由于事实之不同。例如发生之事实为甲,则为甲之机关,事实为乙,则为乙之机关,事实为丙,又为丙之机关。事实发生无已时,机关之增置亦无已时。此机关分歧发达之状况一也。

第二,权限说

权限说者,谓机关之分歧发达由于权限之区别。例如未立宪以前,司法与行政共为一机关。立宪以后,司法与行政各为其机关。由此推之,权限之划分益严,机关之分歧益多。此机关分歧发达之状况二也。

第三,统系说

统系说者,谓机关有统系始有分歧发达。例如先有甲之机关,而后分置乙之机关。既有乙之机关,然后分置丙之机关。由此递嬗日益加多,此机关分歧发达之状况三也。

第四,需要供给说

需要供给说者,谓机关之分歧发达由于供给社会之需要。例如社会欲教育,则为教育之机关以供给之。社会欲交通,则为交通之机关以供给之。社会之需要无穷期,机关之供给亦无穷期。此机关分歧发达之状况四也。

第六节　国权机关及公法人格之种别

第一,国权机关之种别

(甲)以法令之效力为标准而区别之,则有宪法上之机关与法律命令上之机关。

所谓(一)宪法上之机关者何? 即机关由宪法所规定而行使国权,有特殊之效力不能轻于废置者。如摄政、如议院、如内阁、如法院、如审计院等是也。

所谓(二)法律命令上之机关者何? 即机关由普通法律所规定,或由君主之命令所设置,而行使国权,有普通之效力,或置或废,不必用繁重之方法者。如中央与各省一切大小行政官厅是也。

(乙)以组织机关之公法人格为标准而区别之,则有单独制机关与合议制机关。

所谓（一）单独制机关者何？即以单独公法人格组织而成之机关。如摄政及各省督抚司道府厅州县是也。

所谓（二）合议制机关者何？即以二个以上之公法人格所组织而成之机关。如内阁、如议院、如各部是也。

（丙）以权力之范围为标准而区别之，则有总意机关与分意机关。又代表机关与补助机关。

所谓（一）总意机关者何？即有总管各分意机关权力之最高机关也。

所谓（二）分意机关者何？即受总意机关权力之管辖，始得行使其一部分权力之机关。大而言之，如摄政之于全国，则摄政为全国之总意机关，而全国之机关为分意机关。其次则各部之于所属，则部为一部之总意机关，而部下所属之机关为分意机关。又督抚之于一省，则督抚为一省之总意机关，而一省之道府州县等为分意机关是也。

所谓（三）代表机关者何？即以他人之名而代他人以表见其权能之机关。如摄政者以国权主体之名而代表国权主体之君主行使大权。又认代议制度之议会，亦为国民代表机关是也。

所谓（四）补助机关者何？即无立法、司法、行政之权力，而仅立于补阙拾遗之地位者。如都察院及立宪后设置之弼德院是也。

（丁）以设置之久暂为标准而区别之，则有经常机关与临时机关。

所谓（一）经常机关者何？即一经设置，恒久不易，且为行使国权所必不可少者。如各部与各府州县之行政官厅。又司法之审判厅是也。

所谓（二）临时机关者何？即偶然发生事实之际，特设一机关以处理之，待至处理告竣，仍复原状者。如摄政、如战时裁判所之类是也。

（戊）以所在之地域为标准而区别之，则有固定机关与流动机关。

所谓（一）固定机关者何？即某机关设置于某地，一定不能移易。如各省之督抚及州县等是也。

所谓（二）流动机关者何？即无一定之所在地，而随时转徙。如陆海军是也。

第二，公法人格之种别

（甲）以法令之规定为标准而区别之，则有宪法上之公法人格与法律命令上之公法人格。

（1）宪法上之公法人格者何？即规定其权限于宪法不能轻于变更

者。如摄政者,与国务大臣、裁判官、议员等是也。

(2)法律命令上之公法人格者何? 即规定其权限于诸法,或出自命令可以随时变更者。如各部次官及各省官治行政之诸官职,与自治行政之被选举者是也。

(乙)以组织机关之情形而区别之,则有单独公法人格与合成公法人格。

(1)单独公法人格者何? 即不必与其他公法人格相连而自单独得为公法人格者。如行政、司法官是也。

(2)合成公法人格者何? 即非与其他公法人格相会合而即不能成其为公法人格者。如议员是也。

(丙)以能力之性质为标准而区别之,则有主务公法人格与从务公法人格。又代理公法人格与补充公法人格、假定公法人格。

(1)主务公法人格者何? 即总揽一机关之权力而负机关全部之责任者。如各部尚书、各衙门长官与公使是也。

(2)从务公法人格者何? 即分掌一机关中之任务而负机关中一部分之责任者。如各部次官及公使之参赞、各衙门之公务职员是也。

(3)代理公法人格者何? 即法律上认为有代理之能力而于事实上可代理他公法人格之职务者。如日本之总理大臣代理大藏大臣,其余行政官之互相代理是也。

(4)补充公法人格者何? 即有公法人格之记名而尚无组织机关公法人格之地位,须待有缺而后补充者。如分省之候补官员与自治团体之候补议员是也。

(5)假定公法人格者何? 即择其自然人之优秀而予以公法人格之记号,以俟将来之取用者。如有其官职而尚未分省候补者是也。

第二章　摄政

第一节　摄政之地位及其性质

摄政者,国权机关也。凡君主立宪国,顾莫不规定于宪法者。盖国家不可一日无国权主体之君主,而国权主体之君主或有时不克操纵其国权,君主既不克操纵其国权,而国权之活动究不可因是而停止,此摄政所由置也。夫所谓摄政者,以国权主体之名而统摄国家之权力者也。

故摄政之意志即视为君主之意志，摄政之行为即视为君主之行为，摄政之意志行为其效力既不异于君主，而直接及于国家者是。即摄政为国家之关系国家之利益，而非私人之关系私人之利益也彰彰矣。国家之关系者何？公法上之关系也。国家之利益者何？公法上之利益也。然则摄政之位置存在于公法上者，此其一。

国权主体之君主不因摄政之故而有所损益，而摄政者之对于君主亦不因摄政之故而高其位置，而君君臣臣名分犹是也。盖以摄政者，国权主体所设置之国权机关也。组织此机关者，公法人格也，二者皆根据于宪法。宪法者，国权主体之所制定也。国权主体制定宪法而预为是规定者，以备自然人之君主偶有不能操纵国权时，而令此机关与组织此机关之公法人格临时发生，以为操纵国权之所也。以是而言，则自然人之君主必有不能操纵国权时，则宪法上所规定之摄政乃于是乎发生效力，否则宪法上虽有此规定，不过聊备一格而已。然则摄政之位置，存在于宪法上者，此其二。

国权主体之君主与国同永，而摄政则偶然一设置。故曰：摄政者，国权之临时机关，而非经常机关也。不特此也。凡国权机关之权力，皆由国权主体者之分配，而摄政则全握有国权主体者之大权，非有所谓分配也。摄政既全握有国权主体者之大权，则凡国权主体支配下之国权机关，摄政亦得而支配之，可无疑矣。摄政既得支配国权机关，则摄政之所以为机关也，自有特殊之性质，而超出于全国国权机关之上可知矣。然则摄政之位置为国权之最高机关者，此其三。

如上所言，则摄政地位之意义固以明了。然学者之解释议论，颇不一致。兹举数说批驳如左：

（一）摄政与君主同体说

此说日本穗积氏主张之，谓摄政之行使统治权，非在皇位以外，故天皇之皇位即摄政之皇位，天皇与摄政不得为区别云云。不知皇位者，国权主体惟一之地位也。摄政非国权主体者，而外有摄政特立之地位，二者自有严格之区别，恶可漫为相混。苟如彼言，是犹一国而有二君，一国权主体之地位而置二个之自然人，且尊君主为陛下者亦可尊摄政为陛下矣。何以故？以君主与摄政无所区别，故君主与摄政同一皇位，故试问天下有此法理乎？否则，其说之谬误可不待辩而自明矣。

（二）代理君主说

　　此说清水澄氏主张之,谓君主不能亲政,即不能不设法定代理人而立于法定代理人之地位者,是为摄政。不知法定代理人者,乃私法上私权主体与他私权主体之关系,而君主为国权惟一之主体,摄政为国权主体设置之机关,二者之关系非私权主体之关系而公法上之关系也。公法上之关系从未闻有法定代理之说者。如曰摄政即法定代理,是以国权主体混而为私权主体,以公法关系混而为私法关系也。岂不谬哉!

　　(三)君主委任说

　　此说谓摄政必由君主之委任,苟无君主之委任,即不得为摄政者。不知摄政之资格与顺位,各国皆明定之于宪法或皇室大典,苟摄政之事实发生,而有资格之在顺位者即当然履摄政之位,不在乎君主之有委任与否也。信如彼言,必由君主之委任,设先帝崩御时未遑及此而承继皇位者尚在幼冲,又或君主偶有故障,不能为委任之谕旨,于斯时也是必不认摄政之为摄政而后可矣。何则? 无君主之委任焉。故也此不惟不合于法理,而且有反于事实。故是说犹未得当也。

　　(四)摄政为君主之后见人说

　　此说在国家幼稚时代亦盛行之,今则不然。观西班牙、葡萄牙与荷兰之宪法及日本皇室典范之规定,摄政与后见人不得以一人兼之,即可知二者之性质决非相同也。夫君主之后见人,在荷兰等国为太保,在日本为太傅,以君主未成年时则置太保太傅以保育其身体,盖私事也。而摄政为执行国权之机关,公事也。是故太保太傅不得干预摄政之公事,而摄政亦不得干预太保太傅之私事。其间区别至为严密,然则摄政与后见人之不可混为一事也不益彰明较著哉。

　　(五)君主能力补充说

　　此说谓君主不能亲政是谓无能力,故摄政者以自身之权限补充之。不知摄政为执行君主之大权者,非补充君主之能力者,亦非摄政者自身之权限,乃宪法之规定国家之公益也。何则? 自身之权限与补充能力云者,自然人私权上之关系则有之,而执此以喻摄政则误矣。

第二节　置摄政之事由及其时期

　　有置摄政之事由,有置摄政之时期,然其事由之发生即其时期之到来也。列国有共通之要件二。试分别论述如左:

　　第一,君主未达成年时

君主成年之时期,有以十四岁者,有以十八岁者,有以二十岁者,各从其国之规定。日本则以十八岁为成年,若君主以成年而承继皇位时,固无须乎摄政。若君主嗣位之初,尚未于达成年,则摄政之机关有不可不急于设置者,此各君主立宪国之史乘,昭昭不可掩之事实也。至于先帝崩御,有遗腹皇子尚未诞生时,亦宜置摄政与否,学者议论不一。日本清水澄谓胎中皇子无皇位承继权不必置摄政,而美浓部达吉谓宜准据未成年之例。以二者比较得失,则前说不如后说之妥适。以后说尚不悖于人情故也。

第二,君主有故障不能亲裁大政时

故障者,事实上之问题,非法律上之关系也。学者于此谓故障,有相对的有绝对的。相对的故障者,暂时疾病或暂时旅行外国是也。绝对的故障者,疾病亘久不愈或久留外国是也。相对的故障非置摄政之事由,而有绝对的故障始能设置者,此各国之所公认也。虽然,故障之程度果至于如何而后谓之绝对欤?抑果以如何之标准而后决定欤?各国关于此等问题不仅随宫中之意旨而后已,且必由他机关议决而后可。如荷兰宪法第三十四条云"国王不能亲政时当置摄政官,然参议院与各省长官宜会议详为调查,若国王不能亲政之机确有凭证,后即召集国会以报告其事"。同三十五条亦云"国会检查参议院之报告书,认为确实者,即以正式公布之法律宣告前条应置摄政之事"。又西班牙宪法第五十七条"国王不能亲政时,国会认其确实者,即置摄政"云云。日本之规定亦大略仿此,惟其间有不同者,即日本须经皇族会议及枢密顾问之议决,而议会不得有所置喙也。

第三节　摄政之资格及其顺位

第一,摄政之资格

(1)摄政之有资格者,在欧洲各国虽不限定于皇族,然必无皇族而后及于选任。如普鲁士、荷兰、西班牙、葡萄牙等国宪法之规定是也。日本古代亦然。故在藤原氏盛时,有五摄政家之称号。至明治维新编纂皇室典范,乃取限定皇族之制。我国古时,摄政之名始见于周公之辅成王,然周公皇族也。至于西汉之末,王莽以外戚而拟周制,居摄二年,遂移汉祚,以是观之,摄政非皇族之害竟至于此。而欧洲诸国与日本古代,从未限于皇族而皆未蒙其弊者,国情有不同焉故耳。我朝顺治年间,加封皇叔睿亲王为摄政王,又当今皇帝之于摄政王,以周公之辅成王比之,其义正同。然则我朝摄政资格之制,取法于周而同于日本皇室典范之规定,可考而知矣。

(2)摄政之资格,必限于皇族之达于成年者。此又各国之所同也。虽然,成年云者,有普通之成年,有特别之成年。所谓普通成年者,如日本民法之规定凡人民以满二十岁为成年是也。所谓特别之成年者,如日本皇室典范之规定天皇、皇太子、皇太孙以满十八岁为成年是也。而摄政之成年,以普通为标准乎? 抑以特别为标准乎? 在日本殊无规定。据清水澄宪法论以为,摄政者之成年无妨同于君主。以摄政代君主执行政务,予此特权,亦不为过。而副岛义一之说则谓皇族偶然摄政,无与君主及皇太子皇太孙同一成年之理由。综此两说比较之,以清水氏之说为优。何则? 成年之制,不过法律上特示人民以遵由之标准而已。况皇族既当摄政顺位,乌可因一二岁之参差遂尔变动乎? 此清水氏说之所以差强人意也。虽然,此特就日本之情形而论耳。若在欧洲,各国大都规定于宪法者,如意大利宪法,国王以十八岁为成年,摄政以二十一岁为成年。又葡萄牙宪法,国王以二十岁为成年,摄政以二十五岁为成年,且限于未曾被剥夺王位承继之权者是也。

(3)摄政以皇族之男子,此原则也。苟无男子时,虽女子亦有摄政之资格者,又各国宪法上之所公认也。然摄政以女子在他国别无制限,亦不问其有夫与否。而日本皇室典范之规定,则皇太后、皇后而外限于无配偶之女子。无配偶云者,谓皇族之女子尚未婚嫁,或已嫁而寡居,或因离婚而大归者是也。其意盖谓有配偶之女子,即有事夫之义务。苟以为摄政,或其志不专,且其配偶者设因此而揽大权,则恐不利于国家故也。

(4)摄政者又不独仅有形式上之资格而已,而实质上之资格亦不可不完全者,即身体上、精神上有无故障之问题是也。假令其身体与精神有重患,或有重大之事故,其尚未摄政而在摄政之顺位者,变更其顺位可也。或摄政后而始有此故障者,不可不去其位而更以他之同一顺位者充之。盖摄政之性质与君主不同。君主有故障可以置摄政,而摄政有故障即不能于摄政之上更置摄政。且君主有故障置摄政则可,去其位则不可。以君主为国权主体,不能擅自移易也。而摄政则以皇族为之,苟有故障,虽变更之,亦不为病,然亦视其故障之确否以为定。是故日本特明示于皇室典范,非由皇族会议及枢密顾问之议决,不得有所变置者,可谓深得其当矣。

第二,摄政之顺位

摄政之顺位,与皇位继承无异。直系之最近亲居先,而以次及于旁系,各国所略同也。然依日本皇室典范之规定,则以皇太子皇太孙为第一顺位者,亲王及王为第二顺位者,其次则皇后、皇太后、太皇太后、内亲王及女王是也。苟摄政之事实发生,则以皇太子为之。无皇太子则及于皇太孙。无皇太孙则及于亲王及王。无亲王及王乃及于皇后。推而上之,无皇后乃及于皇太后,无皇太后乃及于太皇太后,无太皇太后乃及于内亲王及女王。此等规定,虽称完善,然历考各国事实,无皇太子皇太孙者不时见之,至于亲王及王,则人数众多,自足相承。故皇后以下,谓之聊备一格焉可也。而事实上女子之摄政者,盖鲜有闻也。

第四节　摄政之权限及其责任

第一,摄政之权限

各国宪法关于摄政之权限别无规定,惟日本、荷兰、比利时及卢克森堡有摄政期中禁止变更宪法之条。又德国诸联邦之宪法则限于特定事项不许变更外,若于一定条件之下,虽有变更亦不之禁。其他限于皇位继承之顺序禁止变更者,英吉利也。不准变更皇室典范者,日本也。关于大臣之任免设有制限者,瑞典、巴威伦等国是也。此等规定虽各有取义,然以余观之,殊亦无足取法。何则? 摄政者,最近亲之皇族也。皇族与国家及帝室之关系,其亲切为如何。而谓皇族于摄政期中肯阻害国家之进运、剥丧帝室之元气乎? 故敢断言,其必无也。苟鳃鳃焉忧虑,不置,如日、荷、白、瑞等国,特定若干制限不过一纸空文而已,于事实上何益之有。且宪法者,随世运之进步以为其进步者也。若于摄政期中,凡有更改,一切严禁,未免胶柱鼓瑟,不合于经常权变之道也。又况乎摄政者,总揽君主之大权者也,凡君主所能为者,摄政亦得而为之。苟特加以制限,则大权之行使诸多窒碍,是不惟有妨国权之伸张,而亦失临机应变之自由矣。

第二,摄政之责任

君主神圣不可侵,故无责任。惟大臣负责任,宪法所明定也。而摄政亦有责任否乎? 学者于此问题议论多不一致。清水澄氏谓不可侵权乃自然人君主之特权，摄政不过代君主行政而已，非代自然人君主也，故不能享有不可侵权，而当负责任。又副岛义一氏谓摄政非有完全之神圣保持权者，苟摄政有犯罪行为，限于尚未罹时效者，至摄政终了后，亦得追责之。是二说虽略有异点，然同为摄政负责任之主义则一。不知摄政苟违国宪，则对于国权主体者，虽不能立于无责任之地位，然不过由法理上之一推测而已。若考乎事实、察乎情理，则二说皆不能无误。何则？不可侵云者，非对于君主，惟然即与君身最近之皇族亦莫不然，盖非皇族应享此特权也，顾不如此不足以表示君主之尊荣耳。以是而言，则摄政较他皇族应享之特权宜乎更有进矣。乌有既摄政之皇族反不在神圣不可侵之范围哉！此清水与副岛之说之所以不足取者一也。君主处理国务，偶有过失，只能弹劾大臣辅弼之非，不得归咎于君主，各国所同也。摄政为君主处理国务，其效力与君主之亲政等耳。是故摄政虽有过失，亦不能不责诸大臣，以诸大臣在摄政期中仍居辅弼之地位，其所负之责任亦与君主亲政时无所分别耳。假令摄政者为处理国务之故，偶有过失，摄政者必自负其责任，是辅弼大臣已立于无责任之地，而摄政者处理国务之效力与君主亲政之效力区别而为二也。其于宪法上摄政之性质不大相背谬乎！此清水与副岛之说之所以不足取者二也。大臣之互相弹劾，或议会之弹劾大臣，在君主亲政时，则君主自裁决之。置摄政时，则摄政者裁决之。此一定不移之理也。苟摄政者自负责任，则偶有过失，必受弹劾。试问摄政之上复有大于摄政者而为之裁决乎？如曰有君主在，则君主苟能裁决弹章，何必置摄政为？故弹劾摄政之事，不惟无益于事实，且徒冒渎摄政威严，是又反不如仍弹劾大臣辅弼无道之为愈也。此清水、副岛责任说之所以不足取者三。君主超然于法律之外，不负刑事与民事上之责任者，所以保持尊严，而合乎神圣不可侵之原则也。摄政之地位，虽属君主之下而却居于全国机关之上，凡全国之国权机关莫不受其支配者。设摄政而负刑事民事之责任，使其他机关得而裁判之，是上下倒置矣。且摄政既为君主行使大权，侵犯摄政不啻侵犯君主也。然则刑事民事之规定，其不适用于摄政，而摄政之超然立于法律之外，与君主同为不负责任也又益明矣。不特此也。摄政之不负责任也不仅摄政中如是，即摄政终了后亦复如是。否则如副岛氏之之说，凡摄政中之过失俟摄政终了后追治之，则后之追治何以异于前之负责任乎？此不通之论也。何则？摄政后之不追治其罪者，是即摄政中不负责任之效也。此清水、副岛二氏之说所以不足取者四。

如上所论,摄政不负责任之意,非一人之私言也。考诸各君主立宪国之宪章及泰西学者之论说,即可证明其不诬者。如葡萄牙宪法第九十七条"摄政不负责任"。及德国联邦中萨克森、果补、普耳比、可达宪法第二十一条亦如是规定。又德国学者育鲁嗟氏之《普国国法论》第七十节,秉谨古氏之《刑法论》第一卷六百七页,又哩司多氏之《德意志刑法论》千一百六十页,其所论究,约与予同。盖由情理上与事实上观察之,必如是而后可耳。夫复何疑。

第五节 摄政之止终

摄政非常设机关也,故有开始之日,即有终止之期。然则终止于何时乎? 各国共同之原因不外左之三项:

第一,君主驾崩时;

第二,君主达于成年时;

第三,君主能复亲大政时。

君主崩御之时,即皇位继承之时,故摄政亦同时终止。此一定之理也。至于君主达于成年乃亲大政者,各国皆有明文,更不俟言。我国成年之制,虽无成规可指,然考诸先例,则穆宗毅皇帝至十八岁始亲大政,德宗景皇帝至十九岁始亲大政。律以各国成年规定,亦不谋而合。又光绪三十四年十一月二十日公布之摄政格式权限令第十五条,皇帝大婚举行后,俟臣工集议之结果而定大政亲裁之时期云云。夫所谓大婚后者,即成年之代名词也。考日本皇室典范第十条"天皇以十八岁为成年",又皇室婚嫁令第一条"大婚之礼,天皇达于十七年后举行之"。以是观之,国无论东西,时无论今古,其所取义大都无甚相悬,何必究其法令之有规定否也。

如上所述,第一、第二项原因乃法律上之结果,当然如是,毫无疑义。至于第三项则为事实问题,有不能不加以研究者。即君主之有故障而置摄政也,在他国必由国会之调查,果有凭证而后可。在日本必经皇族会议及枢密顾问之议决。然则君主之故障既除,将不必经皇族会议及枢密顾问之议决而直可复亲大政,使摄政终止乎? 如以为可也,则君主之故障确否已除不得而知,如以为必经皇族会议及枢密顾问之议决也,又无规定之明文可据。学者于此多所议论。美浓部氏谓君主之故障既除,君主自有决定权。清水澄氏谓推测皇室典范之精神,亦以皇族会议及枢密顾问议决之为当。据此二说,折衷论之,则君主故障既除,确有可凭,而摄政者自然奉还大政,不必待君主之自决,亦不待皇族会议及枢密顾问之议决也。非然者,是又别种事实问题之发生矣,法律乌得而知之耶。

第六节　摄政与训政辅政

第一,政摄与训政之区别

摄政与训政义各不同,兹就我历史之事实参考之,则训政可分为两种:即太上皇之训政与皇太后之训政是已。

（一）太上皇之训政

我国太上皇训政之事见于乾隆六十年,高宗纯皇帝传位于仁宗睿皇帝后,一切政务仍亲训示。据当时军机大臣议奏,典例太上皇仍称曰朕。其论旨改称敕旨,而仁宗睿皇帝之上谕又往往有恭承太上皇训示之语。然何事须依上谕,何事须请太上皇训示,殊无明文可考,惟乾隆六十年十二月,下琉球国世孙敕谕有云:自丙辰后,凡有呈进表文,俱书嘉庆年号,至朕传位后,凡军国大政,及外藩交涉事件,朕仍训示,嗣皇帝一切锡赏绥怀,悉倍恒典。（见《东华录》）以是观之,则太上皇训政之范围不过关于军国大政及外藩交涉事件,其余皆皇帝亲裁可知矣。

（二）皇太后之训政

皇太后垂帘训政之例,我国自古史乘,屡见不一。然与太上皇之训政微有异者,即太上皇之训政出于己意,而皇太后之训政必由诸王大臣之奏请与皇帝之恳愿,而后许之。观同治初年之上谕云"我朝向无皇太后垂帘之仪,朕受皇考大行皇帝付托之重,惟以国计民生为念,岂能拘守常例? 此所谓事贵从权,（中略）,著照所请传旨"云云。又谕内阁上谕云"朕奉母后皇太后、圣母皇太后懿旨,现在一切政务均蒙两宫皇太后躬亲裁决,（中略）,惟缮拟谕旨,仍应作为朕意,宣示中外,自宜钦遵慈训,嗣后议政王军机大臣缮拟谕旨,著仍书朕字"云云。据此,则皇太后之训政一切皆以皇帝之名行之,与太上皇之训政另有敕旨,而皇帝亦得亲裁大政者,又自不同矣。

如上所述,则摄政与训政之不能无所区别也明矣。试揭其区别之点如左:

摄政因法律之效力而发生,而训政则政治上之权宜,其区别一也。

摄政因君主幼冲或有故障时置之,而训政则不拘君主有无故障或成年与否,其区别二也。

摄政虽皇太子、皇太孙及亲王皇后等皆得为之,而训政则限于太上皇、皇太后、太皇太后,其区别三也。

摄政则君主之大权概由摄政者总揽之,而训政则君主亦得亲裁大政之一部或数部,其区别四也。

摄政时之谕旨以君主之名,由摄政王钤章始生效力。而训政时之谕旨则单以君主之名,即生效力,其区别五也。

摄政乃各国认为宪法上之机关,而训政惟我国所特有,其区别六也。

第二,摄政与辅政之区别

辅政之名由来已久,如汉昭帝时,霍光以大将军受遗诏辅政。故虽光之权限与摄政无异,然究不得以摄政目之。何则?辅政云者,不过表示辅弼君主行政之一形容词,非有代君主摄行大权之意也。故自汉以降,受遗诏辅政之事不一而足。又我朝顺治间,封郑亲王为信义辅政叔王,其后康熙朝亦以索尼、苏克萨哈、遏必隆、鳌拜等受遗诏辅政,号辅政大臣。由是观之,辅政之不能与摄政相混也又益明矣。其区别之点有四,即如左:

(一)辅政必由君主恩封,或受先帝遗诏。而摄政则不俟恩封与遗诏,但从法律上之规定当然为之。

(二)辅政非有国权机关之名,不过表示辅弼君主行政之意。而摄政则为国权之最高机关,而位置于全国机关之上。

(三)辅政之称,无论何时,凡臣工之有勋劳者,皆可赐与。而摄政则非摄政事实发生之时不得设置,且非皇族有资格之在顺位者不得称之。

(四)辅政不问人数之多寡,而摄政则不得同时有二。

第三章　帝国议会

第一节　议会之地位及其性质

(一)议会者国权机关之一也

学者有以议会为国家机关、为代表机关、又直接机关者矣，而予独以议会为国权机关之一者。何哉？盖以国家之权力皆集中于国权主体，复由国权主体设置诸等行使国权之机关，而以国权分配之议会者，亦国权主体所设置之一机关也。议会既设置于国权主体，则议会行使之权力非其所固有，亦非人民之付与，而受之于国权主体之分配也。然则议会行使之权力非他，即国权之一部也。议会有国权之一部，始能为议会之活动，否则无所谓机关，亦不成其为议会。故曰：议会者，国权机关之一也。

（二）议会者有独立意志之国权机关也

国权机关非机械的合成，而有意志之公法人也。惟其为有意志，故能为议会之议决。然其议决也将听命于君主欤，将指导于政府欤，抑为国民所嘱托欤。苟听命于君主，是议会与行政官府等耳，恶足为宪法上最重要之机关而占协赞立法之地位耶。苟指导于政府，是政府得以左右议会而议会已丧失监督政府之精神矣。且苟为国民所嘱托，则议会无言论行动之自由，不啻与国民有委任之关系也。然则议会之为议会也，乌可无独立宪意志耶。独立意志者何？有自由判断之能力、不受其指挥、不为所束缚、大公无我、直言不讳是也。不然者，即非独立意志，且不足以名议会。

（三）议会者为国家表现需要力及理力之国权机关也

此说倡自笕克彦氏，而予亦赞同之。渴而思饮，饥而思食，寒而思衣，谓之需要力。欲饮则饮，欲食则食，欲衣则衣，谓之自由力。饮食衣服适当与否，一一评论之，谓之理力。在昔专制时代，凡此三力，皆统括于君主。自世界文明制定宪法，于是自由力专属君主，需要力专属议会，理力则君主与议会共属之。故曰：议会者，为国家表现需要力、理力之国权机关也。所谓表现者，统现在未来足以发展国民全部生活必要之事，一一表现而出之是也。所谓为国家表现者，明其所表现之事项非为己也，亦非为一部分、一区域，而为国家全体也。

（四）议会者合议制之国权机关也

机关有单独制，有合议制。单独制云者，以一人之心理裁决之，即生效力之谓也。合议制则否。盖以议会者，集合全国被选举之议员组织以成之者也，故虽议员各有心理，各能自由裁决，然一人之智识有限，未可奉为标准。惟集思广益，同归一致，夫而后乃为天下之公是公。此合议制机关之一特色也。非然者，以一人之所是者是之，以一人之所非者非之,而余皆唯唯诺诺、毫无表见,名虽合议制也,其实与单独制又何以异哉。

君主立宪国议会之地位及其性质已如上述,其他学说繁滋,诸多疑似,略举数端解决如左:

第一,议会非自治团体也

有疑议会亦自治团体者,殆以市会府县会,议员必出于选举,有一定之权利义务与议会等耳。故曰市会府县会,自治团体也,议会亦自治团体也。不知误矣。夫自治团体者,各以其一定地域内之住民组织而成之者也。而议会则由全国所选举之议员组织而成,其异点一也。自治团体为谋一方面之公益而设,议会为谋全国之公益而设,其异点二也。自治团体之设置由普通法律定之,而议会则规定于宪法,其异点三也。自治团体议决之效力只能及于一定之域内,不能及于邻境。而议会议决之效力则及于通国,其异点四也。自治团体无定数,并合废止,因时因地以制其宜。而议会则全国惟一,永久不易。其异点五也。以是观之,议会与自治团体之区别严矣,恶得曰议会即自治团体也哉。

第二,议会非代表人民之机关也

认议会为人民之代表机关说者,谓君主国议会之目的,在欲使国民皆得参与政权而已。但人民众矣,苟欲集于一堂,以议决国务,势所不能。故选举少数者,俾为多数之代表,以组织议会。而议会即以全国人民之名,以参与政权。故曰议会者,代表人民之机关也。不知选举之意义,不过欲择其有道德学问经验者,乃合乎议员之资格,非使被选举人代表选举人也。且自国家一面观之,亦不过藉选举以证明其人民中之有道德学问经验者,夫而后授之以组织议会之公法人格,令其为国家表现需要力、理力之有资格而已。若以人民所选举者即为人民代表,是必人民皆有为国家表现需要力、理力之资格而后可。何则?代表云者,必其实有可代表之权,乃生代表之事实。试问选举者之权限,有为国家表现需要力之权限乎?有为国家表现理力之权限乎?否则代表之说胡为乎来哉。呜乎!其亦不思而已矣。

第三,议会非人民之代理机关也

认议会为人民之代理机关者,谓议会者,由代议士组织以成之者也。代议士者,人民参与政权之代理人也。故曰:议会者,人民之代理机关也。此说固为吾人所否认。而从沿革上观之,亦有来历。考欧洲中古大陆诸国,人民有各种阶级。其中有特权者,各构成一法人之形体。所谓议会者,即以其各法人所出之代理人会合之而已。故其为代理人者各专以其阶级之权利为目的,而主张之且其代理人之出席于议会也。非得自由陈述其意见,而一一皆听命于各阶级团体之约束已耳。职此之故,其在当时之议会,虽谓之为各阶级之代理机关,谁曰不宜。然此不过历史上过去之一事实而已。若以今日之所谓议会者,仍视为代理人之会合,则误矣。何则? 今日之议会云者,非为阶级团体而设,为国家而设也。今日之议员云者,非由何团体法人所出之代理人,而国家组织议会之公法人格也。且其议员之出席而陈述意见,也非为何阶级何团体之利益,而图全国之生存发达也。知乎此,则今日之议会与古代之议会,其区别之点不待辩而自明矣。代理云乎哉。

第二节　议会制度

第一款　议会制度之起源

议会之制,由来最古。考之欧洲大陆诸国,当希腊、罗马及日耳曼时代,即已有之。然律以近今议会,则大异其趣。盖近今立宪制之所谓议会者,实起源于英吉利也。试略其梗概如左:

英自诺尔曼王征服,专制垂百五十余年。贵族嫉王权太甚,图制限之。西历一二一五年,遂迫王发布有名之"玛古纳加尔答大宪章"。此大宪章之规定,实为今同立宪制之基础,而议院之制度,亦即滥觞于此。然当时之所谓议院者,不过懂以国王之手书,召集大僧正、僧正、寺主伯、领主及大男爵等,并由伯领之裁判官召集其他臣工,共会合于一所而已。而议决之权限,犹毫无规定也。迨耶夺阿耳德王一世,乃予以承诺王室经费及军事费之权,且关于国王发号施令之当否,亦付之评议,是为今日议会得参议政权之始。既而下级部属亦相继而起,构成一会,名曰士会。是会区分为三,曰共同自治体、曰伯领团体、曰百人组。此会一倡,通国市府之民,尤而效之,亦各为团体,争殖势力。国王惮之,乃使各团体自举代表,参与国会,俾议决地方行政事务,及征收租税等。是为今日民选代议士之始。各团体代表既得参与国会,与贵族冲突,势将决裂,王甚患之。乃为调和之策,使贵族议员及民选代表,各组织一院,令其相紧而不相辖。前者谓之贵族院,后者谓之众庶院,此即两院制度之先河也。议会自分院而后,众庶院之势,日益膨涨,不惟有租税议决权,及既征收金额支出,亦监督之。虽于国王之前,并许质问政府责任,而议会弹劾大臣之端,遂由是启矣。众庶院之进步,犹未已也。往者法律之制定,一听诸王,未许议会置喙。至是有发见法律缺点者,诉之议会,佥谓此而不言,流毒无已。乃请愿于王更改之,厥后竟成惯例。每一请愿,无不附加法律议案者,王及贵族,惟诺之而已。此即议会得协赞立法权之嚆矢也。十六世纪之末,此习惯仍相沿不改,至孜德尔朝,国王为恢复王权计,形式上以扩张议会为词,其实质上竟置议会于王权之下,而左右之。由是议会之形势为之一变。至十七世纪,土咱多时代,王权益振,遂以命令变更国会组织,并图破坏其基础。无何。群起反对,君民之间,大生恶感。一六八八年,卒放土咱多王于境外,而迎维廉三世立。议订《权利宣言》十三条,以为巩国议会之保证。自是英国立宪政体,乃告完善。而议会之制,遂达于圆满之域矣。

第二款 两院主义及其名称

议会之组织,或采一院制或采二院制,在法律学上原无重要关系。惟英吉利依历史上偶然之事实,始创立两院制度,厥后仿效于美,移殖于法,遂以次传播欧洲大陆,近复风行于日本,采用于中国。几几乎为世界立宪国不易之原则矣。虽然两院制之所以盛行一世者,非徒漫无根据,而有前车之鉴也。英之两院制,初本由一院而分者,其节略既述于前,孰得孰失,固不待辩而后知。其次,则法兰西于革命时代,惑于自由平等之说,谓不宜取法英制,显分阶级,当通国一律,实行共和。遂以一院召集国会,乃曾不移时,而阋墙纷争几危社稷。于是始悟英之分院,实有理由,有不能不倾心效颦者。故法自改定两院,遂以安以宁、以昌以炽,此世界所共知共闻也,然则两院制之优于一院制也,不益彰明较著欤!兹将取两院主义之国,及其名称表示如左:

英 吉 利 国	贵 族 院	众 庶 院
法 兰 西 国	元 老 院	代 议 士 院
意 大 利 国	元 老 院	代 议 士 院
西 班 牙 国	元 老 院	众 议 院
葡 萄 牙 国	贵 族 院	代 议 士 院
普 鲁 士 国	贵 族 院	代 议 士 院
巴 威 伦 国	王 国 参 议 院	代 议 院
萨 克 逊 国	第 一 院	第 二 院

匈 牙 利 国	豪 族 会 议 院	代 议 士 院
比 利 时 国	元 老 院	代 议 院
荷 兰 国	第一部议院	第二部议院
丹 麦 国	上院曰国会	下院曰民会
瑞 典 国	第 一 院	第 二 院
拉 马 尼 国	元 老 院	代 议 士 院
俄 罗 斯 国	上 院	下 院
日 本 国	贵 族 院	众 议 院
北美合众国	上 院	下 院

此外,诺威国与塞耳维亚国平时以一院为通例。遇有特别事件,则召集国民大会。是二国者,在一院与二院之间而已。他若纯取一院制者,惟希腊、庐克森堡、瑞西联邦中之各洲,及德意志帝国内之四五小国已也。德意志帝国表面上虽属一院制,然外有联邦参事会,由联邦代表者组织而成,颇类于联邦国之上院。然则德意志之议会,谓之一院也可,谓之二院也亦无不可。

第三款　两院制度之理由

采用两院制度之理由,从政治上观察之不外左之诸点。

(一)人民众多、种类复杂,而利害关系亦各不相同。故有贵族以为利,而平民以为害者;亦有平民以为利,而贵族以为害者。若取一院制,则以取决多数之。故党派多者,必占优胜;党派少者,虽有理由亦无如之何矣。两院制则不然,盖两院立于平等之地位,苟上院以为利,而下院以为害者,则下院有不同意之权;若下院以为利,而上院以为害者,则上院亦复如是。互相牵制、折衷而行,偏重之弊庶几免矣。

(二)有门阀、勋劳、学识及资产,而占社会之上层者,较之普通人民,其数甚寡。若取一院制选举主义,则当选者,尽属普通人民而占社会之上层者,因被其抑压致生种种变故,若夫两院制,则占社会之上层者,其数虽微,而与普通人民相对待,故抑压之端,可以不生矣。

(三)凡议决之制,皆以多数为标准,虽云有利,而害亦随之。若取一院制,则政见不同,树党竞争,至于极端,必有抛弃公益、以便私图者。若夫两院制,则各有所惮,不得不为适当之议决,以博他院之赞成。否则虽蒙议决,亦不过徒劳而已,其如他院之不顾何哉。

(四)一院制国,旁无拘束,议事易流于恣纵。虽其议决失宜,亦得直接要求君主之裁可。因是君主与议会之间易起冲突,而君主之尊严,鲜有不被其侵犯者,则不敬莫大乎。是若夫两院制,则两相钳制、争自砥砺,审慎商榷,而后奏闻裁可。故孟浪之讥,可以不作矣。

(五)议院以监督政府为精神,若取一院制,则遇有激烈冲突,必酿出颠覆政府之恐。法国往事其殷鉴也。若夫两院制,则此院与政府冲突时,他院可出而调和之,故虽有重大问题,亦易于解决也。

(六)国家立法必期久远,故当议决之时,不取迅速而贵郑重。若取一院制,虽称敏捷,而易涉轻率。若夫两院制,则审查可臻周密,而规定犹为完善。

第四款　两院关系

两院有单独之行为,有共同之行为。所谓单独之行为者,即:(一)上奏;(二)建议;(三)法律案之提出;(四)定议院内部之规则;(五)选定委员;(六)逮捕议员之许可;(七)审查议员之资格是也。所谓共同之行为者,即:(一)召集开会闭会停会及会期之延长,须同时并行;(二)两院议决一致议案,乃云成立是也。但此外有问题二,即:(一)下院被解散之后,上院犹复存立乎?(二)两院苟有冲突,将何以善其后乎?据各国宪法之规定,必两院并存,然后名之为议会。譬辅车相依,有舍其一而不能行者。故下院苟被解散,上院决不能独立。非不能独立也,以一院议决之议案,不生效力故也。然则上院亦随之解散乎?是又不然。夫上院多终身议员,且以最少数之贵族组成之,非如下院之议员,尽属普通人民,随时解散,随时可以召集者。是故各国议会历史,并无解散上院之说。惟下院被解散,而上院即因之停会而已。至于两院冲突之事,虽不可免,而调和亦自易易。或由两院各选委员,互为磋商、彼此交让,其争自息。或君主以命令排解,两必遵从无事。倘仍相持不下,则不得已解散下院,从新选举。此虽各国通义,而事实上究少概见。惟近时英吉利,以两院之冲突,遂惹起上院改革之问题,是为特别之一例,试述其颠末如左:

英国下院于西历千九百六年,因选举法改正案、谷物条例废止案及爱兰自治案等之议决。上院激切反对,屡阻通过。下院愤极,辄倡改革上院等议。然下院之所以径为此议者,以有前总理大臣阪纳满氏为之主动也。夫阪纳满氏何以为是主动乎?因政府提出案件,上院多非之。故阪纳满氏藉下院多数党员之后援,而企图燥急之改革。下院亦欲乘此以减缩上院之权限，因此风起水涌，为此快举。然而卒未达其目的者，何也？盖上院之势力，虽若不逮下院，而上院之根基，千余年来却极稳固。其资格之深厚，亦他莫能及。是以遇有重大问题，其判断处置，每每昂然自信，不为下院所移。因此下院之议决及政府提出之案件，苟认为不利于国家者，断断乎必排除之而后已。此不独证明上院之职务，当然如是抑亦足见两院制度之利益也。原来彼所倡改革上院之问题，其最要者，在欲使法案之最终确定权归属于下院已耳。不知英国上院之权限，自千六百七十一年以来，即大为减缩，其犹著者，如豫算议定权之被制限是也。假令此次法案议定权因下院之风潮再被制限，是上院惟有再审下院之议定权而已，尚得谓议院之性质犹有存焉者乎？此英国一般舆论，所以不赞成此举也。然而一波方息，二波忽起。上院改革之议近又复燃，惟其着想之稳健，较曩日权力制限之问题，实有天渊之别者。试揭其改革案之大旨如下：（一）世袭议员之减额，（二）僧正议员之减额，（三）使殖民地亦得参与一定之议员，（四）制限政府之上院议员推荐权，（五）排斥有名无实之议员，代执选举制，以公举贤能，（六）副政教分离之大本，（七）实行利益共通主义，（八）洗除旧弊。综观以上诸条，皆极切中时弊。苟此案成立，微特上院之面目由此一新，而两院制之基础，益称巩固。英之前途可为豫料也。

第五款　中国议会与两院制

如上所述，不过议会制度之大凡而已。顾我国之议会则何如者，据日本有贺长雄氏之论说，及法界之拟议，谓中国将来之议会，须察其历史上之事实，以制其宜，不当慕两院制之虚名，而附会之，而效颦之。何则？欧美、日本之所以取两院制者，乃根据于其历史上有贵族、平民之两阶级耳，非无故而出此也。中国自秦汉以来，贵族阶级渐次划除，至于今日，人人平等。虽有官爵者，朝秉国钧，夕襏襫带，依然平民耳。若必采二院制，是舍己从人，强不同者，以为同天下之失计，未有甚于此者。故中国将来之议会，宁采一院制之为愈也。是说也，乍见之则是，实按之则非。何也？我国之国情，虽较欧美、日本稍有异点，而究非绝对无特别阶级者。自内部而言，有王公世爵、宗室觉罗也。自外藩而言，有蒙藏世袭王爵也。若采一院制，则以皇族之贵，而下与民齐，不惟有辱尊荣之恐。且平民众多，党派杂出，竞争之结果，保无发生别项问题耶？且我国幅员之广大、种类之复杂，以一院而议决天下事，宜于北者或不宜于南,利于上者或不利于下,甚或蔽于感情、持其偏见,吾恐专制之忧,不在政府而在议会之间也。准是以谈,则彼一院制之说,可以反矣。又况乎吾国两院制度之规定久已,见诸资政院章程第一条之明文耶。

吾国既取两院制,则两院之名称如何?据日本北鬼三郎所著《大清宪法案》,谓宜称贵族院、众议院。予以为下院称众议院,固无可议,而上院以贵族名,殊觉未叶。何则?君主立宪国之上院,名贵族者,惟英吉利、普鲁士、葡萄牙、日本而已。之四国者,由贵族专横时代(亦曰封建时代)一跃而直达于立宪之域,而诸侯之耽耽负嵎者,势力犹存,故上院之组织不能不属于此辈,而上院之名称亦不得不以贵族名之,此必然之势也。我国贵族之盛,莫如春秋战国。自秦一宇内,废封建而郡县天下,至于今日,脱离贵族专横时代,业已二千余年。所谓贵族者,除皇室宗族而外,几无复有矣。以是而言,则吾国上院之组织,岂仅属于贵族已哉。既不仅属于贵族,何必津津焉窃效日本诸国为也。

第三节　上议院之组织

第一款　立宪君主国与立宪共和国上院组织之比较

同一立宪君主国也,因历史上之沿革不同,故其上院之组织,即生差异。况立宪共和国与立宪君主国之比较,其区别之点,不亦多乎。试列举于左。

(一)立宪君主国之上院组织,以贵族为中心,而以臣民之魁儒硕彦表异于众者补充之。反之,立宪共和国则取人人平等主义,不认贵族之制度。

(二)立宪君主国上院组织之议员,大约分为三种:一世袭之特权,二贵族之互选,三君主之敕任。反之,立宪共和国则无所谓世袭,亦无所谓敕任。除公同选举外,别无他途。

(三)立宪君主国上院之组织,世袭贵族,则一成年即当然为议员。反之,立宪共和国之议员,非满四十岁以上(法兰西)或三十岁以上(美国)者,不得为之。

(四)立宪君主国上院之组织,有一经敕任,即终身为议员者。反之,立宪共和国则通同定期一选,并无终身议员。

(五)立宪君主国上院之组织,凡僧正、大僧正皆与贵族平列,得为议员(欧洲各国)。反之,立宪共和国之僧侣则否。

（六）立宪君主国上院议员之选定权，属于君主。故得为议员之资格者，皆自君主予之。反之，立宪共和国议员之选定权，则属于选举会。故得为议员之资格者，皆由一般人民之公认。

（七）立宪君主国上院议员之额，应于各阶级人数之多寡而权衡之。反之，立宪共和国上院议员之额则有以府县会议员为比例，每十人公推一员者（法国），亦有不问区域之广狭、人口之多少，每州推选二人者（美国）。

第二款　上院组织之要素

第一项　英普日及中国之比较

各立宪君主国上院组织之要素，因其历史与国情不同，故其规定亦不能不稍有异点。兹先举英、普、日之制度，而以次论及吾国。

（甲）英吉利，英以左列议员为组织上院之要素：

（一）世袭贵族，即公爵、侯爵、伯爵、子爵、男爵是也。

（二）僧侣贵族，即大僧正、僧正。

（三）爱尔兰选出之贵族。

（四）苏格兰选出之贵族。

（五）法务贵族。

（乙）普鲁士，普国以左列议员为上院组织之要素：

（一）王族议员。

（二）世袭贵族议员，分为四种：

（1）前代二王室之宗子；

（2）十八家故侯之宗子（即封建时代诸侯之后裔）；

（3）一八四七年列于贵族之世袭侯伯子爵；

（4）国王赐与特权之贵族。

（三）敕选终身议员，分为三种：

（1）内廷四大官。

（2）由各团体推荐而国王敕任者，分为六种：

（甲）三大教会之僧侣；

（乙）各州伯爵联合会；

（丙）大地主联合会；

（丁）旧家富族联合会；

（戊）九大学校；

（己）四十三大都市。

（3）国王任意敕任者。

（丙）日本，日本以左列议员为上院组织之要素：

（一）皇族。

（二）公、侯爵。

（三）伯、子、男爵。

（四）有勋劳于国家及有学识者。

（五）多额纳税者。

综观以上三国组织上院之要素，则英、普皆有僧侣议员，而日本独无。日本非无僧侣也，以日本之宗教，僧侣自来在社会上，无特别势力。而英、普当政教混合时代，僧侣常握无限政权，故其制定宪法、组织议会，亦不能不留一席，以安彼辈势使然也。他若普之旧家富族及大学校团体，亦有组织上院资格，而英、日俱无此例，是又普之特别国情，有以致之也。此外名称虽异，然比而同之则有共通之原理三。即：（一）世袭议员，（二）互选议员，（三）敕任议员是也。日本之世袭议员，惟公侯有，然英之世袭议员，凡公侯伯子男，皆同普之世袭议员，则诸侯而外，更及于有特权之贵族。综而较之，是普之世袭范围广于英，英之世袭范围又广于日矣。互选议员，在日本则伯、子、男爵，在英则苏格兰与爱尔兰之贵族，在普则由各团体推荐者。综而较之，是普之互选范围，又广于英日矣。若夫敕任议员，英则限于僧正与法务贵族，日则限于有勋劳有学识及多额纳税者，普则由国王之任意。综而较之，是英之敕任范围狭于日，日之敕任范围又狭于普，以普未有制限故也。又易一方面观之，则日之议员，惟取阶级主义，而英、普之议员，兼取地方主义。地方主义者，即英之爱尔兰、苏格兰与普之四十三都市互选议员是也。准是以谈，则英、普、日三国组织上院之要素，已不能无所异同，而吾国可知矣。吾国宗教、政治，自古攸分。欧洲所谓僧侣贵族者，从未有闻。故宗教家之于国会，不惟上院信其必无，即下院亦不致有其位置，此吾上院组织之要素，与英、普不同者一也。吾国功臣爵位，分九等二十七级，除少数世袭罔替外，其余皆世降一等，至于恩骑尉为极。而英、普与日本，则列爵为五，永远世袭。故吾国组织上院，决不能效英、普之有爵者，均命为世袭议员，只能如日本之伯、子、男爵制限，互选且有互选资格者，亦但限于侯、伯、子、男而止。何则？我国自五爵而下，车载斗量，不可胜数。安得若大议院，以容彼等。此吾上院组织之要素，与英、普不同之点二也。我国农民分土平均，工商业亦未发达，不惟无普之所谓大地主，即日之所谓多额纳税者，亦落落无几。故组织上院决无以是为要素之理由。此吾上院组织之要素，与普、日不同之点三也。吾国皇族，除亲王以至奉恩将军之有爵者、闲散宗室，其数实繁。故组织上院之规定，决不致有如普、日皇族，皆为议员之条，只能以亲王以下之最近亲列为世袭议员。此外，宗室觉罗照侯、伯、子男制限互选，如此斟酌，似得其平。此吾上院组织之要素，与普、日不同之点四也。

如上所述，吾国与英、普、日之国情，其不同如此，然则该三国组织上院之要素，谓我国全无可采焉，是又不可。可采者何？即日本之有勋劳有学识者之敕任与普之四十三都市、英之爱尔兰、苏格兰之公选是已。

第二项　中国组织上院之要素

第一，王公世爵

我国皇族自开国八王外，尚有成贤亲王、怡贤亲王、恭忠亲王、醇贤亲王及庆亲王，皆为世袭罔替。其余则依定制亲王子降袭郡王，郡王子降袭贝勒，贝勒子降袭贝子，贝子子降袭镇国公，镇国公子降袭辅国公。自辅国公以下尚有不入八分镇国公、不入八分辅国公及镇国将军、辅国将军，以至奉国将军、奉恩将军而止。但例外亦有，应降袭而受世袭罔替之特典者，皆谓之王公世爵。此外自奉恩将军以下之子孙，谓之闲散宗室，亦曰无爵宗室。兹拟自辅国公以上，至于亲王，皆仿日本之例，一至成年，当然为上院议员，即英、普所谓世袭议员是也。自不入八分镇国公以下，则依互选之法，似于轻重远近之间，适得其宜。要之，无论其为世袭，其为互选，必荷钦派后，乃有议员资格。即法理上，所谓组织议会之公法人格，必由国权主体者授与之是也。

第二，宗室觉罗

宗室觉罗其数繁衍，故不能与日本及英、普诸国之皇族同一特权。据资政院章程第十条所规定，亦与王公世爵划分为二，而令其互选后奏请。

钦派特限定五人而已。资政院者，预立上下议院之基础也。上院之组织，亦必以是为标准也。

第三，蒙藏封爵

蒙古之制，集旗成部，集部为盟，旗有旗长，部有部长，盟有盟长。

其间爵位封号,内蒙古则一如皇族,惟自亲王至辅国公限于六等而止,其他尚有台吉及塔布囊等称,外蒙古则王贝勒外,犹有称汗者。其他与内蒙古同,惟有台吉无塔布囊而已。其爵虽亦分世袭、递降二种,然其实皆世袭也。此等议员拟限定额数,令其互相选举由理藩院奏请钦派。又内外蒙古之有爵者,除以上所述外,尚有数札萨克喇嘛。若亦一律待遇,则彼必无向隅之叹矣。

西藏有达赖喇嘛及班禅额尔德尼喇嘛,为其政教二权之主长。其地位虽与驻藏办事大臣称为平等,而其宗教上之势力,直足以号召全藏。故以之为上院议员,不必如蒙古之互相选举,直由钦派可也。

以蒙藏封爵为上院议员之理由,自法理上谕之,吾国宪法大纲第一条,所谓大清帝国者,非仅指内部各省而言,直包括蒙藏而言也。既包括蒙藏而言,则宪法之效力,当然及于蒙藏。故蒙藏之封爵,亦应与内部之封爵有同一之待遇,而均为组织上院之要素。自事实上谕之,则蒙藏虽设管理大臣,而素与内部不相往来,文字习俗判若云泥,名义上虽属大清领土,而实质上几忘同一国家,且强邻环伺,往往利诱威迫,故不能不藉此以坚结其志趋,以输入其文明,此又政略上不可少之一端也。

第四,公侯伯子男

我国之公侯伯子男与日本之公侯伯子男,其爵位正复相同。特日本为世袭,我国为降袭而已。据日本之规定,除公、侯外,满二十五岁者,伯爵以十七人中互选一人为议员,子爵以七十人中互选一人为议员,男爵以五十六人中互选一人为议员。但有二例外如左:

(一)无选举权及被选举权者,即白痴、疯癫,并受刑事之诉,在拘留中而裁判尚未确定者是也。

(二)既为宫内省之官吏及其他官吏者,若当选后,须辞退其职,始能就任是也。

我国若采此法,其与日本稍异者,即彼之公、侯为世袭议员,我之公、侯合伯、子、男皆为互选耳。

第五,有勋劳于国家者

大臣著有勋劳、通达治体,现无职守者,限定额数,如何钦派,出自殊恩。

第六,富于才望学识者

富于才望学识者,其发谋决策大都利国福民,故不能不以之为上院组织之要素。顾此等人物,或居于下位,或隐于山林,欲罗致之,非仅恃国会选举,所能达其目的者。故各君主国皆有敕任之一法,以补其缺。但被敕任之资格,有明揭诸法律条文者,如日本、意大利是也。有不揭诸条文而从其惯习者,如英吉利必由首相之奏请是也。然自实际上观之,其人果富于才望学识与否,欲求一具体的标准,殊不可得。惟有择其与论之所属者,凭诸君主之主观的认识而已。

第七,各省公推之练达地方政务者

我国大矣,虽一行省之面积,亦与欧洲之一国相埒,其上院议员,除蒙藏不计外,或尽出于北方,而南方无一人焉有之。或仅出于三四省,而此外皆无一人焉亦有之。如此而欲上院议决之事,皆圆滑周到,而无偏重之弊者,未之有也。苟各省皆有练达地方政务者,参与其间,则可以供上院之考证,而疏通各省之情意,以补其阙略,其于事实理论,两有可取。不观夫英吉利乎,区区三岛而组织上院之议员,除各种选举敕任外,犹以为未足也,更有爱尔兰、苏格兰之代表以列乎其间。又不观夫普鲁士乎,其国无我一省之大,议员除世袭外,敕选及于旧家、富族、九大学校,此外更有四十三都市各团体推荐者,彼等非不惮烦也,盖恐上院之举动失其衡平,特藉此以调和而维持之也。我国以庞大土地,风俗习惯南与北大异,其宜省与省各殊其趣。诚宜采此制度而用之,则上院将来之效果,其佳美乌可以道理计哉。

此项议员公推之法,即自各省会议员中互相选举后,再由本省督抚择其资格相合者,奏请钦派似得其宜。至于议员之名额,不必同于下院,即仿美国、瑞士,按每州平均公推二员之法,亦已足矣。

第四节　下议院之组织

君主国组织上院之要素与组织下院之要素,其性质迥然不侔。上院之要素已如上述,而下院之要素,无论何国,皆属于国民。特选举权与被选举权之制度,有种种之差异耳。兹分别论述如下。

第一款　选举权

第一,选举权之制度及各国选举制度之历史

选举权者,国民参政权之一种也,据肯罗鲁买鸦氏之《国会选举法论》,则其性质如何,从来有学说二。

(一)谓选举权者,个人之天赋权利也。

(二)谓选举权者,为谋国家利益之公共职务也。

第一说盛行于法兰西,而普通选举制之所从出也。第二说盛行于英吉利,而制限选举制之所从出也。所谓普通选举者,即一般国民皆有选举权之谓也。然亦有种种制限,如女子、小儿及精神丧失者、被剥夺或停止公民权者、禁治产者、破产者、受贫民救助者,皆无选举资格。此外,若非于一定之期间住居于选举区者亦然,所谓制限选举者,除普通选举所制限外,尚须特别之要件三,即财产资格、纳税资格、教育资格是也。

普通选举有二种,一曰均一选举权,二曰等级选举权。均一选举权者,凡选举人皆有同一之投票权是也。等级选举权者,此部之选举权较大于彼部之选举权是也。又等级选举制,可别为左之三种方法:(一)依选举人之身分及纳税额而分为数个之阶级。(二)大多数之选举人惟有一票之投票权,反之一部之选举人,特有数票之投票权。(三)依一般选举选出一般代议士外,更由特别选举团体,选出特别之代议士。

欲知制限选举与普通选举之由来,不能不求诸英、法之历史。英国于西历一二一五年贵族僧侣逼王发布自由大宪章,创设巴力门。巴力门者,贵族僧侣参议国政之处,即后世所谓模范国会也。一二六四年革命军起,遂开平民参与巴力门之例。平民众矣,焉得人人而与之。故不能不加以制限,而选举法由是出焉。然在当时人民之见而知之者,选举耳,尚不知所谓制限选举也。迨孟德斯鸠标榜英制,及法国革命时代学者之研究,然后制限选举之名词,乃表见于诸家著述,而英国之为制限选举也。英人始知之,列国始闻之,盖英之国会贵族创之于先,平民加之于后,以贵族之势力而为是制限之规定,亦固其所耳。

嗣是法国立宪,首采英制,而制限选举之法,遂传遍欧洲大陆。然英国虽属制限选举,而财产资格及纳税资格实未严重,不过备是一格而已。而法兰西、西班牙、诺威等国,变本加厉,极肆苛求,故中流社会之取得此权者,尚属寥寥,而劳动阶级之全被摒斥,可想而知矣。世运变迁,人智发达。一八四八年法国人民以天赋人权之思想,群起而与政府为难。迨反动驰于极端,乃举制限选举法一旦摧弃,而均一普通选举之制,始发现于巴黎。然此不过一国政治上之变端而已,而影响所及瑞西、德意志等国,遂相继取法踵而行之。于是乎,制限选举之风衰矣。盖自普通选举制出,权利平等之说,如风起水涌,列国议会大为震撼。

由是有直采均一制者,有取均一制而稍事变通,谓之等级选举制者,或
虽仍用制限选举制,而制限之程度自然低下者,又或名为制限,而实质
上与普通选举殆无区别者,此盖一般之倾向,有如水之就下,莫之能
御也。

综观今日各国选举制度,不外如下三种。一取均一普通选举者,一
取制限选举者,一取等级普通选举者。

(一)取均一普通选举制者:法兰西、德意志帝国、德意志联邦之一
部、瑞西、西班牙、诺威、希腊及北美合众国中大多数之诸国是也。

(二)取等级普通选举制者:墺大利、普鲁士、比利时、罗马尼亚及德
意志联邦之二三小国是也。

(三)取制限选举制者:英吉利、意大利、匈牙利、荷兰、葡萄牙、瑞
典、日本及德意志联邦之多数小国是也。

第二,选举权制度之解释及其利弊

(甲)均一普通选举

解释均一普通选举之学说有二。

其一曰:均一选举权者,个人之天赋平等权也。不知天赋平等权之
说,乃古代之理想,学者早已指摘其谬误,不足执以解释选举权,于近世
也久矣。假令天能赋人以均一之选举权,天亦必能赋人以肉体上、精神
上之均一能力,及经济上、社会上之均一权利。夫何人生之肉体精神及
经济社会之关系,无论东西古今,从未闻其有平等之一日,此其故可
思矣。

其二曰:均一选举权者,以国民为主权主体之原则之当然结果也。
不知此等主张,只适用于民主国,而不适用于君主国。若用概括的论
断,则误矣。

以上二者,要皆未得普通选举之意义,已无可疑。然以予观之,选
举权者,国权主体者之所授与,而规定之于法律也。均一选举者,因其
国中之情形人民之趋势,而出于国家政治上之理由也。试举欧洲之实
例,演述如左:

欧洲之行选举制也,其初仅及于中等社会,而止至于劳动社会。如
帮工人、手工人与一切无资本而徒以劳力营生者,均不得与于是选。然
而在商工业未发达时代,犹未足以为患也。近世工业之进步,一日千
里。所谓大公司、大组织者,比比皆是。由是遂生职工之一大阶级,而

职工之利益,辄与大地主、大工业及商业家之利益相颉颃。于是乎职工外界之交涉日繁,不得不须代表矣。职工之代表日益加多,而因利害之关系,遂惹起政治上之问题矣。既生政治上之问题,而欲劳动社会之人民全然仍无与于政权,能乎否乎？法国政治家于此,谓劳动社会者,亦国家之分子也。假使与国家之生活分离而独立,则不平之郁积,其结果必有煽动家得间施其煽动之手段,使劳动社会对于资本家起而为极端之反抗,而国家之经济界,未有不由是而受其恐慌者。脱令劳动社会,亦得参与政权,则国政必能圆满进行。何则？使劳动社会得参与政权者,所以镇定其扰乱,而维持经济界之一政策也。且使劳动社会终无选举资格,则议会议决之案件,必有不公平之虞者。即资本家但以自己之利益,常为议会行动之准绳,而劳动社会之利益,全被其牺牲而不之顾也。然则谓均一选举者,一方面即使劳动社会与其他各阶级之人民有同一之选举权也,一方面即国家对于资本家与劳动社会之调和政策也。是说也,虽于普通之观念,似有未合,而按诸欧洲之情势,则无或爽耳。

据以上所述,则均一选举权之制,似乎公而利矣。虽然,其弊害亦有不可胜言者。夫一国之中下流社会之人数,恒数十倍于上流社会,使此辈均得参与政权,则少数之优秀者,必被压伏于多数无识者之下。其结果,必有不堪设想者。何则？下流社会大都未被高等教育,故自己无独立之卓见,而易为他人所煽动。且选举所取者,多数投票制也。议院之议决,亦以多数之赞成为标准也。无识者既多于有识者,不惟投票各于其类,难期有识者之当选。而政治家之高谈,亦必不能入于其耳。其所议决者,非出于孟浪,即属于是非倒置而已。故予谓均一选举之制,必其国之教育普及人民之程度相等,乃可行之。否则,适足以乱国病民,殊非立宪政治之本意也。

(乙)等级普通选举

其一,基于职业之等级选举

欧洲之等级选举制,今世纪与旧时代判然不同。盖旧时代之所谓等级者,惟指有特权之阶级而言,如宗教团体、大地主、市民及农民之代表者是也。近世纪之等级,则因个个经济上之利害关系,而各出其特别代表者名之。曰经济的阶级,亦曰职业别。据罗夫翁氏之说,则此项经济的阶级,可分而为三。(一)以实质的之利益为生活的中心点者,即大地主小地主工业者,及商业者劳动者。(二)以精神的之利益为生活之中心点者,即教会学术及技艺之代表者。(三)依于地域的之住居为阶级者,即地方团体是也。又据近世舒夫勒氏说,谓职业别之阶级,可分为经济的与非经济的二者。经济的者,即农业者、商业者、工业者、手工业者、劳动者。非经济的者,即教会、大学、普通学校、医师、辩护士等。此外,法国蒲奈氏之主张,则以选举人之组织,区为职业别与地方团体之二部,而以职业别之代表组织下院,以地方团体之代表组织上院。综观以上诸等法则,在欧洲虽尝有行之者,然以予思之,殊无足取。以其违反国家目的,而有悖于国会之性质故也。夫国权主体者之设置议会机关也,为行使国家之国权,而为国家谋现在将来之幸福已耳。信如前说,是直以议会为各阶级经济上之竞争场,而置国家于无足轻重之地位也。此等主义以代议士由个个利益团体中选出,则各利益团体所选出之代议士,惟知代表其本团体之利益,此外则非所过问。甲如是,乙亦如是。其结果,必有牺牲他部之利益,以肥己部之团体者。假公济私,日无宁晷。国家前途,尚堪问耶!夫所谓代议士者,必其处心也公,其虑患也远,其建一言、发一议也不以一二团体之利益为前提,而以天下后世之治安为标准。苟能如是,则议员之道得矣。虽然,此等人物,岂可求之利益团体中耶。求之利益团体,是犹南其辕而北其辙,欲其不败恶可得哉。

其二,基于纳税额之等级选举

因直接纳税额之多寡,而区别选举权之阶级者,是谓基于纳税额之等级选举。此制于西历一八四九年发源于普鲁士,而流行于罗马尼亚诸小国。盖普之选举,其初固采均一制耳,既觉不善又不能改,乃创斯制以救其失。而其主义之要点,则权利与义务为比例是已。此制以通国人民之纳直接国税者,分为资本家、中等社会、劳动者之三等阶级。第一阶级谓之多额纳税者,第二阶级谓之中等纳税者,第三阶级谓之少额纳税者,各阶级各分担总税额三分之一,即各取得总数三分之一之选举权。譬如一选举区之税额为一万五千圆,应选举议员十五名,则平均分配各阶级当负五千圆之税额,应获选举五名议员。其各阶级之人数,如一选举区,有资本家十人,则以此十人分担五千圆之税额,即由此十人中,得选举议员五名;有中等社会百人,则以此百人分担五千圆之税额,即由此百人中得选举议员五名;有劳动者千人或数千人,则以此千人或数千人分担五千圆之税额,即由此千人或数千人中,得选举议员五名。据普国统计局于一八九三年之调查，则一万人中，有第一阶级三百五十二人，有第二阶级一千二百零六人，有第三阶级八千四百四十二人。以是观之，则第三阶级之人常数十倍于第一阶级。故按诸实际，其第一阶级之人，或一选举区有一、二，或数选举区有一、二，未有不当选而占优胜者。而第三阶级之人，不过徒有其名而已。按此等制度其结果，仅富豪者有议员资格。此外虽公卿大夫，亦惟是限于第三阶级中而已。何以故？以公卿大夫，非营工商业者，不能直接多额纳税。故公卿大夫尚且如是，其他则又何说。试观一八九三年普之九大臣中，有合第二阶级之资格者三人，其余皆属于第三阶级，而第一阶级则绝无一人焉，可以知矣。故该国学者罗白尔德曰，我国最大政治家之选举权，较之无教育多金之竖子，远不及百倍。又毕士麻克于德国同盟宪法制定议会，亦大言曰此等恶选举法，无论何国皆无行之者。此虽一时愤极之言，然亦足见该制之害，实未合乎贤士大夫之心也。

其三，复数投票之等级选举

复数投票者，寓等级于选举权中，而以一人数票之投票权，特予选举人之一部分是也。此制久行于英国、瑞典之地方团体，而国会近亦采此法者，比利时其最著也。考比制之内容，以年满二十五岁于一年间居住于该选举区之比利时男子，皆各有一票之投票权，但（一）年龄达于三十五岁，既冠或居鳏有嫡出之直系卑属，且年纳五圆以上之税额于国库者，或（二）年满二十五岁，有二千圆以上价格之所有地，或由比国之公债，与一般贮金局年可受领百圆以上之利息者，除得一般投票外，别予以一票之投票权。又（三）有大学卒业证书者，由高等中学校之全科课程卒业者，并规定于法律之有或种职务及地位者，除得一般投票外，别予以二票之投票权。按此主义之要点，即一方不失为普通选举。凡国民中无论如何之阶级，顾莫不予以选举权者，而他方则附以教育及贫富之等差，洵可谓调和尽善，轻重咸宜。近时学者，多赞成之，良有以也。虽然，此制固佳，惜比国之所谓复数者，仅至二三票而止。按诸实际，则选举之结果，与用均一普通选举之法，亦无大相差别。何则？有教育及富厚者，在全国普通人民中，不啻千百分之一而已。以千百分之一之二、三票复数投票权，与千百人民之均一投票权，较则多寡胜负，不待智者而后决矣。故曰与均一制无差别也。然则若真欲使有教育及富者，依于选举之结果，而生差等之效力，其道何由？可一言以蔽之曰：增加复数投票权而已矣。据英国地方团体之选举，其复数已达于六票之多，而倡改正选举法者，更有主张加至二十五票之议。若夫瑞典最大复数之投票权，则犹有进也。虽然，此等趋势亦未见其终无所弊，若日加无已，必有与财产资格之制限选举。至于异符同撰之一日，而彼执等级选举制，以非难制限选举者，一转瞬亦将为人所非难也已。

其四，特别国体之等级选举

此制亦凡国民中无论如何之阶级，均有选举权。惟于一般国民之选举外，再由特别之选举团体更选出若干议员是也。夫所谓特别团体云者，非特别之阶级与特别之职业，而指各乡村市镇之公民而有信用且在于公职者，及对于国家或公共团体，尽特别之任务，而于行政事宜有实际上之经验者言之也。按此制，于网罗有学术才能者以补救均一选举之缺，其主义盖无可疑。然综而较之，夫非等级制中之彼善于此者欤。

（丙）制限选举

制限选举云者，人民不尽有选举权，而仅限于有某资格之一部分是也。资格之要件不外财产、纳税、教育三种。然仅以此三种为制限，实未得制限问题之要点。盖制限问题之要点者，在于其制限之程度为何如耳。苟制限之程度太高，而人民之合格者必少，少则一国之选举权尽属于大富翁、大商贾、大学者。此外不富、不商、不贾而无高等教育之最大部分，皆令望尘弗及，向隅而叹。则不平之郁结，一旦发而为反对之运动，其结果必致起法兰西王政回复时代及七月王政之现象，而势无可遏甚可忧也。虽然，即令有鉴及此，而制限之程度，又故为最低之规定。例如索逊于一八九六年，以有三圆之纳税额者作为选举人，其结果与德意志之普通选举，亦毫无所异。由是观之，其制限之程度，高固不可，低亦非计。欲求一适当之方法，一方可除普通选举之弊害，一方俾不富不商不贾，而无高等教育之最大部分人民，皆包括于选举之中，以示大公于天下，斯诚不易之业也。学者于此，谓制限选举之法，虽通常以财产、纳税、教育三者为资格之要件，然取各国制限选举之内容，比较得失，皆不如英吉利。以能构成一独立家计者，为取得选举权之为愈。何则？彼等依财产纳税为定选举权之标准者，其间诸多专断悬拟，且其手续烦难，往往流于偏枯，而依能建一栋成为独立家计者，属于单纯确定之事实，而于各方面，皆不及何等影响。加之全国人民皆包括无遗，且能奖进劳动阶级,勉为积蓄营造,各成独立家计。其他浮浪、无所事事之徒,亦可藉此淘汰不得滥厕其间,一举而数善俱备,此英制所以差强人意也云云。按是说于英国主义之要点,虽无可议,而不知英国之所以出此者,实因其特别之国情与特别之事实。几经阅历,几经推究,而后成此自然之制限。要非一朝一夕之理想,与一朝一夕之法令,所能臻此境地也。以是而言,则英国之所谓制限者,英国惯习之,惟英国能行之未至英国之域而窃效焉,是亦慕名忘身而已矣。或曰信斯言也。然则专注重于高等教育,如匈牙利者,岂不犹愈于财产纳税,而适合乎? 各国之通义乎? 曰否否。是亦与限制高额纳税者,同一结果而已。且夫教育与政治之能力,决非一致也。故往往有专门毕业号称博学,而建议发谋临机应变,反庸庸碌碌与常人无异者,不可胜数。盖此等学者,以之攻究诗书则有余,以之置身政界,则不足。又其次焉者,呻晤佔毕亦既有年,乡党宗族,皆称彦秀,而于人情世务,尚不若贩夫走卒者,比比皆然。况夫政治上健全之卓识,与实际之经验,而专求诸若辈,其范围狭矣,庸有济乎? 且也统一国人民之教育而概计之,小学无论矣,有普通教育者,尚称落落。而有高等教育者,殆不过千万之一而已。以此最少数之人民而限定之,故曰与高额纳税者无以异也。或又曰:然则制限选举之法,将不可用乎? 曰否否。须视其制限之程度为何如耳。苟制限之程度与人民之程度适合,则益矣。反是者,将见其弊害之中,于国是而莫之,济其失也。

第三,中国选举权之制度及其要件

各国选举权之大意,既如上述。顾我国则何如者,将取普通选举欤? 抑采制限选举欤? 二者必居一于此矣。肯罗鲁氏云,在人民智力富力发达而平均之国,宜于普通选举制。苟新设议会,而人民之程度犹低者,宜于制限选举制。吾取以为法焉。吾国教育幼稚,利源未辟,人民智力富力之程度较欧美不啻天壤。若用普通选举,是自寻其祸乱,而不度德量力天下之失计,未有甚于此者。且吾国宪政萌芽诸宜慎始,苟徒渊渊天浩之美名,一度施行后,虽欲剥夺,而制限之不可得矣。然则吾国选举权之制度,宜于制限选举也,不亦彰彰明甚哉。独是制限选举之法,亦未可舍己从人,而漫无斟酌也。高其程度,狭其范围,甲国之所制者,吾亦制之,乙国之所限者,吾亦限之,必至毫无实益,而反危及国本,是制限之法害之也。不知制限云者,非有一定之矩矱,必拘拘于一格而后可。要因乎其国家之历史,应乎其社会之事情,适乎其人心之趋势。标准一立,权衡适当,左制右限,而人民不以为过。虽终身无与于选举权者,亦安之若素矣。惟然,而吾国制限选举权制度之要点,可得而进论焉。

吾国人民之情形,数千年来,所最趋重者,社会上特别之资格而已。虽其等级有差,而取得者辄以为闾里姻族光宠。例如科举未停止以前,虽入一小学者,在社会上便以为荣,而中乡榜及进士第者,更无论矣。不特此也,即农工商业家,亦恒不惜数十百金,捐一虚衔顶戴,其嗜好如此,可谓奇矣。且以日京学界而论,三四年前,泯泯纷纷,怪巧日出,及闻京师兴考,授之官职,于是风平浪静,幡然改图。虽向之桀骜好事者,顾莫不俯首就范,纯心向学。而随时随地不谈北京考试者,几无其人,抑又奇矣。顾其奇也,乃足见我国人民无士农工商,无智愚贤否,罔不醉心于社会上特别之一资格而牢不可破。然则我国选举权制度之要件,其不能不备是一格者,亦势使然也。虽然,仅此一端,亦未适得其平必也,其与财产资格并重乎? 财产资格者,统全国商业社会、工业社会、农业社会及劳动社会之有积蓄者,而示以取得选举权之准则也。然或者曰,世界各国关于制限选举权之要件,除匈牙利、葡萄牙二三国外,靡不以纳税资格为取得选举权之要点者。如日本以直接纳税十圆以上者予以选举权,其一例也。中国与日本国情不甚相远也,而独不取纳税资格何欤? 不知我国人民不解纳税为对于国家之义务者,自古已然。试观圣经贤传及历代名臣硕学,凡关于政治之所论述,殆无一人焉不以减税薄赋为王政之大本。况下此之人,有不视赋敛毒于蛇而诅咒虐政者乎? 此我选举权不宜以纳税为标准者一。欧洲各国,农工商业之发达已非一日,其人民之有资力纳税者,十有五六。然除德意志联邦中多数之小国及荷兰、卢克森堡外,其余之国皆未敢以是为制限选举之标准。试问我国之农工商业较欧洲为何? 如我国有资力纳税者,又较欧洲为何? 如苟以为优胜于欧洲也,虽行之不为过,否则自贻伊戚也。此我国选举权不宜以纳税为标准者二。我国之能直接纳税者,除农及最少数之商工外,而能如日本年纳十圆以上之税额者,殆千万中无一二焉。苟采纳税资格制,则有社会上之资格者,必将尽屏诸选举以外,而组织议会者,非田夫野老,其谁属也。何则? 能年纳直接税十圆以上者,多此辈也。选举权尽属此辈,而置有社会上资格者于局外顾其势,能乎? 否乎。此吾国选举权之制不宜以纳税资格为标准者三。据此而论，则吾国选举权制度之要件，舍社会上之有特别资格及财产资格者，其谁与归夫。所谓社会上之特别资格者何？即有资望学识名位者是已。所谓财产资格者何？即民间之富有者是已。斯义也。吾国咨议局章程第三条之规定，已先获我心矣。夫咨议局章程者，为选举地方议员而设也。地方议员较之国会议员，两者之性质固非一致。然规定既适于用，采彼就兹，斟酌损益，何足讳焉。列举如左：

（一）曾在本省地方办理学务及其他公益事务，满三年以上，著有成绩者。

（二）曾在本国或外国中学堂，及与中学堂同等或中学以上之学堂毕业得有文凭者。

（三）有举贡生员以上之出身者。

（四）文官七品以上，武官五品以上，未被参革而在原籍者。

按本项之意义，乃谓文武官在宦游省分，以无选举权为通例，盖重籍贯也，基于权力分配之效也。然在宦游省分虽无选举权，而于原籍则有选举权。特以官于他省时，实际上不能亲自投票，故限于在原籍者，事势使然也。且所谓未被参革云者，因既经参革，即与民齐，不复有此特权也。

（五）在本省地方有五千圆以上之营业资本或不动产者。

按自第四项以上，其于社会上有特别资格者，已网罗无遗。其第五项，则凡一般人民之有此财产额者，皆包含之。可谓斟酌尽善，无偏重之弊矣。然或者曰财产评价，不易之事也，安得举尽人之营业资本或不动产，而谓查明确乎？且欲调查之，而其劳费已不资矣。不知天下虽大，人民虽众，岂其选举之事务，独归诸一二机关之手乎？苟不归诸一二机关之手，而尚有选举区也，选举会也，及种种之监督管理人也。则各区各举所知，或令其自行申报，焉有不得其概略者，况乎五千圆以上云者，不过悬一数目之格式而已。即令少有参差，亦复何害。苟拘拘于此数目，而必欲计算确凿，是岂真知立法之精神者哉。

右列五项资格，有一于此，即取得选举权无论矣。此外更有不可少之三要件焉。即：

（一）中国男子；

（二）年满二十五岁以上者；

（三）属于选举区内之住民，且有住所而继续之者。

此三者连锁之事实也，又取得选举权之基础也。苟缺其一，则虽前五项之资格具备，亦归于无效而已矣。兹将三要件之义意说明如左：

（一）有选举权者，通常限于男子，而女子不与焉。然例外亦有许女子以参政权者，如英美是也。美国女子较少于英，故国会选举权与地方议会之选举权，皆予之。英则仅予参与地方议会，而国会则否，虽屡运动，不之许也。其澳洲、芬兰亦各效尤，惟欧洲大陆尚未有此。然而男女平权之说，亦日甚一日矣。例如土耳其者，世界第一顽固之国也。其女子出则帕首，入则闭闺，虽翁姑伯叔，亦罕识其面。近忽奋然兴起去其帕，集其党与男子驰逐，于君士旦丁而女子参政，女子参政之声无宁息矣。说者谓女子富于感情，其性和缓使之参政，足以调和政党之竞争。不知女子之义，在家从父、出嫁从夫、夫死从子，理家政、育儿女，其天然之任务也。今也不事其事，而为男子之所为，得勿反乎常道耶。要之，女子智足以参政，而公然予以参政权者，亦见其女学之进步，其程度与男子不相远也。吾中国女学方萌芽，以视欧美，不啻人间天上，故此问题可保其必无也。

（二）年龄之制限，各国互有异同，然其最低者，莫如瑞西。瑞西联邦会议之选举，限于满二十岁者，而诸州则以十七、十八、十九者不等。此外英、法、意、美、巴威伦则以二十一，普、墺则以二十四，德意志、比利时、荷兰、西班牙、诺威、日本则以二十五，嗹马则以三十。综而观之，二十以下者，教育未完，智识未充，以之参与选举，殊嫌太早。三十以上，虽较老成，而又觉其太迟。求合中道，其惟二十五乎。年至二十五，教育已完，精力方锐，以之练习政治生活，适哉其时也。

（三）国小而民少者，以通国为一选举区或数区，皆无彼疆此界之别，故第三要件不必设焉可也。地大民众，如我中国各省，疆界之严，数百年来固结不解。往者科举之制，非本地籍贯者，不得与考。盖各以其学额，为应享之权利也。今以选举权分配各省，是各省各为一大选举区。各选举区之选举权，惟其各区内之住民得享有之。亦如昔日科举之考试权，非漫无制限也。何则？以其不如此不足，以维秩序而顺条理耳。虽然，此原则也，而有例外焉。如咨议局章程第四条之规定，凡非本省籍贯之男子，年满二十五岁，寄居本省满十年以上，在寄居地有一万圆以上之营业资本或不动产者是也。但所谓寄居云者，非寄居旅店或商号之谓,而必有自营之住所方可。住所者,生活之本据也。苟无生活本据,是行商也。虽寄居十年以上,亦无取得选举权之理由耳。

以上所列为取得选举权之原则,但例外亦有。虽称合格,而因种种之情事,致失其权者,即如左:

(一)品行悖谬、营私武断者;

(二)曾处监禁以上之刑者;

(三)营业不正者;

(四)失财产上之信用,被人控实,尚未清结者;

(五)吸食鸦片者;

(六)有心疾者;

(七)身家不清白者;

(八)不识文义者。

右列诸项,亦咨议局章程所揭载者,较诸日本之规定,犹为妥适,故录之。其解释有云,其第一项所谓品行悖谬、营私武断者,指宗旨奇邪、干犯名教,及讼棍土豪,劣迹昭著者而言。第六项所谓有心疾者,指有疯狂痴騃咨等疾,精神已异常人者而言。第七项所谓身家不清白者,指为娼优隶卒等业之人而言。按第一项与日本众议院选举法第十一条三项所谓剥夺公权、停止公权者,名异而实同。第二项即日本之同条四项所谓受禁锢以上刑之宣告者。第四项即日本同条二项,所谓受身代限之处分,债务之偿还未毕者,及家资分散,或受破产之宣告者。第六项即日本同条一项,所谓禁治产及准禁治产者。惟第三、第五、第七、第八等项,虽为日本所阙如,而实为我国所万不可少者。此等规定,可谓达乎事理,而适于国情。故不能不令人心折也。以上八项,苟犯其一,即不得有选举权,是为一般之制限。然而即无以上八项,而又合乎选举资格,亦有因特种之身分及职业应制限,而停止其权者,即如左:

(一)宫内诸官职及司法审判官、行政审判官、收税官、警察官及审计院检查官等;

(二)常备军人及征调期间之续备后备军人;

(三)僧道及其他宗教师;

(四)各学堂肄业生。

按第一项所举诸官职,不使之干与议会事件者,因恐其旷职,且生别项之情弊也。第二项军人以不预闻政事,为各国通例。第三项因中国之宗教、政治,自古攸分,其历史与欧洲不同,故亦不入斯选。第四项学生以精勤学业为要,不以此分其心志。此外,小学堂教员在日本并停止选举权,殊无理由。若以其职司教育,责任綦重,不使因此旷职,但停止被选举权可也。吾咨议局章程第八条之规定,可谓权衡得当哉。

第二款　被选举权

第一项　总论

(一)被选举权者,组织议院之公法人格之基础也。

议员者,组织议院之公法人格也。得承受此公法人格者,自然人也。自然人所藉以取得公法人格者,被选举权也。自然人有被选举权,然后有被选之资格,有被选之资格,然后取得公法人格,取得公法人格,斯谓之议员。故曰被选举权者,组织公法人格之基础也。

(二)被选举权者,法律上认为有效之当选者之要素也。

当选者,在法律上何以有效? 以法律认之也。法律何以认其有效? 以有被选举权也。有被选举权者之当选,然后法律认之,法律认之,始生法律上之效力。既生法律上之效力,而当选者乃于是乎定。非然者,虽有当选之事实,而法律亦以为无效而已。故曰被选举权者,法律上认为有效之当选者之要素也。

被选举权之重要如此,然则欲取得此被选举权者,必有一定之资格可知矣。资格如何? 在昔欧洲各国,通常以被选举人之税额财产及收入,必较高于选举人为原则。如英吉利之旧国法、法兰西一七八九年之选举法及一七九一年之宪法、西班牙之可尔德士宪法、德意志诸国旧时之国法及其他一八四八年以前之诸国法律所规定者是也。然而比利时一八三一年之宪法却与各国相反对。盖比之选举权,虽以财产资格为必要,而于被选举权则否,乃特注重于众望所归者,即为适当而已。一八四八年以后,各国皆以制限太严,微特不能收得人之效,且反贻人民以口食,于是举向之税额财产收入各最高制限,悉予废止。至今一般趋势,顾莫不以凡有选举权者皆得为被选举人矣。引而申之,即选举权所备之要件,被选举权亦备之。选举权所制限之事项,被选举权亦制限之。所谓有取得选举权之资格者,即有取得被选举权之资格者是已。虽然,其间亦非绝对无区别者,论列如左:

第二项　取得被选举权之资格

(甲)对于一般人民之制限

欧洲旧时之法,恒以人种,宗教为取得被选资格之要件。例如德意志一八四八年以前,禁止非基督教徒及犹太教徒为被选人,或非属于某种人者,不得有被选举权。至十九世纪后半期,此等规定尽行改变,凡同戴一君主同属一国家者,无论其人种奚若,其宗教奚若,其习俗又奚若,皆予以同一之选举权及被选举权。然此特指原有之人民而言也,至于归化人则不然。自其取得国籍后,必经过一定之年限,得政府之许可,然后与于是选。又列国昔之被选者,必于其特定之选举区内有住所而后可。自一八四八年后,此制亦归消灭。惟美国、诺威,于今不改。而瑞典等国,则特设例外——凡被选举人于某区被选者,必于某区有选举权,否则无效。我国人种、宗教之复杂,不让于欧洲。而欧洲旧日之观念,久已云散太空,其不能及影响于我国也固宜。然我国虽无人种、宗教之观念,而被选人之籍贯,究不能不较选举人为特严。何则? 我国人民众矣,其议员之分配,当以平均为正鹄。苟甲省人可取得乙省之被选举权,乙省人又可取得他省之被选举权,则竞争攘夺之风,由是而起,强胜弱败,必有不平均之结果于将来。是故我国取得被选举权之规定,不独效法美国、诺威而止,犹须以我国自来之地方籍贯为标准。然难者曰:方今谈政治者,皆以化除省界为急务,信如子言,是更加一层省界之障碍也。且选举议员,以网罗人才为主。若此选举区内无适当者,虽选及他省之人,亦国家之利也。斯言也,理论虽是,而事实却非。夫省之分界,所以为行政区划也,况其习惯已久,破除何为者,苟图痛痒相关之故,融和感情其最要也。为网罗人才计,各省之大,何处无之。况其人民之程度,亦鲁卫之政乎。此吾所以为取得被选举权之资格,不能不于取得选举权之资格外,更申述之者。盖彼则重于住所,此则重于本省人与他省人之别耳。别乎本省人与他省人者,所以图选举与行政上之便利,且合乎人民之心理者也。

(乙)年龄之制限

被选举人之年龄,各国皆以高于选举人为原则,然亦互有参差。如德、法、美、西、比、丁、瑞典,则以二十五为合格,英吉利以二十一为合格,瑞西以二十为合格,德意志联邦中之数国及墺、荷、意、希、诺威、索逊、巴威伦、日本,则以三十为合格,我国咨议局之规定亦然。咨议局如此,议会可知。夫被选举人之年龄,必较高于选举人者,以议员参与国政必富于识力、深于经验,乃足以胜此重任。苟未达壮年,而遽膺是选,虽不少俊杰人才，而轻躁之弊，亦所时有。此列国所以加此制限者，盖亦几经阅历而后垂为令典也。

（丙）对于官吏之制限

关于官吏之被选资格，在欧洲大陆，别为德意志主义与法兰西主义二者，试述其概略如左：

法国于西历一七九一年前，凡县知事、郡长、陆海军将官及会计官、判检事、收税官、警察官等，于其管辖域内之选举区，不仅无被选资格，即退职后，亦非经过六月者，不得为被选人。但例外，若在于职务地以外之选举区有当选者，须自择其一，不能兼任。其他凡有俸给职者，皆然此制。当拿破仑时代曾经废止，而许官吏皆得与选，故当时有讥为御用议员者。据一八二四年之议员计算表，则四百三十名议员中，官吏占二百五十人之多。官吏既占多数，故政府得以大扩势力，而置议院于其下以左右之。然自革命以后，共和一立，即复旧观，至于今日。凡师其制者，谓之法国主义。

德意志官吏之地位与议员之地位，以两相对立为原则。虽南德意志诸邦基于法国影响，亦设诸例外，然大多数之议会，实认官吏有被选资格。一八六七年北德意志诸国以讨议同盟宪法之故，欲藉此以破除旧习。其宪法案第一条，即规定云："联邦各国官吏无被选举权。"此案一发，而官吏悉起反对。谓被选举权如被侵夺，不惟官吏之地位因而低下，且官吏不得与于国民生活，必有倾向于偏狭之官僚政治者，于是遂将此条删除，仍复其旧，至于今日。凡师其制者，谓之德意志主义。以上二者，一以官吏无被选资格为原则，一以官吏有被选资格为原则，适立于正反对之地位，而两不相容，其得失如何，比较论列如左：

（一）以官吏兼为议员，不惟官吏之职务，因而陨越，即议员之职务，亦难竭尽心力，故图职务上之利益者，不能不取法国主义。

（二）官吏有被选举权，当选举竞争之际，必入于政党涡中，而对于人民各阶级之利益，将为政争之趋势，至缺公平之结果。且使官吏在其管辖区域内，有被选资格，则官吏得以其职权，为选举竞争之利用，至其选举终局则议员尽属官吏，而人民之当选者寡矣。若夫法国主义，则此等流弊绝对无之。

（三）以一人而兼官吏、议员之两资格，则官吏属于政府，不能不从政府之命令，议员属于议会，不能不尽议会之天职，然尽义会之天职者，必有时而非难政府。官吏而非难政府,是违背政府之命令,而官纪紊矣。且从政府之命令者,必有时而非难议会,议员而非难议会,是违背议会之天职,而议员之性质失矣。是二者势有所难全,不偏于此,必偏于彼。若夫法国主义,则此等流弊,亦绝对无之。

(四)官吏之为议员者多,人民之为议员者少,则议院适足以助政府之威,而失监督政府之质矣。若官吏议员与人民议员参半,则中分官党民党,官民轧轹,必有一伤,均非国家之福也。若夫法国主义,则此等流弊又绝对无之,以是而论,则法国主义之优于德国主义章章矣。要之法国主义者,所以保障议会之独立,巩固政府之权力,维持官吏之纲纪者也。吾国议会之前途,其有取于此者欤,请借箸筹之。

我国文武官之多,有出于科举者,有出于保举者,有出于捐纳者,车载斗量,不可胜数。其各省人员之拥挤,而无位置,而赋闲者,所在皆是。苟取德国主义,凡官吏皆有被选举资格,则宪法上最重要之机关适足以为调剂赋闲官吏之所,究其极端,必致演出法国拿破仑时代御用议员之事实,而政府之专横,必更甚于前日。虽曰议会有监督政府之权力,吾恐不惟不足以监督政府,而反为政府所左右,而利用之也。何则?官吏者,属于政府者也。苟官吏顺舆情以从事于议会,必有时而违反政府之政策。官吏而违反政府之政策,是自相矛盾,则为政府者,对于该违反之官吏,将参之、革之,而不稍留余地。此为官吏者之所顾虑畏惮,而不能不阿谀政府,左袒政府者,亦势使然也。以是而言,则吾国之宜排斥德国主义,而取法国主义者,吾人之所深信也。难者曰德国主义在欧洲亦有势力者,自一八四八年后,除德意志联邦各国外,如诺威、瑞典、丁抹、意大利诸国,亦莫不奉为标准,而子谓不宜用于中国者独何欤?不知德国主义能行之于以上诸国者,以地小人稀,而官吏之数目,亦如晨星落落耳。以我国之大、人民之广、官吏之多,而为此不适当之规定,求其无弊,乌可得耶。然则吾国采用法国主义之规定如何,试论如下:

一曰当选之制限。当选制限者,凡分省官吏,无论其为实缺差委,或候补试用,在于其省,不得为被选人是也。

二曰兼职之制限。兼职制限者,不得以一身而兼官吏与议员之二职务是也。

以上二者原则也,但有例外焉,即在宦游之省分,无被选资格,而在原籍之省分,则仍不失其被选举权是也。譬有甲焉,原籍于直隶,而宦游于山东,则山东之被选举权,惟山东人则有之,非甲所得而越取之也。然甲虽不能取山东之被选举权,而甲原籍直隶之被选举权,究仍然存在。盖甲以原籍为生活本据,虽官于他省,而利害关系犹存,故甲对于原籍,一面可以为选举人,可以为被选人,且可以当选而为议员。虽然,犹有别者。甲虽被选于原籍,甲之承诺与否,一任其自由选择。苟甲愿为议员,即退职以就之可也,否则辞之可也。所谓二者,不可得兼是也。所谓退职者,非辞官也。如在实缺,则请其开缺。有差委,则辞其差委。盖不过于议员期中停止其官之效力而已。一俟议员任满改选,则其官之原状,亦仍事回复也。然此特就官于他省而被选于原籍者言之,若曾官于他省而已回原籍者,则不必生此问题矣。此外亦宜注意者,即奉职于本省之武官,在管辖行职务区域内禁止当选。若于职务地以外之当选,乃适用自由选择之规定,此文武官不同之点也。按武官者,军人也,军人本以不预政权为通例,特我国之武官,与日本之所谓武官稍有差别。日本之武官,除陆海军将校以外无位置,我国则除军营而外,武官衙门尚有存者。且往日由军功出身而无职守以居者,其数实繁。故不能不予此一格以慰藉之者,亦立法之周到处也。

第三款　选举区及议员之分配

合全国人民之投票以定议员之当选理论,诚为至当。然在最小之国,此法或可试为。若土地稍广、人民稍众,则万难施行。此选举区划所由设也。

有大选举区制,有小选举区制。所谓大选举区者,以全国土地划为数大部分,令各部分各为选举,各出若干名以上之议员是也。所谓小选举区者,以全国划为多数区域,而使每一区域选举一名议员是也。今就此二制比较之,则大选举区制地广人众,人民往往对面不相识,当其投票之际,恒难鉴别贤否。且票数太多,不特清票之烦。若因议员不足,令其复选其繁难,更有甚焉者。而小选举区制,则群居相熟,必获适当人材。且票少而易理,法简而神速,此大选举区制不如小选举区制之说也。然而小选举区制,其弊亦有不可胜言者。囿于一隅、就地取材,虽不适当,亦不能不选。且朝夕共处,知其所尚,而欲谋议员者,得以行其贿赂、胁迫之术,而大选举区则人物众多,投票者得自由选举,且不易为贿赂,亦难施其胁迫。此小选举区制,不如大选举区制之说也。日本向者曾行小选举区制矣,以其不善,乃改为大选举区。然而近日议大选举区之非者,又屡闻不一矣。然则大选举区与小选举区之得失,欲其决然判断,不亦戛戛乎难哉。

我国占世界最大之土地,积世界最多之国民,一朝选举议员,不能不划分区域,势所必至也。然则适于大选举区制软?抑适于小选举区制软?若以为适于大选举区制也,必因原有之省界,而别为二十二区,则我之一省大于欧洲之一国,欲合一省之人民,而为投票之选举,微论交通不便、往返需时,而票数之多、经理之难、人品之杂,必有应选而不入选,欲调查而亦无从调查者,此大选举区制之不适用我国一也。若以为适用小选举区制也,必使中国千四百余厅州县,各为一选举区域,如各联邦国制,每州选出一定之代表,其于人民之贫富、土地之肥瘠、赋税之多寡、教育之程度、选举权之数目,一切毫不措意。其结果必致选举权最多之处与选举权最少之处,所选之议员毫无差别。则名虽为制限选举,其实与普通选举不过殊途同归而已。譬有甲乙二选举区于此,各有十万之住民,各应选出议员一人,而甲区之十万人中,有选举权者五千。乙区之十万人中,有选举权者三千。是乙区以三千之选举权者得一议员,而甲区以五千之选举权者亦仅得一议员,其不公平孰甚。苟如是,则选举权之多寡,原不足贵。既不足贵,则取得选举权资格之种种制限何为者。此取制限选举而用小选举区制之自相矛盾也。不宁惟是各处之富力、税额、人民之教育、土地之肥瘠皆迥不相侔。今用小选举区制,是富足多额纳税之区与贫瘠少额纳税之区,其所得之权利,毫无轩轾矣。既无轩轾,何贵乎多额纳税,亦何贵乎富而加教。其不公平,又莫甚于此。此小选举区制不适用于我国二也。或者曰:今列国之所行者,不外大选举区与小选举区二法而已,子谓均不适中国之所适用者,究居何种乎?应之曰:中国有中国之国情,中国有中国之历史,中国有中国地理上之关系。准乎国情,察乎历史,依乎地理,则中国之所适用者,其问题不必沾沾于区域之大小,须先究其议员之分配如何。苟分配咸宜,则选举区之标准于是乎定,且选举之区域于是乎划然明确矣。作议员分配论如左:

欲得议员分配之法,不可不先立议员分配之标准。有因历史上之事实以为其标准者,英吉利之于苏格兰、爱尔兰是也。有区别都会乡村以为其标准者,瑞典国是也。有以人口之比例为分配之标准者,如共和国、联邦国及普希诸小国是也。有以人口为比例而兼市岛独立为标准者,日本是也。试详陈其事于后。

（一）以历史上之事实为标准者。英吉利之国会。其初有三,一曰英克伦议院,议员凡五百人。一曰苏格兰议院,议员凡四十五人。一曰爱尔兰议院,议员凡百人。自西历千七百七年英克伦与苏格兰之议院并合为一,千八百一年爱尔兰又并入之。于是英国议院,乃告统一,而议员之数,即各援例选举。嗣因选举法之改正,议员分配遂有增减。英克伦得四百九十五人,苏格兰得七十二人,爱尔兰得百三人,合计六百七十人。此英国分配议员,以历史上事实为标准之概略也。非然者,使英国不本诸历史上之事实,则苏格兰不仅得议员七十二,爱尔兰不应得议员百零三。何则? 以人口而论,则苏格兰有四四七二一〇三,爱尔兰有四四五八七七五,其数不甚相远也。以有选举权者而论,则苏格兰有七五〇四〇一,爱尔兰有六九一四二三,是苏格兰多于爱尔兰十数万余矣。又以税额而论(指家屋税一端而言)则苏格兰常得一九〇七五五一八,而爱尔兰得四八三一六七三,是苏格兰又多于爱尔兰十数倍矣。人口税额选举权之数目,苏格兰皆多于爱尔兰,而爱尔兰反分配得多数之议员,自局外观之,其不公平也实甚。而英国安之若素者,以其历史上之事实,原有多寡之殊制,而人民亦习焉,而称便也。

（二）区别都会乡村以为其标准者。瑞典议员凡二百三十人,以八十名额分配于都会,以百五十名额分配于乡村,其不取人口为比例之法,亦与英吉利同。特英由于历史,而此则出于政治也,脱令以人口为比例,则瑞典人口之总数为五二九四八八五,乡村居五分之四,都会居五分之一,以是平均分配,则乡村当得议员一百八十四,都会得四十六。而何以比较之下,乡村仅得百五十,都会且至八十,其不以人口为标准之主义明矣。且以人口之计算法论之,则乡村合二万五千人得一议员,都会合万四千人得一议员。乡村都会均国民也,而何以所得之权利,其不平如此。说者谓都会之人物优秀而有智识者多,乡村以耕稼为事,故人物稍逊于都会,此分配议员之所以不取平均主义者,盖为此也。

（三）以人口之比例为分配之标准者。取此法者,乃根据于平等自由之意,连锁于普通选举之规。如美洲合众国、德意志、法兰西、瑞士、希腊以一定人口之数目,分配一定议员之名额。苟人口有增加者,其议员亦因之而增。通国一律,无或参差。此制与英国、瑞典适立于正反对之地位。要因其国情不同之故,有以致之也。

（四）以人口为比例，而兼市岛独立为标准者。此法日本以之。盖日本初取人口比例主义，继因经验之结果，知人口比例不适用于其国，乃兼用市岛独立之制，以补其缺。所谓市独立者，以市为士工商集合之中心点，此外则尽属于农。故被选者，惟农惟多，而市之当选者，十无一焉。职此之故，以满三万人之市，皆得独立为一选举区，俾出议员一名。市之外，则以十三万人中选举一名，一如其旧而已。所谓岛独立者，以岛距府县辽远，共合投票，殊感不便，且往往落选。故不能不使诸岛各为一独立选举区，因地制宜，计亦良得。虽然，此等分配，其果能补人口比例制之缺乎？非再经验后不得而知，今尚未预决也。

综观以上四者，其为标准之主义，各不相同。还顾吾国，其将有取于斯乎？抑别有分配之法，而出于四者之上乎？顾吾思之，英国之于历史事实，瑞典之于都会乡村，日本之于市岛独立，吾国所宜参酌也。至于以人口之比例为标准者，在人民智力富力发达平均之国，固可行之，在吾国今日尚非所宜也。何则？以教育论，则欧美久已遍及，而我犹在萌芽时代也。以商工论，则彼之势力达于全球，而我尚属幼稚也。且彼国无游民，野无圹土，而我地不加辟，无恒业而浪游者，十人而九。况复异言异行，虽同国而未同化之族，居于边省者，犹犹獉獉，多不胜数。故我国而取人口比例主义也，是不度德量力以自致其弊，而莫之救其失也。虽然，假令吾国，而以人口比例为标准，则有二主义，即：

（一）取法欧美诸国人口比例之制度。

（二）预定议员额数，而依各省人口多寡分配之。

兹取欧美诸国人口比例之制度，表列如左：

国名	人口	议员数目	比例
美国	七五九九四五七五	三百八十六	每十九万三千二百八十四人得议员一名
德意志	六〇六四一二七八	三百九十七	每十三万千六百四人得议员一名
日本	四七二一五六三〇	三百八十一	每十三万人得议员一名
普鲁士	三七二九三三二四	四百三十三	每七万三千五百六十九人得议员一名

（续）

意大利	三三七三三一九八	五百〇八	每六万四千八百九十三人得议员一名
墺大利	二六一五〇七〇八	四百二十五	每六万八百九十人得议员一名
瑞士	三四六三六〇九	百六十七	每二万人得议员一名
丁抹	二六〇五二六八	百〇四	每一万六千人得议员一名

　　据上表观之，吾国除蒙藏外，以四二三八〇三三七〇之人口，若照瑞士、丁抹之比例，则当得议员二万一千余名。若照普、意、墺之比例，则当得议员四千三百余名。若照德、日之比例，则当得议员三千二百余名。若照美国之比例，则当得议员二千二百余名。综而计之，比例之高，莫过于美。我国取法，其惟美乎？夫吾以庞然大国，置二千二百余议员于国会，谁曰不宜。顾以财政而论，则议员之岁费虽不能如欧美之优，亦当及于日本。日本议员岁费，每员年给二千日币。按此计算，则吾二千二百议员，岁需四百四十余万金。当此库款支绌、公私穷乏之余，如此巨款其能办乎？既不能办，则议员额数之多寡，不能不视财政之力量，以定一相当之数目，然后因各省之人数，以为分配。虽然，依此法以规定议员之额，亦不宜失之太少。折而衷之，其取日本之二倍乎。日本之二倍，不过七百六十二名而已。假定以此七百六十二名议员，按人口之数分配于各省，则各省选举之余，能保其无弊乎？以予观之，不惟不能无弊，且有不公平之结果也。何则？各省贫富悬殊，人口亦不一致，故有多纳税额之省而人口少者，亦有少纳税额之省而人口多者。如照此法分配，则人口多而纳税少之省，其所得议员必多，纳税多而人口少之省，其所得议员亦少。多少相形，是权利义务之不平均也。由是推之，即各省中，各府厅州县之情形，亦可作如是观。且也以议员之数与人口比例之，约合五十万人而得选一议员。设五十万人未满，而人才毕集之都市，因分配之制限，必致无一人焉可以当选。而此外之村落，以集合计算，而满五十万人之故，虽尽属田夫野老，亦未有不被选者。选举以网罗人才为主，似此分配，是南辕而北辙也。况复有选举权多寡之种种问题，存乎其间哉。以是而言，则吾国议员之分配，不宜以人口比例为标准也，益不待烦言而解矣。惟然而吾国之所宜者，可得而进论焉。

　　吾国咨议局议员定额之标准,岂非参酌各省取进学额及漕粮之数,以定其多寡者乎。在不知者,皆以为有背议员分配之通义也。而吾一经研究,则此规定之理想,诚适乎吾国之国情而不可易也。何则?各省取进学额之数,溯其分配之始,盖莫不以人口税额为标准者,是以历年以来,凡有人口繁昌之地、税额加重之区,辄见奏请增额,以副舆望,事实昭昭,不可诬也。兹虽科举已停,学额已废,而其人口犹是也,税额犹是也。人口、税额均非大异于前日,恶在其不可为分配议员之标准也。且以是为分配议员之标准者,有数利焉。一曰权利义务之平均也,二曰适于土地人民之程度也,三曰选举权数目之暗合也。所谓权利义务之平均者何?各省各为一自治团体,各自治团体各为一公法人,公法人有纳税于国家之义务,即有应享之权利。国家即以其所负义务之轻重,以定其予以权利之厚薄。权利不独学额已也,惟议员亦然是。故纳税多者,其所分配之议员亦多,纳税少者,其所分配之议员亦少。税额与议员为此例,即权利与义务为平均也,其利一也。所谓适于土地人民之程度者何?元来纳税重而学额多者,其土地必膏腴,其人民必富足。富足则教育兴,教育兴则人材多,而有社会上特别资格者众矣。纳税轻而学额少者,则反是。是故议员之分配于纳税重而学额多者多之,于纳税轻而学额少者少之。多也少也,乃适合乎土地人民之程度者也,其利二也。所谓选举权数目之暗合者何?学额多、税额重,是邦也有选举权者必多。学额少、税额轻,是邦也有选举权者必寡。是故分配议员之多寡,以税额学额为标准者,不啻与选举权之多寡,暗为比例也,其利三也。有此三利,较之以人口为此例者,孰得孰失,必有能辨之者矣。然则吾国会议员分配之标准,其亦有取于斯乎?其亦有取于斯乎。

　　按咨议局之规定,乃以各省学额总数百分之五为准,惟宁、苏两处以漕粮最重而学额较少之故,共增加三十二名。此外东三省及新疆地方建设行省未久,学额漕粮俱难取准,故酌定相当名额,综而计之,共得千六百七十八名。兹若以此为国会议员定额之标准,则咨议局议员五分之二其最适中也,咨议局议员五分之二即各省学额总数百分之二综而计之,共得六百七十二名,以此六百七十二名之议员与世界各国议员之定额较则等于英吉利,而驾乎欧美、日本而上之矣。虽然此特议员之基础数目而已,若谓得此已足,则非也。不观日本乎明治二十三年议员之定额,不过三百名耳,至三十五年,则增至三百七十六矣,至三十七年,则增至三百七十九矣,至于今日则增至三百八十一,而此后增加之数,犹未已也。又不观英吉利乎?西历千七百七年以前,特五百名耳,至千八百一年,则增至六百五十矣,千八百八十四年以后,则增至六百七十矣。日英如此,其他可知。虽然,将来增加之事,固信其必有,可姑置勿论。即如吾现今之蒙古、西藏,虽程度不及,亦未可置诸化外。盖观日本之于琉球诸岛,近已编为选举区域。又英吉利议院之改革案,亦有许属地得参与国会之举。此盖讲求国家统一主义者,不可不注目之一政策也。而谓我国之于蒙、藏独可恝然不顾耶。不宁惟是,虽以各省学额税额为议员定额之标准,而亦不可不兼采瑞典之都会乡村及日本市岛独立之法,以补其所不足。盖我国大矣,非单纯之标准所能弥纶一切也。故补助之法尚焉,试拟陈其事项如左:

我国议员分配之标准有二。一曰基础标准,二曰补助标准。所谓基础标准者,如日本之人口比例,通国一律是也。所谓补助标准者,如日本之市岛独立,以补助人口比例之缺点是也。

第一,基础标准

基础标准者,即以各省学额百分之二,为国会议员之定额是也,表列如左:

省名	议员	省名	议员
奉天	二〇	山东	四〇
吉林	一二	河南	三八
黑龙江	一二	山西	三四
顺直	五六	陕西	二四
江宁	二二	甘肃	一六
江苏	二六	新疆	一二
安徽	三二	四川	四二
江西	三八	广东	三六
浙江	四四	广西	二二

（续）

福建	二八	云南	二六
湖北	三二	贵州	一四
湖南	三二		
合计		六五八	

第二，补助标准

（甲）各省满二十万人口以上之通商市场，除得与定额选举外，并各得选出议员一名。

按日本以满三万人口以上之市，为独立选举区，得各选出议员一名。而我以满二十万人口以上之通商市场，除得与定额选举外，更选出一名。其不同之点，即彼以市为独立选举区，除独立选举外，无所事事。我之市则一面为独立选举区，一面又得与市外之区域，共同选举。二者相较，若我之市权利优于彼者，而不知彼之国小而市亦小，我之国大而市亦大。彼之市不皆与外国通商，我之市则取与外国通商者，且与外国通商之人口最多者，故我不能如彼之规定，亦势使然耳。况乎通商市场于国家经济上大有关系，令其多出议员数名于议会，其于商工业之维持发达，亦不无伟大之影响也。试举各省合格之通商市场，表列于左。

省名	地名	人口数目
直隶	天津	七五〇、〇〇〇
	北京	一、〇〇〇、〇〇〇
山东	济南府	二〇〇、〇〇〇
江苏	上海	六五一、〇〇〇
	苏州	五〇〇、〇〇〇
	南京	二一六、〇〇〇
江西	南昌	三五〇、〇〇〇
湖北	汉口	五三〇、〇〇〇
湖南	长沙	三二〇、〇〇〇
	常德	二〇〇、〇〇〇
	湘潭	二〇〇、〇〇〇

（续）

四川	重庆	七〇二、〇〇〇
浙江	杭州	三五〇、〇〇〇
	宁波	二六〇、〇〇〇
福建	福州	六二四、〇〇〇
广东	广州府	九〇〇、〇〇〇
盛京	奉天	二〇〇、〇〇〇
吉林	吉林	二〇〇、〇〇〇

　　（乙）各省督抚驻在之地，除得与定额选举外，并各得选出议员一名。

　　此主义与瑞典之都市乡村同。特瑞典之所谓都会者凡九，且人少而选出之议员独多。我国以二十三省督抚驻在之地为都会，仅限于每都会一名者，以都会亦得与定额之数同选故也。夫都会为一省集中之地，四通八达，精华粹聚，所以予此特典者，亦罗致人才之至意也。

　　（丙）蒙藏之议员。

　　蒙藏亦得与此者，即前所谓政策上之作用也。且地方辽远、往来维艰，其议员之数，自不宜与各省相埒，折衷定之。内外蒙古各二名，前后藏各二，庶乎可矣。

　　综计上列分配议员之数，共得七百零三名。

　　如上所陈，不过分配各省议员之额数而已，至于各省内部，如何划分之处，又不可不研究及之也。据咨议局章程第二条按语云，其府厅州县划分名额之法，则以选举人多寡为标准，此实至当之规定也。即划分国会议员名额之法，亦何能踰此。何则？选举者，以有选举权之人，方能投票也。因选举人之多寡，而划分议员名额之多寡，不问其区域之大小广狭，亦不问其户口之疏密聚散，惟统计其选举权之数目，而比例之，而划分之，则选举区于是判然可指矣。虽然，以有选举权者与议员之名额为比例，较他国之人口与议员为比例，正相仿佛。譬二千万人口之省，分配得议员二十名额，其间有选举权者，三十万比例之合万五千选举人得议员一名。然此三十万之选举权者，究非能聚集一处，而为选举之投票，乃散居于各府厅州县者也。故其分配之法，即预计各处之有选举权者,苟一州或一县,而满万五千者,即令其为一选举区,以选出议员一名。苟满三万或六万者,亦为一选举区,以选出议员二名或四名。其他有不满万五千者,则以二三州县并合为一区,令其共同选举。然此特就一省而言也,若夫各省虽亦同此比例划分之法,而各其内部选举人之多寡,府厅州县之多寡,决非一致。故其比例奚若划分奚若,即各就其省之情形,因地制宜,不能强之使同也。不宁惟是,即以一省而论,其有选举权者之数目,亦年年岁岁而不同。不观日本乎,明治二十三年有选举权者四五三四七四计合一五一二得议员一名,明治三十一年有选举权者即增至五〇一四九五计合一六七二得议员一名,明治三十五年有选举权者又增至九八三一九三计合二六一五得议员一名,然至明治三十七年,有选举权者忽降至七五七七八八计合一九九九得议员一名。由是观之,每当选之年,各府厅州县不能不预为调查制成选举权簿,呈之本省督抚。俾督抚因其选举权之数目而计算之,而分配之,然后选举区之分划乃定,而若干选举权者得一议员,亦因其选举权以为转移也。此法非徒选举之结果得公平之满足,而亦可藉此以察人民智力、富力之升降进退也。吾故曰,我国不必沾沾于大选举区制与小选举区制,而自有一特别之规定,以适乎国情与人民之程度也。是耶非耶,敢质诸研究宪法者。

第四款　选举方法

第一项　单选与复选

单选云者(或曰直选又曰直接选举),由凡有选举权者,直接投票一次,选出议员,即有效力是也。复选云者(或曰间接选举又曰二重选举),先由有选举权者投票选出若干名之选举人,随即以此被选出之若干选举人,令其更投票选举一次,乃决定当选人是也。此二法孰得孰失,论者颇不一致。或者曰用单选制,则选举人之投票多,多则少政治上之完全智识,故拣选未精,不免滥竽幸进。反之复选制,则已被选出之选举人,必富有独立见识,不能为他人所动,故选出自得真才,此复选制优于单选制之说也。又或者曰,用复选制,则一般国民不能达直接选举之目的,其对于选举必不热心,因而多抛弃选举权,而不惜且徒费款项,多延时日。反之单选制,则选出者皆乎众望,故人民皆热心奔赴,且用款不多,而敏于完事,此单选制优于复选制之说也。是二说者,皆各有所见,而我国咨议局之取复选制,亦固其所。虽然,以予观之,我国议员选举之制,宜于单选而不宜于复选。何以故? 以我国人民素无政治上之思想,不能不藉此以提倡引诱故。且其义不止此也,我国人民之程度,比之欧美,优乎劣乎? 我国人民之有选举权者,较之欧美,多乎寡乎? 欧美立宪若干年,其人民习于选举,娴于政治,非我今日所敢望也。欧美人民教育之普及、经济之充足,亦非我今日所可及也。然而欧美人民,于单选制度之下(除俄国、巴威伦及德国联邦中之数小国外,无论何国,皆用单选制),犹漠然淡然,而抛弃选举权者,不可胜数(据德国学者肯罗鲁氏之调查,谓单选之国,投票者得十分之六七,若在复选之国,投票者不过百分之二十,而抛弃选举权者,殆十之八九云),况我国乎? 且以我国之选举人论,在长江各省其数或多,在边省智力、富力皆较不及,能取得选举权者,除旧日之所谓举贡生员外,求其有五千圆以上之产业者,落落如晨星也。有选举权者,既少用单选制或虞其不应,又重以复选制,则欧洲有百分之二十投票者,在我国百分之一十或有不足之事也。欧洲知其弊也,遂有倡强制选举者。强制选举者,谓选举人有投票之义务。有不投者,附以制裁。法兰西元老院之选举,对于参事会委员,有不投票者,曾有罚金五十圆之规定矣。又瑞士、比利时下院之选举,亦既实行之。其余如德,如匈,如墺,每每提出强制选举之议案,他日或见诸施行也,然说者谓投票与不投票,乃选举人之自由,出诸强制,无乃过乎,然而欧洲近今之趋势则然也。我国若用单选制也,则不必多此一事,虽得十分之六七投票者,亦足矣。若用复选制也,非仿强制选举之法不可。然我国以立宪之初,而即出此,在实际上或有不能行者。以是而言,则我国之宜于单选,而不宜于复选也,益彰彰明矣。又何疑哉? 又何疑哉!

第二项　投票

关于投票之件,他学者辄注目于政党,议论往复,刺刺不休。我国立宪伊始,政党尚未萌芽,此等问题,发生尚有日也。即使我国而有政党,则其势力之范围,欲其包举全国,足以竞争驰骋如欧如美长育发达,不知在何日也。然则吾之于投票也,不必鳃鳃焉以政党为前提。但研究某法适于吾国,某法不适于吾国,斯可矣。列举如左:

第一,公开投票、秘密投票(又曰记名投票、不记名投票)

公开投票云者,于选举票上既书被选人之姓名,并书投票人之姓名,其结果某人投票于某人,某人之当选也。由于某某之投票,可以共知共见之方法也。秘密投票云者,于选举票上单书被选人之姓名,其结果某人投票于某人,皆不可得而知之方法也。是二法者,孰得孰失,久为各国论争之点。然主张公开投票者,则曰投票者,公事也,非私事也,既为公事,当用公开之法,以公诸众人。若秘密不露,是示人以诡道,而开阴恶之源泉也。是故事属公事,立法亦不可不公,光明正大,始足以为斯民之标准也。是说也,固含一面之真理,然而实际上究不能无弊。何则?贿赂运动者,选举之通弊也,而公开投票为尤甚。况人民之于社会,有亲族关系,有贷借关系,有雇佣关系,有从属关系,有职业关系,关系愈多,则诱惑愈甚,而投票人之自由信念,将被其所夺,而摇摇无所适从矣。何以故?以公开投票,而某人投票于某人,人人皆得共知共闻故,惟其共知共闻也。苟如不遂,则有亲族关系者,将由是而疏离,有借贷关系者,将由是而绝交,有雇佣关系者,将由是而解约,有从属关系者,将由是而虐遇,有职业关系者,将由是而掣肘。人孰无情,肯因一投票无关紧要者,遂致其疏离、绝交、解约、虐遇、掣肘于不顾。由是观之,公开投票之弊甚矣。若夫秘密投票,则不然。欲行贿赂者,恐贿赂无灵,徒抛金钱于虚壑,则贿赂不禁而自绝矣。虽有运动者,而阳则应之,阴则违之,是运动如未运动也。何以故?以投票不书投票人之姓名,而他人不知其虚实故。且其利不止此也,亲族不能以是而疏离,借贷不能以是而绝交,雇佣不能以是而解约,从属不能以是而虐遇,职业不能以是而掣肘,何以故?以有关系者,皆不知其会为我投票与否。故此秘密投票之所以得保全其自由也,此秘密投票之所以合乎人情而孚乎舆望也。不观英吉利乎,千八百七十一年以前,用公开投票而腐败不堪言矣。自千八百七十二年改为秘密投票,而诸弊遂绝。自是而后,如德、如法、如墺、如意、如美、如普、如瑞士、比利时、荷兰、卢克森堡、如西班牙、葡萄牙、希腊、瑞典、诺威等,殆无一国焉,不效法英国,而一洗从前积弊者。其最近者,如日本之投票,初用公开,未几即改秘密。现今世界各国,尚行公开投票,而坚不可易者,惟匈牙利、丁麦两小国而已。我国立宪预备时代,而于咨议局选举之投票,即采秘密制,可谓立法得当矣。若夫国会议员选举之投票,舍此其奚取哉。

第二,单记投票、联记投票(又曰单名投票、联名投票)

单记投票者,不问其选举区内应选出议员若干名,而于一枚之选举票上单记载一名之被选人是也。联记投票者,视其选举区内应选出议员若干名,而于一枚之选举票上联记载若干名之被选人是也。是二法者,欲说明之,不能不涉及选举区之问题。其在大选举区制也,单记有弊,联记亦有弊,何则？大选举区议员之名额多多,则单记投票者,以一票只能选举一人之故,为甲投乎,为乙投乎,殊踌躇而难决。欲投之于名望高者欤？恐名望高者之得票已足,我之票又附益之,甚无谓也。欲投之于名望低者欤？恐名望低者,未获他人投票,仅以我之一票未必中选。我若投之,是使我之票,投于无用之地,而毫无效果也。虽然,我特一票也,不归之甲,必归之乙。一人此观念,众人亦同此观念。推其结果,人人之票,非丛集于名望最高者,即丛集于名望最低者。仅集于名望高者,则其他皆落选,而应选出议员之名额,必不敷矣。仅丛集于名望最低者,则名望高者又有落选之虞,而当选者,尽属平平无奇,其于拣选真才之初意,又相矛盾矣。此大选举区用单记投票之弊也。联记投票亦有弊者何？以有政党故也。有政党则凡入其党者,各因其党所指定之候补者,应于其区内议员名额之数联记而投之,不必自判其被选人之当否,而政党之首领,因以得大振其势力。此外,未属于其党者,虽奇才异能之士,亦不能望其中选,其弊一也。譬有甲乙二党于此,苟党员平均,则所得者无大相差异,如甲党多而乙党少,则甲党必占中选之优势,而乙党即归劣败,所谓多数胜,少数不胜,其弊二也。虽然联记投票之所以有此弊者,乃指有政党之国之选举区而言也,若在无政党之国,则但见其有利,而无弊也。其单记投票之所以有弊者,乃有弊于大选举区制之国,若置之小选举区,则无弊矣。以是而论,则吾国既无政党之可言,复不沾沾于选举区制之大小,因吾各省划分议员之制度而利用之,则单记投票、联记投票两有取焉。何则？吾各省之划分议员于府厅州县也,既以选举人之多寡为标准矣。苟一州县之选举权者,其数可选出议员一名,则此一州县即为一选举区。此等选举区,即适用单记投票之法焉可矣。苟一州县之选举权者其数可选出议员二名或三名以上,则此一州县亦为一选举区,此等选举区,即适用联记投票之法焉可矣。

第三项　选举人名簿

惟选举人为能投票,法律所明定也。然而人民众矣,不调查之,焉知选举人为谁。既调查矣,不登诸簿籍,则有选举权之确据,亦无从而公证之。此选举人名簿所由重也。兹将选举人名簿应备之要件,列举

如左:

(一)调制。调制者,于每届选举之年,由各地方自治团体先于选举前数月,调查其自治区内之合格者,制成正副二册,呈之监督。经监督覆查一过,有无修改,然后以副本返之。

(二)记载事项。选举人名簿记载事项有六:一、姓名、年龄、籍贯、住所,或寄居年限。二、办过某项学务及其他公益事务并其年限。三、出身。四、官阶。五、职业。六、营业资本或不动产之数目价格。

(三)公览。公览者,于一定之期间内,将选举人名簿,备置各投票处,宣示公众,俾其纵览。

(四)更正。更正者,选举人因览选举人名簿,以为有错误遗漏者,得于公览期内,申告自治团体或选举监督,请其更正。

(五)呈诉判决。呈诉判决者,因自治团体或选举监督,据前项申告以为勿庸更正时,选举人有不服者,得将其不服情由,呈诉于审判厅,而审判厅即于一定期内,为之据实判决。

(六)确定。确定者,公览期限已满,于是宣告选举人名簿之确定,确定后虽有选举资格,而未登录者,亦不得再有变更。

(七)申报。申报者,选举人名簿,既经确定,即由监督申报于本省督抚。

(八)效力。效力者,选举人名簿所记载之有选举权者,自其确定日起,于一年期内,继续而有效力。

以上各要件,虽对于中国之选举人名簿而设,然律以列国之规定,亦无大异。其先由自治团体调制者,以一区之公法人调查其本体分子之事项,自必确切详尽,且不须另设调查员之费烦也。必呈之监督查核者,恐自治团体之公务员与选举人或有嫌怨致为遗漏错误,故不能不斟酌修正也。公览更正及呈诉判决者,所以保护选举权之行使,且欲得确正适法之举人名簿也。确定者,恐选举人名簿迟延不成致误选期,故示以一定期限,俾昭信守而重公务也。申报者,以选举人名簿,呈之督抚,俾督抚据此核算,以便划分议员名额,且示期举行开选也。定效力之期间者,因选举权之得失无常,不能不有所限制也。选举人名簿,应备要件之意义如此。

第四项　当选人

欲知当选人之所以为当选人,不可不知当选人与选举人、被选人之区别。选举人者,有选举权之人也,亦曰取得选举权之人也。被选人者,有被选为议员之资格,而被他人之投票选举者是也。当选人者,因被选人所得票数已足,而当然取得议员资格者是也。所谓当然取得议员资格者,明其议员资格,非选举人之授与,亦非办理选举官员之授与,乃国家藉选举投票,以证明其为人。既证明矣,则其为人之可以为议员,已无可疑。于是乎公法上之效力生焉,既生公法上之效力,是即议员之任期开始矣。虽然,当选之法,各国规定亦互有出入,而其最普通者,皆以得比较多数之投票者为之,然亦有先定当选票额者。票额既足,即为当选。若当选而票数重同,则先其长者。如年龄亦同则抽签定之。又或票数同而当选已逾乎议员名额者,则作为候补当选人。虽然被选人之当选也,其承认与否,听其自由。然亦必于一定期间内申明之,苟申明承认,即为确定。既曰确定,则由地方长官授与当选执照,而选举之事,于是乎毕。

第五项　选举诉讼及当选诉讼

选举诉讼者,关于选举事务有行私舞弊、违背定章,或对于选举人,以暴行胁迫妨害之,又以财物利诱选举人,与选举人受财物之利诱及居中周旋者,由选举人告发选举人,或办理选举人员之诉讼也。据日本规定,必于三十日内申诉于控诉院,若不服控诉院之判决,更得上告于大审院。又据我国咨议局章程,凡选举诉讼事件,不服该管衙门判定者,初选得向按察使衙门控诉,复选得向大理院上告,其意与日本同。但我国至开国会时,则各省之审判厅业已设备,倘有诉讼即照审判厅上控章程办理,尤为妥善。至其判决效力,则令其选举事务,作为无效办理,选举人员及所犯之选举人,处罚有差。

当选诉讼者,以落选人所得票额已达于定数,可以当选而不与选,或当选人资格不符,票数不实又或蔑弃职守,有玷名誉,由落选人告发办理选举人员或当选人之诉讼也。其诉讼方法,乃与前同,而其判决效力,则令其当选失效。所犯者,处罚有差。

以上二者之结果。前则更换监督及办理选举人员,后则当选人缺额时,应以候补当选人递补或改选之,又或更换监督及办理选举人员。

第六项　选举机关

日本以地方长官为选举长,我国以府厅州县官为选举监督。日本之选举机关设置于地方官衙,我国之选举机关设置于府厅州县衙门,其事同也。且夫府厅州县官者，组织府厅州县机关之公法人格也。选举监督者，组织选举机关之公法人格。府厅州县之机关与选举之机关不可混同为一，而公法人格之府厅州县官与公法人格之选举监督，亦不可混同为一，其义一而已矣。盖府厅州县者，常设机关也。选举机关者，临时机关也。机关不能代理机关，而谓公法人格，可代理公法人格乎？公法人格固不能代理公法人格，而何以府厅州县官代理选举监督机关固不能代理机关，而何以选举机关设置于府厅州县？不知选举机关设置于该衙门者，不过假该房屋以为办理选举事务之所不得，谓同其房屋而即同其机关也。组织选举机关之公法人格，以该地方官充之者，不过使为该地方官之自然人兼理之，不得谓同其自然人，而即同其公法人格也。知乎此，则府厅州县之机关与组织府厅州县之公法人格，可置而弗论，而组织选举机关之公法人格，其职务如何，晰陈于左：

第一，选举监督之职务：

（一）监督投票、开票。

（二）选任投票、开票管理员及监察员。

（三）核定投票处、开票处及其日期。

（四）选举人名簿之查核及修正。

（五）造具确定选举人名簿检于本省督抚。

（六）当选人姓名、职衔及票数之宣示及报告。

（七）决定当选人及给与当选执照。

（八）受理选举人更正选举人名簿之申请。

（九）执行当选无效之处罚及补选改选事务。

（十）申送当选人名册并报告选举终了情形于督抚。

第二，附属职员：

（一）投票管理员。日本以市町村长当其任，我国宜以各地方自治之会长兼之其所管理之职务。即掌投票匦、投票簿、投票纸及选举人名簿并投票所、投票一切事件。

（二）开票管理员。日本通常以市郡长充之，我国宜遴派教佐员及自治会长共其事，其所管理职务，即检查真伪，决定是否合格，及核算票数、保存票纸等项。

（三）投票开票监察员。日本谓之立会人，于选举人中选出之，我国以本地绅士为宜。其监察职务,有发见不确正或违法事件,又或与管理员有意见不合时,皆得建议于选举监督。

第五节　议会之开始及终了

议会之召集、开会、停会、展会、闭会,以至于下院之改散,自始及终,皆属于君主大权,此我国宪法大纲第四条所明定,又日本及其他多数君主国之宪法皆然。分别论列如左:

第一款　召集

召集之权,属于君主。君主之召集,非对于议员而对于国会议员者,因君主之召集国会而集会也。因君主之召集国会而集会,是谓国法上之集会。国法上之集会者,有国法上之效力也。不因君主之召集国会而集会,是谓普通集会。普通集会者,有普通法律上之制限也。此特就君主国而言也,若夫民主国则不然。民主国议员之集会,无俟乎召集。如法国、美国、瑞士,于一定时期自行集会是也。虽然君主国亦有不待召集者,如荷兰、比利时、瑞典是也。此外如英、如普,以待君主之召集为原则,但例外如君主崩殂,议员得自行齐集议事者,英国之惯例也。如君主崩殂,无继承皇位之男系时,亦得由内阁召集选定摄政者,普国之规定也。然而综观列国宪法,除民主国之自由主义,及荷、比二三国外,盖莫不以君主之召集为通例者。其要件如何,述之于左。

第一,召集形式

召集形式者何,君主之诏敕是也。君主之诏敕,在日本必须国务大臣副署,于集会前四十日公布之。

第二,召集时期

召集时期,分通常召集、临时召集及解散后之召集三者。通常召集,以每年一次为常,然亦有二三年始召集一次者,惟索逊、巴丁、威敦堡等最小国而已。临时召集因紧急事故而生,故召集之期限亦无定。解散后之召集,据日本之规定,则自解散日起,必于五个月内复召集之。

第二款　开会

开会者,召集议会之效果也。苟召集议会,而未开会,则议会不得谓之成立。而议会之活动,与议员应享之特权,亦不发生。故曰开会

者,召集议会之效果也。试述其开会次序如左:

第一,开会期日

开会期日,由君主之诏令定之。然必在两院议员既集,选出正副议长,奏请敕任,并已定议员部属之后。非议员一集,毫无预备而即开会也。然自两院既集,必预备若干日,各国皆无规定。征之日本实例,有阅三四日即举行开院式者,有延至一月后者,要皆临时斟酌与君主之自由而已。

第二,开会式

开会期日既定,不能不举行开会礼,然各国之惯例不一。有两院共集一处同举行一开会礼者,有两院各自举行者。又有行开会礼之日,必恭请君主临幸或由特旨派遣亲贵大臣恭代者,皆各国之自由,并无一定成规耳。

既举行开会式。则议会之形体已成。而议会之活动,于是乎开始矣。

第三款　停会

(一)停会目的。停会目的,法律虽无明文,然必有万不得已事而后可。万不得已者何? 例如因议会骚动而无秩序,或因违反法律之议决,及议会与政府冲突而欲有所调和之时是也。

(二)停会命令。停会命令,属于君主大权,君主而外,无论何人,皆不得为之。

(三)停会期限。停会期日,不能漫无限制。故列国皆规定于法律,不能踰十五日以外。

(四)停会回数。停会回数,在议会期中,无论若干次,皆于议会无损。然亦不能过多,多则将有一事不能议决之虞。故德意志、法兰西均以一回为限,一回外不得再停。

(五)停会效力。停会须两院同时行之,而其效力不仅及于本会,即一切委员会皆然。但所谓停会云者,惟停止议会之活动而已,而议员之特权,不因是而有所损。且停止期限满后,不待召集仍得集会开议。凡停会前未议决之案,皆可继续提议。此停会与闭会之决然终止者,自有不同之点也。

第四款　休会

休会酷似于停会,而其实则大异。停会须君主之命令,而休会则各院之任意行为,其不同一也。停会中绝对不许集会议事,而休会中则无论何时,均可集议,其不同二也。停会由国法而生,而休会则事实上之便宜,其不同三也。停会以十五日内为限,而休会则不限期日,其不同四也。停会必两院同时行之,而休会则出于各院之自由,其不同五也。

第五款　闭会

议会期限已满,若尚有必要议决案件,得以君主之命延长之,否则即命闭会。

其要项有二:

第一,闭会式

闭会式以君主之诏令,使两院会合行之。

第二,闭会效力

闭会者,终止议会之活动行为也,须两院同时行之。而各委员会,亦同时终了。且自闭会日起,凡一切未议决议案,及未通过他院者,全归消灭,不能于下次议会继续再议。即欲再议,亦必作为新案提出,此原则也。但有例外,如各院得政府同意或因政府要求,得于闭会后,委员继续审查议决各案,虽至次期,亦不失其效力。所谓继续委员是也。

第六款　议会之解散

议会者,宪法上最重要之机关也。苟无议会,即不成其为立宪。然则议会之解散何也?曰解散云者,非取消议会之机关,而解除议员之公法人格,令其散归原籍是也。然则当于何时解散?曰开会以后,闭会以前。若尚未召集或已闭会,即无所谓解散也。解散者,君主之大权也。曰君主之解散议会也,出乎君主之自由欤?抑议会有解散之理由,而后命之解散欤?曰君主虽有解散议会之自由,而君主究不能无故而出此。故有政策上解散之理由焉,即议会与政府之冲突,有固结而不可解者,非大臣辞职,必解散议会以听诸舆论之判断是也。有法律上解散之理由焉,即议会有不法之举动或不法之议决,欲使之不逸出范围之外者是也。曰解散之理由,既闻命矣,然则解散后之议员与议会又当何如?曰既解散之议员,已失其组织议院之公法人格,依然与民齐也。而议会虽云解散,机关犹在,不能因此遂尔终止。故君主于解散之后,随即以诏令,命其从新选举,于五个月内复召集之。盖议会机关之性质,宜乎终古不变。而议员之进退,则靡有定止也。虽然,议会之解散云者,单对于下院为之。而上院则否,不过因下院之解散,而上院亦同时停止而已。

第六节　议会之权限

议会权限，实质上不能一一列举。凡关于国家生活必要之事件，皆得参与之。惟依形式上分之，则如左：

第一款　两院共同之权限

第一项　协赞权

协赞者，议院对于君主之立法及政府政治上之行为，而表示其同意于事前之意志也，可大别为四：

第一，关于法律制定之协赞

关于法律制定之协赞，其规定于宪法者，如日本宪法第三十七条"凡法律须经帝国议会之协赞"、德意志宪法第五条"帝国法律必须多数议决之赞成"、普鲁士宪法第六十二条"立法权王与两院共之，凡发新法应有王与两院之协同"、俄国宪法第四十四条"新法律未经上院下院之协赞不能发布"。我国宪法大纲，独未采此。惟第十一条有云（前略）"惟已定之法律，非交议院协赞奏经钦定时，不以命令变更废止。"就此条观之，则已定之法律，既云非交议院协赞不可，而尚未定之新法律，反不交议院协赞，即颁行之，决无是理也。意者他日必补入之，庶不致遗此最大缺点也。

第二，关于法律改正废止之协赞

所谓法律者，包括宪法及一切公私法而言。其规定于宪法者，如日本宪法第七十三条"改正宪法时应以敕令将议案付议会议之"、瑞典宪法第八十七条"议会与国王协同有改正废革既定诸法之权"。我国宪法大纲第十一条"（前略）已定之法律，非交议院协赞奏经钦定时，不以命令变更废止"。

第三，关于豫算之协赞

关于豫算之协赞，如日本宪法第六十四条"国家岁出岁入应于每年豫算，经帝国议会协赞"。又瑞典宪法第五十八条、普鲁士宪法第九十九条至百四条、德国宪法第七十二条，其规定皆同。我国宪法大纲第四条亦然。

第四，关于国债借偿之协赞

关于国债借偿之协赞，如日本宪法第六十二条三项、又瑞典宪法第六十三条七十六条、西班牙宪法第三十三条、墺大利宪法第十一条第三项、葡萄牙宪法第十三条十一二项,其规定皆大略相同。盖国债之借偿,关系于国计民生至为密切,故不能不归议会协赞也。

第二项　承诺权

承诺者,议会对于君主既发之命令及政府既为之行为而表示其同意于事后之意志也,可大别为三:

第一,关于紧急命令之承诺

君主于议会闭会后,有紧急必要时得发命令以代法律。此命令与寻常宪法上之命令不同,故事后须要求议会之承诺也。如日本宪法第八条"天皇为保公共安全与避公共灾害事关紧要得于议会闭会后,发敕令以代法律,此敕令至次会期当提交议会议之,若议会不承诺,则政府对于将来之公布失其效力"。我国宪法大纲第十二条亦与此意同。其条文云"在议院闭会时遇有紧急之事得发代法律之诏令(中略)惟至次年会期须交议院协议"。

第二,超过豫算支出之承诺

国家岁出岁入,每年必依豫算法,经议会协赞,此通例也。然有时因特别事故,其支出有不能不超过豫算者。其超过支出之项,至次会期须要求议会承诺。如日本宪法第六十四条二项云"如有超过豫算额外别有开支者,日后须求帝国议会之承诺。"又我国宪法大纲第十二条所谓得以诏令筹措必需财用,惟至次年会期须交议院协议,亦含有此意。

第三,财产处分之承诺

财产处分之承诺,其明揭诸条文者,如日本宪法第七十条"如图保持公共安全,遇有急需而迫于内外情形,不及召集议会时,则依敕令为财政上必要之处置"是也。

如上所述,协赞与承诺,乃两院共同权限,非一院所得而专也。若仅上院协赞,而下院否决者,不得谓之议会协赞。仅下院承诺而上院否决者,亦不得谓之议会承诺。且也,协赞在议会未闭之先,未定之事也。一经协赞而后,乃奏请君上钦定耳。承诺在次会开会之中,既为之事也,一经承诺而后,乃称正当行为耳。是故协赞为国家行为成立之前提,如未协赞则其行为不能成立,虽行之,亦无效力。反之承诺有无,于国家既为之行为,全无成立不成立之关系。何则?如不承诺,万不能以国家既为之行为,溯及既往而取消之。但属于紧急命令,则将来不得继续其效力。若系豫算超过与财产处分,果有不当者,则对于不当行为,得上奏弹劾大臣，如是而已。

第二款　各院独立权
第一项　上奏权

议会得上奏之规定，如普鲁士宪法第八十一条及日本宪法第四十九条，又我国议院法要领第七条，皆若合符节。其上奏之内容，法律上毫无制限，据日本副岛义一氏《宪法论》，分之为仪式上之上奏与政治上之上奏。所谓仪式上之上奏者，如祝贺、庆吊及奉答敕语之表章是也。所谓政治上奏者，关于立法、行政等事开陈议会之希望及其意见是也。仪式上之上奏殊无关紧要，兹不必详。而政治上之上奏，实为议院进言之阶。故虽嘉纳与否听诸君上，而其影响则直及于国利民福。此上奏权所以规定于宪法也，此上奏权所以认为议院之利器也。

上奏之发议，须有三十人以上赞成者始能成立，日本之规定也。他国虽无明文，要亦不出此范围而已。上奏之次序，日本以议长为总代。我国议院法要领谓由议长出名具奏，其意一也。

日本议院法，有奏上二字。清水澄氏谓奏上与上奏不同。上奏之意已如前述，而奏上之范围，即奏闻议事之结果也。议事之结果有三：一曰否决政府提出之议案时，二曰可决一切议案时，三曰众议院选定议长副议长之候补者时是也。此说亦似有理，故录之以备参考。

第二项　弹劾权

议会对于大臣之有弹劾权也，始于英国，而传播于欧洲。虽其弹劾制度，有属于下院者，有属于两院者，其弹劾范围，有限于违反宪法及法律者，有限于违反法律之外及损害公益者。而其所以为弹劾，则一也。日本宪法无此规定，惟关于大臣进退及信任与否，得上奏论之。我国议院法要领则明揭诸条文云："行政大臣如有违法情事，议院只可指实弹劾，其用舍之权仍操之君上"。由此观之，是我国兼取弹劾主义，较日本有不同之点也。然按诸实际，则英国自百年来无实行弹劾者，欧洲亦鲜有所闻。察其理由，则昔之大臣尝有蹂躏宪法及损害人民权利者，今则大臣于政治上之责任日益发达，故议会亦无可弹劾者。且议会以弹劾之法，殊复杂而效力弱，故宁不用之，而专以议决大臣之不信任，或奏请罢免之法转较有力，且易达目的也。

第三项　建议权

议会得建议于政府之规定，其见诸明文者，如俄国宪法第六十五条及日本宪法第四十条是也。其建议范围，非指摘既往之失败，乃希望将来之治理。其建议内容，不仅关于行政之设施，并可及于立法之事项。盖议会无行政责任，列国之通义也。故关于行政之意见，除陈述于政府外，无他途耳。所谓立法事项亦得建议者何？法律发案权议会有之，政府亦有之。而议会对于政府必建议及此者，以或法律案之提出，发诸议会不如发诸政府。故藉以提醒而诱致之，俾政府起而发案焉，是其目的也。但议会虽得建议于政府，而政府采纳与否，惟听其自由。苟或见拒，则于同会期中，即不得以同一事物再为建议。此建议特殊之点，列国所同然也。

第四项　法律发案权

议会之有法律发案权也，无论何国，皆公认之。其见诸宪法条文者，如俄国宪法第七十条、德国宪法第二十三条、普国宪法第六十四条、比利时宪法第二十六条、日本宪法第三十八条是也。但其间有宜区别者，发案权属于议院，非属于议员。不过须有议员发议，经众赞成，而通过于其本院者。则议院之发案，乃于是乎成立。不特此也，且有制限焉。即日本宪法第三十九条，所谓凡法律案经一院可决而他院未可决者，于同会期中不得再为发案是也。虽然，若将前案略加修改，更易一名以提出之，亦所弗禁耳。

第五项　受理请愿及送位之权

请愿者，人民有所恳求于议会之书禀也。受理及送付者，议会以人民之请愿，合法时添附一意见书，以送之于政府也。添附意见书以送之于政府者，欲其处置得宜，而为之监督也。此制创于英吉利，而仿行于各国，日本宪法及议院法亦规定之。然亦有所制限，即违背请愿规则者，不受理，未经议院议决者，不送付是也。

第六项　受报告权

议会对于政府有受其报告岁出岁入之权，政府对于议会有送付报告之义务。此虽各国通例，然其规定，亦不一致。其在欧洲各国，有议会受政府之决算报告后，一经检查，即当为政府示责任解除。而在日本，则不认此，其决算报告之检查与否，全属于议院之自由。但议会就其决算报告有发见违法之收入支出者，得诘问于政府，并得上奏论之。

第七项　调查权

各院有设调查委员调查各议案及诸般事实之权，且可召呼证人与各官厅照会往复,此英、法各国制度也。然日本则无此规定,且明明禁止议会召呼人民及与官厅、地方议会等直接交涉,但遣派委员与政府往还,则不之禁。以彼例此,是日本议会无调查权也。以予观之,英、法议会之调查权,失之过泛,泛则权势加重,足以抑制政府。日本制度又失之于狭,狭则议决之案多与事实相违,皆非合乎中道也。诚宜予以制限,除显然召呼人民与地方官厅文书往还

及公然出告示外,无论派员如何调查,俱不必过问。如此则议会可收集思广益之效,而议决之案皆确乎,其不可拔矣。

第八项 质问权

议会对于政府处理政务之行为,得一一质问之,此立宪国大臣负责任之结果也。而政府亦有答辩义务。设有应秘密而不能为答辩者,须疏明其理由,且当于受质问书后,即定答辩期日,以通知于议会。但议会欲质问时,必得议员三十人之赞同。又须依一定之规则,而后可否,则政府亦可拒之也。

第九项 起诉权

议会既无行政权,设有对议会诽毁侮辱者,议会将若之何? 据日本明治二十二年法律第二十八号第一条云,凡对于议会加以诽毁侮辱者,处二月以上二年以下之重禁锢,附加十圆以上百圆以下之罚金。此等规定,可谓适当。但此与亲告罪同,设议会不提起诉讼,亦不论其罪耳。

第十项 逮捕议员许诺权

会期中逮捕议员,必得议院之许诺而后,可此各国宪法所明定也。然则何事应许诺,何事不虑许诺,殊无标准。以法律之精神推之,其应许诺者,必其议员果犯刑事上之重罪,其不虑许诺者必其议员无罪而已。

第十一项 议院内部整理权

第一,规则之制定

内部整理规则如何制定,听其自由。政府及其他院,皆不得容喙。然其制定之内容,须与法律不相背驰而后可。且其规则之效力,仅及于院内,不能及于院外。然院外之人,亦有时不能不适用者,如国务大臣、政府委员等,出席于议场及入场旁听者是也。

第二,警察权之执行

院内警察权归议院自行节制者,所以保持议会权限之独立也。据日本议院法及我议院法要领,皆云院内警察,议长指挥之。是其例也。

第三,审查议员资格及判决选举诉讼

审查议员资格者,于每会期之始,由各院选派委员,专司其事。如发见无被选举权者,即报告议长。一经议决,便剥夺其议员资格。此权上下两院皆有之。如我议院法要领第十条云:"议员不合选举资格者,由议长审查得实,随时立予除名"。又日本贵族院令第九条及议院法第七十八条之规定是也。

判决选举诉讼者,因选举人与被选举人之争讼,而决定其当选者,果正当与否、果适法与否是也。据日本之规定,此权惟上院有之,下院则否。其所以不委之下院者,恐因党派关系,而不能得公平之结果故也。或者曰上院下院皆议会也,而判决权独予之上院,得毋有所偏重软? 不知上院议员,或世袭,或敕任,或敕选。王公世爵外,亦无一而非有声望者。故其资格之有无,易于调查而不难于辨别。而下院则选举者与被选者多属平民,而且散处四方,别识匪易。苟使下院亦有其权,则互相攻击、纷纭错杂,究其极端,必有因此而日无宁晷者,尚何暇以研究议案耶。以是而论,日本之规定,可谓权衡得当,较他国尤有进矣。

第四,惩罚议员

无论何国议院,对于其议员,皆有惩罚权。据日本议院法规定,则议员有犯惩罚事件者,由议长付之委员,俾其审查属实,再俟议院议决,然后宣告。其惩罚种类如左:

(一)于公开议场谴责之;

(二)命于公开议场陈述谢辞;

(三)停止其出席之时间(下院不过十四日,上院不过三十日);

(四)除名(下院除名必得三分之二以上之出席议员议决之,上院除名非经敕许不可)。

我议院法要领第八条云:"议员言论不得对朝廷有不敬之语及诬蔑毁辱他人情事,违者分别惩罚"。玩此条之义意,所谓惩罚者,非将该违犯之议员付之有司治其罪也,乃适用议院内之规则也。分别云者,以惩罚之种类,权其轻重也。何则? 惩罚议员者,议院内部之事。若有司得而干涉之,是议院失其独立性质矣。既无独立性质,谓之专制国之议会则可,谓之立宪国之议会则不可。

第五,职员之任选

职员任命方法,各国略有异同。如法、如普,则议长、副议长、书记官等,皆由议院选任,其以下事务官,则由议长命之。英国则不然,英之下院议长选举于议院,认可出自君主。上院议长,则以大法官补充。而书记官以下吏员,则君主任命。日本之制,略与英同。下院议长、副议长,则先于议院选举各三名候补者,奏请敕任。其余书记官以下,则照通常一般官吏任命法,议会不得干预。此外,各院为审查议案等务,特设委员以司其事,即全院委员、常任委员及特别委员三种是也。全院委员者,以议员之全员为委员也。常任委员因事务之种别,分为豫算委员、请愿委员、惩罚委员、决算委员之数种,特别委员,因审查事务发生时而设。然皆由议院选举,此日本法也。而各国之规定,亦略不外于是。

第七节　议会议事规则

第一款　开议之要件

第一项　日程

日者,开议之期日也;程者,开会期日议事之顺序也。日程者,定于某月某日议决某案之揭载也。揭载之议案,必先列政府提出者,其次他院提出者,又其次本院提出者,皆由议长预定,以报告于政府及通知其议员。但议长认为有最要案件,不能不先事议决者,得知会政府以变更其顺序。

第二项　定出席议员之足数

足数者,非满若干议员到会,不能开议是也。各国规定互有参差,英国以上院三十名、下院四十名以上之到会者为足数。普、法、美、意、比、荷、西、葡等,以过半数到会者为下院之足数。诺威、德意志联邦之一部,以三分之二以上到会为足数。日本以三分之一以上到会者为足数。然则各国之所以如此者,其理由岂有他哉。一则使议员咸尽职务,一则妨少数议员专横于议会也。

第三项　会议之公开

各国议事,以公开为原则。公开者,许公众旁听。虽有速记、刊行者,亦不之禁也。但例外有议员三十人以上之发议或受政府之要求,亦为秘密会议。秘密会议者,禁止旁听及速记、刊行是也。

第二款　议案及提议

第一项　议案

凡由议员发议于议场而经若干人赞同者,始成其为议案。议案者,尚未议决之事件而欲议决之目的也。将此议案提出，而移送于他院，始谓之发案。发案之权，不仅属于议会，政府亦有之，已如前述。据日本之规定，则政府提出之案可撤回之，议会则否。此其所以有别也。

第二项　提议

提议与发议不同。发议者，造成议案之原因也。提议者，就已提出之议案，及议案外之事件而提出之议题也。提议之种类，约不外（一）上奏，（二）建议，（三）惩罚，（四）豫算案之修正，（五）法律案之修正，（六）紧急事件，（七）全院委员会之开会，（八）讨论及再议等是也。提议之原则，有二人以上之赞同者即可。但例外亦有，须二十人或三十人以上之赞同者。因视其事件之轻重，以为定耳。

第三款　读会与议决

凡议案必经过读会而后议决，此各国之制也。分论如左：

第一项　读会

读会者，于会场宣读议案，以取决可否于全体议员也。除法、比、荷、西、葡用二读会外，其余皆采三读会制。然有顺序焉，其在第一读会也，许辩明之质问之。其在第二读会也，许逐件审查，并提议修正之。至第三读会，则决否而外不许更有他议也。虽然，若在第二读会即可决者，因议员或政府之要求，亦得省略三读耳。

第二项　议决

议决者，即经过三读会后，苟无异动，即为决定是也。然则议决之人数，须全体一致乎？抑不必全体一致乎？若取全体一致，则箕风毕雨、愿欲不同，无论何事，必终无议决之一日。是故各国近今之规定，皆取决于到会议员之多数。多数之标准，有取四分之三以上者，有取三分之二以上者，有取过半数者，有取比较多数者。然皆各从其意，预定诸法。但其间有一问题，即可否之数相等时，将从何法以决之是也。据德、法、比诸国则认为否决，英、美、日本则归诸议长之裁决。裁决者，议长以为可决则可决，以为否决则否决，议员不得而争执之者也。

第四款　协议会及委员会

协议会及委员会设置废止，皆由议会自主。惟当区别者，协议会须两院合意设之，委员会则属于各院之权限也。说明如左：

第一项　协议会

凡议案经甲院可决而乙院否决者，则其案应归消灭，即无所谓协议。又甲院可决而乙院以为必加修正而后同意者，若经甲院认可案即确定，亦无所谓协议，惟同一案也。甲院以为不必修正，乙院以为必须修正，两相争执，不能不别设办法，以调和之，此协议会所由生也。协议会由两院各选出若干同数之委员组织之，若委员协议成立时，则更付之两院议决。但此议决，须就全体决可否，不得再为修正提议也。

第二项　委员会

各院为审查议案及诸种特定事件，故不能不各于其院各置补助机关，以分掌其事，于是委员会与焉。委员会之种类有三，一曰全委员会，以全体议员为其会员；二曰常任委员会，因事务之种别，分为数科，其任期与议会相终始；三曰特别委员会，因审查特别案件，随时设之，各会各置委员长一，皆有整理其会之权。全院委员长，于开议会初投票选任，常任及特别委员长，由其各委员互选之。其他议事规则，亦略仿议会，但其开会议决事件，无法律上之效力，只能报告议院，听其裁决。迨议院闭会，各委员会亦同归消灭。惟例外因政府要求得议院同意者，亦可令委员继续从事。日本取法欧、美之制如此，予谓委员会既属各院之补助机关，其名称种类，皆可因事实而变通之，虽不必拘拘于是焉可也。

以上数项外，有所谓议院事务局者，处理议院行政事务之所也。以书记官长及书记官组成之，其所掌职务，以调制议事录及作文书案件为必要，且一切公文，皆须书记官署名盖印。

第八节　帝国议会之议员

第一款　议员之特权

第一项　发言自由权

两院议员在院内，有发言自由权，于院外不负责任。但议员有公布其言论于院外者，不在此限。是意也，渊源于英国之权利典章，欧美袭而取之，遂成世界立宪国之通例。盖议员当国民之选，负参政之重，凡关于国计民生者，自应熟筹深思，直抒己见。苟加以拘束，则瞻前顾后，兢兢焉忌触法网，微特言不能尽意，意不能尽言。而政府复得藉此以陷其罪，以钳其口，则议员之性质荡然矣。议员既失其性质，尚何议会之有哉。是故对于议员之发言，特加保护，不受院外之诘责者，意在导之使言，言使尽意，俾得完全竭尽其职务而已。虽然，非漫无制限也，不可不注意左之二点：

第一，发言自由之要件

（甲）议长之许可。凡欲于会场发言者，须先白议长，议长许可，予以时间，然后顺序演之。如未经议长许可，而即登台发言者，不得享有自由之特权。

（乙）循守院规。虽经议长许可，则发言之秩序及其院规所禁忌者，不能不遵从之。否则，议长得中止其自由。

第二，发言自由之范围

学者因日本之规定有意见二字，遂谓自由范围，仅得发表意见，不得陈述事实。不知意见者，因事实之所感触而发也。事实者，因意见之所权衡而定也。二者有相连而不相离之概。故本项不用意见二字，而取发言云者，以发言一语可包括意见、事实，且其义广其解释亦易，而学者之疑问，亦可以息。自由范围者规律的也。苟出乎规律以外，或污辱议员之体面，或冒犯皇室之尊严，虽云于院外不负其责，而院内之责究不能不负。院内之责者，议长得因其情之轻重，命其取消或除名是也。

议员之发言苟合乎规律者，虽一面抵触刑律，一面抵触民律，而于刑民之责任，俱当然免除。何则？以其未出乎自由范围以外，应受其自由特权之保障也。

议员言论之自由权，不仅于议院有之，于委员会亦有之。但议员以自己所发之言论演说，刊行笔记或以他种方法公布于院外者，即不得主张自由特权，而应受一般法律处分。此又不独议院如此，即委员会亦当如此。

第二项　身体自由权

议员身体自由之规定，亦渊源于英国，而传播于世界。如日本宪法第五十三条云："两院议员，除关于现行犯罪及内乱、外患罪外，会期中无其议院之许诺者，不得逮捕。"又我国咨议局章程第四十条亦云："凡议员除现行犯罪外，于会期内，非得咨议局承诺，不得逮捕。"所谓会期中云者，由召集以至闭会之间是也。而未召集以前及已闭会后，被逮捕之议员，则不在此限。故日本第一回议会因关于此问题之议决，曾通牒于司法省云："凡会期前被逮捕之议员，于开会后尚在拘留中者，非有议院许诺，不得继续拘留。"该司法大臣覆牒云："本大臣遵从宪法明文以施行司法权限，凡既着手之刑事追诉，并无停止义务。是以不能因其他权势之诺否,以张弛司法权必要之处分。故对于议会之议决,殊无何等关系"云云。据此观之,则该司法省之反对,可谓得其宪法之正解矣。虽然,于开会前既逮捕之议员,至会期中不得续行拘留者,在欧洲宪法往往见之。例如德国宪法第三十一条云:"议员之刑事手续及未决拘留或民事拘留,若经议院请求者,于会期中得犹豫之。"又墺国宪法第十六条云:"在拘留中之议员,因议院之请求,得使出席于议场。"以是而论,则德、墺议员特权之范围,较日本及我咨议局议员,其广狭盖不可同日而语矣。

又,议员在会期前既受刑罚宣告而裁判已经确定,尚未逮捕者,在会期中无议院许诺,亦得逮捕与否,颇涉疑问。以予所见,则犯罪审问与刑之执行,法律上非同一物。犯罪审问者,果有罪与否,尚未可必,而刑之执行,则罪名已定,不可得而逃也。故我国咨议局章程及日本宪法规定之义意,乃仅为犯罪审问者而予以保护。若夫刑之执行,则非所问也。盖须议院许诺者,为防政府故意或挟嫌逮捕之弊,而非使中断司法事务之进行以为其目的也。苟政府之逮捕实为刑之宣告,而裁判确定毫无挟嫌或故意者,则议院对于该议员,即无保护之必要也。

政府要求议院许诺之方法,须由司法大臣对于议院预为要求逮捕之照会,其行止听诸议院许否之答复以为定。倘不预为照会而未获答复,即遣检事或豫审判事及警察官等,以直接往复于议院,而有妨议事安宁者,议院得诘责其孟浪,司法大臣亦应负其责。此虽无明文规定,而事实上有不能不然者,所以尊重议院之独立权限也。然议院若既受政府要求逮捕之照会,其为议院者,又果以何者为标准而议决许否乎?据条文推之,议院只应审查政府是否藉此妨害议员之到院以为其要点而已。至于事实上法律上犯罪行为存在与否之审问,则属于裁判所之职务,非议院之权限也。

以上不过就现行犯罪及犯内乱外患罪以外之犯罪者而言,若夫现行犯罪及犯内乱外患罪者,以事体重大,无暇要求议院之许否,即可直行逮捕也。

第三项 受取费用权

议员非官吏也,固无俸给。非职业也,固无报酬。然议员自被选而后,其应召集也,必需车马之费。其滞在国会也,必需泊宿之费。其旷废本业也,必有损失之费。此等所费款项,将使议员自负乎?抑由国库支给乎？列国于此制度各歧，有取支给主义者，有取不支给主义者。取不支给主义，则非积有资财者，不足以供其职务。苟无资财，而有才识技能者，虽被选举，亦不敢出而任之。而议员名额，遂不免尽为富裕者之专占矣。然而取支给主义，不得乎中而予以多额者，又徒开竞争选举之弊。其不肖者，必以是为利薮而营私钻谋，将无所往而不为矣。且不取支给主义之弊，又不仅如上所云也，不观德国之经验乎。其议员之淡漠，到会者落落如晨星，而急激派之分子因以日加而无已。虽其间有奔走议会而不稍懈者，大都岁受政党私财之酬劳，以听其指挥于政党者。夫受政党之酬劳与支给于国库，孰得孰失，不待智者而后知，此德国政府之失计，故不能不贻讥于学者也。英国制度虽与德同，然因其历史惯习与夫人民之富饶，故其议员相竞高尚，亦固其所。此外行此法者，惟意大利、西班牙，然此二国者，亦有特别理由，以存乎其中也。除以上所举外，无论何国，皆取支给主义者。然支给主义中，又分为岁给与日给二者。岁给主义者，每员岁给若干，不以日计，如法、美、葡、比、荷、瑞典、日本等国是也。日给主义者，每员日给若干，不以岁计，如普、奥、匈、诺、瑞士、丁抹、巴威伦、索逊等国是也。是二主义者，孰优孰劣，本无可指，而其金额之多寡，则各视其国民生活程度以为定耳。

第二款　议员之义务

议员义务可分为四。

（一）应召集义务。议员闻召集，即应于一定期日齐赴议会，苟不应召集或倩人代理者，按议院规则罚之。

（二）出席义务。议员虽应召集，犹须每日出席于议场，但因不得已事故，不能出席者，必请假于议长，若请假至七日以上，须俟议院议决之。

（三）服从院内整理规则及议事规则之义务。

（四）谋全国利益之义务。凡议员发言提议事件，须关乎全国公同利害者，不得偏于一地方或一阶级，且不得受或人之指使及委托，反是者是为违背议员义务。

第九节　议会与政府之关系

普鲁士宪法有议院得请求国务大臣临会之规定，而日本则无请求之说，惟国务大臣及政府委员，得随意临会发言而已。其他诸国大略仿

此,兹揭其一般之通例如左:

(一)国务大臣及政府委员,但有临会发言权。至于议院之议决,则不得与闻,各委员会亦准此。

(二)国务大臣及政府委员,有违反议事规则时亦应受议院之惩罚与否,说者多不一致。据日本议院法第九十四条及各国规定观之,则国务大臣与政府委员立于议会以外,有特别之地位,与议员属于议院者,迥然不侔,夫是以议院惩罚权不能及之。虽然,又据议长整理议事规律及得行院内警察权职务而论,则国务大臣及政府委员,有紊乱议场秩序与违反议院规则者,亦得从议院之惯例,中止其发言。此说多数学者皆赞成之,惟德国坡伦巴氏,谓临场中止发言,殊觉过伤体面,莫若事后诘责,或据情上奏之为愈。是说也,予颇以为然。独是此等事例各国均不多见,不过理论上存此一说而已。

(三)国务大臣及政府委员,有受议院报告议事日程及受各委员会开会报告之权,又议院议事日程变更时,并有表同意与否之自由权。

(四)政府对于已提出于议会之议案,有撤回及修正之权。

(五)政府有要求议院开秘密会议之权。

(六)议院对于法律上所定,国家一切岁出,若有删改减削时,必与政府协议为之。

第四章　内阁

第一节　内阁制度

第一款　宪法上之内阁与旧有内阁及军机处议政处之关系

所谓内阁者,决定统治方针、翼赞国家机务,宪法上最高合议制之国权机关也。其制滥觞于英国,发达于欧美,遂成为今日立宪国之模范。与我国旧有之所谓内阁者,名同而实异焉。观我国内阁官制,初议草案云:“内阁以内阁军机处改并。”则我旧有之内阁,自不可与近世立宪诸国之内阁同视,益不待辨而自明矣。

案,我国顺治元年,设内三院(即内国史院、内秘书院、内弘文院),审议重要机务。至十五年,始改内三院为内阁,十八年复改内阁为三院。康熙九年,再改三院为内阁,至于今日,相沿无异。其组织之法,置满汉大学士各二人,协办大学士满汉各一人,内阁学士、侍读学士、侍读中书等,各有定额。大学士由君主亲任,统理阁务,并授予殿阁荣称(即保和殿、文华殿、武英殿、文渊阁、体仁阁、东阁)。协办大学士为大学士之副,以资佐理。其职权虽异于立宪国之内阁,而历顺治、康熙,以至雍正,亦一国政务之枢机也。迨雍正七年,青海事兴,用兵西北,内阁员多在太和门外宿直,因虑事机泄漏,始另设军需房于隆宗门内,选内阁中书之谨密者,入直缮写,既而改名军机处,后遂因之,其得入军机者,皆亲重大臣,凡承旨出政,均由是焉。而内阁之实权,遂移于军机矣。兹略举内阁自分立军机处以后之职务如下:(一)诏敕之立案及颁布,(二)祝辞贺表之撰定及进达,(三)论旨及批答之立案及发送,(四)上奏之检阅,(五)典礼之执行,(六)御宝之保管,(七)谥号之选定,(八)实录史志诸书之纂修。

由上述职务观之,则我国之旧有内阁,其实质不过介乎君主与他官厅间谋疏通意志之一机关而已。以与日本之官厅较,殆如其宫内省文事秘书局之稍大者欤。

军机处之起源,已如前述。初不过应于时势之变迁而暂为设置者,后竟吸收内阁之实权,而成一最高统治机关。其组织之法、员数及资格,皆无一定。由君主于满汉大学士、尚书、侍郎中亲任之,其职权虽极强大,而亦略可指数。即:(一)应君主之咨询而奉答其意见,(二)策画军国大事,(三)议决国务上必须设施之事件,(四)审议谕旨及批答之案,(五)审理大狱,(六)亲任文武官之任免由其奏请。其他不遑详细枚举。要之,军机处占我国行政机关最枢要之地位。就其应君主之咨询而言,则似日本之枢密院。就其策画军国大事而言,则似日本之参谋本部。就其翼赞一切机务而言,又与各国之内阁无异。斯制也,求诸东西列国,皆无其例,谓之我国所特有焉可。

内阁及军机处之概略,已如上述。此外更有一最高机关,为吾国变法自强之起点者,议政处是也。(议政处初名政务处,后至光绪三十二年九月二十三日始奉上谕改称此名。)议政处设置于光绪二十七年,当联军北进、天子西巡、国威陵夷、君民同愤,于是博采各省舆论,力图政治革新,乃设斯处,以为审决奏议之总汇、撰定新政之枢机。其地位则与内阁、军机相埒,其性质则会议政务之机关也,而非行政机关也。其职务则分军机处权限之一部分,而独立起。当时上谕有云:"各该王大臣等一切因革事宜务须和衷商榷,悉心评议,次第奏闻。俟朕上禀慈躬,随时更定,回銮后切实颁行"。则议政处之性质可知矣。又条议中有云:"向来军机处为政事所统汇,今别设政务处,以军机大臣领之并派王大臣领之。"则议政处由军机处分立可知矣。然则议政处自军机所分,而军机处又自内阁所分,内阁实自内三院改并,今当组织宪法上之内阁,不但合军机处及内阁而一之,而议政处之权限,亦不能不并入。由三而一,由一而三,又由三机关以组织一宪法上之内阁,虽曰应于时势之变迁而忽分忽合,实由一国权作用之效果,有以致之也。

第二款　宪法上内阁之起源

内阁之制度,起源于英,所以为立宪诸国之模范也。盖英当西历一千二百十五年以前,其所以为重要最高机关者,常置顾问府已耳,尚无所谓内阁也。迨自由大宪章颁布以后,国家机务日繁,国王乃于顾问府中择亲近大臣组织枢密院,以审决国家大事,厥后复由枢密院分设委员会,谓之至高顾问机关,此机关即今日内阁之基础也。考其发端之始,实在于士觉阿德王朝之初期,即西历一六〇三年也。由其顾问机关,一变而为其行政机关者,又属于一六六年至一六八五年查里斯二世之时代,古拉林敦执权以后之事也。然而内阁之势虽成,而内阁之形犹未备,至一六八九年维廉三世立,乃益扩而张之。至一七〇二年,而政党内阁之端以启。所谓内阁之形质者,乃于是乎大备。故虽当觉治三世,一时中废,而未几遽复旧观。迨入于十九世纪,贤相辈出,而责任内阁之制,乃渐次确立。至于近日,益不可拔。要之,英国之内阁制度,其发展也,非基于宪法及法律之规定,而半由于自然之进化,半收效于贤相之继承。其影响所及,遂使全世界之立宪国,奉为事实上不磨之典例、宪法上最要之机关,呜乎盛矣。

英自十九世纪以来,行政最高实权概归属于内阁。而向之所谓枢密顾问者,不过徒拥空名而已。然各部大臣尚以兼任枢密顾问为必要,且非有枢密顾问资格者,不得兼有行政上之职权。此虽不合于法理,而实基于沿革上之理由。但其间亦有所别者,枢密顾问之会合,要非内阁之会议是已。内阁为宪法上机关,已如上所述,而各立宪国均承认之。日本则不然,日本宪法惟规定组织内阁之国务大臣,而不及于内阁制度。说者谓日本之于各大臣,以单独辅弼君主为原则,而以内阁合议为例外。故日本不认内阁为宪法上机关,其存其废,仅属于官制问题而已,然则日本宪法之不完善,即斯可以见矣。

第二节　内阁与政党

学者谓政党不过为政界一时发生之现象,全无学理上研究之价值,其实不然。试观各国宪政历史,罔不视内阁与政党之关系为最要者,乌得于研究内阁之际,而置政党于不问耶。此内阁与政党所以不能不相提而并论也。

世之论者曰,组织内阁之阁员由多数议员之政党中举出而不俟君主之选拔者,谓之政党内阁,亦曰议院内阁。其阁员必由君主之选拔而不由政党之推荐者,谓之帝室内阁,亦曰大权内阁。前者如英吉利是,后者如日本国是。此两者之分类,一则由君主有亲任阁员之权否以为断,一则由阁员举自政党与否以为断。形式上一似无可议者,而自实际观察之,则无论何种内阁,苟无政党之后援,决不能一日存在于其上。且无论何种内阁之阁员,凡属于君主立宪国者,莫不由君主之任命。即以英日证之,英虽属政党内阁,而其君主亲任阁员之实情及其形式,有昭昭不可掩者。按英国通例,君主命下院多数党之首领以组织内阁,称曰宰相。党首既奉大命,随即选择阁僚,奏请敕裁。若蒙君主嘉纳,即付与辞令书,带领参内。而行接吻之礼,然后阁员乃得就职,此亲任形式也。以法理言之,党首奏荐阁僚者,大臣亲任之豫备也。交付辞令书者,敕许之凭证也。参内接吻者,其职权授与之要件也。以是观之,则彼以英国之阁员出自政党而不由君主亲任者,何其谬耶。再征诸英国之事例,英之凡百政务,不经君主裁可者不能执行,古今贯通原则也。然则阁员之选择,亦政务之一端也,而独无君主之敕裁可乎? 苟不经君主裁可,而恣其行动者,则君主得以其大臣之不信任而罢免之。此西历一八〇一年前英宰相威里阿姆毕德及一八五一年前英外务卿巴马斯顿之被免职,其最著之事例也。

日本者,彼所谓帝室内阁,又大权内阁。其阁员不由政党之推荐者也,然则日本果脱却政党之趣味否乎? 以予观之,则日本政党虽形幼稚,而与内阁之关系,亦骎骎乎步英国后尘而上之矣。试一考其事实以明之。日本明治二十九年所谓宪政党之首领大隈、板垣二人交相组织内阁,其阁僚除海陆二相外无一焉而非其党员者。又三十三年之伊藤内阁、三十九年之西园寺内阁,皆以政友会之党首而入为总理,且自其总理以下,亦莫不各引其党中人以入阁而共事者。惟两次之桂内阁独标超然主义，一似无党也者，然彼岂果无党员以为之后援哉。不过其数之较寡焉耳。然则谓日本阁员绝不由政党推荐者，是不知该内阁之真相也。予故曰无论何种内阁，苟无政党决不能存立也。以是而言，英、日如此，其他可知。彼津津焉取内阁制度而强为分类者，可以返矣。

　　且夫觇一国之内阁者，每以其为政党组织与否，以定其程度之优劣焉。盖一政党有一政党之主义，而欲实行其主义者，非仅立于议会为政府之监督而已。必入内阁而握政权焉，始足以达其实行之目的耳。是故欧洲列国政党顾莫不迭相进退，以行其政见者。当其甲党入阁也，而乙党适立于监督之地位，故甲党必厚集其同志，以确定其基础，以维持其政纲，兢兢焉惟恐乙党之乘虚而倾覆之也。而乙党之对于甲党也，则时寻其瑕疵，而日伺其失策，苟有隙可入，则鸣鼓而攻之矣，一防卫之惟虑其不备，一排击之惟虑其不工，其争阋无已时。骤视之，若以为立宪国之恶弊者，而不知立宪国之政治，实因是而促其进步而予国家以最大之幸福焉。何则？天下惟无与争者，乃无所忌而揽权专恣，将倒行逆施而不顾有他党以立乎其旁而监视之，则彼执行政务者必有所畏焉而不敢忽，有所惮焉而不敢私。而惟严正明确，始足以塞反对之口而安于其位。此一国之政事所以赖其补偏救弊而相剂相和，以日底于平。然则内阁与政党之关系，于国计民生者，顾不綦重钦。

　　大凡国家立宪之初，其政府罔不视政党如敌国，而摧之殒之，惟恐其不尽者。然曾不几时，而政党之兴也勃焉，以布满于政界，而联翩入阁而参大政者，比比皆然。此其故何钦？盖政党者，立宪国自然之产物。政党政治者，立宪国自然之趋势。实有避之而无可避，远之而无可远者。彼以区区抑制权，略而欲与世界共同潮流相抗拒，能乎？否乎？不观夫日本乎，当宪法未颁以前，政府之对于政党也，为急切严重之干涉，凡有可以阻碍其进步者，阻之无所不至。迨伊藤博文自德考察宪政归，更挟其所谓铁血主义者，以施于警察行政而罗织党人，于是政府益形巩固，而政党日以微弱。乃积极变生，间有自由党者，以愤激而绝望，因绝望而为革命之运动。虽不久即见消灭，而政府亦自觉其压迫之不可。由是方针一变，为外示优容、阴图排斥之计。观其颁布宪法时，该首相黑田清隆训示地方官有云政府置于政党之外而不相干涉,其意可知矣。迨议会既开,各政党始得依据立法机关而联合以与政府相对抗。虽议会屡被解散,而政府亦迭受创痍。至第三次伊藤内阁见迫于政党以溃,而政府于是乎再变方针,而与政党相提携矣。且极主张铁血主义之伊藤,亦翻然而悟政党之必不可少,至身为政友会之总裁,而大率党员以进矣。自是以后,日本之内阁,殆无一日焉而非政党,而政党之与内阁遂关系密切而不可易。由是观之,政党之不可抑遏如此,愿吾国之经世者,鉴彼前车,种斯美果,俾将来政党内阁之收效,在彼停辛伫苦,历十数年而后至者,我不难捷足而得焉。其有裨于宪政者,宁有涯耶。

第三节　内阁与政府

宪法上有所谓政府云者,指内阁而言欤? 抑别为一机关欤? 若以为内阁即政府也,则就日本宪法第五十四条国务大臣与政府委员同时并称,及我国内阁官制草案"内阁议决政府交集议院公议之法律草案云云"观之,是内阁与政府,判然为二矣。若以为政府非内阁而别为一机关也,则政府之组织如何、情形如何,又无规定之明文。而言内阁者,辄涉及于政府,言政府者,辄杂入于内阁。是政府内阁又似无区别者。求诸日本各大家论著,皆择焉不精,语焉未详,使阅者惝恍迷离,终不得一正解。惟清水澄与副岛义一之《宪法讲义》曾论及之,然其为说,亦有未尽合者。清水澄之言曰:"政府者,奉敕命执行天皇大权作用之国务大臣也。"亦曰:"政府者,就国务大臣一面而言也。"不知所谓国务大臣者,组织内阁之公法人格也。所谓政府者,国权机关也。指国务大臣为政府,不啻指公法人格为机关。指公法人格为机关犹曰不可,况指他机关中之公法人格而强名之曰政府,其谬误更不待辩而自明矣。副岛义一之言曰:"政府者,对于帝国议会为种种交涉作用之机关也。"又曰:"政府者,非国务大臣全员之组织体,故一个国务大臣得称政府,数个国务大臣亦得称政府。"不知政府云者,非专对于议会而设,即议会以外之交涉,亦无不可以政府之名义行之。而用政府文字者,立宪国无论矣。即无议会之专制国,亦岂遂无政府耶。则其第一说可不攻而自破矣。国务大臣不得谓为政府,已如前一说,今日一个国务大臣得称政府,数个国务大臣亦得称政府,是误认政府为国务大臣之通称,且误认政府可以一人为之,并可以数人为之。推斯意也,此国务大臣可号于众曰:我政府也。彼国务大臣亦可号于众曰：我政府也。个个国务大臣皆称政府，则是一国之中有数国务大臣，即不啻有数政府矣，岂不大可怪耶。要之，内阁者，中央唯一最高国权机关也。政府者，亦中央唯一最高国权机关也。同属中央唯一最高之国权机关，而性质各异，组织各异，权限亦各异。性质、组织、权限皆各有异点，故内阁不可视为政府，而政府亦不包含内阁，特不过因沿革上之理由，与事实上之便利，而此二大机关之关系，遂连续而不可分，并立而不相悖。知乎此，则内阁之所以为内阁，政府之所以为政府，无难尽详其旨矣。夫内阁为宪法上之机关，故其组织权限皆规定于宪法。而政府则非宪法上之机关，故其组织权限，皆无可据之明文，其异点一也。一国之国权可大别为三：曰立法、曰司法、曰行政。立法之府者，议会也。司法之府者，法院也。行政之府者，政府也。所谓府者，统汇处之名称也。而内阁则以辅弼君主为要务，而审决大政之方针。谓之内阁云者，以其接近大内、职事机密，而非所对于外界以为其活动也，其异点二也。内阁以公法人格组成之，公法人格者，即国务大臣也。国务大臣无定额，除以各部行政长官之自然人兼任外，更得以特旨添派人员以入其阁。盖内阁者，合议制之国权机关也。而政府则以中央各行政机关组成之中央各行政机关，在日本为九省（即外务省、内务省、大藏省、陆军省、海军省、司法省、文部省、农商务省、递信省），在我国则十有一部（即外务部、学部、吏部、民政部、度支部、礼部、陆军部、法部、农工商部、邮传部、理藩部）。其组织各部行政机关之公法人格，其为首者曰尚书，即日本所谓行政长官也。次则侍郎、丞参等，即日本所谓次官也。然则中央各行政机关者，分之为各部，合之即政府。故政府者，由各行政机关组织而成之集合体之国权机关也，其异点三也。组织内阁机关之公法人格中，有总理大臣一员以为国务大臣之领袖，且得开阁议以议决军国大事，而组织政府之各行政机关，则位置属于平等，并无合议规定，其异点四也。组织内阁之国务大臣恭奉谕旨，皆须署名而负连带之责，组织政府之各行政机关，则各有独立资格，不负连带责任，且无奉旨署名之事，其异点五也。观此五异点，则内阁政府之概要明矣。虽然是二者之关系，非如政府与国会势成对抗，亦非如上下官厅制有从属，而彼此衔接，一气相通，实有不可孤立而独行者。盖内阁之于政务也，能议决而不能实施，其所以能实施内阁所议决之政务者，政府也。抑政府之于政务也，能实施而不能议决，其所以能议决，政府应实施之政务者,内阁也。无内阁则政府无实施之标准,无政府则内阁无议决之成绩,此内阁与政府在立宪国所以有密切之关系者此其一。取得国务大臣之公法人格者,是即取得行政长官之公法人格者,申言之,为国务大臣以组织内阁之自然人,是即为行政长官以组织各部之自然人,以自然人而兼两资格,故入则议政于内阁,而情无隔阂之虞,出则行政于政府,而事有贯通之利。此内阁与政府在立宪国,所以有密切之关系者此其二。不特此也,行政长官有变动,而国务大臣亦因之。国务大臣若辞职,行政长官亦解免。何以故? 行政长官与国务大臣之公法人格,以一自然人兼任。故独是自然人,虽有时而变动,而内阁与政府之机关,决不因自然人之变动以为其变动。自然人虽有时而解免,而内阁与政府之机关决不因自然人之解免以为其解免。盖内阁与政府为固定机关而非流动机关,为常设机关而非暂设机关。惟其为固定机关、为常设机关也,故不问其自然人之为甲为乙。苟以君主之命,皆可进焉以就其职,亦可退焉以去其位。一进一退,循环无端。如大海之波澜前者伏而后者起,如人身之血液陈者谢而新者生。此内阁政府所以与自然人之关系者,又复如之。

第四节　内阁政务大臣

第一款　政务大臣之官制及其资格

政务大臣者(亦曰国务大臣),组织内阁机关之公法人格也,非机关也。所谓公法人格者,由公法上拟制之人格也。由公法拟制人格以为机关之组织者,法理上之观察而非事实上之问题也。事实上之问题者,官制是也。政务大臣之官制,求诸各国通例,皆置总理大臣一员以为其班首,余则以各部行政长官兼任之。据我国内阁官制草案,则总理大臣外,并置左右副大臣二员,协同总理大臣平章内外政事。考左右副大臣之制,各国殊少其例,惟普鲁士置副总理大臣一人,故论者多非难之,而有一国三公,吾谁适从之虑。然以予观之,所谓总理大臣者,政务大臣中之一员也。所谓副大臣者,亦政务大臣中之一员也。故无论总理大臣、副大臣及其他在组织内阁大臣之列者,皆曰政务大臣。并无上下之别,亦无从属之分。特不过因统一阁务之便,不能不于政务大臣中,以一人为总理。因历史上之沿革,并于政务大臣中,以二人为之副。且也,不问其为总理大臣,其为副大臣及其他之为政务大臣者,当其组织内阁之时,未有不抱同一之方针而贸然集合者。既抱同一之方针,则其组织内阁之后,自必和衷共济、同专责成。万一目的未达,致失其君民之信任,有不能不更迭内阁者,则自总理以下,莫不联袂辞职,引身以退。若谓恐副大臣之政见与总理大臣不同,因而互相掣肘,使各部大臣无所适从,以致陷于专制者,此实杞人忧天,而不知组织内阁之性质为何如也。且彼副大臣者,苟其政见与总理大臣果不同一,则当未组织内阁之先,即已两不相入,何致于待内阁组成而后见。不宁惟是,即此外之政务大臣,顾其初亦非与总理大臣及副大臣之政见歧异而能与于组织者。以是而论,则吾国之设左右副大臣也,何碍于宪政,亦何害乎内阁。

总理大臣之制与秦之相国、汉之丞相中书令、唐之尚书令、宋之同平章事及明以大学士一人为首辅,我朝雍正、乾隆初以大学士一人充总理事务大臣,其位置正复相同。副大臣之制,以普鲁士为其例,然以中国之历史证之,汉以御史大夫一人为丞相之副,唐以左右仆射二人为尚书令之副,宋以参知政事二人为同平章事之副,我朝常置协办大学士二人为大学士之副,与今之所谓左右副大臣者,其地位若合符节。然其间有不能不区别者,彼之所谓副者,不过忌宰相之擅专用,以分割其权势,而制限其行为。兹之所谓副者,与总理大臣共一方针,同一组织。申言之,即同一政党之党员是已。又按内阁官制草案,以总理大臣、左右副大臣及一十一部尚书共十四人以为政务大臣。窥其用意,一似各部尚书可兼内阁政务大臣,而总理大臣及副大臣,独不能兼各部尚书者,不知总理大臣、副大臣与各部尚书之职责,原无多少厚薄之差异,使之兼领尚书,亦何不可之有。如英之总理大臣沙士勃雷兼领外部,日本之总理大臣桂太郎兼领大藏省,是其最近之实例也。

政务大臣之官制已如上述,试更进而言其资格。所谓资格者,果具如何身分要件之臣民,而后可为政务大臣是也。据我国宪法大纲"臣民有合于法律命令,所定之资格者,得为文武官吏及其议员",然则政务大臣,亦官吏之属也。得膺是选者,原未限定其某种某族,凡同戴一君主、同居一国家之臣民,有合于法律命令所定之资格者,即可为之。其意彰明较著,已无可疑。但有一问题不能不研究者,即皇族亦可为政务大臣与否是也。夷考列国法令,有规定皇族不得为政务大臣者(如比利时等国是),亦有未规定及此者(如普、日等国是),泯泯棼棼,殊难藉证。惟因其历史以察其事实，则无论何国，皆无皇族为政务大臣者。推其用意，盖以皇族有不可侵犯之权，诚宜高自位置，以固尊荣。若委身内阁以与臣工竞争政见，共效驰驱，则内阁偶一失败，更迭频仍，其在臣僚不难挂冠下野，降与民齐。而皇族于此，则有难乎为情者。仍事于内阁耶？则旧内阁已倒，新内阁将成，别旧迎新中，人皆知其不可，况于皇族之贵乎？将亦辞职以去耶？则以政界之变动，致损皇族威严，其不敬莫大乎是。且也，所贵乎为政务大臣者，以其执同一之方针负连带之责任耳。皇族而为政务大臣也，其所执之方针与其他之政务大臣同乎否乎？若其否也，则政争之暗流将不免有开罪于皇族者。臣工而开罪于皇族，则是臣工之自撄斧钺，固不容赦。然而其有害于国政者，亦复不浅也。若其同也，固可以共成事功矣。然而政务大臣应负之连带责任，皇族亦与焉否乎？苟皇族不与，是反乎政务大臣之性质，而责任内阁之效，将永不可期矣。苟其与之，是又反乎皇族无责任之原则，而皇族之尊荣将为所累矣。职是之故，此各国皇族之所以不为也，非不为安富尊荣，以自高其位置而已矣。

第二款　政务大臣之副署

所谓副署者，凡恭奉谕旨颁布法令，皆须政务大臣署名于皇帝御玺之下是也。其制非独欧洲诸国惟然，而实我国已早有其例。如汉制诏由丞相下御史，唐诏命则中书令等均同署名，宋金元皆仍之。我朝历来寄信谕旨皆先书军机大臣寄，即隐用前代宰相署敕之法。又光绪三十四年十一月二十日所公布之摄政格式权限令第九条亦云："凡谕旨摄政王钤章之后，军机大臣副署之"。由此观之副署之制，古今中外无不吻合。然其间有不能不区别者，专制国之副署不过历史上沿流之一事实，而立宪国之副署则宪法上不可阙之一要件是已。

从来副署之解释，厥有二派。一则曰："副署者，不过法律敕令诏令等发布之一形式也。惟其为形式，故政务大臣仅有副署之责任，而无拒绝之理由。所以然者，关于宪法解释之最高权属于君主，而政务大臣不能指君主之行为果违法与否故也，假使政务大臣得拒绝其副署，诚恐君主之大权旁落，而政出多门，不可收拾矣。"（右清水澄《宪法讲义》）。一则曰："副署者，发表国家意思必要之条件也。惟其为必要之条件，则政务大臣，当其奉命副署时，不能不审察其诏敕之内容，果出于国家之意思与否。若出于国家之意思也，则副署之，否则拒绝之。盖政务大臣有特别之责任,无服从君主一私人违法命令之义务故也"。(右副岛义一《宪法讲义》)是二说者,适立于正反对之地位。将从前说耶,则以积极扩张君权为主义。将从后说耶,则以积极限制君权为目的。要皆非得乎中道,而合于事实。何则?信如前说,是则政务大臣之于副署也,特形式上之一具文耳,非与大臣之责任有何等之关系也。既无大臣责任之关系,则于君主一切国务上之诏敕,无论其蹂躏宪法与否,其有关于国家之隆替、生民之休戚与否,为政务大臣者,在在皆可不必过问,而惟命是听。使其君欢爱悦怿、毫无顾虑,究其所以,则为政务大臣者不过尸位素餐,特设以供君主使用之一器械而已。律以专制国之情形,不更有进耶。此前说之所以无足取者一。宪法之解释最高权属于君主而不属于臣下,此乃一般君主立宪国之论据,予亦承认之。然而此特对于通常之官吏而言,究非所论于政务大臣也。盖通常官吏之职守,惟就一二事以供奔走,故以服从君相之命令指挥为唯一之义务,而宪法法律之解释权,则绝对不得置喙,职分使然也。若夫政务大臣居于辅弼之地位,而凡君主关于政务上之行为,皆宜辅弼而任其责,乃独于宪法解释一事,置于辅弼之外,决无是理也。然则彼所谓政务大臣不能指君主之行为果违法与否者,要非笃论也。此前说之所以无足取者二。官吏黜陟之权,操乎君主。无论东西古今,其揆一也。是故政务大臣之对于副署,苟有拒绝而逆君主之意者,君主得自由罢免之。所谓政务大臣者,无自而保障其地位之能力焉。然则彼所谓使政务大臣得拒绝其副署,恐君主之大权旁落而政出多门者,殆未及君主黜陟官吏之大权与官吏无保障地位之能力而一思之也。此前说之所以无足取者三。信如后说,则以君主之诏敕果出于国家之意思与否以定其从违。虽然,所谓国家之意思云者,果有如何之标准乎?苟无一定之标准,则何者属于国家之意思,何者属于君主一私人之意思,殊不得而判断之也。既不可得而判断,则或从或违,不能不归诸大臣之自由,此必然之势也。大臣而有从违之自由,则每一诏下,皆得以非国家之意思而拒绝之,则君臣之道乖,而上下之感情坏矣。且夫君主者,超然于政治法律责任之外,而一国之国权主体也。彼则曰无服从君主一私人违法命令之义务,是以君主为有责任,且以君主国务上之命令为一私人之命令,呜乎谬矣。夫君主之命令,凡事之关于国务者,无论违法与否,皆不得有所轻重于其际,若以为合法也,是谓国家之意思,而吾从而副署之。违法也,是谓君主一私人之意思,而吾因以拒绝之。则是忽焉视君主为国家,忽焉视君主为私人。何也? 彼以君主之大命,有时认为国家之意思,有时认为一私人之意思故也,其不大可怪耶。然则后说之所以亦无足取者,不又彰彰明甚欤。吾故曰彼前后二说者,皆非得乎中道而合于事实也。且夫政务大臣之于副署也,不得曰服从,亦不得曰拒绝。盖服从云者,一般行政官吏之通规,而非政务大臣之职守也。假命政务大臣之副署,亦必等于行政官吏之服从,则各国宪法上辅弼之规定,似可勿庸而副署之明文,殊非宪法之必要矣。抑拒绝云者,平等对抗之反答,而非君臣上下之行为也。假令政务大臣对于诏敕之副署,果出于拒绝,是政务大臣以平等对抗之事施之于君,而不臣之罪大矣。以是而言,副署之不得云服从且不得云拒绝者,岂非然哉? 岂非然哉! 惟然而吾之所以解决此问题者,可得而进论焉。原夫政务大臣之辅弼君主也,其职则论道倡言,侃侃终日,使其君应事接物,忻然一出于正。夫而后发号施令,无不本于至诚而止于至善者。孟子不云乎,惟大人为能格君心之非,君仁莫不仁,君义莫不义,君正莫不正。然则政务大臣之副署也,乃由于辅弼之结果,以证明其平日之以道格君而已。何则? 政务大臣以道格君,则君之诏敕命令,罔不以其道者。诏敕命令皆以其道,是其诏敕命令由政务大臣平日之辅弼有以致之也。政务大臣以自己辅弼而发之诏敕命令,自己从而副署之,何有于服从,亦何事乎拒绝。非然者,不尽其辅弼之道于平日,而徒于副署之临时议论是非,争言得失,抑末矣。虽然,为政务大臣者,即不能如上所云,则于临时副署,有发见其不可而必欲挽回之者,亦当从容进谏,悟之以心,不听则以身之去就争之,庶乎出处进退,咸得其宜。而为政务大臣之道,亦可告无愧于天下。兹更有一言当注意者,凡副署皆辅弼之结果,而辅弼不尽有副署之事实是也。质诸研究宪法者,其将有取于斯乎。

凡颁布诏敕法律命令等,皆须政务大臣副署,已如上述。然则副署之形式,必全体一致乎? 抑得一二大臣即可乎? 考诸各国制度,在普鲁士及他数小国,对于紧急敕命,非全体副署不能发布。而日本之紧急命令,则全无须乎副署。我国内阁官制草案,则以机密紧急事件须由总理大臣及左右副大臣署名。以是观之,同一事也,或须全体之副署,或须一二大臣之副署,或无须乎副署,均各以其国之规定以为断,原无取乎划一。然而于不同之中求其同,则大约关于法律及行政全体者,由全体大臣连衔副署。其专涉一部分之行政事务者，由总理大臣及该管大臣之副署如是而已。兹将副署之例外，揭要如左：

（一）军事上之命令；

（二）授与爵位勋章；

（三）关于皇族之特别事件。

以上三者，日本以惯习上之便宜，视为非国务行为，不必政务大臣之副署，他国亦有然者。然而学者往往多所辨论，以为关于皇族之特别事件，固无副署之要。而军事上之命令及授与爵位，乃明明属于国家行政事务，而曰非国务行为，其谬实甚，故仍以政务大臣之副署为宜云，是说也。予亦赞同之。此外关于任命大臣事，亦言人人殊。有谓皆须副署者，有谓若政务大臣总辞职则新任大臣之命可不必副署者。予以为新任大臣之命，即以其该新任大臣自行副署，固无是理。而若以旧大臣副署之，未有不可者。何则？旧大臣虽云辞职，必俟新大臣接充之后，方免其责。若谓旧大臣一经提出辞表，而即以为无副署之资格，则误矣。

第三款　政务大臣之责任

第一，责任之性质

责任云者，政务大臣对于自己又君主之行为及不行为，据舆论之评判，而担负其行为及不行为之结果是也。就此定义言之，可分为：（一）对于自己之行为及不行为而负责任，与（二）对于君主之行为及不行为而负责任。所谓对于自己之行为及不行为而负责任者，就自己一身所处之地位所执之任务，无论属于行为与不行为，倘受舆论之评判而以为不合、不公有辱厥职者，不能不任其责。是责也，凡国家官吏，莫不有之，不独政务大臣然也。既不独政务大臣惟然，则对于自己之行为及不行为而担负其结果者，又可谓之曰大臣普通责任。所谓对于君主之行为及不行为而负责任者，以君主立宪国之君主神圣不可侵犯。不可侵云者，包括关于国务执行，皆无责任之谓也。然君主既无责任，则君主关于国务上之行为及不行为，苟无任其责者，何以达宪政之目的。故君主不能不使政务大臣任其责，此各国之通义也。夫使政务大臣任其责者，因君主关于国务上之行为及不行为，非政务大臣之参与，则不生效力故也。申言之，即君主国务上之行为及不行为，皆须政务大臣之辅弼是也。政务大臣辅弼君主而负责任者，各国特规定之于宪法，惟政务大臣有之非一般官吏之职务也。然则对于君主之行为及不行为而担负其结果者，又可谓之曰大臣特别责任。由此观之，则政务大臣与其他官吏之区别，亦在乎普通责任与特别责任而已矣。虽然，政务大臣之普通责任既与他官吏无殊，可无俱论。而政务大臣之特别责任，则宪法上之要务也。惟其为宪法上之要务，故学者论说多不胜数。兹述其二三批评如左：

其一说曰：君主因权力分立之结果不自行使其权力，而以大臣行使之，故君主无责任而大臣负责任。是说也，视君主之地位全为赘疣，未足以得君主立宪国之真相也。

其二说曰：君主不为恶事，其所以犹有过恶者，以大臣之辅弼有以致之，故大臣宜任其责也。是说也，以大臣之责任托诸空想，全未能为法理上之解释也。

其三说曰：君主非不行使其权力，亦非不为恶事，特君主不自负其责，而以大臣代负之，故大臣虽无过，亦不能不以君主之过以为其过也。是说虽较前二说为进，然君主既曰神圣不可侵犯，是君主已立于无责任之地位矣。君主既无责任而又以大臣代负之，岂不自相矛盾乎？吾国宪法大纲既云君上神圣尊严不可侵犯，而内阁官制草案又云内阁政务大臣均辅弼君上代负责任，其亦自相矛盾者欤？

第二，责任之区别

政务大臣所担负之结果，因有受法律上强制力与否之异，故又得区别为法律上之责任与政治上之责任。以次详之。

（一）法律上之责任

法律上之责任又可区之为刑法上之责任、民法上之责任及官吏法上之责任与宪法上之责任之四种。夫一国臣民之行为及不行为，有刑法上之犯罪或民法上之诉讼者，应受其该管辖裁判所之判决。政务大臣亦臣民中之一员也，其所担负之结果亦不异于常人，此固无疑。惟官吏法上之惩戒亦适用于政务大臣与否，有不能不研究者。据清水澄氏之说，则以政务大臣之责任，专指惩戒而言。而他之学者，又以政务大臣立于特别之地位，不宜与普通官吏负同一之惩戒。由前之说，则于责任之范围，未免失之过狭。由后之说，则以政务大臣不负惩戒责任，亦未免流于偏颇。盖惩戒云者，对于职务违反之制裁也。政务大臣亦有职务者，苟对于其职务有违反时予以相当之惩戒，亦理所宜尔。惟其惩戒之方法,有不能不与普通官吏相异者,以普通官史之惩戒有法制上之制限,而政务大臣则依君主之大权任意行之而已。若夫宪法上之责任,即前所谓辅弼君主国务上之行为及不行为,而担负其结果是也。

(二)政治上之责任

政治上之责任,亦不外辅弼君主国务上之行为或不行为而担负其结果。特不过前者,为维持宪法起见,有法律上之性质,且其所担负之结果为法律上之结果,此则为单纯之事实问题,凡关于政治之得失,不能据宪法或法律之成文,以判决之者也。盖政务大臣者,于事实上之辅弼,非徒执一定之方针而已。必趋时制变动合机宜,乃能纲纪不紊,措国家于富强。反是者,误国病民,咎有攸归。是故无一定之大政方针者,不能免政治上之责任。有方针而无成功者,亦不能免政治上之责任。至于拘守旧法,不知随机应变以达国家之目的者,其政治上之责任,又乌能免耶?甚矣难乎。其为政务大臣也,可不慎欤。

第三,责任与议会

政务大臣之责任,既如上所云。然其责任之克尽与否,不能不有以监督之。不然者,非立宪政体之所许也。然则立于监督之地位者,果谁克当乎?学者解释,互有异点。有谓属君主而不属议会者,有谓属议会而不属君主者。要皆非精确之判断,何则?尽一国之官吏,莫非臣也。臣受命于君,固应对于君主而负责任。此不独政务大臣惟然,即一般官吏,莫不尽然。然其间宜有以区别之者,政务大臣与其他官吏对于君主所负之责任,各从其历史惯习,无论何国宪法上,皆无所规定。其所规定于宪法者,特政务大臣之特别责任而已。特别责任者,即对于君主国务上之行为及不行为而担负其结果也。政务大臣既担负君主国务上行为、不行为之结果,而仍以君主纠察其责任,全不容议会之置喙,则所谓大臣负特别责任之说,不将徒为具文乎。此吾所谓前说非精确之判断者一。欧洲宪法,多有大臣对于议会负责任之条。日本虽无明文规定,然观其议会之豫算议定权及议会之事后承诺权,亦足证其议会与大臣之关系。夫对于豫算而须议会之议定者,关于会计之实行,所以解除大臣之责任于事前也。对于豫算外之支出或财产上之紧急处分,须议会之事后承诺者,所以解除大臣之责任于事后也。以是观之,彼以大臣责任之克尽与否,无与于议会者,岂不误哉。此吾所谓前说非精确之判断者二。若夫后说,谓属议会而不属君主者,亦未免走于极端。夫位于内

阁政务大臣及议会之上者,实为君主与内阁势成对抗而同为君主所设
置之国权机关者,实为议会。君主既位于内阁大臣及议会之上,凡政务
大臣之不职者,得罢免之。议会之不法者,得解散之。而独于内阁政务
大臣之责任,其克尽与否,惟议会得而监督之。所谓国权主体之君主
者,竟不得与于斯焉。是非君主立宪国之本意,而杂有民主立宪之性质
者也。此类国家在欧洲容或有之,若夫钦定宪法之国,如日本与吾国
者,则此等论据,所最不适于用也。吾故曰后说亦非精确之判断者此
也。然则对于政务大臣责任之克尽与否,其所以立于监督之地位者,果
谁克当乎?据予之所见,则君主与议会,皆可以当之,惟其间有不能不
严为区别者。议会对于大臣责任之监督,虽全非法律问题,而实为法律
上之重要条件。至于君主对于大臣之监督,则属诸历史与惯习上之事
实,而于法律上全无必要之关系。不宁惟是,君主对于大臣责任之有未
尽者,放任也,听诸一人之自由。纠治也,亦听诸一人之自由。不必问
此外之同意与否也。至若议会对于大臣责任之有未尽者,考诸列国自
来惯例,则有监督之法三。即:(一)弹劾条例,(二)信任投票,(三)豫算
拒绝是也。以次论列如下。

(一)弹劾条例

弹劾条例云者,议会以政务大臣之行为及不行为所担负之结果,因
舆论之评判,有应处罚而不能得其处罚之根据者,则征之往事,制为法
律,以定其罪。易言之,即于君主之前,摘发大臣之罪状,以陷大臣于刑
罚之谓是也。此制度创始于英吉利,如西历一千六百四十四年五月十
二日处斯拉夫福德氏以斩刑,一千六百四十五年六月十日处罚根得堡
之大僧侣劳德维廉氏亦然。他国始初亦有仿行之者,迨议院政治发达,
此制遂绝迹于天壤。盖法律之效力,不能溯及于既往。彼弹劾条例者,
实戾乎刑法之原则。无论自何点观察,皆非公正。故欧、美法律曾有规
定,其永无此制以垂为训典者。然则弹劾条例之制,实不过英国历史上
之一陈迹已耳。其不足取以为立宪政治之模范,又何待于多渎哉。

(二)信任投票

信任投票云者,议会以政务大臣之行为及不行为所担负之结果,因
舆论之评判而使投票于议会,以决定其对于一大臣或全内阁不表信用
之谓是也。此制度发源于法兰西,当拿破仑三世时,因欲占一己之人望
常求国民之信任投票。至于近世,凡内阁之更迭,无一而非由信任投票

者,其势力可谓甚矣。夫信任投票之目的果何在乎? 不外使大政方针准诸人民多数之向背,夫而后合群策群力,以增进国家之幸福而已。然国权在民之国,方易臻此。若夫君主立宪政体,则此等制度绝无发生之余地,亦势使然耳。

(三)豫算拒绝

豫算拒绝云者,议会以政务大臣之行为及不行为所担负之结果,因舆论之评判,有认为妨害于国计民生者,则利用其表同情于课税及议决豫算案之职权,以拒绝其课税或反对其豫算,而促其反省之谓是也。此制滥觞于德意志各国,皆竞效之。德本基于维也纳议决之第五十八条而制定宪法时,规定其课税案及豫算案,必待决于议会者,其命意不过欲使国家之岁出岁入,适符其数而已。厥后议会遂藉此以为强制大臣之武器,其意若曰此收支之任,吾人实不欲界诸现内阁耳。是拒绝之道,实所以排斥现内阁而已。不然国家大事,岂因此拒绝,遂不得实行收支,以陷于束手无策之地耶。

以上三事,实自来立宪国议会用以监督大臣责任者。吾国实行立宪,则议会之对于大臣责任,其将有取于斯乎? 抑更有进于是耶? 诚潜心政治者,所亟宜注意研究之问题也。顾吾思之,弹劾条例,既归诸劣败之数,而陈腐不适于用矣。其不能采用于吾国,固无庸论。信任投票必与民主政体相倚伏,亦非吾国所宜。至于国家之岁出岁入,每年豫算应由议会之议决,其见诸我议院法要领者,固与日本及他国宪法上之明文相一致。苟议会利用此权,亦足以对抗政务大臣而行议会多数之政见。然而此法之效力,仅能及于扩张新事业,而欲加收税课之时。若夫属于经常政务及法律上必需一切岁出,则非与政府协议,不得废除减削,此又我议院法要领与日本及他国宪法之规定,若合符节也。且议会对于豫算案,果因否决以致不能成立时,则政府得执行前年所定豫算之数,亦不致陷于竭蹶不进之虞。又且当议院闭会后,遇有他事发生时,君主得以诏令筹措必需之财用(见宪法大纲),虽云至次年会期,须交议会协议,亦不过形式而已,于事实上何补之有。以是而言,则议会以豫算否决之权,而欲对于大臣责任实行监督,不亦戛戛乎难哉。然则吾国议会监督大臣责任之方法,不能不于此三者之外别求其道,不待辩而自明矣。

不观日本乎,自明治二十三年以后,迭次倾倒内阁,亦非悉用斯法。

而其所恃以监督大臣责任者，曰质问、曰议决大臣之不信任，并据情上奏弹劾，而仰君主之英断，如是而已。我国议会之用以监督大臣责任者，其亦此欤。虽然，两党对立，得所据者胜，失所据者败。所据者何？民信之向背、势力之强弱是也。苟议会之举动合乎舆论，万众一心，挟一往无前之气，持坚强不屈之理，则以之质问可也。以之议决大臣之不信任，而据情弹劾可也。若然则彼政务大臣者，民信既去，自居于劣败之地，虽君主优容不问，其复能靦颜立于其朝乎？试一观日本内阁之历史可知矣。日本第三议会闭会后二月松方内阁之辞职，及第十一议会于解散议会之同时松方内阁亦随之瓦解。皆原因于不信任内阁案之通过，有以致之。此外如明治三十一年伊藤内阁之联袂辞职，三十三年山县内阁之总辞职，又第一次桂内阁之失败，及后西园寺内阁之崩溃，要皆遂舆情以为进退，而默默中实合乎责任政治之原则。若夫负单独责任而见劾于议会以去者，如第五议会之后藤农商务大臣（因官纪振肃之上奏而牵连之）、三十三年之星递信大臣（因东京市参事会会员收贿事件之发生）、第十八议会之各其主管大臣（关于教科书问题及取引所问题之失政而牵连之），又三十八年之芳川司法大臣（因日比谷事件）及久保田文部大臣（因大学问题）。由是观之，日本议会之所以监督大臣责任者，其效力亦云著矣。我国议会之用以监督大臣责任者，其亦此欤。

如上所述，乃议会对于大臣政治上责任之监督，而非对于大臣法律上责任之监督也。政治责任无一定之标准，故其监督之也，全凭反抗力之强弱及君主之宸断。苟事关全体政略，则内阁大臣负连带责任。若关于一部之措置，则该管大臣负单独责任。各国惯例，大略相同。至于法律上责任之监督则不然。法律上之责任，非议会反抗力及个人之意识足以决之，必有一定之准则与一定之规律，乃能判断其过犯之有无及其轻重者也。试一详考各国之制度如左：

各国之制度如何，大臣责任诉讼是也。责任诉讼者，欧洲各国当宪政幼稚时代，用以监督大臣法律上责任之制度也。盖各国当立宪之初，其政府习于专制，恒欲抑制民力，其议会实力薄弱，不足以对抗之。故政府之权力，尝逾越于宪法法律之外，而宪法法律遂流为具文。于是乎，大臣责任诉讼之制度以起。责任诉讼制度者，保护宪法法律之屏藩，而监督大臣法律上责任唯一之武器也。

大臣责任诉讼之制，发源于英，次传于美。迨法国革命后，遂流入欧洲大陆。历史昭昭不可掩也,虽然,普通诉讼事件必依一定之方法,有一定之管辖裁判所。而大臣责任诉讼之性质则异。于是夫责任诉讼者,限于大臣职权上之行为及不行为,而不得涉及于个人私自之行为及不行为也。个人私自之行为及不行为,国家自有普通制裁,固无庸议会干涉。惟职权上之行为及不行为,乃属于议会监督,此亟宜辨别之点也。然则职权上之行为及不行为,为大臣责任讼诉之原因者,限于违反法律乎?抑并及于不利于国之事乎?然以监督大臣法律上责任之旨而言,则单以限定法律之为愈。盖不利于国云者,政治上之关系非法律上之问题也。虽然,法律之种类多矣。若并及于一般法律是大臣诉讼,且包括普通责任,未免失之于泛。故就宪法上政务大臣之地位论,则单限于反宪法之为当也。

　　大臣责任诉讼之原因,既限于违反宪法,则其诉讼非保护个人之权利可知也。苟个人之权利,有因政务大臣职权上之行为及不行为被其损害者,则有行政诉讼以矫正之,不可与责任诉讼相混同。此责任诉讼与行政诉讼宜区别者一也。因违反宪法以致诉讼者,其目的在欲加以法律上之惩罚于政务大臣也,而学者往往以仲裁裁判视之。德国联邦中亦有名之为仲裁裁判者,不知仲裁裁判者,仅可判决议会与大臣间宪法上解释之争议而止,非能判决违反宪法罪之有无而予以相当之制裁也。盖法律之重要者莫如宪法,苟宪法任其蹂躏,则监督大臣法律上责任之言,不几讬诸空谈乎。此责任诉讼不可视为仲裁裁判者二也。大臣责任诉讼之制裁,有谓属于刑事者,有谓属于惩戒者,互相辩难,莫衷一是。自其故意违反宪法论,则取刑事主义也固宜。自其职权上之行为及不行为论,则取惩戒主义也亦无不宜。然而案诸实际,则大臣责任诉讼之结果,无论其取惩戒主义也亦无不宜。然而案诸实际,则大臣责任诉讼之结果,无论其取惩戒主义如德国诸联邦,及取刑事主义如英法等国,皆不过仅及于免官或褫其任官之资格而已,其他何有哉。然则大臣责任诉讼之制裁,谓宜于刑事或惩戒与否之论战,殊非紧要,可断言也。此责任诉讼之制裁不可视为刑事或惩戒者三也。由上所述,则大臣责任诉讼之概要已明,然此外犹有宜详究者,诉讼裁判所及诉讼当事者是也。通常诉讼有各级裁判所,以为审理机关,而大臣责任诉讼,既非通常诉讼可比,自不能归诸通常裁判所,此必然之势也。兹将各国所采用主义列下(一)大审院主义,(二)上议院主义,(三)政府及议会指定司法官主义,(四)上议院及大审院联合审理主义,(五)特别构成审理主义。以上数者,孰优孰劣,殊无定评。惟日本有贺长雄博士谓日本若取责任诉讼制,宜以枢密院为审理机关云云。据此而言,是责任诉讼之审理机关,亦各因乎其国情以为组织而已矣。至于诉讼当事者,在通常诉讼,系指原告被告及裁判官而言,而大臣责任诉讼,亦不能无原被告及裁判官,此一定之理也。大臣责任诉讼之原告,则属诸议会之一院或两院,而被告则限于政务大臣,各国通例,莫不如此。昔欧洲法制有君主,亦可提起诉讼之条,其思想之幼稚,在今日已无辩论价值。虽然,大臣责任诉讼既有当事者及审理机关,将谓当事者,可径赴审理机关起诉,是又不然。何则? 责任诉讼与通常诉讼迥异,须先由议会据情上奏,若经君主以该奏付诸审理机关,则其责任诉讼乃于是乎成立。且审理机关一经判决,亦非得直行宣告,必覆奏之以听于君主之命令,夫而后处罚与否乃为决定。此大臣责任诉讼之顺序,凡君主立宪国皆不能有外于是者也。

　　要之大臣责任诉讼者,诸先进立宪国昔日之陈迹,其效力昭然,可考而知。日本立宪二十余年,学者犹倡导不置。然则,我国立宪而后,此法之宜采用与否,洵国民所当研究之一问题也,故付论及之。

第五章　法院

　　法院者,司法之国权机关也,即日本之所谓裁判所也。日本以裁判所之名统括大审院、控诉院及地方裁判所、区裁判所,谓之普通裁判所。我国以法院之名统括大理院、高等审判厅及地方审判厅、区审判厅,谓之普通审判厅。普通者,对于特别而言也。普通审判限于民事、刑事,我国如是,他国亦如是。特别审判除军法会议及行政裁判外,在我国尚有基于条约之会审公堂,在他国更有政治裁判、权限裁判及惩戒裁判、商事裁判等。然丛而较之,虽会审公堂为我国所独有,一俟条约改正,必归消灭。而政治权限及惩戒商事等项裁判,惟欧洲有之,日本则否。我国裁判制度一仿日本,将来亦无设之之要,可预决也。然则日本之大审院,即我之大理院也。日本之控诉院,即我之高等审判厅也。日本之地方裁判所,即我之地方审判厅也。日本之区裁判所,即我之区审判厅也。日本之司法以区裁判所为第一审者,即以地方裁判所为第二审,以控诉院为终审。以地方裁判所为第一审者,即以控诉院为第二审,以大审院为终审,盖取三级审主义也。我法院之规定,亦犹是也。日本于各裁判所附置检事局,我国亦于各审判厅附置检察厅,其所以为提起实行公诉之机关,则一也。日本之组织裁判所也,于区裁判所,则取单独制,于地方裁判所以上,则取合议制。单独制者,以一员之法官而执行裁判权也。合议制者,以二员或以三员、五员、七员之法官,而共同裁判也。法官之下,则有书记、执达吏、庭丁以分执其务。我国之组织审判厅也亦然。惟称有不同者,日本称法官曰判事、曰判事长、曰大审院长,我国于大理院则有正卿、少卿、推丞、推事,其余则有厅丞、庭长,推事长、推事等,至于书记课,则分都典簿、典簿、主簿、录事及书记生等。日本惟称之曰书记长、曰书记,书记以下之执达吏、庭丁,即我之承发吏及庭丁。名虽有异,其实一也。法官之资格,以法律定之,一经录用,即为终身官。日本宪法第五十八条曾有特别保护之规定云:"裁判官除因刑法宣告及惩戒处分外,不免其职。"我国法院编制法自第六十七条至七十三条尤规定綦详。盖所以保护法官不受政府干涉,俾得独立解释法规,尽心审判之意也。凡此者,司法机关之大略也。若其详细于日本,则让诸裁判所构成法之讲述,于我国则让诸法院编制法之论究。他如司法之权限及其种种关系,已于《国权作用篇》另有专章说明,兹不赘及也。

第六章　审计院

第一节　审计院设置之意义

审计院者,即日本之所谓会计检查院也,亦立宪国最要之一国权机关也。盖国家之岁出岁入,既有议会以协赞其豫算,即不可不设置一机关,以检查其决算。议会之协赞豫算者,一年间会计监督之开始也。审计院之检查决算者,一年间会计监督之终了也。无开始监督何以立终了监督之标准,无终了监督何以完开始监督之效力。申言之,无豫算之协赞,即可无决算之检查,无决算之检查,则协赞主意之能实行与否,必不可得而知。是故决算之检查,必与豫算相对待,夫然后有始有终。而会计监督之作用以全,法至善也。此所以为立宪各国不可少之一原则也。

第二节　审计院在国法上之地位

日本会计检查院法第一条云：“会计检查院直隶于天皇，对于国务大臣有特立之地位。”是规定也，盖明示会计检查院为独立之一机关，而超出于内阁政府之外，以实行监督财政者也。夫独立云者，何也？非与国家分离而自存也，亦非分割国权而二之也。盖谓不立于内阁政府之下，不受内阁政府之指挥监督，而于国法之中特有活动之自由权也。又日本会计检查院法，谓检查院直隶于天皇者，郑重之辞也。所以别乎隶属于政府及其他机关之机关也。以是观之，则吾审计院之地位可知矣。夫审计院既曰独立，则对于职司审计事务者，亦不可不确设保护。否则机关难收独立之效，而检查实行之目的亦终不能达，是故日本以检查吏员为终身官。我审计院官制草案第二十五六条亦以审计官必在任十年方准迁除，且非犯刑法及处分则例者不得罢黜。又按语云：“审计各官职司查核款项，易招嫌怨。本条所拟，盖欲久于其任，不致任意调动，俾得尽心职守，无所顾忌。”斯法也，斯语也，岂非欲确实保持其独立之地位，乌能如是乎。且非欲实行监督其会计之方法，亦乌能如是乎。此立宪政治之所以尽善尽美也。

第三节　审计院之组织

日本会计检查院之组织，以院长一员为总理，院务分为三部，部各置长设课，以检查官十二员、书记官二员、检查官补二十员，分管其事。我审计院官制草案之规定，则以正使一员总理院务，以副使一员赞助之。院内分设六司，司各置正佥事一员，并以佥事三十六人及一二三等书记官、录事等若干人分隶六司，执行其务。六司所掌，各有专任。除第一司掌拟办奏咨稿件各项章程式表并收发文电、经理收支等项外，其余五司皆分配检查各部所管用款报销（我审计院官制草案之所谓报销，即日本会计检查院之所谓决算）。此等组织似较日本稍繁，然以吾国之大、出入之多，亦不为过。至各项报销之准驳，则以会议定之。会议有院会、司会之别。院会以正使为议长，司会以正佥事为议长。凡议事可否，取决于多数。可否数同则由议长决定，日本亦然。

第四节　审计院之权限

决算之检查权，不惟审计院有之，议会亦有之。不过议会之检查，乃因审计院核准之后，而以政治上之见地，判定政府所为之当否而已。而其实所注重者，在豫算之协赞也。若夫审计院之检查，则于国法上有确定力，其专责也。惟其为专责，故规定之于宪法，非其他法律敕令所得而变更之也。然则其权限如何，请列举之。

第一，检查国债及京外各衙门出入报销核定虚实

（甲）应检查款项约分四目，即如左：

（一）奉特旨饬查之报销；

（二）官民呈控不实之报销；

（三）度支部汇送之内阁各部所管报销；

（四）依于法律，诏令特属于审计院检查一切报销。

（乙）应判定事项约分三目，即如左：

（一）京外各衙门报销数目与各收支官吏之证据书类确实符合否；

（二）岁入之赋课征收、岁出之费用及官有物之处置违反法律诏令否；

（三）会计出纳符合豫算规定否，豫算超过与豫算外之支出曾经议会之承诺否。

第二，颁行报销款式及调制报告书

颁行报销款式者，所以图画一而便检阅也。调制报告书者，所以证检查而示确定也。（此报告书制成后，由政府添附决算书，提出于议会。）

第三，上奏

审计院应以检查之成绩，每年汇奏一次。若认法律行政有必须改正之事项者，并得切实具奏。

第四，受各部之通知并陈述其意见

各部关于收支事项及簿记要件，有拟发布命令者，必于发布前通知审计院，若审计院对于其命令有意见时，得陈述之。

第五，发给核准执照（日本谓之认可状）及奏咨惩戒该管收支官吏

审计院于检查之结果认为合法者，即备核准执照发给该收支官吏，用以解除其会计上之责任。若查有遗漏、重复、谬误及其余可疑情节

者,轻则酌定期限,俾其更正,并咨行该管长官,分别惩戒。重则奏派本院佥事澈底清查,并将该管官吏罪状,奏请惩治。

第七章　弼德院

按我国弼德院之意义,实同于日本之枢密院。又我国集贤院官制草案之规定,亦与日本之枢密院同。意者前日之所谓集贤院,即今日之所谓弼德院欤。俟官制令颁布后,始确定之。兹暂据集贤院草案之规定,略论如左。至于改正,则请俟之。

第一节　弼德院之地位

弼德院者,宪法上之一国权机关也。君主之最高顾问府也,即日本之所谓枢密院也。其地位则直隶于国权主体,而超出乎立法、司法、行政三权以外,盖特别独立之一机关也。惟其为特别独立之机关,故其机关之任务,非立法也,而可以应君主立法之咨询。非行政也,而亦可以应君主行政之咨询。立法行政,皆可以应君主之咨询而陈述其意见,究之立法、行政之权限,举皆无之。而立法、行政之责任,举皆不负也。不特此也,可以应君主之咨询立法,而究不得干涉立法之机关,可以应君主之咨询行政,而亦不得干涉行政之机关。何则? 性质使然也,亦地位为之也。

第二节　弼德院之组织(以下皆就集贤院官制草案论之)

我之集贤院,虽同于日本之枢密院,而其组织之法,实有异点。日本枢密院置议长一人、副议长一人、顾问官二十八人、书记官长一人、书记官三人、属员九人以组成之。我集贤院官制草案之规定,除掌院大臣(同于日本之议长)、左右副大臣(即日本之副议长)外,自顾问大臣及顾问官以下,皆无定额,其异点一也。日本议长、副议长及顾问官,以年龄达四十岁以上者为合格,我集贤院官制草案,无此规定,其异点二也。日本枢密院院务以书记官及属员司之,未另附设机关。而我集贤院内,更设崇政厅,置厅丞二人以管理其事,其异点三也。日本枢密院官员限于元勋及练达国务者(日本枢密院官制公布敕语),而我集贤院官制草案,惟以品级定之,其异点四也。日本枢密院官员无升迁调补之明文,一听诸君主之自由选择,而我集贤院官制草案自第十九条至二十三条关于升迁调补之事规定独详,其异点五也。由此五者观之,优劣彰彰矣。夫以第一异点较,则不定额者为优。以第二异点较,则制限年龄者殊宜。第三异点无大关系,姑置不问。而以第四、第五两异点之比较,则彼我顾问机关之价价,判若天渊矣。夫人才有时而聚,有时而散,聚则虽多不为过,散则虽少亦无损。有定额,则拘守成数,不能因时为变通。此我顾问官员不定额之规定,所以较胜于彼也。孔子曰:吾十有五而志于学,三十而立,四十而不惑。天下惟不惑者,乃足以为人谋,况君主之顾问乎。是故顾问官员之年龄,而以四十以上为制限者,最适当之规定也。且夫启沃君心以翼赞圣谟者,顾问之职责也。使非其人,则敝惑圣听、淆乱聪明,其弊不可胜言矣。此日本所以限于元勋大臣及练达国务者,良有以也。何则? 同一品级也,有元勋大臣者,亦有非元勋大臣者。有练达国务者,亦有非练达国务者。苟不加以鉴别,而徒以品级定之,欲其尽应咨询之能事,而无负厥职也,盖亦难矣。不宁惟是,既为君主咨询之府,则其资望之高深、其地位之尊荣,有非其他机关所敢及者。既非其他机关所敢及,而特用以为闲散官吏集合之所藉,以为升迁调补之通过场,可乎? 否乎? 然则吾草案之规定,可谓不知类矣。故曰彼我顾问机关之价值,判若天渊矣。

集贤院者,合议制之机关也,故承旨垂询,俱应集会,公同筹商,妥议覆奏。其会议规则,另由本院酌定奏请敕裁,自不异于日本,然其有宜注意者,会议时日固由本院议长指定,若内阁因紧急事件,亦得请求变更。又本院一经议决覆奏,亦不可不于同时通报内阁总理。盖君主垂询者,多属于内阁具奏之件故也(参照日本枢密院官制及事务规程)。

第三节 弼德院之权限

顾问机关权限之规定,日本枢密院官制与我集贤院官制草案,均无异义。惟该官制第六条列记六款,以为顾问会议之纲要。(即:(一)宪法上之条项及附属于宪法之法律敕令之草案并其疑义。(二)宪法第十四条戒严之宣告又同八条第七十条之敕令及规定,其他罚则之敕令,但此等敕令须记载曾经咨询枢密院之旨。(三)列国交涉之条约及约束。(四)关于枢密院之官制及事务规程改正之事项。(五)于皇室典范属于其权限之事项。(六)此外临时之事项。)此外,则听诸君主之自由,而我集贤院官制草案则用概括规定,殊嫌省略。然按其实际,则我之所谓垂询要政(集贤院官制草案第一条)及日本之所谓咨询重要国务(枢密院官制第一条),又彼我之所谓关于立法、行政事宜云云(我集贤院官制草案第六条,日本枢密院官制第八条),是顾问会议之范围已极广博,虽不必从事列记焉可也。然更由他面观之,则垂示标准以资循守,仍不如列记之为得。何则? 一经列记,则过有合于列记之事项者,君主不能不咨询,而机关亦不能不审议覆奏,如此则职权以昭,而机关以重。非然者,不过如普鲁士、巴威伦、索逊、威敦堡诸小国之顾问,徒拥一虚名而已,而于事实何补之有。是又不如不设之为愈也。

　　集贤院以备君主之顾问为主要,故其职权之应制限者,亦不能不有所规定。列举如左:

　　(一)不得对于施政上直接干涉;

　　(二)不得对于官民发布命令;

　　(三)不得与诸官衙议会及臣民间文书往复直接交涉,但与各部因公务上之关系,亦得交往;

　　(四)不得受理官民之请愿上书,及一切禀呈。

　　(以上参照日本枢密院官制第八条规程,第二条三条,又我集贤院官制草案第五条、第十条)

第八章　都察院

第一节　都察院之沿革及存置理由

　　我国言官之职,自古重之,汉之御史大夫即其滥觞也。后汉以降,或称御史台,或称兰台寺。隋唐迄宋,或以宪台名,或以史台名,或以肃政台名。至于胜国,改称都察院。我朝因之,初置承政及参政等官以组织本院。顺治间改承政为左都御史,参政为左副都御史,并置左右佥都御史、右都御史、右副都御史及监察御史等。厥后屡有变更,至乾隆十四年重行改定,由是相沿无异。然而都察院权限,亦自乾隆以来,大事扩张。名虽整饬风宪,而实则兼摄行政、司法。其地位,殆出诸种机关而上矣。近岁豫备立宪厘定官制要旨,乃将都察院所属司法、裁判、会计、检查等项,划归他部,不相杂厕,而以都察院专事原有职掌,循名核实,诚为妥善。然说者曰,都察院为列国所未有,今实行立宪,尚不急事裁废,得勿与宪政相悖驰乎?不知都察院之制,一经改正,权限攸分,不惟与宪政不相悖驰,且将为吾宪法上之一国权机关。何则?其制度虽列国所无,而实为我国固有之特色。故其职权之行使也,弹劾不慑于显贵,匡正可及于朝廷。纲纪所关,乌容废也。况乎宪政之最要者,明权限而重实行也。权限既分,职务自别。各司其事,为国图存。其于助长宪政之裨益,当不可以道里计也。背驰云乎哉?不特此也,各国各有历史习惯,各具特长。故虽同一立宪,而政治各有攸当。是以英吉利为宪政鼻祖,而模范英制者,不过取其所长,以补其所短。未闻举自国之历史习惯及其特长亦捐弃之,而后谓之立宪。若谓吾以都察院之故,不得以立宪国称,信斯言也。是必举世界各国之立宪政治及其国权机关,皆如英国,以符合其数而后可,有是理乎?然则吾国以都察院为国权机关之一者,实自然必至之数也。背驰云乎哉?或又曰专制时代,有一都察院,以监督行政、弹劾官邪、条陈利弊,固彼善于此矣。洎乎立宪,议院告成,则此等职权,自归议院行使,即无再事都察院为也。盖议院之有此等职权也,议院之通规也。如质问政府要求报告,及协赞豫算,事后承诺,是即议院之监督行政也。如大臣有违法情事,得指实弹劾,是即议院之纠劾官邪也。又如得上奏于朝廷及建议于政府,是即议院之条陈利弊也。三者议院皆备,此他国所以不别置机关也。今中国既设议院,复不废此机关,重复无益,适成赘疣。故曰议院成立,都察院可废也。噫!斯言也,理论则是,而事实却非。试问列国土地,有吾国之大者乎?列国人民,有吾国之庶者乎?列国官吏,有吾国之多者乎?土地、人民、官吏,皆远胜于他国。故在他国,仅以一机关足以经理者,吾非数倍其职守,不足以办之。且也,议会非常设机关也。一年一度,必待召集,而会期亦不过以三月终也。以最短之时日,集散无常之议员,而欲使各省之行政事务、京外之官吏贤否、天下之得失利弊,一一皆检查周到、网罗无遗,能乎?否乎?既不能,而又无都察院以补其阙略,而济其不逮,则吾宪政之发展、官方之振肃、治理之条达,欲循至美备而如泰西各国者,盖亦戞戞乎其难之矣。然则吾之所以重视都察院而以之为宪法上之国权机关者,良以此也。至于挟嫌诬陷,捕风捉影,以乱惑圣聪者,言官中向亦有之。然究非机关之过也,其人之罪也。因噎废食,乌可得哉。

第二节　都察院之地位

　　未改官制以前,都察院之为都察院,自若也。既改官制以后,都察院之为都察院,亦自若也。然而其国法上之地位,则先后判然矣。当其未改官制也,就其检阅行政事务观之,则都察院为行政之监督机关。就其稽核报销观之,则都察院为会计之检查机关。又就其伸理冤抑以观,则都察院为行政之裁判机关也。就其参与终审刑狱以观,则都察院为普通之审判机关也。且观其封驳诏书、检阅题本,是则都察院又居于上下交通之咽喉,而为意志传达之锁钥矣。及其既改官制也,有审计院以稽核报销,有行政裁判院以伸理冤抑,有大理院以终审刑狱,而题本则改事中,封驳亦已停止。而其所余者,惟司矫饬弊政,为国权主体之耳目而已。然则都察院之地位昔也,跨乎行政、司法,而兼扼枢要。其本来之职掌,殆同赘疣矣。而今而后,盖超乎立法、司法、行政三权以外,而退居于国权主体之侧,以上陈谠言,下察百司,为整饬纪纲之一坊表而已。然而其所以如此者,非降其阶级也,非抑其高标也,盖返其本位,而复其始初脱于复杂而还于单纯也。一言以蔽之,曰都察院者,宪法上特别独立之一国权机关是也。

第三节　都察院之组织

　　都察院机关也,有机关不可无组织,组织此机关者,有附属机关,有公法人格。附属机关之制,昔则有六科(吏科、户科、礼科、兵科、刑科、工科)十五道(京畿道、河南道、江南道、浙江道、山西道、山东道、陕西道、湖广道、江西道、福建道、四川道、广东道、广西道、云南道、贵州道)及五城御史(分京师为中东西南北五城,各城置巡城御史)。六科向主封驳,与六部相为附丽。十五道从行政之便而划分区域,使各司检查奏陈政务。五城御史掌京城之警察、救恤及发令、裁判。至于公法人格,则左都御史二、左副都御史四。右都御史、右副都御史,均无定额,而以各省督抚兼任。其余则有六科给事中与监察御史,及都事、经历、笔帖式等。自官制改革,而组织一变。故于附属机关,则与各部、各省相为表里。于公法人格,则仿各部院通例。置左都御史一(从一品,如各部尚书)、左副都御史二(从二品,如各部侍郎),并仿国初成例。于副都御史下设金都御史二（正三品，如各部丞参），其余则置给事中二十、监察御史三十，及都事、经历、典簿、录事等。以是观之，则机关组织今昔攸异。然而因时制宜，亦立法上之必要也。

第四节　都察院之权限

机关之地位组织，视其权力之轻重以为变迁，都察院亦犹是也。然而都察院之权力，今昔固非一致。兹第就官制改革以后所规定者，分别言之可也，即如左云：

（一）监督行政

监督行政者，即都察院新官制第一条所谓都察院掌稽察京外行政各衙门办事成绩是也。京外行政各衙门，不问其为中央国权机关与各省国权机关，凡属于职司行政者皆是也。办事成绩者，其所管行政事务之已设施者是也。稽察云云者，检阅其办事成绩是否无害于公益而有裨于国家，是否未反乎法规而确遵乎定轨。苟以为有可议驳也，则弹劾矫正之。以为无可议驳也，则奏请嘉奖之。然则所谓稽察者，特派委员乎？抑令其自行报告乎？此一疑问也。然揆情度理，则宜于一面令其按期报告，于一面遍置耳目、互相参酌，则真伪自见，而切实敷奏，则赏罚悉当。此所以能达监督之目的，而促行政之进步。呜乎善矣。

（二）纠劾非违

纠劾者，仿察而讦发也。非违者，贪污而不职也。因非违而被劾，谁毁谁誉，自取之也。独是访察，非审问，故可以托诸风闻。讦发非赏罚，故可以尽其所知。盖风闻涉虚，亦不坐罪，所知无隐，方谓直言。列圣上谕，不可诬也。然其纠劾权力，固属于机关。而所以行使纠劾权力者，则不必以机关之名，而御史各以其名。盖都察院之性质，自不同于议院。议院之纠劾以机关为主体，而议员则无独立资格。都察院之纠劾以言官为本位，而机关则不令行禁止。故其纠劾所及，原无制限。上至王公大臣，下至府县佐贰，不畏其威、不慑其势，侃侃而陈、摘发其奸。是以去莠留良，而官方以肃砥名励行，而积弊以清。日人谓中国之为官者，外患不足畏，内讧不足畏，而畏御史如虎，其形容毕至矣。虽然，如果贤也，正道直行，无瑕可指，何御史之足畏。其所以畏之者，必其非贤也。虽然，御史而至于可畏，则为御史者，非表里方直、为国为民，不足以称其职。苟挟嫌报复、私纳财贿、误为雌黄、坏法乱纪，虽天子以谏臣之故，优容不问，而亵官渎职，亦自有愧于古矣。

（三）条陈得失

条陈范围，原无制限。其有关于政务之得失者，无论属于过去、现在、将来，俱得言之。至于采纳与否，实行与否，要非言官所宜问。而为言官者，惟竭吾诚尽吾职焉而已。虽然，言官之条陈得失也，对于君主乎？抑对于有司乎？以理推之，上以匡君之过，格君之心而补阙拾遗者，言官之天职也。其次则对于内阁、于政府、于各部院，尽我所知，将以忠告，提撕警觉，同臻上理。此亦言官之义务，而各机关所当容纳也。至条陈事理，是耶？非耶？惟当局者自辨之。勿神其是，勿咎其非，则对于言官之道得矣。

要之，都察院无行政之责，而监督行政。无赏罚之柄，而纠劾非违。无统治之权，而条陈得失。及其结果也，负行政之责者，因是以不敢怠忽而忠勤，乃事，操赏罚之柄者，因是以慎施予夺而取舍悉当。执统治之权者，因是以补其阙，略而推行尽利。然则都察院之有益于国家，匪浅矣。置之宪法，谁曰不宜。

第四篇　国权作用

第一章　国权作用之原理

（一）国权作用者，运用国家权力之手段也。

国权有主体而后有机关，有机关而后有作用。此一定之顺序也。盖国权者，无形无体之物，其所以表现于外者，作用有以致之也。有作用，则国权主体之所以为国权主体者，于是乎见。国权机关之所以为国权机关者，亦于是乎见。何则？国权主体者，国权总揽之君主也。国权机关者，行使国权之关键也。惟国权总揽于君主。故权力之集中，奚若操纵，奚若分配，又奚若非作用，无以神其化也，惟国权行使于机关。故权力之何以设施,何以活动,又何以发展,非作用无以见其功也。故曰国权作用者,运用国家权力之手段也。君主有君主运用国家权力之手段,故君主以尊。机关有机关运用国家权力之手段,故机关以存。君主尊而无上,则根本固矣。机关存其地位,则政令举矣。根本固政令举,而万机犹有不理,天下犹有不治者,未之闻也。

（二）国权作用者,所以达国家之目的也。

君主立宪国,有君主立宪国之目的。民主立宪国,有民主立宪国之目的。泛言之,皆欲措国势于富强,而增进生民之幸福。实按之,则民主国欲达民主政体之目的,君主国欲达君主政体之目的。目的虽各有专注,而其所以达其目的者,舍国权作用其谁与归。虽然,国家欲达其目的,固不外国权作用,而国权作用之标准,又岂外于国家目的耶,是故国家欲达立法之目的,则为立法之国权作用。欲达行政之目的,则为行政之国权作用。欲达司法之目的,又为司法之国权作用。推之其他,莫不尽然。日本一木氏有云,凡国家欲达生存之目的者,不可不依权力之作用,其深得此旨也夫。

（三）国权作用者,制限的而非任意的也。

国权作用之性质,可伸可缩,可大可小,故放之足以弥六合而并八荒,敛之则退藏于无何有之地位。然而宪法上之国权作用,则不如是。夫宪法之所以规定国权作用者,一则妨其伸而大之至于广漠而无垠,一则妨其缩而小之至于不足以达国家之目的。夫广漠无垠,则流于专制,而人民之生命财产将横被其摧残,不足以达国家之目的,则陷于竭蹶不振,而国势凌夷,将无以存立于世界。然则国权作用之不能任意以为伸缩大小者,章章矣。夫不能任意伸缩大小,故立法、司法、行政,皆有一定作用之程度及其范围。有一定之程度及其范围,是以政肃而事理。一动一静,自无过不及之差矣。故曰国权作用者,制限的而非任意的也。

（四）国权作用者,统一的而非分离的也。

国权一而已矣,或直接作用于君主,或间接作用于机关。作用于君主者,如宪法上规定,君主大权所有之事项是也。作用于机关者,如立法之于议会、司法之于法院、行政之于政府是也。然议会立法,非立法之国权作用独立于议会以为其存在也。法院司法,非司法之国权作用独立于法院以为其存在也。且政府行政,非行政之国权作用独立于政府以为其存在也。立法、司法、行政，皆非各各独立而存在，故曰统一的而非分离的也。原夫机关之所有权力者，以君主之分配也。机关之所有作用者，以君主之委任也。君主者，总揽国权之主体也，国权作用之源泉也。是故机关之权力，无论其为立法，其为司法，其为行政，莫不渊源于君主，以为其作用者。且无论其机关之为议会、为法院、为政府，其权力莫不统摄于一尊者，故曰统一的而非分离的也。如谓议会之立法权作用与法院之司法权作用、政府之行政权作用，皆可以各各分离而独立，则国权统一之精神失矣。国权既失其统一之精神，尚得谓之统一国家乎？此研究君主国宪法者，所亟宜注意之一端也。

（五）国权作用者，类别的而非混合的也。

专制国之国权作用多混合而莫辨，故能立法者即能司法，能司法者即能行政。而立宪国则不然。立宪国国权作用之途，虽大别为立法、司法、行政，而此三者之中，又各于其类而种别之。如立法之裁可属君主，协赞属议会，司法之刑事诉讼与民事讼诉、普通裁判与特别裁判，又行政之内务、外务、军事、财政、教育、农工商等，国权虽一，而支派区分。作用虽多，而权限各别。是故专事行政者不能混入于司法，专事司法者不能混入于立法，且立法、司法、行政之各于其类而种别之者，莫不确守范围、各行其素。故曰国权作用者，类别的而非混合的也。

（六）国权作用者，有广义的又有狭义的也。

君主既为国权主体，而凡国权作用之原动力，皆发生于斯统括于斯，似不必更有广义、狭义之区别者。虽然，此原理也。而实则有君主直接作用之国权，有由君主分配于各机关而使之间接作用之国权。合此两者而言，是之谓广义的国权作用。分此两者而言，则君主直接作用者，谓之狭义的国权作用。由君主分配于机关而使之间接作用者，谓之机关权力作用。狭义的国权作用者，即宪法上之所谓君主大权也。机关权力作用者，即议会、法院、政府权限中之行为也。虽然，机关之权力作用，原出于君主之所分配，而仍总揽于君主者，此固无疑。而惟宪法上君主大权之规定，学者解释，遂不能无所差异。日本副岛义一氏则分之为广义之大权作用与狭义之大权作用。广义之大权作用者，包括立法、司法而言也，狭义之大权作用者，即宪法上所列记之君主大权是也。而清水澄氏又分之为必经议会协赞之大权作用与勿庸议会协赞之大权作用。必经议会协赞之大权作用者，指立法与豫算而言也。勿庸议会协赞之大权作用者,指命令及宪法上所列记之诸条而言也。是二说者,虽各言之有理,而以余观之,殊未尽洽。何则?国权有直接作用于君主者,有间接作用于机关者。而前说统谓之大权作用,未免失之于泛。后说以议会协赞之有无而明大权作用之性质,固无可议。而惜乎间接作用于机关之权力未能统括说明之。故以之为国权作用一面之论断则可,以之为国权作用圆满之真理则非也。然则广义的国权作用与狭义的国权作用云者,其意义可不深长思之也哉。

第二章　立法

第一节　总论

第一款　法规

历览日本言法之书,法规字样,触目皆是。及执笔作为如此之文,而法规法规云者,亦层见迭出,不可指数。然而法规之真义,殊未暇考也。此等通病,不独一二人有之,凡学法政者,比比皆然。故不能不释明于此。原夫法规云者,非单指法律而言也,亦非专指命令而言也。且非出于法律命令之外,而别成一种也。就其性质言之,则凡出于国权作用之所规定,无论其目的之为消极、为积极,而苟有拘束之力使一般人民范围不过或使特定事物有所适从者,莫不得谓之曰法规。且就其种别言之,则凡由国权主体直接又间接之所颁布者,无论其名称之为法,为律,为敕,为令,为规,为则,为例,为方,且不问其为规程为章程,为法例,为则例,为条例,为律令,为法则,为方法,莫不得总括而谓之曰法规。虽然,既知法规之所以为法规,究不可不知法规之所由制定。制定法规者,即宪法上之所谓立法是也。宪法上之立法,有必经议会协赞与不须议会协赞之区别。必经议会协赞者,以法律制定法规之谓也。不须议会协赞者,以命令制定法规之谓也。以法律制定之法规,可名之为法律。以命令制定之法规,可名之为命令。法律议决于议会,必由君主裁可颁行之,命令出自君主,或由君主委任机关发布之。是故君主不裁可、议会不协赞者,不得谓之法律制定之法规。非出于君主与君主所委任之机关者,不得谓之命令制定之法规。二者区别极严,不容相混。而立宪国立法之特点,即于是乎见。

第二款　法律命令之界限及范围

日本宪法以普鲁士、比利时为模范者也。我国宪法大纲，以日本为模范者也。日本模范普、比二国之宪法，而加以变通，故君主大权较重于普、比。我宪法大纲模范日本之宪法，而又加以变通，故君主大权尤重于日本。试一取其法律、命令之范围比较而观之，则无难尽详其旨矣。普、比等国宪法仅认君主之命令权及于执行法律而止，至于独立命令权则无认定之条文。日本则认独立命令权可制种种之法规，细玩其第九条之规定及学者之解释可知矣。我国宪法大纲第十一、十二两条乃直仿日本宪法第八条、九条而加以变通者，然日本虽有独立命令权，而特限于保持公共安宁秩序与增进臣民之乐利而后发。我宪法大纲之独立命令权，则绝对无限。不惟独立命令权绝对无限而已，日本宣告戒严之要件及效力必以法律定之，我宪法大纲则不认此。且日本关于发敕令以代法律之后，至次会期提出于议会会议，若未经议会承诺者，则其已发之敕令将来即失其效力。而我宪法大纲惟规定次年须交议院议协而止。玩其旨意，一似议会虽不承诺，将来亦不失其效力者。由是观之，我宪法大纲与他国宪法所规定之君主大权，其范围之广狭，不待辨而自明矣。

制定法规之形式，或以法律，或以命令，均无不可，其意已如前说。独是何者之法规得以法律制定之，又何者之法规得以命令制定之，抑或凡可制定于法律者即可制定于命令，可制定于命令者即可制定于法律。此等重要权限问题，欧洲学者解释最多，其在日本尤多讨议者，兹不遑一一悉举。特将余之研究而自信者，揭论如左：

法律之力强于命令，命令之力弱于法律，以法律可以变更命令，以命令不能变更法律，此世界所公认，而特明示之于宪法条文者也。就是点观察之，则法律者，制定法规之原则也；命令者，制定法规之例外也。惟以法律制定法规为原则，故非君主之裁可者，不得谓之为法律；非议会之协赞者，亦不得谓之为法律，惟以命令制定法规为例外，故君主得自由发布之，并可使机关发布之。然则以法律制定法规为原则者，乃三权分立之根本。而以命令制定法规为例外者，实法律授权之效力也。何以言之？人民之众，事物之繁，日新月异，不可预测。若一切法规皆不可不出于法律，则以手续繁重，稽延岁月，微特不足以应时势之变，而合于事实，且适足以碍进步之途，而失于拘谨。此法律所以有授立法权于命令之理由也。虽然，法律授立法权于命令者，非论凡法规之为实体为应用，命令均得而制定之者。而命令之所以得制定之者，多属应用之法规。法律之所以制定之者，多属于实体之法规。实体之法规为诸种法规之基础，应用之法规为适用法律之细则。基础法不能随时为更动，故效力以强大而久远。细则法可因时而改变，故规定以迅速而便易。是故以法律得制定法规之事项，不限于宪法中之所列记，而以命令得制定法规之事项，又岂限于宪法中之所列记者乎。然而学者之论说，亦至不一矣，伊藤博文《宪法义解》有曰，凡事件之特揭于宪法，而要以法律规定者，不得以命令规定之。其他如穗积、有贺、清水、副岛、一木诸博士，亦莫不以是为原则者。独美浓部达吉一起而痛驳之，其说之浩瀚，越数万言，为一时法学界所未有。其说略曰宪法上所列记者，非区别法律、命令之界限及其范围之标准也。信如通说，谓宪法有保障臣民自由之力，凡载在宪法者，非依于法律不得制限之。然则宪法上所列记臣民之自由，果网罗无遗乎？若以为网罗无遗也，则宪法之列记诚可以保障其自由，而有非命令所能制限矣，而无如其不能也。例如婚姻之自由、契约之自由与受教育之自由，皆宪法规定中所未见者，此等未规定于宪法之事项，较诸已规定于宪法之事项，其间原无轻重之区别。如谓曾规定于宪法中者，除依法律外，命令不得制限之，而未规定于宪法中者，虽不依于法律，亦得制限之。其观念之自相冲突，诚可怪也。且就臣民之所有权论，固规定于宪法中之事项也。而因警察权之行使，实际上以命令制定法规而制限之者，不可枚举。例如石油取缔规则、面包烧场甘薯烧场规则、劝工场取缔规则、电气事业取缔规则、演剧取缔规则、寄席取缔规则、观物场取缔规则、游技场取缔规则、墓地埋葬取缔规则、长屋建筑规则等，何一而非臣民应有之自由权而横被制限者。信如非依于法律不得制限之说，则此等以命令制定之法规，直谓之违宪可也。而抑知其不然乎。又民法、商法、刑法诸法规，无论何国宪法中，皆无列记者也。若从其未规定于宪法上之事项而得以命令制定之说，则民、商、刑诸法规，应得以命令制定之，可勿俟乎法律也。而又岂知其不然乎。要之，不问其曾规定于宪法上与否之事项，有法律得以之制定法规而命令不得者，有以命令得制定法规而勿庸法律者。俱各从其事物之大小轻重以为衡，而未可以宪法上所列记者，即执以为区别法律、命令之界限及其范围之标准也。是说也，予颇赞同之。以其得乎立法之真理，而合于事实也。故择论于此，以为吾说之一佐证。

　　所谓授权者何？立宪国三权分立之精神，惟法律制定法规，命令则否，此原则也。而于实际不能贯彻此主义，故特设例外，以授其一部分之立法权于命令，所以图事实上之便利也。云授权而不云分权者，明夫立法权一致之效也。若谓法律与命令属于相对之二个立法权，则误矣。或以法律制定法规，或以命令制定法规，二者立法权之作用也，非立法权之分割也。立法权既不可分割，则立法权之作用，无论其为法律为命令，而其所制定之法规，必相呼应而不相抵触，相一致而不相纷歧，夫然后乃合于立法之趣旨，而推行无碍。非然者，彼以干涉，此以放任。尔以宽容，我以严酷。民有不得其死者矣。然则均一制定法规也，其目的之所在，将以法律为标准乎？抑以命令为标准乎？二者是必有一可也。曰法律哉。何以言之？以法律制定法规者，原则也。以命令制定法规者，例外也。命令之所以得制定法规者，以法律之授权也。法律授立法权于命令，而命令之制定法规也。辄与法律相背驰，是岂法律授权之意哉！盖反其本矣。是故命令之制定法规也，要以法律为其宗。法律之所倾向者，命令亦从而倾向之。法律之所善恶者，命令亦从而善恶之。虽有时出于变格，亦必殊途同归，决不逆其源而反其旨，此立宪国制定法规之妙用也。此立宪国之立法与专制国之立法，之所以有区别也。

　　立宪国立法权之作用，已如前述。但此外有一问题有不能不研究者，即我国在豫备立宪时代，凡一切新颁法规，无论其为基础为细则，以尚未召集国会，无从协赞，不能以法律形式规定之故，一一皆出自命令。此等法规除应以命令规定不计外，他如民、商、刑、诉讼等法，不问何国，皆不许以命令制定者。设一旦召集国会，须将既颁行之民、商、刑、诉讼等法，更提出于国会，俾其追加协赞而后可乎？抑不必更事协赞，而自能持续其效力乎？若以为必提出于国会，俾其追加协赞而后可。求诸他国皆无其例，且国家根本大法既蒙钦定，业已颁行，虽云未经协赞，而国会未召集以前，与既召集以后，国家与国权主体毫无变动，不得谓召集国会以前之法规，不适用于召集国会以后。若以为不必更事协赞，而自持续其效力，则又反乎国会协赞立法之原则，而于三权分立之精神渐灭矣，尚得谓之立宪国乎？之二说者，持之有故，言之成理，皆无斥驳之余地。虽然，平情而论，莫若仍取前说之为优。且法律非一成而不变者，虽间有不合不备之点，议会原可加以讨究，按改正法律之条议决上奏,若蒙裁可,便达目的,何必鳃鳃焉争议及此耶。试一读日本立宪之历史,当可爽然失矣。

第二节 法律

欲法律之有效力者,必先施行其法律。欲施行其法律者,必先有法律之公布。欲公布其法律者,必先有法律之裁可。欲裁可其法律者,必先有法律之协赞。欲协赞其法律者,必先有法律案之提出。有法律案之提出,而后有协赞,有协赞而后有裁可,有裁可而后有公布,有公布而后有施行,有施行而后生效力,此一定之顺序也。是故无协赞者非法律,无裁可者非法律。虽有协赞有裁可,而未经公布施行者,亦不得谓之为法律。夫法律者,非徒形式上之要件,不可不具,而实质上之要素,尤不可不备也,请以次论列如左:

第一款 法律案之提出

法律案之提出者,以法律之形式制定法规,第一顺序之事项也。往者提出法律案之权(亦曰发案权)惟君主有之,今则及于议会与政府,此各国宪法所明认也。然而议会与政府虽有发案权,而究无损于君主之立法大权。盖议会与政府之发案权,非议会与政府之所固有,而由君主之所授与也。既为君主之所授与,则其发案权自附属于君主立法大权之下,而君主之立法大权,固包含发案权,而靡有所遗。然则君主之于发案权也,虽不必规定于宪法焉可也。至于议会与政府发案权,则有不能不见诸明文者,何也?以议会与政府同立于国权主体之下,非有明文之规定,不足以为机关权力之保障也。以是而论,则我国宪法草案之规定,仅及于君主之发案权(《宪法大纲》君上大权第三[发交议案之权])而不及于议会与政府之发案权,何其密于此而疏于彼也。

两议院与政府之发案权以均等为原则,此固无疑。但其间有宜分别者,发案权乃属于机关,而非属于组织机关之公法人格。组织机关之公法人格,在政府为大臣,在议会为议员,大臣与议员之对于法律,仅得为法律案之发议,而不得谓之为法律案之提出。法律案之发议者,大臣与议员之职务也。法律案之提出者,议会与政府之机关权力也。由机关提出之法律案,一经两院议决者,始得上奏于君主。由议员发议之法律案,一经其院可决者,始得为法律案之提出。先有法律案之发议,而后有法律案之提出。提出者,发议之效果也。发议者,提出之前提。

苟提出之法律案有一院否决者,则该案于同会期中,不得再事提出。而发议之法律案,于本院否决者,则该案亦于同会期中,不得再事发议。何也? 列国宪法之所以为是规定者,省时间而免繁重也。

　　既经上奏之法律案,虽未蒙君主之裁可,而于同会期中,不得再事提出。盖案已成立,不以未裁可之故而即消灭也。既经裁可之法律案,若至次会期尚未公布者,更作新案提出之。盖旷日持久,可视为前案业已消灭也。之斯二者,宪法虽无明文规定,而各国之惯例与一般学者之论断,可考而知也。然而有一疑问不能不详究者,即政府对于同一法律案,得同时提出于两院与否是也。此问题之解释,有主张得同时提出于两院者,如德国之波仑哈克等是也;有主张不许同时提出于两院者,如日本之美浓部等是也。以予观之,政府以同一之法律案,无论同时提出于两院或提出于一院,均无妨碍。惟依多数国家之惯例,以不同时提出于两院之为愈。且以提出于一院而论,除豫算宜先于下院提出外,皆随政府之自由选择无或制限也。不宁惟是,政府于既提出之议案欲再加修正者,不问何时,得撤回之。然而亦有别。若既经两院议决或一院议决,而已移于他院者,已无修正之途,虽欲撤回之,亦所弗许也。

　　以上所述者,普通法律案提出之方法也。若夫宪法改正案之提出,则不可不由于君主之敕令。以宪法改正之发案权专属君主,而不在政府、议院也。然而政府、议院,虽无发案权,其于宪法应改正之处,亦得上奏论之。若经君主嘉纳,敕令议院决议,亦足以达其目的也。

第二款　协赞

　　议会何物乎? 协赞立法之机关也。立法何以协赞,立宪国三权分立之效果也。是故议会无协赞立法权者,不得谓之议会,且不得谓之立宪国之议会。然则吾《宪法大纲》之规定,何以独无此乎? 曰有之,如君上大权第十一条之所谓已定之法律非交议院协赞奏经钦定时,不以命令更改、废止是也。噫! 是何言也。夫所谓协赞者,非徒协赞改废已定之法律,而协赞制定一切之法律也。制定法律者,立法也。改废已定之法律者,立法之余事也。以堂堂立宪大国之议会,仅得协赞立法之余事,岂不贻笑于真正立宪国之议会耶? 或曰《宪法大纲》非无所谓协赞立法者,如当时之奏章及其注解之所云云是也。不知奏章也,注解也,非宪法条文也。定诸宪法条文者,如《日本宪法》

之第五条(天皇以帝国议会之协赞而行立法权)、第三十七条(凡法律须经帝国议会之协替)及《俄国宪法》之第七条(皇帝经上院、下院之协赞,行立法权),又《比利时宪法》之第二十六条(立法权由国王及上下两院共同行之)、《普鲁士宪法》之第六十二条(立法权,王与两院共之),是其例也。然而《宪法大纲》者,尚未确定之草案也。一经钦定颁布,必不遗此缺点,可断言也。惟然而协赞立法之意义如何可得,而进论焉。

(一)协赞立法者,世界立宪国共通之原则也。

协赞立法之端,渊源于英吉利,表扬于孟德斯鸠,采用于欧洲大陆,至于今日。凡世界有国家者,不立宪则已,苟其立之,莫不予议会以协赞立法权者。历览东西列国宪法,信非诬也。然则协赞立法,殊非一二国之所特有,而世界立宪国共通之原则也。假有国焉,慕立宪之美名,俨然颁布宪法,召集议会。而究其内容,宪法无协赞立法之规定,议会无协赞立法之权力,是不惟反乎列国共通之原则,而有识者早已知其伪矣。是故立宪国之宪法,莫不大书特书,曰皇帝以议会之协赞,而行立法权。

(二)协赞立法者,机关权力之作用,而于君主之大权,毫无所损也。

既设置一种之机关,不能不授与一种之机关权力。是故行政属于君主大权之一种,而以内阁机关之辅弼行之。司法属于君主大权之一种,而以法院机关之审判行之。立法亦属于君主大权之一种,而以议会机关之协赞行之。辅弼也,审判也,协赞也,君主授与机关之权力也。机关有此权力,则内阁始名之为内阁,法院始名之为法院,议会始名之为议会。是故内阁有辅弼之权力,而辅弼权力之作用,究无损于君主之大权也。法院有审判之权力,而审判权力之作用,亦无损于君主之大权也。辅弼、审判之权力作用,皆无损于君主之大权,而谓议会协赞立法之权力作用独有所损于君主之大权乎?决无是理也。是故立宪国之宪法,莫不大书特书,曰皇帝以议会之协赞,而行立法权。

(三)协赞立法者,不徒为形式的,而兼有实质的精神也。

一法律案也,或为拘束人民之权利,或为增进苍生之幸福,一经议会协赞,即号称适法,而案以成立者,是立宪国以法律制定法规之一形式,非有实质上之关系也。不然,如勿庸协赞而以命令制定之法规,其内容宁便外于是耶?抑岂无效力之可言耶?斯言也,学者多主张之,予以为不然。例如政府提出一议案,议会必几经调查,几经研究,以为有益于吾国,而无害于其民者,吾从而协赞之。否则令其修改之,或否决之。是则议会之协赞与否,一本于议案之是非,一本于权力之自由活动也,而非被动也。如谓政府之对于其协赞,可束缚之驰骤之,使若牛马然,急则败矣,何协赞之足云尔哉。吾故曰协赞立法者,不徒为形式的,而兼有实质的精神也。

(四)协赞立法者,与欧洲之所谓共同立法权,自有异同之点也。

各国关于立法权之规定,有君主与议会共同行之者(如普、比等国是),有君主以议会协赞行之者(如日、俄是),然则共同与协赞之意义,同乎?异乎?是一疑问也。自其实际观之,凡君主立宪国之立法,罔不由议会议决,然后奏请君主裁可者。普、比如是,日、俄亦如是。就此点而言,是其同也。自其辞义解之,共同者对等也,平均也。譬有物于此,而以所有权归诸二个相对之人格,非有主从之分,尊卑之别也,而协赞则异。是协者,相也,辅也。赞者,助也,襄也。君主以立法大权,使议会辅相之襄助之,揆诸名分而不紊,征诸法理而不悖。就此点而言,是其异也。同也异也,事实上原无关系,而考其同异之所由来,则亦有趣焉可寻可绎,有味焉可索可玩。何也?欧洲诸国之立宪,一孕育于卢梭之学说,再影响于法国之革命,复迫逼于民权之伸张,故其君多畏而从之,非乐而与之也。惟其畏而从也,故其宪法多出于君民之约束,而一时之宪法起草员又以抑制君权为目的。故其立法权规定之结果,必归夫君民之共同,亦何足怪。若夫日本者,钦定宪法之国也,当时之辅佐,又善审时度势,以应其需。故其宪法之条文,多权衡而有序。俄罗斯者,又参酌日本宪法,以为其资料者也。故其立法权之规定,不取他国之共同,而采日本之协赞。以是而论,则协赞与共同、异同之点,不于其国于其势,不于其人民而于其观念。

第三款　钦定

我国之所谓钦定(《宪法大纲》第三条),与日、俄之所谓裁可,比、西、葡等国之所谓制可,意大利之所谓确定,德意志之所谓亲署,名虽不同,其实一也。然以严格而论,凡君主国之否认共同立法权者,宁取钦定之为优。以裁可、确定等语,与通用者易于混同耳。钦定之形式不外国权主体者之钤用御宝,并令政务大臣之副署。然亦有不用此式者,如英吉利王对于两院议决之案,奏经御览后,随即亲临议会宣示裁可,或简派大臣于两院传达王旨，千余年来，无或稍易。然此特就法律案之裁可而言耳。若夫不裁可者，其在欧洲亦有必履行一定形式，而表示其不裁可之主义于议会者。而日本则无是规定，惟惯习上凡无裁可者，即视为不裁可而已。不裁可之实行，学者谓为拒否权之行使。此等名词殊欠精确，故不足取。要之，不裁可虽属于君主之自由，而征诸各国历史，实际上殊少概见。故此类问题，无研究之必要耳。此外更有宜于详究者，裁可之时期与裁可之取消是也。裁可之时期，各国略无规定。据日本美浓部达吉与副岛义一之说，则自议会出奏之日起，至次会期召集时止。未经裁可者，即以不裁可目之，盖适用会期不继续之原则也。而清水澄驳之，以为未议决案件，始适用会期不继续之原则。若已议决上奏者，裁可之早迟属于君主之自由。是二说者，虽各有理由，予则以为图敏捷而合于事实者，宁取前说。若从后说，则旷日弥久、时势变易、终虽裁可，恐于社会现在之情形间违耳。关于裁可之取消，学者亦多所辩说。然大都谓在未颁行以前，得取消之。独副岛义一极力反对，谓君主之取消裁可同于裁判所之取消判决，均为不法行为。裁判所从各裁判官之议决，一经作成判决书，署名捺印，纵令尚未宣告，而判决之意思已定，故不得漫然取消。君主之裁可亦何独不然。盖裁可者，国家意思之确定也。脱令得取消之，则出尔反尔，何以示大信于天下云云。予则以二说，皆未尽善。何则？取消者，事实上之行为也，必从而制限之，不过徒事空想耳。若毫无范围，又失之于泛。清水澄云凡裁可后欲取消之者，必采用法律废止之手续，斯言也，可谓合乎中道，故予亦赞同之。

法律何以成立？成立于议会之协赞、君主之裁可。二者相俟而不相离，离则非宪法上之法律，此理最显，人所易明。而世之学者，往往好为精思奥语，以期穷其底蕴。故甲说乙驳论战，沸腾其间。主张裁可为制定法律权之全部者，莫如德国之喇榜朵代表。喇氏说以唱导于日本者，莫如清水澄一派。与此说相反对而出之，以崇阃议论者，莫如美浓部达吉。兹一述其两派之要领如左：

喇榜朵之言，曰法律之要素有二，即法律之内容及其命令是也。法律之内容定于议会之协赞，法律之命令与于君主之裁可。内容者，表现法律之文言也。命令者，付与法律之拘束力也。使无拘束力，则无论法律之内容如何，亦归诸无用而已。故曰裁可者，制定法律权之全部也。美浓部氏曰不然，议会之协赞不独议决法律之内容，而并协赞付与法律之拘束力也。君主之裁可，不独付与法律之拘束力，而并裁可法律之内容也。使君主仅付与法律之拘束力，而无与于法律之内容，则裁可之意义，不可得而思考也。使议会仅决定法律之内容，而无与于法律之拘束力，则协赞之精神，不可得而想象也。盖有所区别者，法律之裁可及其协赞也。不可区别者，法律之内容及其拘束力也。是故议会之协赞，即协赞此内容与拘束力也。君主之裁可，即裁可此内容与拘束力也。拘束力非裁可而后成，当议会协赞之时而已潜伏于无形也。内容非协赞而已定，至君主裁可之时而始确乎其不拔也。内容也，拘束力也，立法上之一元素也。而喇氏截为二段，重其一而轻其一，非徒立言之不善，亦思想之谬误有以基之也。不宁惟是，法律之内容，虽确定于裁可、协赞，而其内容之文言，实酌定于法案起草时也。法律之拘束力，虽完成于裁可、协赞，而其拘束力之表现，实表现于法律公布时也。彼祖喇氏说者，何足以知之哉。之二说者，要皆各擅一时之势力，而未可厚非。苟其主义，在抑制民权，前说其基础也。设欲无党无偏而得乎中道者，后说其庶几乎。

第四款　颁布

颁行法律（《中国宪法大纲》第三条）与公布法律（《日本宪法》第六条），有以异乎？或曰颁行者，以法律分配于官厅而使之奉行也。公布者，以法律普告于人民而使之通晓也。官厅以奉行法律为机关之职务，人民以通晓法律为遵由之标准。之斯二者，欧洲实严辨之，日本亦然。故天皇裁可法律之下，而更有命其公布执行之规定也。中国有颁行而无公布，无惑乎人民动触法网于不觉。孟子曰不教而杀谓之虐，其此之谓欤。不知我国之所谓颁行者，有颁布、施行之二义，非一事也。颁布者，何即日本之公布也。施行者，何即日本之执行也。名称虽异，而实际则同。盖征诸我国颁行法律之事例，雍正间颁行《大清律集解序》云，刊布内外，永为遵守。又曰自通都大邑以至穷乡僻壤，仿周礼布宪读法之制，时为解说，令父老子弟递相告诫，俾知畏法而自爱，则听断明于上，讼牒息于下云云。又吏律公式讲读律令云，百工技艺诸色人等，有能熟读讲解通晓律意者，若犯过失或因人连累致罪，不问轻重，并免一次。以此观之，我国之所以劝人民周知法律者，其用心良厚矣。而谓我国法律不使民知之也，不亦诬乎？或曰信如子言，则中国人民宜知法律矣，而按诸实际，不惟人民鲜有闻者，即士大夫之徒，犹百无一焉。何也？应之曰，是有故焉，非一朝一夕之所致也。其故惟何？一则鄙弃而不肖与闻间有道者，例皆指为申韩邪说，必排斥之而后已。二则国家不列入取士一门，是以读书求进者，无暇及此。三则贪官污吏肆意虐民，凡遇诉讼事件，有援及法律者，即呼为讼棍，而严罚之。四则交通窒塞，书报鲜通，虽欲求知而不能。五则教育颓废，识字艰难，虽公示通衢而瞠目不知。所谓有是五者，此中国人民所以不知法律为何物也。无公布云乎哉。虽然往者不可咎，来者犹可追。今而后其一洗从前之五弊，以共进入于法治之域焉，岂非吾民安固权利、义务之保障哉。

公布之法，种种不一。其在古时，罗马以铜标悬诸都市，日本以高札揭于道途，印度以朗读便其闻听，英国以印刷送其沿门。至于今日文明进步，报纸杂出，或登诸新闻，以供众览，或刊诸官报，以便发行。然此法则，非仅泰西、日本有之，即我国古来，莫不尽然。如以法令登载官报一事，明代已有成例，我朝因而扩充，故有京报、京抄、邸报、邸抄等项名目。然时势推移，法令滋多，仍用旧法，恐不足以应宪政之需、达人民之望。苟更加以变通，除登京报外，再用揭示讲演之法，则法律之观念，或可渐行普及。普及而国势之申张，亦由是而俱进矣。

法律依于裁可而完成乎？抑依于公布而完成乎？此等问题，不过言语之争，而已于实际上，非有重要之关系也。而日本学者如上杉、一木、美浓部诸氏，皆各有主张，言之凿凿。上杉谓法律之拘束力必至公布而始生，故法律之完成，非完成于裁可而完成于公布。美浓部驳之，以为公布者乃以既完成之法律，表示于外部也，而法律之拘束力亦非始生于公布，特依于公布而后著耳。何则？法律有潜势的拘束力，有实动的拘束力。潜势的拘束力，自君主之裁可与议会之协赞即已有之，特潜伏其势于未发耳。迨一经公布，乃实现于外界而活动之，是即所谓实动的拘束力也。实动的拘束力以潜势的拘束力为其基础，未有无潜势的拘束力而能成其实动的拘束力者。例如国民之纳税义务，必以法律为根据。当其法律未公布以前，国民虽无履行纳税之事实，而纳税之义务，固已确定而不移。及其法律公布，而纳税之义务，于是乎履行矣。然则纳税义务之确定者，潜势的拘束力也。纳税义务之履行者，实动的拘束力也。潜势的拘束力不因公布而消灭，实动的拘束力亦非依公布而新生。换言之，即公布前之拘束力与公布后之拘束力，实有表里之关系也。是说也，语虽新奇，而理则逼真。欲详究公布之意义者，尚其依为标准哉。

第五款 施行

法律之施行,以颁布为前提。法律之颁布,以施行为效果。然则法律既颁布矣,而施行当于何时乎?据日本之规定,则有适用特别法与适用普通法之不同。其因适用特别法而定者,或期以数年,或期以数月数日,又或期以特别事实发生。例如该宪法施行,以第一议会开会日为始。又如该众议院议员选举法,以下次行总选举时施行之。其因适用普通法而定者,则执全国画一主义。无论何地,皆自颁布日起算,以满二十日为施行之期。惟北海道、台湾、琉球各岛,得以敕令别定之。又据法兰西之规定,则取推定主义。推定云者,限以若干期日,推料全国人民,皆已通晓之谓也。我国自来施行期限,均以奉到部文为准,与日本初用文书到达主义相同。又考沈之奇《律例集解》云,其定例内有限以年月者,俱以限定年月为断。若例应轻者,则照新例遵行。是则施行期限,我国原有成规,非承他国文明之余波也。虽然,此后编纂法规,亦有不能不参酌他国所行者。我国地广民稠,交通机关犹未完全。若欲仿照日、法主义,要皆加以变通而后可。盖彼以区区面积,汽车、邮电四通八达,以一二十日之限,虽穷乡僻壤,通晓绰有余裕。我则由京师以分配于各督抚,其远近迟速,已不能齐。再由各督抚以分配于府、厅、州、县,其缓急更不一律。诚宜以地方之远近、送达之难易,通盘调算,详记列表。则送达期日远者先之,近者后之,难者速之,易者缓之。令其奉到时日,不致参差。其由省以送达于府、厅、州、县者亦然。如此,则期限自归一致。且自其奉到日起,又予以若干犹豫期间,俾人民皆知,即始施行。此盖取日本之画一主义与法国之推定主义两为吾用,而不见其迹,因地制宜,或者有当。然此特就内国而言耳,若夫侨寓外国人民,其于适用本国法律期限,自与内国悬殊。副岛义一云,居留他国人民以了知本国法律日为施行之期,准情度理,谁曰不宜。

第六款 效力

法律既施行矣,而法律之效力,于是乎生焉。效力者,拘束力所到之范围及其程度是也。据东西学者之论著,则有形式的效力与实质的效力之二种。

(一)形式的效力

形式的效力者,就法律形式上之最强力,有超过其他法规以上之程度是也。既有超过其他法规以上之程度，则凡法律之变更废止，必仍出于法律之规定而后可。有非其他法规之力量得而预之也，此法律效力所生之结果一。其他一切法规，凡属国家之意思，表示有支配于国内之效力者，莫不得以法律之最强力变更、废止之，此法律效力所生之结果二。虽然，此原则也，更有例外焉。例外云者，因其他法规之较有特别性质者，不得以法律变更、废止之是也。试列举之。一曰宪法，宪法为诸法规之基础，其位置居于法律之上，故法律之效力不能及之。二曰皇室典范，皇室典范为法规特殊之一种，乃规定关于皇位继承与摄政顺序，及皇族身分、地位等项，较普通事件自有区别，故法律之效力，亦不能及之。三曰条约，条约为国与国之规定，彼此均有履行义务，故法律不得有所变更、废止之。四曰大权命令，大权命令包括陆海军及各特别敕令，故不得以法律变更之。而大权命令亦不得变更法律，二者立于对等之地位故也。五曰紧急命令，紧急命令受法律之委任，可以代法律并可以变更法律，但法律亦得变更此等命令。之五者，所谓形式的效力之例外是也。

（二）实质的效力

实质的效力者，依于法律规定之内容，而使通国中皆立于其支配之下是也。此效力之性质，须由内外两方面观察之。于内则行政、司法各机关必从其法律之规定以行其职务，否则是谓违法。于外则一般国民皆直接受其拘束，而靡有所遗。美浓部达吉谓对于内曰内面之效果，对于外曰外面之效果，其亦此旨也夫。

第七款　废止

法律不能一成而无变，故有成立之日，即有废止之时。然亦有别，若全部永远废止者，是谓绝对废止。若限于暂时一部之废止者，是谓相对废止。

第一，绝对废止之原因

（一）原因于宪法颁布或修正之废止。宪法为诸法之根本，其效力强大无匹，故得以废止法律。然废止之原因，或为宪法颁布时依于其条文之规定，或为宪法修正时依于其规定之删削。

（二）原因于同类法律颁布之废止。一法律颁布而一法律废止者，非效力之强弱有以致之，为其形式同，其实质同，并同出于国家之意思表示也。易言之，即以同类之法律代替同类之法律是也。

（三）原因于新旧法律抵触之废止。新法之效力优于旧法者，法律之原则也。若旧法之全部或一部与新法之全部互相抵触，不能两立者，则旧法之全部当然废止。若旧法之一部与新法之一部两相抵触，其余均无妨碍者，则旧法之一部亦当然废止。例如旧法不与外国人以土地所有权而新法许之，则从新法，以废止旧法。虽有时不明以示之，而其实际已无异于废止者，所谓默示的废止是也。

（四）原因于法律所规定之目的物已经消灭之废止。凡颁行一法律，必有一目的物以为其根据。若目的物消灭，则法律已失其根据，虽欲不废止，不可得矣。例如征收鸦片烟税，必颁行一征收该税之法律，迨严禁栽种鸦片绝迹，是征收该税之目的物已经消灭矣。既无收税之目的物，则彼收税之法律将焉用乎。故曰虽欲不废止，不可得矣。

（五）原因于法律自定之有效期限已经到达之废止。既定有效期限之法律，自不能永久存在，其性质然也。例如特别增收某项租税，以五年为有效期间，期满仍复原状，而该法律亦自废止。

（六）原因于法律所定解除条件成就之废止。因某特别事件发生所定之法律，必俟某特别事件终了时始废止之，否则不能是谓解除条件附。例如关于局外中立之法律，至交战国战争终结，乃失其效力。战争终结者，即解除条件之成就也。

（七）原因于法律以废止权受之命令，而命令实行其废止。命令无废止法律之效力，此原则也。然例外亦有之，即限于某种法律之规定，假令某事实一旦发生时，即予命令以废止权。而命令遂因其时机之至，而实行废止之。

第二，相对废止之原因

（一）限于一定区域之废止。一定区域者，通国中之一隅也。例如某省某地，偶遭旱潦，五谷不登，饥馑荐臻，则以免除该处租税之故，停止其税法之适用。又如某市某港，因国际交涉之结果租借于他国，则现行于该租借地之法律，亦自停止其适用。

（二）限于一定时期之废止。一定时期者，例如战争事起，宣告戒严，民、刑、诉讼皆移于军事裁判，而诸法效力一时停止。迨军务肃清，乃复原状。又如通国凶灾，民生困苦，出自天恩减免是年租税，则税法效力即于限内停止。

（三）限于一定人民之废止。一定人民者，例如国民之一部或数人，因特别之事由,免除其当兵之义务,或免除其纳税之金额。易言之,即对于此等人民,停止其某种法律之适用是也。

(四)限于紧急敕命之废止。停止某种法律之效力,而以敕令代其适用者,限于紧急而后可。然非能永久确定者,若次期议会不承诺,仍得解除其敕令,而回复其法律。

(五)限于处罚免除之废止。处罚免除者,限于已犯轻罪。重罪而在处罚中者,以君主大权之作用,得为大赦、特赦、减刑、复权各命令。易言之,即刑诉之效力因大权命令而一时停止,其适用是也。

第三节 命令

第一款 总论

第一项 命令之种别

法律为制定法规之原则,命令为制定法规之例外,皆同属于国家之意思表示。特法律必经议会协赞,命令则否。命令之发布,或出于国权主体,或出于国权机关。就狭义言之,固以制定法规为主要。就广义言之,又不仅限于制定法规,且含有规定行政之性质也。然则为制定法规而发者,得谓之法规命令。为规定行政而发者,得谓之行政命令。法规命令之根据有二:一基于宪法,一基于法律。基于宪法者,如紧急命令是也。基于法律者,如委任命令是也。行政命令之形式亦有二:一发之于君主,一发之于机关。发诸君主者,如大权命令是也。发诸机关者,如处分命令是也。不宁惟是,法规命令为抽象的,行政命令为具体的。抽象有包括之意义,不专为一人一地,苟适合于其规定者,皆适用之。具体有各别之性质,每单为一事一物,苟属于其指示特定者,方处理之。譬如为培植国本与保护人民而发者,是为抽象的,以其对于普通一般之共同利害者,皆有效力也。又如为召集国会与组织官厅而发者,是为具体的,以其对于议员、官吏之特有关系者,方有效力也。然则法规命令者,立法上之作用也。惟其为立法上之作用,故于立法中说明之。且与法律相提而并论之行政命令者,行政上之作用也。惟其为行政上之作用,故于君上大权与行政章分论之,且于行政法中详述之。

有发自君主之命令,有发自机关之命令,非区别名目,则辨识綦难。故日本特规定曰:敕令、律令、阁令、省令、府令、县令、厅令、警察令。敕令者,标明出于君主之命令也,阁令、省令、府县等令者,标明出于各机关之命令也，律令行于台湾，为特别之一种。知乎此，则命令之统系，如指诸其掌，而支分派别，不相混淆矣。

第二项　诏令与敕令之比较

凡君主之表示国家意思者，因事体之种类不同，故其名称亦异。日本有敕旨、敕语、敕令之三者，虽同出于国权主体，而其作用自各以其类。敕旨以文字记载，而形式有三：曰诏书、曰敕书、曰上谕，皆须君主亲署钤玺，并国务大臣之副署。敕语简派大臣临场宣示，不用亲署等事。敕令则君主制定法规之命令也。惟敕令以制定法规为目的，故凡以敕令制定者，皆特标敕令之记号，所以明有别也（例如敕令制定之监狱则，记载某年某月敕令第几号是也。法律亦然，例如以法律制定之商法，则记载某年某月法律第几号是也。盖不如此，则何者为敕令制定之法规，何者为法律制定之法规，皆无从别识也。此外如阁令、律令、省令、府县等令，均仿此）。且敕令之颁布，必以一定之公式。公式者，即宣示敕旨之敕书、诏书、上谕是也。敕旨者，形容国权主体之意思，表示此意思于外部者，以敕书、诏书、上谕，分别出之。然何者之敕旨以诏书，何者之敕旨以敕书，又何者之敕旨以上谕，亦有一定。如关于皇室大事及大权事项之敕旨，则用诏书。若对于特别阶级而由文书发送，不事宣告之敕旨，则用敕书。至于公布敕令法律及改正宪法、皇室诸法规及发表国际条约等项敕旨，则用上谕。然则公布敕令之敕旨，乃以上谕之公式出之，可勿疑矣。

敕令原勿庸议会协赞，已如前述。然而犹当辨别者，即有经咨询枢密顾问之敕令，有经咨询贵族院及其议决之敕令是也。贵族院虽属议院之一，其议决敕令之事究不可以协赞目之。以协赞乃两院之共同职务，而敕令之咨询与议决，则贵族院特别之关系有以致之也。

我国《宪法大纲》之规定有诏令（《宪法大纲》第八条：［上略］当紧急时得以诏令限制臣民之自由。又第十：总揽司法权，委任审判衙门遵钦定法律行之，不以诏令随时更改。又十二：在议院闭会时遇有紧急事，得发代法律之诏令并得以诏令筹措必需之财用云云）而无敕令。诏令与敕令同乎？否乎？此亟宜详究之一问题也。谨案《大清会典》规定制、诏、诰、敕四种。朝廷德音下逮，宣示百官曰制，布告天下曰诏，昭垂训行曰诰，申明职守曰敕。而嘉庆《续修会典》，又云凡纶音之下达者曰制、曰诏、曰诰、曰敕。注云：凡大典礼宣告百僚则有制辞，大政事布告臣民垂示彝宪则有诏、有诰。覃恩封赠五品以上及世爵承袭罔替者曰诰命，敕封外藩、覃恩封赠六品以下及世爵有袭次者曰敕命，谕诰外藩及外任官坐名敕传敕曰敕谕。又定谕旨之例曰特降者为谕，因有奏请而降者曰旨，其或因所奏请而即以之宣示中外者，亦为谕。又廷寄之例，或速谕，或密谕，不由内阁明降者曰廷寄。此我国制度之大略也。然则《宪法大纲》之所谓诏令者，即《大清会典》所定诏之一种乎？《大清会典》之所谓诏与日本公式令之所谓诏，其性质有同焉否乎？按日本之所谓诏，关于皇室大事及大权事项而后用。我则大政事布告臣民，垂示彝宪谓之诏。两相比较，则彼之大权事项与我之大政事，异符同揆。惟我之垂示彝宪，含有法规之意。彼则专指行政而言，此相异之点也。然则我国之诏一方面可用之于行政，一方面可用之于法规，章章明矣。《宪法大纲》之所谓诏令者，其单指制定法规一面而言欤？果尔，则与日本之敕令，名虽不同，其实一也。虽然，自其诏敕之文字考之，日本原受之于吾国，非其所固有也。至立宪后，事务纷繁，乃加以变通而增订之。盖所以严界限以济时务，立准绳而资循守，故与我国诏敕之用法，互相歧异，亦何足怪。我国立宪伊始，新政日繁，将更事厘定，以应时需，自不待言。而更有当研究者，日本颁布法律敕令必以上谕之公式，如颁布法律则曰："朕经帝国议会之协赞、裁可，某法兹公布之"云云。又如颁布敕令则曰："朕经枢密顾问之咨询、裁可某法，兹公布之"云云。然亦有不用枢密顾问之咨询，仅言朕裁可某法，兹公布之云云者。此外关于陆海军刑法之公布，又不以上谕而用奉敕旨布告字样。是日本之钦定法规，不仅以君主之名直接颁布，而兼有使行政机关间接布告者矣。我国颁布钦定法规之式，惟见某年某月奉旨或遵奉谕旨等字，其殆如日本使行政机关间接布告之意欤？

第二款 紧急诏令

第一项 紧急命令规定之比较及其意义

我《宪法大纲》紧急诏令之规定（即君上大权第八：当紧急时得以诏令限制臣民之自由。又第十二：在议会闭会时，遇有紧急之事，得发代法律之诏令并得以诏令筹措必需之财用，惟至次年会期，须交议院协议）与日本紧急敕令之规定（即《日本宪法》第一章第八条：天皇为保公共之安全与避公共之灾厄，因事关紧急，在帝国议会闭会后，得发代法律之敕令。此敕令至次会期当提出于帝国议会，若议会不承诺，则政府应公布此后失其效力。又第七十条：如因保持公共之安全，遇有紧急需用，而迫于内外之情形，政府不及召集帝国议会时，则依敕令而为财政必要之处分，但至次会期，须提出于议会求其承诺）二者语气虽有繁简之殊，而其意义则一。何则？日本所谓保公共之安全与避公共之灾厄事关紧急者，即我《宪法大纲》所谓紧急时又紧急事是也。盖国家之紧急时事，莫如公共之不安全而有灾厄，以紧急时事括之，言简意该，信为至当。又日本之紧急敕令，至次会期提出于议会，若议会不承诺，则政府应公布此后失其效力。我《宪法大纲》，虽仅有至次年会期须交议院协议之语，而议会若不承诺，将来即失其效力之意，已在言外。何则？使不包含此意，则至次会期之交议院协议何为者？如曰仅交其协议而已，并不包含此意，是议院之协议全无趣味，并无著着落。与不提出于议院无以异矣，岂不自相矛盾哉。夫立宪国承认紧急命令之先例，在欧洲惟普鲁士，在亚洲惟日本，其他无闻焉。盖不认君主为立法主体之国，皆不认君主有发紧急命令之权。若普、日者，宪法属于钦定，而议会之权力又远不逮于他国，故普、日宪法，较他国自有特别之规定者，势使然耳。我国之国体，与普、日同，而《钦定宪法》亦复如之，故承认紧急命令也，亦固其所。然自实际以观，紧急命令之制，洵国家必不可少者。盖天下事变无常，若必从一定方法，非召集国会不可，恐迁延迟误，坐失机宜，使国家濒于危殆，后悔何及。故虽在不认紧急命令，如英、法等国者，亦不能不临机处分，以救一时危急，矧国权总揽于君主者耶。虽然，此例外也，非原则也。请顺序论列如左：

第二项　紧急诏令之要件

（一）议院闭会中

凡得以法律制定之法规，在议院开会中应由议院之协赞，自无须紧急命令。惟至议院闭会以后，方能发之。我《宪法大纲》与日本之规定皆同，惟其间有不能不研究者。日本处分财产之紧急敕令不仅限于闭会中而已，且限于无暇召集临时会方可。若能召集之，亦不遽发紧急敕令。我《宪〈法〉大纲》筹措必需财用之紧急诏令，则与代法律之紧急诏令相并列，一若凡在闭会中，皆可发紧急诏令以筹措财用者，不知国家筹措财用，除借外债，无一不取自人民者。苟可召集临时会而不召集之，其于国会表现国家需要力之原则，不相背驰乎？是不可不察也。

（二）遇有紧急之事时

紧急之事者,即日本所谓保公共之安全与避公共之灾厄是也。紧急之事时者,即迫不及待至次年会期,不能不即时以紧急命令为相当之处置是也。但其间有宜区别者,紧急之事虽不限于全国,亦必为全国之一部。若以数私人之动作视为紧急,则误矣。

(三)限于发紧急诏令外无他策者

紧急命令者,所以除去公共之灾害,或豫防公共之危险,所谓消极的也。若夫增进臣民之幸福,维持公共之利益,欲为积极的筹画者,得以普通诏令处置之,其间自有区别也。若得以普通诏令处置之事,而遽以紧急诏令,是又轻重之不分,而失其紧急命令之性质矣。

以上三要件具备,则紧急命令于是乎可发矣。虽然,得发紧急命令之范围及其发布之次序如何,请论如左:

第三项　紧急诏令之范围及其发布之次序

紧急命令得代法律并筹措必需之财用,宪法既有明文矣。独是代法律一语,学者有种种之解释。有谓单指法律得规定之事项,紧急命令得规定之者。有谓既定之法律及宪法,紧急命令皆得变更之者。以予观之,代法律云者,以紧急命令之发布与法律有同一之效力也。既有同一之效力,则法律得规定之事项,命令亦得规定之,以法律得变更既定法律之原则,命令亦适用之,此不待言矣。若夫宪法为一国国法之基本,不惟命令,不得违反之,即法律,亦不得违反之。盖宪法遇有修正,必用特别严重之方法,有非通常立法手续所能行者。况紧急命令属于立法之例外乎,其不得取宪法而变更之也,亦事理之当然耳。

凡法律命令之发布,皆须君主之钦定及政务大臣之副署。日本学者皆承认之,独清水澄力辩其诬,以为日本无副署紧急命令之明文,且无须辅弼大臣负此责任。殊不知日本公文式,已明明规定云:凡制定敕令先于内阁起草,又各省大臣备案而提出于内阁,由总理大臣奏请天皇裁可,且命公布。以是观之,紧急命令亦敕令之一种,恶得其无副署者。且日本之紧急命令,必咨询枢密院而后发,其郑重如此,而谓无须政务大臣之负责任也。其于立宪国大臣责任之规定,不相抵触乎? 呜乎,其亦不思而已矣。

第四项　紧急诏令交议院协议及其承诺

紧急命令既发布后,于次会期必提交议院协议者,一则欲其承诺紧急命令之效力继续于将来,一则欲其承诺紧急命令发布之事属于正当行为,而因以解除辅弼大臣之责任。盖紧急命令之效力,非确定的而假定的也。惟其为假定的,故不能使其效力自行持续,必于次期开会付诸议院,俾其协议,所以重立法而严区别也。何则? 紧急命令所定之事项,即须议院协赞之事项。以议院应协赞之事项,而出之于命令,所谓立法之变例也。苟以变例之立法,能自确定其效力,则立宪国法律、命令之界限,将被其破坏矣。且紧急命令之发布,皆须政务大臣之辅弼。设其行为正当,则大臣责任应即解除。否则是政务大臣辅弼无状,而故意蹂躏议会之权限矣。此协议与承诺之规定,所以为紧急命令不可少之条件也。虽然,议院欲实行其协议承诺,必自审查始。

　　关于审查之问题,日本学者解释不一。清水澄谓审查紧急命令有甲乙二说,甲说谓宜溯及紧急命令发布时是否正当。苟出于正常时,表示承诺之意思,否则表示不承诺之意思。乙说谓单审查将来可否继续其效力。《日本宪法》之规定即采乙说云云。穗积氏之主张亦与此同,谓审查之目的但注意于将来,非溯及于既往。而他之学者,又归重于发布时之正当与否而鳃鳃议之。予则以为,数说均非笃论。何则? 所谓审查者,议会对于既发之紧急命令,果具备宪法上之条件与法律上必要之形式,及违反宪法实质与否,一一溯及发布当时而检查之,且就提出时之现状而检查之。盖时势变迁,莫可预测。有在发布时以为临机必要之处分,而至提出时往往认为不宜再事继续者。有在发布当时欠缺必要之理由,而至提出时往往认为宜于继续施行者。是故议会之审查,必合前后之时势以为权衡。若在发布当时以为必要,至提出时认为不宜继续者,则一面追认发布行为为正当,而一面议决此后失其效力。若在发布时欠缺要件,至提出时认为宜于继续者,则一面否认发布时之行为,而一面承诺此后继续其效力。如此,则于大臣责任及议院协议承诺之原则,两不相背,准情推理,庶几有当。或者曰,君主国权主体也,原有命令禁止之自由。信如子言,是议院得左右君主之命令矣,岂不背于立言〔宪〕之本旨欤。殊不知国权主体命令、禁止之自由,在专制国,固绝对无限。在立宪国,须政务大臣之辅弼而负责任。且自实际观之,凡君主之命令,皆由内阁起草,奏请钦定颁行。是政务大臣于发布之正当与否,自不能谢其责矣。既责有攸归,而议院之所以协议承诺者,乃对于负责任之政务大臣,而非对于国权主体也。国权主体者,无责任者也。然则协议承诺乃议院与内阁之关系,而于君主总揽国权之精神,原无所损也。盖内阁与议院者，君主特设置以为行使国权之机关也。内阁大臣之负责任与议院之协议承诺者，乃出于君主之意思，而使之为之也。君主使之为之，而议会即依是以行其职务焉，何左右命令之有哉？又安见其背于立言〔宪〕之本旨哉？

第五项　紧急诏令之废止及议会不承诺之问题

（一）得以紧急命令废止议会，承诺前之紧急命令欤。

日本明治二十七年、二十九年，又三十八年，皆有以紧急命令废止紧急命令之事例。一时学者论战沸腾，而当时之议会，并起而质问于政府，遂成为宪法上之一问题。兹略述其论点如左：

美浓部达吉曰：于议会承诺前以紧急命令废止紧急命令者，违宪之行为也。何以言之？紧急命令若经议会承诺，自与法律有同一之效力，是以非依于法律不得废止之。若于闭会中欲事废止者，必以紧急命令而后可。至于未经议会承诺以前之紧急命令，则效力不能比于法律，故可以普通命令废止之。又云，于承诺后始与法律有同一之效力者，以法律之成立，出于君主与议会之双方意思，故其效力强。紧急命令既经议会承诺，亦与成于双方意思者无异，故其效力与法律等。何则？承诺在君主裁可发布之后，协赞在君主裁可发布之先。虽其顺序相颠倒，而所以出于双方之意思则一，故曰欲废止之，非以法律不可。但法律亦有时被废止于紧急命令，则既经承诺之紧急命令，亦不可谓不得以紧急命令废止之，此一定之理也。所谓议会承诺前之紧急命令，不能与法律同其效力者，以出于一面之意思，将来能继续与否，尚未确定。且紧急命令之发布，必限于保公共之安全与避公共之灾厄，事关紧急，别无他策而后可。若紧急命令之废止，则时非紧急，自与避灾厄保安全者不可同日而语。故曰于议会承诺前之紧急命令，宜以普通命令废止之，不宜以紧急命令废止之，以其无发紧急命令之要件也。无发紧急命令之要件而发之，是违宪也。穗积氏驳之曰：紧急敕令与法律有同一效力者，非有之于议会承诺之后，在发布当时即已有之。信如子言，未经承诺之紧急敕令，其效力不得比于法律。则未经承诺之紧急敕令，当不得变更法律矣。而何以未经承诺之紧急敕令，既得变更法律及经承诺之紧急敕令乎？答曰：凡国家表示意思之效力，当区别为属于实质上之效力与属于形式上之效力。形式上之效力者，法规互相之变更力也。实质上之效力者，人民遵由之法则也。精而言之，法规之实质千态万状，莫可混同。

而实质上之效力亦如之。实质上之效力既千态万状,而形式上之效力自随之而异。以是而言,则紧急命令之效力,先后自不同。其程度其在未经承诺以前,紧急命令之效力,与法律同者,法规互相之变更力也。不与法律同者,法律之效力为确定的,而紧急命令之效力为假定的。二者相较,则未经承诺以前之效力,谓其不能比于法律者,非过言也。穗积氏又驳之曰:子谓于议会承诺前之紧急敕令不得以紧急敕令废止之,是只知一面,而不知两面也。夫国家有不得已之事变,故对于人民之自由,为重大之束缚,为维持公安计也。至事归平稳而政府尚不急行解除以复原状,则民怨思动,暴举之虞,甚可忧也。执政者见机而作,速以紧急敕令废止既发之紧急敕令,亦为维持公安,而防患于未然,何不可之有? 答曰:此绝无仅有之现象,不可执以概论一切也。且予辈所谓于未经承诺前之紧急敕令,不得以紧急敕令废止之者,其常也,非变也。对于政府迭次之行为,而痛下针砭也。信如子言,为预妨人民之暴举,是不奢予政府以辩护之口给也云云。合观以上二说,亦足见此问题之艰于解决矣。按日本明治二十九年,该议会曾以紧急敕令废止紧急敕令是否违宪质问于该政府。该政府答云,以紧急敕令废止既发之紧急敕令者,因认既发之紧急敕令将来无施行之必要,故政府速依宪法上之权限废止之,不仅非违法之行为,且属于当尽之责务也云云。就此问答观之,则该政府盖知该紧急敕令之行为,必不蒙议会之承诺,故自预为之所,以避议会不利之议决。噫! 政府之自谋诚善矣。其如违反宪法上提出于议会之规定何? 或曰:解释宪法之权不在议会,故政府作如是答,而议会无如之何焉。虽然,此政治上之问题也,法理乌得而知之乎。是耶? 非耶? 视乎议会与政府权力之消长。

　　(二)紧急命令依于议院之不承诺,即当然失其效力否欤。

　　紧急命令虽经议院之承诺,不过与法律得继续其效力而已,而命令犹是命令也。如谓因承诺之故,遂一变其命令之名称,而成法律,则误矣。此就既承诺之命令而言也。若夫不承诺之紧急命令,政府应对于将来公布失其效力,宪法上固亦有规定者。然政府苟不公布,仅依于议院之不承诺,则其效力亦当然失乎? 否乎? 此一问题,学者解释亦不一而足。德国学者如追蒲耳氏、旭哇耳氏、呵里耶氏等,皆主张紧急命令依于政府之公布废止,始失其效力。如吗衣亚氏、巴克耳巴氏等,又主张紧急命令依于议会之不承诺,当然失其效力。二者互相反对,各有理由。日本伊藤氏《宪法义解》亦云，政府对于将来不能不公布失其效力之旨者，以依于公布，始解除人民遵由之义务故也。他如穗积氏《宪法大意》、一木氏《豫算论》、有贺氏《国法学》、副岛氏《宪法论》，皆与追蒲耳氏一派为同一之论断。独美浓部氏反对之，而坚信吗衣亚氏一派之说为不谬。其言曰：紧急命令于议院闭会中始发布之一时的命令也，既为一时的命令，故其效力，自发布以至次会期为止。如欲再继续之，必经议会之承诺。无承诺则其继续之要素已缺，不能不消灭矣。此不独于次会期提出于议会之精神相吻合，而于理论上亦确乎其不可拔何也？紧急命令之提出，亦如法律案之提出。法律案不得议会之同意即当然消灭，紧急命令不得议会之承诺亦当然消灭，其理一也。法律之公布仅依裁可而不经议会者，则其法律为无效之法律。紧急命令之继续仅依裁可而不经议会者，则其继续为无效之继续。假令政府不循此规律，必从而保持之施行之，非违法而何云云。以予观之，议院虽有不承诺之自由，而究无解除人民遵由之权限。政府虽有持续其效力之能力，而究不可逃一国之舆论。是故谓依于议会之不承诺而即失其效力者非，谓依于政府之不公布，即继续其效力者亦非。何则？此实际上之重要问题也。其在大臣责任发达之国，必不生此。其在议院权力充足之国，亦必不生此。

第三款　独立命令及委任命令

第一项　总论

日本解释独立命令者，议论虽多，莫衷于一。有以独立命令为君主大权者，如美浓部是。有以独立命令为行政命令者，如清水澄是。又有不承诺君主有独立命令权者。虽各自圆其说，而于宪法规定，殊欠吻合。其他解释委任命令者，益不可以为训。一木氏、副岛氏谓委任命令基于法律而生，非基于宪法而生，其存在与法律之存在无关系。然求诸日本法律，殊无根据，其说之不足凭信，已可概见。穗积氏、美浓部氏谓解释委任命令不可拘泥宪法文字，须从实际上求之，日本采此主义者，非根据于法律而从来之惯例也。予以为号称法治国者，其法规必周密而有系统，乌得实际上有委任之惯例，而于宪法上毫无根据之明文耶？其说之未尽善，更不矣言矣。不宁惟是，且有谓委任云者，法律以立法事件委任于君主，或委任于机关。委任君主者，由君主之命令规定之。委任机关者，由机关之命令规定之。殊不知君主为国权主体，凡国权机关之事务,皆自君主委任之,安有君主复受法律之委任者。法律者,君主所钦定也。君主自钦定之,自委任之,有是理耶?至机关受法律之委任,犹自有说。以法律钦定于君主而委任于机关,机关受君主之委任,法理上当然之结果也。要之,独立命令也,委任命令也,皆《日本宪法》上之规定,而学者未之察也。且不独日本宪法惟然,即我《宪法大纲》亦有之,请征诸彼我宪法之条文。《日本宪法》第九条云:"天皇为执行法律,又为保持公共安宁秩序,增进臣民幸福,发必要之命令,又使发命令。"我《宪法大纲》君上大权第十一亦云:"发命令及使发命令之权。"日本之执行法律云者,属于执行命令。我虽无执行明文,而执行命令之意,已包括于发命令及使发命令数字中。俟下款解释之,兹姑无具论。夫日本所谓"发必要之命令"与我《宪法大纲》所谓"发命令"云者,即君主之独立命令也。又日本所谓"使发命令"与我《宪法大纲》所谓"使发命令"云者,即君主以发命令权之一部委任于机关,使机关发之所谓委任命令是也。由此观之,独立命令与委任命令之意义,可不烦言而喻矣。彼学者之解释,何其陋耶。

第二项 独立命令

独立命令者何?君主不以议会协赞而发之普通诏令也。普通诏令者,别乎紧急诏令而言也。紧急诏令须紧急时发之,普通诏令则无此限。然普通诏令虽不限于时,而却限于事。事者何?即《日本宪法》所谓保持公共安宁秩序及增进臣民之幸福是也。不宁惟是,紧急诏令之效力可变更法律,而普通诏令则否。故《日本宪法》第九条之但书云:"不得以命令变更法律。"我《宪法大纲》亦云:"已定之法律,不得以命令更改、废止。"即此意也。虽然,独立命令形式上之效力固逊于紧急命令,而其实质上之效力则过之。盖紧急命令至次会期必交议会协议,若议会不承诺,即行消灭。美浓部氏所谓一时的,又不确定的是也。而独立命令则一经公布即确定,而继续之不必议会之协议承诺,而自安然存在。故名以独立,其取义远矣。虽然,独立命令有广义有狭义。广义包含行政命令而言,狭义则属于立法。本节所谓独立命令者,非广义的而狭义的也。惟其为狭义的,故其所规定之法规,亦自有一定之范围。范围者,即一面不反乎宪法之主旨,一面不出于法律之事项。何谓法律之事项?即法律应规定者,法律不及规定之,而不能不有待于命令。何也?凡经议会协赞而成之法律,大都属于法规之纲领,其所以应增进国利民福。一切特别条款，尚不知遗漏，凡几若必一一出诸法律，则事实上所不能行者。有独立命令以为后援，则凡法律所不及者，皆以独立命令补其阙，故又称独立命令曰补充命令。

第三项　委任命令

委任命令有广狭二义，广义包含行政命令之委任，狭义则属于法规。本节所言者，狭义委任命令也。狭义委任命令以制定法规为目的，操委任之权者，惟国权主体。奉国权主体之委任，而以命令制定法规者，惟机关。机关有种种，其所以得发委任命令者，非普通之行政机关，而特别机关也。特别机关之蒙委任者，在日本则内阁、警视厅、台湾总督府，在我国则内阁、警务外，如理藩部、如各省督抚、如西藏蒙古之办事大臣，其最著也。一国之事务，繁殷矣。需要法规者，所在皆是。虽有独立命令以补法律之不足，然事有大小特别之殊，地有偏僻文野之异，若法律所不及者，一一皆归诸独立命令，是又事实上之所难行者，此独立命令而外，所以有委任命令之规定也。委任命令之宗旨，不得出法律、诏令之范围而特标奇异。微特阁令、警令如是。即远在边藩领土，亦莫不然。但其间略有区别者，阁令、警令皆有诏令以定其大凡，然后各因乎特种之事实，应于时势之急需以为规定。而各省与藩属则异。是日本国土狭小，无我之所谓省。惟台湾置总督府，而以委任命令治之，称曰律令。律令以便宜神速为目的，虽总督府得自由制定，然亦必奏请裁可（此裁可与钦定不同，如我国之所谓奏定）。我国整理西藏、蒙古之规程，虽有理藩部之奏定，然图便宜神速，适于人地之特种情况者，各驻在办事大臣，亦得制定咨部，或奏定之。若夫各省之委任命令，则又与藩属不同者。我国地方广大，即内部二十一省，亦十数倍于日本。故滨海之省分与山陆之省分异其情，居中之省分与边僻之省分又异其情。他如夷苗杂处、人烟疏密、强邻逼近、商旅咸集，在在皆不能强不同以为同者。是故各省督抚得依君主之委任，于法律诏令规定外，视其省之特别情形，因其地之缓急事项，制定法规，奏请施行。俾法律、诏令之所不及者，得以弥补其缺限。其于国家法治之意，不无裨益。然其中有宜注意者，我各省之委任命令，与日本台湾之委任命令，自相径庭。彼则委任之范围宽，我则委任之范围狭。彼则专倚委任命令治其地，我则不过法律补充之补充而已。我国实行宪法之规定，则狭义委任命令之解释，其亦有取于斯乎。

第四款　执行命令

执行命令者,为执行法律所发之命令也。其明定诸宪法条文者,如《日本宪法》第六条、第九条、《普鲁士宪法》第四十五条、《比利时宪法》第六十七条、《俄罗斯宪法》第十一条。我《宪法大纲》虽未明揭条文,而与独立命令、委任命令俱包括于"发命令及使发命令"数字之中,已无可疑。夫发命令云者,即含有《日本宪法》第九条所谓"天皇为执行法律发必要命令"之文也。又使发命令云者,即含有《日本宪法》第六条所谓"天皇命执行法律"之文也。何则? 彼为列举的规定,我为包括的规定故也。由此解之,则执行命令之意义,可区别为三。即:一曰君主为执行法律所发之命令,二曰君主命机关执行法律之命令,三曰机关执行法律之命令。所谓君主为执行法律所发之命令者何? 为执行法律所规定者,细则也。君主既以执行法律之细则分配于各执行机关,使之自行酌定,则君主关于执行细则,似勿庸再事规定者,而不知执行法律中,有最重要者,不能不出之于敕令,或定之于法律。此外,则一任机关之所定。求诸日本实例,如《商法施行条例》《船舶登记规则》《保险业法施行规则》,皆执行商法之细则也。而《商法施行条例》,则出于法律。《船舶登记规则》,则出于敕令。《保险业法施行规则》,则出于农商务省令。以此三者比较观之,孰轻孰重,可以自明。而君主为执行法律所发之命令,类如是矣。所谓君主命机关执行法律之命令者何? 机关执行法律之权非机关所自有,而由君主之付与也。故君主之所以发此命令者,一则使机关有执行法律之凭藉,一则执行命令之如何规定、如何发布,机关乃有所标准而不疑。所谓机关执行法律之命令者何? 机关自受命于君主,凡法律之应执行者,皆分别制定细则,俾人民之实行权利义务者,藉此以为适用法律之道路。征诸日本实例,如执行民法,则关于《公证人规则施行条例》属于司法省令之制定,关于《矿业登录令施行细则》属于农商务省令之制定,关于《铁道抵当法施行规则》属于递信省之制定。此其大较也。虽然,机关当发之执行命令,不仅为执行法律而已。即敕令与委任命令所定之法规,亦莫不执行者。且不独执行敕令与委任命令,凡敕令为执行法律所定之细则,亦执行之。例如敕令所定之《船舶登记规则》,执行商法之细则也,而司法省以执行之故。更发船舶登记、取扱手续之命令,船舶登记手续之命令者,是又为执行《船舶登记规则》之细则也。要之,执行宪法、民法、商法、刑法诸法典之附属法规,多出于法律敕令及委任命令。执行此等附属法规之细则，多出于执行机关。而执行机关之命令，要不出法律敕令之范围，以法律敕令规定之。附属法规，要不出宪法、民法、商法、刑法诸法典之范围。

第三章　司法

第一节　司法概要

（一）司法之主体者，国权主体也。

或谓司法属于法院（日本以裁判所统括司法机关，中国以法院统括司法机关，故云），法院即司法主体。不知此说实谬。夫君主立宪国，以君主为国权主体，统一国之国权作用，无不渊源于君主者。司法亦国权作用之一也，讵得曰司法之权力，即法院所固有者乎？夫法院，机关也。机关设置于国权主体，而机关之权力，即由国权主体之付与。机关权力既受之于国权主体，夫而后机关之属于立法者，乃有立法权之作用。属于行政者，乃有行政权之作用。属于司法者，乃有司法权之作用。然则立法主体者，国权主体也。行政主体者，国权主体也。司法主体者，亦国权主体也。司法之主体属于国权主体者，君主国国法法理之元素也。故《普鲁士宪法》第八十六条曰："司法权以国王之名施行之。"《日本宪法》第五十七条曰："司法权以天皇之名依法律而令裁判所行之。"我《宪法大纲》亦曰："君上总揽司法权，委任审判衙门，遵钦定法律行之。"

（二）司法者，奉君主之委任，而依钦定法令以为其根据也。

无君主之委任者，非国家之司法。不依钦定法令以为其根据者，亦非国家之司法。何也？人民所以受审判厅之审理者，以审判厅之审理属于君主之委任也。人民所以信审判厅之判决者，以审判厅之判决根据于钦定法令也。是二者，司法作用之要件也。苟缺其一，即非所以重民命而严讼狱，故谓之非国家司法者，非过言也。夫国家所以使司法机关之独立者，其目的果安在哉？一则防司法权之滥用而蹂躏民生，一则图司法权之统一而巩固国本。是故大书特书，明揭诸宪法条文者。盖所以示司法之标准，而欲达国家之目的也。假令反此以行之，不独有违宪典，而国家之目的亦终不可达。故曰国家之司法，必具此二要件也。二要件者，奉君主之委任，而依钦定法令以为其根据也。

（三）司法者，以适用法规为最终之目的也。

立法有立法之目的，行政有行政之目的，司法有司法之目的。然则司法之目的，果何在乎？其于民事也，决定个人互相之争讼，而宣言权利之谁属乎？其于刑事也，确定其犯罪之轻重，而科以相当之刑罚乎？曰此司法之目的，而非司法之最终目的也。司法之最终目的者，适用法规也。何则？决定民事之争讼者，非夺甲之权利而承认乙之权利也，据法规之所定，而适用之，不问其权利之果谁属也。确定刑事之犯罪者，非仅逮捕其人，而执行相当之刑罚也，据法规之所定者，而适用之，且循其严重之裁判手续也。遵斯道也，一以维持法规之效力，一以昭示裁判之平允，非特法吏免爱憎之嫌，而人民亦庆无冤之福矣。

（四）司法者，待人民之诉讼，据法规以为判决，而与之以执行力也。

司法者，消极的作用也，惟其为消极的作用，故不能不待诉讼而后行。脱令民敦礼让、讼端衰息，则司法之作用，亦宁静而无为、沉默而不发耳。苟反乎本性，从事积极，虽无诉而令其诉，虽不讼而使之讼，是教民以奸趋民，以诈求国，无危不可得也。虽然，苟民来诉来讼，而司法之权力，将何如以为其作用乎？曰判决哉。夫判决固司法之要，而所以判决者，依于自然之理乎？抑依于人定之理乎？自然之理者，法官之理想也。人定之理者，国家之法规也。其在古时，立法简陋，民、刑混淆，故是非屈直，皆推理于自然。迨世界开明，法治聿新，所谓审判官者，始被羁束于法律、命令之中，而拟律拟判，咸遵定轨。虽欲自由酌量，亦无余地之可容矣。虽然，据法规以为判决，既如所云矣。而判决后之效力，岂非执行者乎？曰判决之效力，固执行也。而所以执行判决者，非司法权之作用也。司法权之作用者，单与之以执行力也。与之以执行力者，判决也。判决者，待人民之诉讼而后作，且据法令之规定而后作耳。

（五）司法者，单以民事、刑事为其范围也。

或谓司法为维持法之秩序。夫法之秩序，固当维持。而所以维持之者，除民、刑外，凡裁判行政诉讼、行政诉愿、权限争议，及一切官吏海〔议〕员惩戒处分、审查议员资格、土地收用等，其目的何一而非维持法之秩序者？若谓维持法之秩序，必皆司法而后可。则此诸种裁判，俱应包含之。而司法之义广矣，不知宪法上之所谓司法者，其范围不若是之大也。司法上之所裁判者，其权限不若是之多也。有民事焉，有刑事焉，如此而已矣。然则民、刑者，普通之裁判也。司法也，民、刑以外，则个个别别所谓特定的也。特定的裁判，自有特定的机关与特定的组织，行政中事也，若以之总括于司法作用，则误矣。

第二节　司法与法令之关系

司法以适用法令为目的，已如前述。然而适用云者，适用有效成立存在之法令也。苟无效不成立不存在者，绝对不得适用之。然则司法者，何以知其有效，何以知其成立，又何以知其存在乎？曰有审查权在。

第一款　法律之审查

法律形式上之要件有四：一曰协赞，二曰钦定，三曰副署，四曰公布。四者皆备，始为有效成立存在之法律。故司法者，有审查之权力并有审查之义务。然反对者曰，审查协赞之有无，是监督立法机关也。审查钦定之有无，是获罪国权主体也。审查副署之有无，是干涉内阁大臣也。一举而数失具焉，胡不思之甚也。不知审查云者，非直接于立法机关、于国权主体、于内阁大臣，而监督之、获罪之、干涉之，而自有所以不监督、不获罪、不干涉之方法，以为其作用。斯道也，欧西学者承认之，日本学者承认之，予亦承认之。以为不如此，不足以彰立法之郑重，不足以使司法之独立，且不足以示宪法之精神。虽然，此特形式上之审查也，而非实质上之审查也。实质上之审查者，视其内容之规定，与宪法抵触与否是也。然亦有反对之说曰，宪法解释之权属于君主，以君主为立法主体也。确定法律违宪之权，亦操之君主。以君主为司法主体也，彼组织司法机关者，奉君主之委任，遵钦定之法律权限，攸分乌〔勿〕容置喙。且也，既经议会之协赞、君主之裁可、大臣之副署，复何忧乎违宪？倘不幸而出于违宪，司法者亦不得以自己之解释而对抗之、而拒绝之。何则？职务使然也。斯言也，遽观之则是，实按之则非。夫奉君主之委任者，乃委任其适用有效成立存在之法律也。遵钦定之法律者，以钦定法律属于有效成立存在也。倘司法者，不事审查而概括适用之，不独非君主委任之意，而亦非尊重钦法律之为也。且宪法为法令之根本，无论何种法规，皆不得出其范围。苟司法者不能解释之，复何能解释法律之？有不能解释法律，复何能司法之有？是故司法者，必先能解释宪法，始能解释法律。先能解释法律，始能适用法律。且能解释法律之违宪与否，夫而后乃足以组织司法机关而尽司法之能事。又且解释云者，非以违宪之问题提出于议会,而责其协赞之不当也。非以违宪之理由上奏于君主,而陈其法律之无效也。且非以违宪之不可建议于内阁,而论其副署之盲从也。不过寻立法之真意,筹适用之方法,以调和其所不及而已。若云以自己之解释而对抗之、而拒绝之,是反乎司法之性质矣。乌乎!可以是而言,谓司法者绝对无解释宪法之责任不可也,且谓司法者绝对无审查法律果违宪与否之权,亦不可也。然反对者又曰,司法者有审查权与否,必以宪法为根据。历览欧洲宪法,殊少规定,即间有之,亦不过审查形式而止。此日本副岛、一木、穗积诸子,所以不认实质上之审查,而单认形式上之审查也。不知承认审查实质与否,不在乎规定之有无,须视其国情以为断。如英吉利、如法兰西、如比利时皆以议会为权力之中心点,故凡议会议决者,即有最强适用力。若美洲与德意志,则以立法机关与司法机关相对峙。故司法者,不仅得审查法律之形式,且得审查其实质之自由。再进而观诸日本法律,不得违反宪法之意,已有明文。且不惟宪法已也,即法律抵触法律者,裁判官亦得从后法废止前法之例,并有裁判官心得之命,以济其所不及。以是观之,谓法律实质审查之权,日本司法亦有之可也。斯义也,清水澄氏《宪法篇》之主张,与予有同意焉,于是乎言。

第二款 命令之审查

在司法者之适用观之,法律与命令一而已矣。故有审查法律之权者,即有审查命令之权,此理最显,无俟赘言。但学者观察之点,亦各有不同。美浓部谓司法与行政相对立,故行政机关所发之命令,绝对得审查之。一木氏谓仅得审查普通命令,而不得审查紧急命令,故紧急命令虽违宪,亦适用之。穗积氏谓大权命令,不在审查之范围,但日本未定大权命令之形式,故大权命令与其他敕令相混同,苟不得审查其实质,则无由辨别其谁是。此三说者,虽各有主张,予则以为皆合于至理,兼收并用,谁曰不宜。惟此外有一问题,即命令得变更司法与否是也。假令得变更之,则司法机关得审查命令之权,将被其摧残矣。且不止审查权已也,即适用法规与判决案件之权,亦将被其左右而不顾,蹂躏而不立矣。是故欲保障司法权之独立者,不能不于此加之意也。卓哉!《普鲁士宪法》八十六条之规定有曰,诸法衙除法章外,不受他威权之羁束。又我《宪法大纲》亦曰,司法权不以诏令随时更改。其深得此旨也夫。

第四章 大权

第一节 大权范围

大权者,狭义国权也(参看本篇第一章第六项)。大权范围,即我《宪法大纲》君上大权所列举之各条也。然学者解释亦至不一。德国波仑哈克《普国宪法论》,谓大权范围不包含立法、司法,以立法须议会协赞,司法归裁判所执行,皆非君主所能自由处理也。君主能自由处理者,乃所谓大权也。日本副岛义一亦云,大权者属于君主行政权之全体也。予以为不然。夫立法虽以议会协赞,然仅以议会协赞究不得谓之立法,故立法必须君主之钦定。钦定者,君主之大权作用也。司法虽属于裁判所,然裁判所之司法,乃由于君主之委任。委任者,君主之大权作用也。然则波氏谓立法、司法无与于大权作用之范围者,殊非笃论也。且也君主之大权,非单指行政权而言,即立法、司法,亦概括之。而行政权之作用,亦不独操诸君主,虽机关亦有之。何则?立法、司法、行政皆国权也。君主为总揽国权之主体,而谓某权属于君主,某权不属于君主者,谬而已矣。然则副岛氏以行政权之全体,指为大权者,亦非确论也。或者曰,子以君主为国权主体,而国权之作用,皆渊源于君主,似不必有广义狭义之分矣。而兹以君主大权为狭义国权者何哉?曰国权大矣,广矣。君主总揽之,君主究不能一一躬亲作用之。故其作用也,有直接出于君主者,有授之于机关,俾其间接作用者。合此两者而言,是谓广义国权。单指直接作用于君主者而言,是谓狭义国权。狭义国权而名之以大权者,以狭义之国权作用直接出于君主,尊之也,且示以区别也。虽然,立法、司法虽不出大权范围,而以其作用之效既直接属于君主,并间接属于机关,故另列专章解释之。他若召集开闭停展及解散议院等项,已说明于他篇者不赘外。兹之所欲论究者,(一)设官制禄及黜陟百司;(二)统率陆海军及编定军制;(三)宣战、讲和、订立条约及派遣使臣;(四)宣告戒严;(五)爵赏及恩赦等事而已。以次列举如左:

第二节 设官制禄及黜陟百司

第一款 设官

公法上关系于国家组织者,君民而外,即曰官。官设置于君主,隶属于朝廷,从事于政务,出治于人民。其性质,则公而非私也,国而非家也。其事务,则别乎皇室也,且别乎民间也。是故人之入于官者,即冠以官之名,称曰官吏,曰官宰,曰官长,曰官员,其最著也。物之在于官者,亦冠以官之名称,曰官衙,曰官舍,曰官地,曰官币,其最著也。他若事之属于官者,亦莫不然,如官宪、官规、官纪、官爵、官职等是也。由此观之,则所谓官者,非单指一事一物而言,可知矣。虽然,吾《宪法大纲》所谓设官云者,其范围不若是之广,曰设官衙,曰设官吏,如是而已。官衙者,国权机关也,然官衙属于国权机关,而国权机关究非尽为官衙。为国权机关,而不得与官衙同视者,摄政、内阁、议院是也。官吏者,公法人格也,然官吏属于公法人格,而公法人格究非尽为官吏。为公法人格,而不得与官吏同视者,摄政之皇族、议院之议员及地方之公吏、军队之将校是也。然则兹之所谓国权机关者,非包含摄政、内阁、议院,而兹之所谓公法人格者,亦不包含摄政、议员、公吏、将校,章章明矣。且夫国权机关者,行使国家权力之地位也。而组织此机关,以司掌其职务者,公法人格也。是故设置机关,而不设置公法人格者,则其机关不可得而想象也。设置公法人格,而不设置机关者,则其公法人格不可得而依据也。易言之,即设官衙不能不设职司官衙之官吏,设官吏不能不设位置官吏之官衙,二者并行,斯谓之设官。虽然,此原则也。而例外有增设官吏而不别设官衙者,盖由单独制而变为合议制也。亦有增设官衙而不别设官吏者,盖由合议制而分为单独制也。或曰,信如子言,是非组织国权机关之公法人格,决不得名之为官。而何以世之以官称者,车载斗量、不可胜计,此其故何欤?曰:人之得以官名者,以其实居其官。即公法人格之名官者,必属于组织国权机关而后可。世俗不察,以为仅有公法人格之记号,虽不属于机关之组织,如补充及假定者,皆不妨以官称。以故称官者,如此其众,不知此特一般之陋习,非宪法上之所谓官也,且非依于宪法所设之官也。宪法上所谓官者,合官衙、官吏而言也。

设官之作用,属于立法乎?抑属于行政乎?此不可不研究之问题也。据德国学者买耶尔氏《国法论》,谓属于行政作用。白勒耳氏《法律论》,谓属于立法作用。日本副岛氏《宪法论》,其所主张亦与白氏同。以予所见,设官作用须分二种。一则关于构成大体及其对于外部之权限,一则关于内部事务分配之细则。是二者,专归诸立法作用则势有所不及,专归诸行政作用则又轻重失宜,置立法权于不顾。欲得乎中道而合于事理,则前者宜属于立法,后者宜属于行政。何则？关于构成大体及其对于外部之权限,其事体重大,由立法而钦定之,则有准则可守矣。关于内部事务分配之细则,其规定烦琐,因行政上之便宜,而使机关自为之,则无滞塞不通之弊矣。比较得失,庶几其有当乎。虽然,设官之作用其属于行政,而委诸机关者勿论矣。其属于立法之作用,亦有不可不研究者。即宜于法律制定之法规乎？抑宜于诏令制定之法规乎？是亦一疑问也。据《日本宪法》第十条:"天皇制定行政各部之官制。"又但书云,若宪法及其他法律别有特例者,须各依其条项。此外如俄、普、德、奥、英、比、诸国,其宪法明文,亦大略类是。独我《宪法大纲》无但书规定,意者无论法律或诏令,俱可用之。不知法律、诏令,自有区别,不示标准于先,必难持循于后。立法之初,乌可不慎。虽然,以予辈之见解,参以列国之通例,并推测吾宪法上之官衙,其最要而宜以法律设定者,如法院与行政裁判所,如审计院、弼德院与都察院等是也。其余行政各部,以诏令设定,均无不可。如此斟酌,则其结果与他国之有但书明文规定者,又何以异耶。

第二款 制禄

禄者,公法上之权利也,非私惠也。惟制定属于大权,且应于时势而迭为变更,故今昔不无差异。吾国禄制,原分四种,曰宗室俸禄,曰世爵俸禄,曰外藩俸禄,曰官吏俸禄。宗室俸禄,自亲王以至奉恩将军,例有差等。惟有功绩于国者,特旨增二倍,谓之准俸（通常亲王岁俸一万金、米一万斛,奉恩将军岁俸百十金、米百十斛）。世爵俸禄,自公侯伯子男以至恩骑尉,凡九等二十七级。按爵高下定其多寡,一等公岁俸七百金、米七百斛,以次递降。至于恩骑尉,则岁俸四十五金、米四十五斛。外藩俸禄,亦有一定。汗岁俸二千五百金、缎四十四。亲王岁俸二千金、缎二十四。郡王衔贝勒岁俸八百金,辅国公岁俸二百金。以下四等台吉,有至四十金者。官吏俸禄,文武悬殊。武官除八旗有特典外,余恒不足以赡其身家,故刻扣粮饷,激成兵变者,屡闻不一。自近岁改革,焕然从丰,虽逊于欧洲,实不亚于日本。文官俸禄,有正俸、特俸之别。正俸随品秩大小而异其额,分京官、外官而殊其制。京官一品岁俸百八十金、米百八十斛,以下定额有差。外官正俸与京官同,惟有俸而无米。特俸者,所以补正俸之薄也。在京谓之恩俸,在外谓之养廉。恩俸比于正俸，故京官有受双俸之名。此外并有津贴公费，然亦无多。外官养廉，视地方大小、远近肥瘠，以为权衡。如云贵、陕甘总督，则岁二万金；两江总督则岁一万八千金；闽浙总督则岁一万三千金；山东、山西、河南诸省巡抚，则岁一万五千金。此其大较也。其余藩臬以至州县，差等亦类是。夫养廉制度，起于雍正间，由各省加收钱粮火耗充之。

　　列圣虽知秕政害民，然竟无可制止，故遂相沿成习，于今不改。不宁惟是，他国官吏俸禄，应支给而不支给者，有裁判上之救济。我国微特无此，又从而减扣摊控之，说者谓官纪腐败，实源于此，岂非然哉。日本法学博士织田万曰：中国禄制之薄，自表面观之，可谓苦矣。而士反乐竞趋之，此其故何也？盖图藉其地位，以营私利耳。详考其弊，则京官仰馈于外官，外官亦恃京官之声援以为固。故时节馈送，惟恐弗及。外官则督抚取之于属僚，司道取之于州县，州县取之于人民，层层朘削，相习成风。故人民之担负益重，公家之财用益绌，朝廷之政务益坏。有国如此，其不亡者，幸而已矣。斯言也。其于吾国弊端，言之确凿，可惕可戒。虽然，此盖指旧制而言耳。自庶政幡然改图，凡中央新官制之规定，俸给优异，超越往昔。例如外部禄制，总理、王公岁万二千金；尚书岁万金；侍郎岁各八千金；左右丞岁各五千金；左右参议岁各四千金；郎中岁各三千六百金；员外郎岁各三千二百金；主事岁各二千四百金；额外岁各六百金。以是观之，外部如此，其他可知。至于外官禄制，虽未见诸新章，而一扫积习，别开生面，可预决也。故曰禄制应于时势以为变更，岂非必然之数哉？

　　设官制禄，事本相因，而规定各别。故设官有设官之法规，制禄有制禄之法规。设官之法规，有法律有诏令。制禄之法规，以诏令而不以法律，此君主立宪国之通例也。此外，更有一言不可不辨者，议员之岁费、教员之束脩，及一切差委办公人员之薪水，皆不得以禄视之。夫禄者，国家为有爵位及在官而膺民社之任者，予以一定之权利也。

第三款　黜陟百司

　　我《宪法大纲》所谓黜陟百司，与《日本宪法》第十条所谓任免文武官，及俄、德、普、比等国宪法之规定，文言虽殊，而其义则一。顾其间亦有不同者，日、俄诸国有但言明文，我则无之。但书云者，正文之反面也。又例外也，譬《日本宪法》，天皇任免文武官，原则也。但书云，已揭特例于宪法或法律者，各依其条项，例外也。又如《普国宪法》，国王有任免将校及诸执政与一切官吏之权,原则也。但书云,法章特定者不在此限,例外也。又易而言之,但书云者,于全无制限之中,而亦特有制限之谓也。例如日本国务大臣及枢密顾问,不问何人何时,天皇均得自由任免之。是天皇于国务大臣及枢密顾问之任免,全无制限也。但他法律上,有被剥夺公权者,不得任为文武官之规定,天皇亦不能不从。是天皇于全无制限之中,而有不得任用被剥夺公权者为国务大臣及枢密顾问之制限矣。又如裁判官之任免,亦属于天皇之自由,然必限于有法律上规定之资格者,方得任用之。且限于刑法之宣告及惩戒处分外,不得免其职。由此观之,他国之所以用但书者,岂无其故哉? 虽然,自实际观察之,我虽无但书,而黜陟之制限,不惟同于他国,且较他国犹严。盖我国臣工有世爵者固当别论,即一般官吏,亦皆终身保其名分,非遇特定原因,罔有被其剥夺者。至于任用之途,求如他国,在野之士得一旦入于政府参知大政者,绝无所闻。而出仕者皆一步一趋,循其资格。以是而言,谓我国立宪而后必一变其旧习乎,尚未可知也。兹略述其制度如左:

登崇俊良、屏弃奸邪,人主进退百官之标准也。惟国情不同,沿革互异。故黜陟形式,亦判然而各别。考日本任官之法有三:曰敕任,曰奏任,曰判任。敕任分普通敕任与亲任敕任。普通敕任由总理大臣推荐,君主任命。亲任敕任不由大臣推荐,而君主自行拔擢。普通敕任辞令书钤玺后,总理大臣奉行。亲任敕任辞令书钤玺后,必亲署及内阁大臣副署。奏任官由总理大臣或其主任大臣奏荐之,君主惟钤玺于其奏章,辞令书则内阁钤印,总理大臣宣行。判任官之任用。各部大臣自行其职权,勿庸奏请。我国任官,形式则有五:曰特简,曰开列,曰铨选,曰奏荐,曰题调。特简者,皇帝自行鉴别,直接钦命;开列则由军机处(旧由吏部)认其有当任者,次第开别姓名,奏请敕裁;铨选由吏部执掌,凡京官之司官、小京官,外官之道府以下皆属之;所谓铨选云者,铨衡选用,即审查其资格,应否授与官职是也;奏荐者,由本属衙门选拔,或咨吏部奏请任命,其法定形式,则有拣授、推授、留授、调授、考授之区别;题调者,督抚以其职权,便宜奏任之谓也,又称曰外补,然必限于特定者。故就道缺而言,则有题缺,有调缺。就任用而言,则有题补,有奏调。但题调虽属督抚职权,每奏请时,必下吏部审议,然后决定。其与内补异者,内补多为简缺中缺,而外补则多要缺。要缺者,繁剧难治之区也。以上二者互相比较，则彼之亲任、敕任，同于我之特简。彼之普通敕任，同于我之开列、奏请。彼之奏任，则同于我之铨选、奏荐、题调。惟彼之判任，我无可似者。然由其职务观之，其殆如我国府经以下杂职及各衙门之胥吏乎。然则彼任官之制以简，我任官之制以繁。繁也简也，要亦因国土之大小、官吏之多寡，有不同焉故耳。至于免官形式，日本则与任官方法同一原则，我国则不然。我国武官之免官，自有特别规定。而文官之免官，则参劾外，有京察，有大计。然京察、大计之效果，不独免官已也，亦有因之而得奖誉升进及降级休致者。然则合诸种任官形式与被参劾之免官及京察、大计之效果而言，谓之广义之黜陟焉可。单指京察大计之效果而言，谓之狭义之黜陟焉，亦无不可。所谓京察者，对于中央政府官吏及封疆大吏所行之定期铨考也。其法有三：曰列题，曰引见，曰会核。列题者，由吏部列举内外最高官吏，如尚书、侍郎、都御史、总督、巡抚等之政绩，具题而仰君主亲裁黜陟是也。引见者，君主依吏部题奏，凡三品以下京堂与内阁学士，及侍读侍讲、左右春坊庶子等，皆赐谒见，而行黜陟是也。会覈者，凡翰詹、科道、司官、小京官、中书、笔帖式等，皆归吏部会同大学士、都察院吏科及京畿道，审议具题，奏请黜陟是也。若夫京察之效果，则在于明四格六法。四格者，守、才、政、年是也。守有清有谨有平，才有长有平，政有勤有平，年有青有壮有健。守清、才长、政勤、年或青或壮或健者，是谓称职，列为一等。守谨、才长、政平，或守谨、政勤、才平，年或青或壮或健者，是谓勤职，列为二等。守谨、才平、政平，或才长、政勤、守平者，是谓供职，列为三等。六法者：（一）不谨，（二）罢软无为，（三）浮躁，（四）才力不及，（五）年老，（六）有疾。不谨与罢软无为者，革职。浮躁者，降三级调用。才力不及者，降二级调用。年老有疾，则命休致。此外尚有贪、酷二法，较六法犹重，故令特参随时惩戒。所谓大计者，对于地方官吏，除督抚外，所行之定期铨考也。其法有二：曰考题，曰会核。考题者，由督抚列举布按两使政绩，移牒吏部，俾其审查具题，奏请敕裁。会核者，由藩臬道府州县，各察所属，列举其实，以次上达督抚，由其具题，并咨吏部。吏部会同都察院吏科及京畿道审议，然后覆牒。若夫大计之效果，则六法四格，与京察无异。惟其成绩分卓异、供职二种。卓异成绩不外无加派，无滥刑，无盗案，无拖欠钱粮，无亏空仓库银米，及境内民生得所，地方日有起色等。供职成绩则平平无所短长。以上京察、大计二者，其合于六法者,均予以处分,已如上述。其合于四格,如京察称职及大计卓异者,则有举有议。叙举者,升迁也。然亦有因缺格,而不获举者。如:(一)不踰年限者,(二)历俸未满者,(三)革职留任者,(四)钱粮未完者是也。议叙者,审议予以相当之奖誉也,其经京察称职者,由吏部审议,例加一级。曾记名军机处者,则更由该衙门铨衡引见之,以备补地方官缺。其经大计卓异者,吏部记录之,引见后,有敕旨,则加一级赐章服。如上所述各节,则我国黜陟方法严密极矣。不惟日本莫敢望,即欧美各国,亦难窥其奥。是宜官方振肃,令行政举,而何腐败相习,百弊丛生?说者谓与其繁缛而鲜实效,何若简明而昭信守。日本事事敏捷,而见功迅速者,岂有他哉? 去繁文而重实行故耳。中国反之,以至于此,宁不信然? 虽然,吾国黜陟之制,较诸他国固繁缛而可厌,然溯厥由来,不知几经阅历而后获。诚宜斟酌损益,务实去虚,何法乎欧美,亦何取乎日本?

第三节　统率陆海军及编定军制

军令、军政,二者攸分。军令者,统率陆海军之命令也。军政者,编定军制之政务也。军令贵乎统一,故亲总甲兵直接调遣。军政则头绪纷繁,约分为二:一曰军事外部之行政,一曰军事内部之行政。关于征兵征发及要塞地带法上与军纪保护法上之禁令,即军事外部之行政也。军额之决定、军队之组织、军需之预备、军力之教养,即军事内部之行政也。是二者宜于行政法中详言之,姑勿俱论。惟大权作用之司其军令、行其军政,以为捍卫国家之活动者,亦须内阁大臣之副署与否,此亟宜解决之问题也。学者于此,有谓国务诏敕皆须副署,军事,为国务之一,亦不能不尔者。抑有谓军事宜乎独立存在,虽无副署亦有完全效力者。以予观之,二说皆未尽善。夫军令以迅速秘密为要,苟拘拘于副署,不独迟延趑趄、坐失机宜,而泄漏军情,亦在所难保。惟军政于人民之自由、社会之经济关系至重,一切法规多制定于平时,设全无副署,则负责任者必无其人。故予以为军令无副署可也。军政无副署,则不可权衡措置,庶几有当。此外并有一疑问,亦不能不研究者。即陆海军与常备兵额之费用,亦归豫算之议定与否是也。按英吉利以西历千六百八十九年之《权利宣言》为基础,凡设常备军,无议会之承诺者断为不法行为,其主义历二百余年,至今不改。大陆诸国亦鉴历代祸乱,凡军事费用,皆须议会承诺。此等制度,在欧洲各国固行之有素,而卒无损于军事之进步者,习惯则然也。我国当此时局艰难,虽集全国财力,以从事于整军经武,犹虑不足以图存。苟稍涉牵制迟疑不决,其害将有不可挽回者。故予以为现今我国军事费用,宜如日本之君主专断,而不宜采欧洲之议会议决。审时度势,或者其非过欤。

第四节　宣战讲和订立条约及派遣使臣

外交大权,属于元首,各国所同也,其间详细载在国际公法,不遑一一悉举。兹之所欲论究者,各国宪法上之主义及其与法规关系之点而已,以次论列如左:

第一款　宣战讲和

关于战和之立法主义,可大别为三:一曰元首之专断,二曰议会之干与,三曰元首与议会之共同。取第一主义者,英、俄、日、比、墺等国是也。取第二主义者,美、法等国是也。取第三主义者,德意志是也。此三者孰得孰失,殊无定评。然以予观之,其在君主立宪国,而人民政治上之程度尚觉幼稚者,宁取第一主义之为愈。何则？宣战讲和者,国力强弱之端,社稷安危之本,群黎死生之会,非细事也。苟犹虞迁就,必鳃鳃焉待决于舆论,则恐形势变易、窒碍横生,或战或和,徒劳无补。甚则事机坐误,敌势侵凌,祸败频仍,无可救挽。若取第一主义,则见机以为其活动,因时以定其从违,敏捷以断其行止,是故可战可和,而筑舍道旁之虞,庶几免矣。虽然,立宪国元首之专断,与专制国元首之专断,自有严格之区别。专制国元首之专断,不谋公卿,不闻善道,往往以一人之喜怒,视用兵以为儿戏。故其胜也,得不偿失;其败也,轻则为城下之盟,重则国亡主灭,宗社为墟。而立宪国君主之专断,则不过勿庸议会之干涉。其宣战也,内阁大臣必辅弼而副署之;其讲和也,内阁大臣亦必辅弼而副署之;倘战和无状,致损其国威,而贻邦家患者,则内阁大臣不独对于君主任其咎,即对于议会,亦不能辞其责。此立宪国之特色也,此立宪国元首与专制国元首之专断,所以不可同日而语也。

第二款　订立条约
第一项　条约与法令

凡国家之意思,表示或以法律,或以命令,或以条约。表示之形质虽殊,而其所以为国家之意思则一。然其间不能无所区别者,法令为一方之行为，条约为双方之行为，法令为国内之单独行为，条约为国与国之合意行为。惟法令为一方行为、为单独行为，故其效力仅及于自国，而不反及于他国。惟条约为双方行为、为合意行为，故其效力及于当事者，而不及于第三者。且遵循法令之义务，属于己国臣民，设有违反者，但加制裁于其违反之臣民，不得赴诉于他国之国家。而履行条约之义务，属于两国国家，设有违反者，但能责问于其违反之国家，而不能归咎于违反国之臣民。要而言之，法令者，国权之统治权作用也。条约者，国权之主权作用也。故曰同一国家之意思表示，而其性质自异也。条约者，国家互相设定之特别契约也。由国家一方之主观而言，有为某物而结者，有为某事而结者，又有对于他国负某义务，或获某权利而结者，目的虽异，而一经订立，则其拘束之力，于是乎生焉。独是条约拘束之力，非当然同于国内法规，而使人民皆受其拘束者，亦非因条约之结果，而使国内法规致被其变更废止者。不过条约出于国家之意思，既订立之，必执行之。欲执行之，不能不颁布执行法令。既颁布执行法令，则国内一般人民不能不为所拘束。即国内存在法规，亦不能不受其影响。盖颁布执行法令者，国家为履行条约应负之义务也。虽然，条约与执行条约之法令，究不可混为一事。而条约之订立，亦非当然发生颁布法令之效力。何则？订立条约为国际之行为，必从国际交涉之形式。颁布法令为国内之行为，亦必从国内立法之次序。由是论之，条约行之国内而有效者，非条约有此强力也，而执行条约之法令，有以致之也。制定执行条约之法令而颁布之者，国家之自由也。

条约以两国君主之批准而后成。德国学者卓仑氏谓批准条约与裁可法令原无二致。申言之，即批准者，证明条约与法令有同一之性质也，且有命令国民遵守条约之效力也。日本清水澄氏之主张亦仿此。独副岛义一驳之，谓为不通之论。窃亦以为不然。夫批准与裁可，虽同出于君主，而一则对于他国之作用，一则对于己国之行为。使二者果同一性质，则条约可直接拘束于其臣民者，而法令亦可直接拘束于其人国。能乎？否乎？若尚谓自国之法令仅能拘束于自国之臣民，而不能拘束于他国之国家，则是法令与条约之性质，决非同一也明矣。性质既非同一，则其效力足以直接命令臣民之遵守者，惟法令有，然条约则否。盖条约者，因执行法令之发布而依于执行法令，以间接而收其功效者也。然则谓批准有命令国民遵守条约之效力者，谬而已矣。副岛氏曰批准者,对于他国表示确定条约之一形式也,岂不然哉? 岂不然哉!

第二项　宪法上关于订立条约之规定

法律上订立条约之当事者,属于国家。而代表国家以订立条约者,各从其国法之规定。故在君主国,则以君主为订立条约之主体。在共和国,则以大统领为订立条约之机关。然按诸实际,亦往往有因宪法上之附款而被其限者。兹略举如左:

(一)德意志皇帝。凡订立属于帝国立法范围之条约者,须得帝国议会承诺始生效力(《德国宪法》十一条三项)。

(二)北美合众国大统领。凡订立负担义务之条约,必得元老院三分之二以上之同意(《美国宪法》二条之二)。

(三)法兰西大统领。凡订立和亲、通商及关于国家财务,并侨居外国人民之身命与财产所有权诸条约,非两议院决后,不得确定之(《法国宪法》第八条)。

(四)普鲁士国王。凡订立关于国债及赋役等项条约,得两院议同始有效力(《普国宪法》第六条)。

(五)墺大利皇帝。凡订立贸易及国家与人民担负义务诸条约,若欲确定,必须议会之承诺(《墺国宪法》第六条)。

(七)比利时国王。凡订立通商及国库担负,并与国民有关系诸条约,非得两院承诺后,不生效力(《比国宪法》六十八条)。

(八)意大利国王。凡订立国税增减及国境变更诸条约,非经议院议决,无确定之效力(《意国宪法》四条)。

(九)荷兰国王。凡订立领土让与、交换及与国法上所规定之权利义务,或含有修正性质诸条约,非经国会认可或修正后,不得确定之(《荷兰宪法》四十九条)。

以上所举列国规定,凡订立重要条约,皆须议会同意。此外各国,亦大约类是。惟俄罗斯与日本及我《宪法大纲》俱无议会同意之附款。然自事实上观之,议会虽无参与职权,而关于条约上重大问题,亦得以上奏及建议之权。以开陈利害得失,而上仰君主之英断,并警觉政府之迷顽。如曰外交大权属于君主,不惟勿庸议会协赞,即上奏建议而亦禁之。呜呼! 谬而已矣。

第三项　订立条约之形式

古之所谓条约者,惟订立于战争之终局,此外则否。迨交通频繁、关系复杂,于是乎通商、传教、同盟与一切平和交际,皆一一付诸条约,以为长久之保证。此近世订立条约之事,所以日见其多也。虽然,条约虽多,而其订立之形式,则无论其为通商,为传教,为同盟,为一切平和之交际,要皆不能不从国际法上之惯例。大抵重要条约,则元首处断之、审署之,并以严格文书交换之。其在文书未制定以前,谓之豫备行为。迨草案批准、条约确定,则订立之事于是乎决。然普通订立形式,亦有由全权委员等记名调印,即可交换者。此盖国际法上之通义也。然而学者关于此点论说,亦至不一。日本清水澄一派谓订立条约属于君主大权,必君主自为之,不得委任于他人。副岛义一反驳之,以为委任与否在乎君主之自由。予亦以为然。夫君主订立条约之大权与宣告戒严之大权,二者原无轻重。苟敌军临境、遮断交通,将帅在外,无由奏请。当斯时也,设拘拘于君主自为之说,而不急行戒严,则边事坏矣。是故君主于戒严之命,不能不委诸将帅者,势使然耳。而订立条约,亦何独不然。其在战时也,苟帝都沦陷,君后蒙尘,一败涂地,不可收拾。存亡之机,间不容发。设身负重任之大臣,于讲和条约之订立,必拘拘于君主自为,则是束手就戮也。是故君主于订立条约之全权,不能不委诸大臣者,亦势所必至耳。不特此也,万国交通,此往彼来,平时所结条约重要者有之,非重要者,亦多不胜数。使一一皆由君主亲裁,则其力或有所不逮。故君主于订立重要条约,不能不审决。外余皆委之有司,俾其协议施行,此亦事实所固有者。要之,君主为订立条约之主体,虽有时订立之行为不尽出于君主,而究于君主之大权无伤。盖君主之委任有司者,出于君主之自由意志也。既出于君主之自由意志,则谓有司之订立条约亦不啻君主之自为焉可矣,又何疑哉? 又何疑哉!

第四项　条约执行

第一,不能执行之通告

条约者,非对于国内所发之命令也,非对于国家内部之行为也,且非对于国权机关,及一般臣民,而为法令之裁可也。是故一经订立,国际虽无他议,而于国内往往有不能执行者,此尤大彰明较著也。虽然条约,固有时不能执行,而于不能执行之由,必宣言而后可。宣言云者,非取消条约也,不过明其不能执行之条件发生,而以当然解除之意,通告于对手方国而已。盖条约国内部之偶然事实,对手方国必不得而知之。苟不急行通告,则对手方国因此忽蒙损害,必致惹起意外之问题。故曰

不能执行之通告者,条约国之义务也。然则对手方国对于条约国之通
告,亦得抗议否乎? 此一疑问也。大抵订立条约之元首,负有制定执行
法令之义务。若执行法令,曾经制定颁布,而倏生执行之障碍,虽元首
尽力防范,而卒无可抑遏者,是善意之不能执行也。对手方国对于善意
之不能执行者,必从而抗议之,或以是而开战端,则暴乱甚矣,故文明国
不取。但该条约国之于执行法令,既不发布之,复不履行之,欺诈掩饰,
显有违反条约者,是恶意之不能执行也。对手方国于此对于恶意之不
执行者,抗议可也,宣战亦可也。何则? 其曲在彼,其直在此故也。虽
然,天下事亦尝有自放弃其权利者,并有默然承认其不执行者,且有权
义平均互不执行,而因以消灭者。情态不一,变端百出。惟国富而兵强
者,乃足以自由行动而无恐。

　　第二,执行法令之颁布

　　国内执行条约之形式,一属于行政,一属于立法。若条约规定事项
无关于土地、人民及国库负担,而以元首之自由处决即可实行者,则以
行政令执行之。苟有拘束人民之必要,且负财产义务,非以法规公布,
不足以昭慎重而资信守者,则不能不制定法律或诏令颁行之。此欧美
各国之通规也。虽其间亦有变格,如墺、普、德意志三国,仅以条约全文
及君主之批准宣言揭载官报,即为合法者,是为其国特别习惯,不足以
概论一切。盎观夫日本,日本执行条约,一仿欧洲。除应以行政命令执
行外,其重大条约,宜属于立法范围者,若用敕令公布,则登诸官报云:
"朕批准朕之全权委员与某国全权委员于某年某月某日某处所记名调
印之某条约,兹公布之。"末具御名御玺年月日及国务大臣之副署,并附
录条约及制定执行法规。若用法律公布,则其执行法律之制定,必经议
会协赞、君主裁可,然后公布施行,始有效力。然此规定条约实质之法
律,与一般法律较,自不能无所区别。何也? 国家元首,苟合于国际法
上之或条件,有宣言消灭条约之权。易言之,即对手方国不履行义务及
战争开始之时,元首得宣言该条约之废止或停止。该条约既经废止或
停止,而因执行条约制定之法律,亦自不能不于同时废止之,或停止之。
且此法律之废止或停止,不必更用法律之形式。盖条约与执行条约之
法律共存灭,未有条约消灭而其执行之法律尚能存在者。若夫一般法
律,则与此不同,其程度亦不以执行条约法律之消灭而被其影响,盖性
质使之然也。不宁惟是,若条约上已定有效期间者,期满时条约自归消

灭，而执行之法律亦随之。又若条约延长期间，或待终了通知后始为消灭者，而执行法律亦无何等之变动。不惟无变动而已，且执行条约之法律一经公布施行，而此后之一般法律，即不得与之相抵触。盖后之一般法，不能变更前之特别法者，法律之原则也。倘随其意以为变更，则国际法上之秩序将有紊乱之虞矣。此西历一千八百三十一年二月十九日所以欧洲五大国关于此等问题有订立《伦敦条约》之事例也。然此特就执行条约之法律而言，即推之以诏令制定执行条约之法规，亦莫不如是。惟以行政命令执行者，属于无关重要之条约，如上问题，决不发生。要之，此等制度须于条约性质辨之綦详，故轻重同得，无混淆不清之弊，而有措施咸宜之益。近今世界列国，皆以是为执行条约之通规，不亦宜哉。

第五节　宣告戒严

戒严者，以兵备警戒全国，或一定区域之谓也。有战时戒严，有事变戒严。战时不限于外患，即内乱亦包含之。事变之情形不一，大抵社会状态反乎常道者是。戒严之要件及其效力，各国皆以法律定之，兹不具述。其最要者，凡行政、司法，皆移属于军司令官，而臣民自由，悉为制限。虽然，亦有别。以战时论，临战地境之戒严，与合围地境之戒严，二者自不同其程度。合围地境之行政、司法，无论其有关于军事与否，统归军司令官管辖之。而临战地境，则限于有关军事者（两军相持包围之地是谓合围地境，大军到处计画作战之地是谓临战地境）。至于事变戒严，较战时尤异。盍观日本，日本与俄国讲和时，东京市民以政府失策，纷纷集会，谤议沸腾，至破毁官衙、侵逼相邸。各区警署，围烧殆尽，巡查被殴，抱头鼠窜。于时政府以事变奏请戒严，旋归镇静。然予观其戒严之际，社会状态，安谧如昔。行政、司法亦无变更，惟警察事务暂时中止，而以军队拥护官衙巡逻街衢。及其终局，但执数无赖，薄加惩戒，如此而已。以是观之，戒严效力其区别有如此者，岂有他哉。盖因乎事实之轻重，而权衡措置已也。虽然，此外更有关于戒严诸疑问不能不研究者，以次论列如左：

（一）宣告戒严时，制限臣民自由之范围如何？

世未有宣告戒严，而非制限臣民之自由者。夫臣民之自由亦多矣，有规定于宪法者，有规定于其他法律者，亦有未规定者，将一一制限之乎？抑有所范围乎？我《宪法大纲》尚无明文可指。惟《日本宪法》第三十一条云：“本章所揭诸条(指第二章臣民之权利义务诸条而言)遇战事及国家事变时，无妨天皇之大权施行。”又《普鲁士宪法》第百十一条云："当内外战乱危险之日，凡揭于本法之第五条(关于身体自由之规定)、第六条(关于居住自由之规定)、第七条(关于逮捕搜索须照法律之规定)、第二十七条、二十八条(关于言论著作出版之规定)、第二十九条、三十条(关于集会结社自由之规定)、第三十六条(关于常备兵镇压内乱之规定)均应停止其效力。”合观以上二国规定，则以戒严而制限臣民之自由者，不过限定已揭于宪法上之某条某条而已。然以范围论，则日本失之于泛，不若普鲁士之简切。何则？日本第二章之规定，如臣民要件、任官资格、兵役义务、纳税义务、所有权及信教请愿等项，皆于戒严时毫无关系。而彼概举属于其范围，殊觉失当。普鲁士惟择其要者，列著于条，斟酌尽善，可效可法。吾国宪法上之规定，其亦有取于斯乎。

(二)宣告戒严之权，得委任于臣下与否？

国家元首，以战时戒严之宣告，得委任于军队舰队之统帅者，各国俱承认之，不过宪法上，无规定之明文而已。然宪法上虽无明文，而以敕令规定者，亦往往见之。如日本明治十五年之布告第三十六号是已(委任理由前节内已有说明之处，兹不赘述)。

(三)宣告戒严令，须内阁大臣之副署否？

日本学者有以戒严令为非常紧急事件，不必经内阁大臣副署者。而清水澄氏谓非副署不足以昭慎重。余以为两说当未尽洽。夫戒严令之由君主宣告者，实际上多自内阁奏请。以其所奏请者，而令其自行副署，固其宜矣。若夫委任于统兵将帅者，必于战争地临时斟酌，或行或止，贵乎神速。当斯时也，虽欲奏请，而亦不及，安用副署为也。然则戒严令之或副署或无须乎副署者，尚其以是为标准哉。

(四)戒严令是否紧急命令，须议院事后之承诺否？

或者曰，战时戒严，何时乎？国家紧急之时也。事变戒严，何时乎？亦国家紧急之时也。然则宣告戒严者，岂非紧急命令之一种乎？既为紧急命令之一种，则紧急命令必须议院之事后承诺者，戒严令亦当如是也。不知戒严令与紧急命令之性质，乍观之，一似无可区别者，然而非也。夫宪法所谓代法律之紧急命令者，乃限于议院闭会中，不遑召集临时会而发。戒严令则无论议院之开会、闭会，均可公布，其不同一也。

紧急命令以代法律为目的，并得筹措必需之财用。而戒严令则以战时事变，一则图军机之秘密，一则图地方之镇静，其不同二也。紧急命令必直接出于君主，决无委任之说。而戒严令则有时委任于将帅，其不同三也。紧急命令为除去公共之灾害或豫妨公共之危险，而战争与国家事变之戒严，大则关系于国之存亡，其次则关系于皇位及政府之变置，其不同四也。由是观之，二者之区别有如此，而谓议会事后承诺之制，可用之于紧急命令者，亦可用之于戒严令，呜乎谬矣。彼或人之说者，殆未及二者之紧急程度及其实质不同之点，而一思之也。

第六节　爵赏及恩赦

第一款　爵赏

我国《宪法大纲》之所谓爵赏，与《日本宪法》第十五条之所谓授与爵位勋章及其他荣典，一而已矣，以次论列如左：

我国爵位宜分四种：一曰皇族爵位，二曰外藩爵位，三曰功臣爵位，四曰特别爵位。皇族爵位，自亲王以至奉恩将军，凡十有四级。外藩爵位，称号同于皇族，惟自亲王至辅国公，凡六等。外蒙古则王、贝勒外，尚有汗汗者，沿该古时君长之名称也。功臣爵位，自公、侯、伯、子、男至恩骑尉，凡九等，又小别为二十七级。特别爵位即以上三种外所恩授者，一为先师孔子之后裔衍圣公，一为胜国（即明代）之后嗣一等延恩侯，一为外戚封三等承恩公。日本则异是。日本爵位原分二种：一曰皇族，二曰华族。皇族爵位，有亲王、内亲王、王女、王等称。华族爵位，则有公、侯、伯、子、男五阶级。且我之爵位有世袭，有降袭。日本则仅有世袭，而无降袭。以彼例此，繁简攸分。岂非国土之大小、臣民之众寡，有以致之耶。

我之所谓赏者，即日本之所谓授与勋章及其他荣典也。日本勋章之式，分为两种：一曰一般勋章，一曰特别勋章。一般勋章赏普通之有功绩者，分大勋位宝冠章、瑞宝章等级。特别勋章授与武功拔群者，称曰金鵄勋章。勋章者，即我国之所谓宝星也。我国宝星之制，自光绪七年八月总理衙门奏请赏给英国公使撒多玛、斯宛德等始，分为五等十一级。一等第一双龙宝星，专赠外国帝王大统领。以下自外国皇族，至于商工人等，赠与有差。其与日本异者，日本勋章，凡内外国人皆可授与，我国则专为外国人设，而臣民不与焉。夫日本之所谓荣典者，如赐博士称号及褒赏等,范围甚广,不遑枚举。我国之荦荦可数者,如敕封先圣先贤,旌表忠义孝弟、节妇贞女、慈善积德、同居高寿,并封赠臣工之先代、父母、本身,恩恤功臣之遗族、父母妻子。其他如封谥建祠,赐金赐物,一一皆出自天恩,有加无已。欧洲学者云:君主者,荣誉之源泉也。有旨哉! 有旨哉! 爵赏者,君主之大权作用,而国家之政务也。既为国家之政务,则必有一定方法处理之。而东西学者各主一说,不可移易。有谓爵赏属于君主之自由,无须国务大臣之副署者。有谓爵赏既曰国务,是非国务大臣副署不可者。以予观之,二说皆是,而实则不然。夫爵赏臣庶,必经内阁大臣之副署,其说固无可议。而爵赏皇族及其外戚,亦必欲从而副署之。事实上能乎? 否乎? 如不可能,则副署之制,自不必加诸皇族外戚。而皇族外戚之爵赏,即置于副署之外。要之,皇族外戚与君身关系切近,特别遇之宜也。而臣庶众多,别识匪易。一经大臣副署,则受爵赏者,若非功高德厚,实至名归,则大臣不能辞其责矣。夫爵赏,公物也,非私惠也。恶得而滥与之,亦恶得而吝与之乎? 此其所以不可不慎也。

第二款　恩赦

恩赦者,君主殊恩,宥免臣民之刑事诉追及刑罚执行之谓也。义有广狭,因分二种:一曰大赦,一曰特赦。普通罪犯同沾恩惠,全行赦免,是谓大赦。特定犯罪,沐恩宥恕,或减刑复权,是谓特赦。此二者,固有差别,然不得以恩赦之及于一般与及于一人者解之。何则? 大赦免除刑法之适用,不惟消灭公诉权。即再犯亦不以加重论,而当然复权。及准免监视,更可知矣。特赦惟免除刑之执行,故受其刑之宣告后者,得免除其刑之全部或一部,而复权准免监视(刑期未满,许可假出狱者,必受官厅之监视,若逢赦,则准其免除监视。复权者,因赦之故,回复既被剥夺之公权之元状也),亦得附带行之。至于公诉权及再犯加重之规定,则仍无变更也。虽然,谓大赦对于刑之宣告者,概行消灭其效力焉,是亦不可。观我国每当大赦时,必于诏赦之末,列举赦所不及者。又日本新刑法,对于或种犯罪者,不入赦免之条,其范围可想矣。虽然,谓特赦对于刑之未宣告者,绝对不得赦免之,是又不可。观墺大利刑法之规定及我国惯例,对于一定之人,以谕旨免究者,则不得审理,此其明证也。副岛义一云,解释大赦、特赦者,不徒沾沾于文理,而于历史的方面亦不得不究,岂非知本之言哉。

大赦特赦者,恩赦之大别也。减刑复权者,特赦之细目也。故一宣行大赦,而诸等之赦免皆具。一宣行特赦,而减刑与复权均备。学者以大赦、特赦、减刑、复权,并列为四,胡不思之甚也。其余犹当区别者,大赦逢国家有大庆典时而一行之。特赦则遇有特别事故。无论何时,惟君主之命是从,且不必拘拘于法理,亦勿庸大臣之副署。

第七节　召集、开会、停会、展会及其解散议院

本节所谓召集、开会、停会、展会及其解散议院各项,皆属君上大权,然其意义,已说明于第三篇议会章中,故兹不赘述。

第五章　行政

行政作用至极繁多,故于国法学中,列为专科之一,所谓行政法是也。既有行政法以论述其详。则兹所研究者,行政之概要并须议会协赞之豫算而已。略举如左:

第一节　行政概要

行政者,于法规范围内,处理一切实在事务,而达国家目的之国权作用也。就此定义言之,则行政以法规为标准。凡行政之令行禁止,皆不能逸出法规范围以外。否则微不能收行政统一之效,而蔑视立法,互相冲突,其极必致危及国本。虽然,行政虽不能逸出法规,而于法规范围内亦得因其适用方法以留酌量之余地。方之司法,其于适用法规,而毫无权变者,自不可同日而语。何则? 司法虽以适用法规为目的,而其司法之行为,特限于民事、刑事,而行政则于民、刑外,举国家之实在事务,无一不归其处理者。独是国家事务纷繁,每月异而岁不同,设非稍假便宜,则何以应社会之需求,而合地方之情况。此行政之所以异于司法也,此行政之所以广漠而不乱,敏活而有本也。

就三权分立之原则而言,则行政属于行政机关之权限,有非其他机关所得而干预之者。然而由事实上观察之,亦不尽然。例如豫算、决算与募集国债,行政也,而议会得以议决之,承诺之。又如登记事务与非讼事件,行政也,而裁判所得以执行之,掌管之。然则三权非绝对无关系,而行政亦非绝对无参与,可不烦言而解矣。

有法规命令，有行政命令。法规命令属于立法，而规定法规之一种也。行政命令属于行政，而规定行政之内务也。是二者固决然不同，可勿赘述。单以行政命令而言，则有发自君主者，有发自机关者。发自君主者，为对于行政机关之指挥统辖也。发自机关者，为对于官职服务之分配办理也。盖行政之权限及其作用，原规定于法令，固非行政命令得而左右者。而行政命令之本质，亦不得以法规目之。不过于法规范围内命其为或法律行为及不行为，并规定事务处分之程度及其条件形式，如此而已。是故行政命令之效力仅及于内部，而非直接能及于第三者。何则？效力之能直接及于第三者，惟行政之适用法令有。然而行政命令，则否。此所以不能不严为区别也。日本副岛义一与德国拉榜德氏谓行政命令可分为一般的规定（即一般处分）及各个的规定（即狭义处分），又称此命令曰训令。以是观之，则行政命令之义意，益不待辨而自明矣。

凡行政之能，以一致而不乱，敏勉而有功者，此无他，有监督以临乎其上而已矣。监督者，政治上重要之国权作用也。上级行政机关有上级行政机关之监督，下级行政机关有下级行政机关之监督。上级行政机关之监督者，国权主体之君主也。下级行政机关之监督者，上级行政机关也。是故上级行政机关之行为，有超越法令，违反官规，及执行不当不要之事务者，君主得加以惩戒，命其赔偿，并发取消、停止之命令。下级行政机关之行为有超越法令，违反官规，及执行不当，不要之事务者，上级行政机关亦得加以惩戒，命其赔偿，并发取消、停止之命令。自下而上，层层节制，则司机关之任务者，兢兢业业，各尽乃职，互相劝勉，无或逾越。此所以政成事举而天下以治，生民以育。于乎行政监督之制，顾不重哉。

第二节　豫算

第一款　豫算之性质

夫以一私人、一公司，欲筹措资本，兴作事业。当其始初，犹不能不计量其经济，概算其出入。况一国之大、财务之巨、收支之繁，何独不尔。此国家所以有豫算制度也。虽然，亦有别，专制国之豫算，一任政府之自由，且行为诡秘，其出其入，人民不得而知之。而立宪国之豫算，则议会得而审查之、议决之，且收入之方与用出之途，皆宣示天下。俾共知共谅,毫无所隐。以是而言,则专制国豫算之性质与立宪国豫算之性质,其间相去远矣,乌可同日而语哉。虽然,此特就比较的一面观察之,犹未足以得豫算之真义也。夫豫算者,行政行为之一种,而君主对于行政机关之训令,及议会与政府之关系也。晰论如左:

第一,豫算者,行政行为也。

豫算一年一度,变更无时。单纯之行政也,非法律也。学者徒拘拘于协赞、裁可、公布之形式,以为豫算为法律而非行政。德国耶里奈克等倡之于前,日本副岛义一又从而推广之。其言略谓议会协赞,君主裁可而后公布者,法律成立之要件也。豫算亦同此形式,具此要件,故曰法律也。不知豫算之协赞,乃由欧洲租税承诺权发达变迁之结果,与协赞立法之本质,自有区别。若谓一经协赞,即为法律,则误而已矣。而君主之裁可公布,亦非专为法律而设。若谓一经裁可公布者皆属法律,其谬更甚何也。议会之有参政权也,各国宪法皆有明文。是协赞豫算者,参政权之一种也。君主为行政主体,凡一国重要之政务,必经裁可而后施行,是裁可豫算者,大权作用之一端也。不宁惟是,法律原则恒期永久,虽有修改,亦限于若干岁而一次耳。岂有同一法律,而年年协赞、裁可、公布乎? 则豫算之非法律,更彰明较著矣。美浓部氏谓豫算为国家将来收入支出之估计表,一木氏谓豫算为经理财政之要件,可谓得其本旨矣。夫世岂有以收入支出之估计表及经理财政之要件,作为法律者哉? 其亦不思而已矣。

第二,豫算者,君主对于行政机关之训令,又议会与政府之关系也。

君主以财务行政,属诸政府者,愿期收支适合,俾勿耗乱。而政府之能正确执行与否,则其责任不独对于君主负之,即对于议会亦有之。何以故? 以豫算为君主之训令,并须议会之同意故。然则豫算以君主之训令而后生,否则行政机关无遵由之本,且以议会之同意而后成,否则行政机关无收支之效。无遵由之本,则财政涣散,而不专无收支之效,则财源停滞而不理。以是而言,则豫算之性质可知矣。而学者不察,则其议论往往缺而不完,辩而不通。偏重君权者,曰豫算者,君主命令行政官之政务也,故虽议会不协赞,亦无碍于收支。此日本穗积氏、清水氏一派之学说也。偏重民权者,曰豫算者,议会委任行政官之事务也,故虽无君主之裁可,而豫算亦成立。此德国勒泠乃氏、苦那斯氏一派之学说也。是二者极端反对、互相驳击,皆非合乎中道。至求其不偏不倚,以切合于事实而不悖于法理者,在德国惟拉榜德之《豫算论》,在日本惟美浓部之《宪法篇》。盖此二氏者,其所主张大与予同。谓二氏之说,即推演予说焉可也。拉榜德曰豫算者,服务命令也。服务命令者,对于行政官厅内部之训令也。训令之发自君主者,君主宪法上固有之权能也。又曰豫算成立之初,必得议会之同意者,所以解除政府之责任于事前也;凡豫算外超过之支出必得议会之承诺者,所以解除政府之责任于事后也。美浓部曰豫算者,议会与政府之相对关系也,非共同行为也。所谓相对关系者,议会因政府提出之豫算案而可否之也,政府因议会证明之豫算案而执行之也。苟议会不议决政府提出之豫算案时,则政府得执行前年度之收支;苟政府无议会之证明而新为支出时,则议会得责问政府之违宪。又曰议会之于豫算,虽有证明、否决之权限,而无发布命令之能力。是故政府之所以编制豫算者,依君主之命令而循其职务也;政府之所以准此豫算以为其收支者,亦因君主之命令而被其拘束也。合观二说,辞虽不同,而其义则一。要之,微君主之命令而仅有议会之议决者,非豫算。微议会之议决而仅有君主之命令者,亦非豫算。惟二者兼备而后成其为豫算,而后成其为君主立宪国之豫算。

第二款　豫算议定权

在昔欧罗巴诸国,皆以代议士会之租税许诺权,为防御政府专横之武器。迨专制变而宪政兴,此制遂亦渐次变迁,至成为今日之豫算议定权。豫算议定权者,即宪法上所谓议会协赞豫算是已。然则协赞豫算,不过欧洲诸国历史沿革之一事实。而后起立宪,如日、俄等国,亦尤而效之。何也?大势所趋不得已也。虽然,豫算议定权规定之内容,亦有种种,从而较之,可大别为二:一曰英吉利主义,一曰法兰西主义。英国之收入支出,有以法律永续确定者与未确定者之别。凡以法律永续确定者,无须乎议会议决而自当然有效。若夫未确定而可随意变动者,议会始得议定之,采此主义者,日、俄、德、普等国是也。法国主义屡变不一,至西历一八六二年五月之法令,乃确定每年政府收入支出之总金额皆归议会议定。议会于是乎取得豫算议定之全权。采此主义者,西班牙、葡萄牙、瑞典等国是也。之二主义者,一则为制限的,一则为无制限的。然则吾国宪法规定之主义,二者必居一于此矣。《宪法大纲》有曰:"皇室经费应由君主制定常额,议会不得置议。"又议院法要领有曰:"君上大权所定及法律上必需一切岁出,非与政府协议,议院不得废除、减削。"以是观之,吾国乃取英国之制限主义,彰彰明矣。惟然,而豫算岁出岁入性质上之应制限议定权者,可得而进论焉。

第一,收入豫算议定权之制限

(甲)已定于法律之租税及其他经常收入金,议会不得废除、减削之。法律所定之租税及其他经常收入者,国家财政之基础也。豫算者,将来收支之统计也。若议会得废除、减削之,则失将来收入之根本,而供支出之财源竭矣。此等收入之所以宜加制限于议定权者,良有以也。虽然,议会对于此等收入,固不得有所异动,而政府于此等收入之实数,亦不得因议定权之有所制限,而不揭载于豫算。倘政府忽略之,或故为少数之揭载,又或故为多数之揭载,则议会以政府之蒙混,得诘责其非,以矫正其失。何则? 苟政府无瑕可指,则议会虽欲容喙,又安可得耶。

(乙)每年由国有财产所生之收入金及国库剩余金,议会亦不得废除、减削之。国有财产所生之收入金及国库余款,无论事实、理论,俱应归诸收入豫算,议会之不得废除、减削,亦固其所然。而亦有别国,有财产包括甚多,必除去卖却国有土地、矿山、铁道、森林之收入而后可。若此等最大有关系之财产,政府俄然卖却而不顾,且不准议会之置议,则议会协赞收入之性质荡然矣。故学者皆以为,凡卖却国有土地、矿山、铁道、森林之收入,议会当有废除、减削之权。盖废除、减削其入款者,即所以不表同意于卖却之举也。昔普鲁士于西历一八六五年因该政府卖却国有铁道,议会大起而争之。至一八六七年卒以法律设定议会协赞卖出国有铁道之规定,其事乃已。以是观之,国有重要财产之卖却必求议会之同意,而政府不得独专也明矣。讵得曰此行政权能也,立法机关乌容多事哉。

此外有一问题,即借外债与发行纸币之收入,议会亦得废除、减削与否是也。考之各国宪法,多无明文。惟规定有云,凡为增加国库负担之契约者,不可不经议会之协赞。然则借外债与发行纸币,虽可救一时急需,亦不得不谓为增加国库之负担。故以予之所信,则此等收入,亦宜与卖却国有土地、铁道等项收入,同一视焉可也。

第二,支出豫算议定权之制限

议会对于支出豫算之不得废除、减削者,其费目有四:一曰皇室经费,二曰继续费,三曰大权所定岁出,四曰法律所定岁出。皇室经费,由君主制定常额,每年自国库提支。除将来欲增加外,无须议会之协赞。

各国规定,大略相同。继续费者,如制造兴作,工程浩大,期以数年方能竣事。所需总额一经协赞,以后按年支出,议会即勿庸再事置议。大权所定岁出,多为发展国势、维持大局,其所支给,有亘及数年、数十年,或永续而有效力者。约略计之,不外设官、制禄、海陆军备及一切既订条约结果所应支出各款。此等费目至为切要,一有断绝,其何能国。故不使议会轻于废除、减削,而必待政府之同意者,盖此意也。法律所定岁出,其属于公法上之必要者,如监狱费、学务费,及偿还公债等项是也。其属于私法上之必要者,如国家以民法上之名义所结诸等契约,应归国库负担之款是也。此等费目,议会亦不得轻于废除、减削,必待政府之同意者,非减缩其议定权限也,盖以制定法律时,议会曾经协赞,虽不必再事议决焉可也。之四种费目者,每年虽亦列入豫算,不过对照收入支出,以供岁计之一览而已。若谓凡一列入豫算者,议会皆得自由议定,是亦误矣。

　　上列第一、第二两种费目,学者皆同一见解,固无异议。惟三、四两费目,因有议会非得政府同意不得废除、减削之语,故不能无所疑问。据日本副岛义一《宪法论》,谓学者之说,从来有三:其第一说曰议会者,指上下两院而言也。故仅以下院议决,不得要求政府同意,必通过上院而后可。其第二说曰不得废除、减削者,不惟不得议决。虽议决之,亦无效力。其第三说曰要求政府同意者,议决前之条件也。若已议决废除、减削,而政府不表同意,则是年度之豫算,必无望其成立。此三说,虽各有取义,而其理可通,故并存之。又美浓部氏谓岁出之切要而有永续性者,政府不得同意以为废除、减削。虽间表同意,亦必限于法律、敕令范围内,略加修正而后可。斯言也,中而不偏,合于情理,予亦赞同之。此外并有一疑问,即议会对于政府之豫算,亦得增加原案,而新设款项与否是也。考诸列国成例,除威敦堡外,其余皆无禁止明文,惟理论上与事实上均不许之。《威敦堡宪法》第百七十二条云:“凡出入款项之创设权专属国王,议院不得有所增加。”以此观之,则是议会议定权之制限,不独废除、减削,而新设出入款项,亦并及之也。

第三款　豫算案之编制

　　豫算案编制之法,各国无甚悬殊,兹揭其要点如左:

　　(一)豫算案以每年一度编成之

　　豫算案编成之制,因国而不同。小国每二三年一次,大国则以每一度为原则。而会计年度期限，亦各从其便，殊不一律。小国无论矣，大国如英、德、日，则自四月一日至翌年三月三十一日为一会计年度。法、墺、俄，则自七月一日至翌年六月三十日为一会计年度。美、意、西，则自一月一日至十二月三十一日为一会计年度。要之，会计年度之终期必接于议院开会之初日，夫而后政府之提案、议院之议决，乃适当其会而不踰。

（二）豫算以不分割为原则

收支之目虽千差万别，而豫算之制，则统括一国之总出总入而记载之，不得以一部一省之特别事项，而另案提出。所谓豫算不可分割是也。虽然，此原则也，而例外亦有所谓追加豫算者。追加豫算，各国宪法皆无明文，惟会计法规定之。然必限于豫算编成后，偶生不可避之事实。虽以豫备金全部支出而尚有不足者，则不得已为追加豫算之提出。至若非必要经费及不因法律契约以为新事业者，则追加豫算之法即不适于用也。

（三）一年度之总收入支出皆编入于豫算

豫算分收入、支出，而收入、支出更有经常及临时之区别。虽其间条分缕晰、节次纷繁，而统之以总结，则大数瞭然、规画自易。盖议会之议决，乃议决于大数，非议决于细目。而细目亦不可不具者，所以供本案之参考也。细目者，凡一年度之收入支出，皆网罗搜集，而举无遗也。

（四）豫算中须设豫备费

豫备费者，所以补豫算之不足，而充豫算外必须之费用也。据日本会计法规定，有第一豫备金与第二豫备金之区别。第一豫备金者，供豫算超过之支出也。第二豫备金者，供豫算外之支出也。然此等支出，虽曰豫算中所设之豫备费，而所以支出之者，实出于议会协赞以外，故至次会期不能不要求议会之承诺也。

第四款　豫算之效力

豫算有形式上之效力，有实质上之效力。形式上之效力者，一经议会协赞、君主裁可，政府对之即不得变更废止，议会亦不得取消变更，此列国所同也。实质上之效力，则原分二派：一置重于收入为主要，一置重于支出为主要。以收入为主要者，英吉利及模范英国法之诸国是也。以支出为主要者，法兰西及普鲁士、日本诸国是也。之二者沿革不同，故其结果自异。置重收入者，因其国豫算基于议会之租税承诺权也。

置重支出者,因其国征收租税不依于豫算而依于法律也。然则吾国豫算之实质效力,亦普、法、日本之类可知矣。何则?我国从来无租税承诺之沿习故也。既无租税承诺之沿习,则政府之征收租税也,不必以豫算为基础,而宜以法律为基础。既以法律为基础,则虽豫算不成立,亦无碍于征收。且不但无碍于征收租税已也,即由国有财产及国家营业专业所生一切收入,亦惟是依于私法上及公法上之名义而已,于豫算乎何与?盖政府非准据于豫算以为其收入,而实准据于豫算以为其支出也。夫准据于豫算以为其支出者,是即以支出为豫算之主要也。其效力如左:

(一)豫算既定款项不得挹彼注兹。

(二)不得节减此项费用,而供他项支出。

(三)豫算既定目的外,不得别有支出。若遇不得已而必欲格外支出者,可以豫备费充之。豫备费犹不足于用时,则提出追加豫算。

(四)一年度之豫算支出,不得充两年之费用。且不得以本年豫算既定之全额,充抵前年或翌年之支出。

第五款　豫算不成立

每当会计年度开始以前,豫算即应成立。倘不幸未及议决而会期已终,或因议院解散及两院意见不一以至不成立时,则将何以处之?此一问题也。考之欧洲各国宪法,皆无规定。故学说纷纷,莫衷于一。有谓无豫算则政府即不得为收支者,有谓无论豫算成立与否国家生活万不可一日休止者。惟日本有鉴于此而预防所争,故其宪法第七十一条云:"豫算不成立时,政府可施行前年度之豫算。"此可谓得其要矣。虽然,此特就前年度已有豫算案而言也。若夫宪法新颁,而前年度尚无所谓豫算案者,则除依宪法施行前之旧制,无他途也。难者曰,一会计年度之豫算不适用于次年度者,欧美学者皆同认之。信如子言,是置议会于无用之地位,而使政府得利用其例,故为豫算不成立之计画,以徒滥为收支,则年复一年,人民不堪其累,而国家之财政紊矣。不知一会计年度之豫算,不适用于次年度者,此原则也。若拘拘于此原则,而不特设例外,则政府因是以束手无策,致国家生活中断,濒于危殆,于此而欲政府之认其咎也难矣。故予谓豫算不成立而政府得执行前年度之豫算者,一则维持国本,一则属于政府之义务。故曰日本之规定得其要矣。若以为政府得利用其例,故使豫算不成,以徒滥为收支,此诚过虑之甚者矣。何则？政府果有是举，议会亦岂毫无对付之方哉。则至次会期，议决政府之不信用，而奏仰君主之英断可也。是其义也，吾宪法之规定，其亦有取于斯乎。

第五篇　国权基础

第一章　国权基础之意义

（一）有基，斯固无础不立。凡物皆然，而况于国权乎？国权如水，而基础则源泉也。国权如风，而基础则山川也。有源泉，故水以出。有山川，故风以生。有基础，故国权以存。是故水无源泉则不流，风无山川则不吹，国权无基础则太空冥冥不可得而名。且夫水之积也不厚，则其浮大舟也无力。风之积也不厚，则其乘大翼也无力。国权之积也不厚，则无从而奠安社稷、巩固邦家。是以欲水力之厚者，不可不浚其源泉。欲风力之厚者，不可不依其山川。欲国家权力之厚者，不可不植其基础。源泉浚则水力厚，厚则舟无不浮矣。山川依则风力厚，厚则翼无不乘矣。基础植则权力厚，厚则天下以治、四方以宁矣。且利用水力以浮大舟者，非源泉也，舟师也。利用风力以乘大翼者，非山川也，鹏鸟也。利用权力以立国于世界者，非基础也，君主也。舟师利用水力，当知源泉之可贵。鹏鸟利用风力，当知山川之可贵。君主利用权力，当知基础之可贵。基础者，臣民领土也。国权之于臣民领土，亦犹水之于源泉，风之于山川也。

（二）游牧无定之人民无领土，洪荒无主之土地无臣民。惟人民附着于土地，土地隶属于人民，而又有君主以临乎其上，夫而后谓其土地曰领土，谓其人民曰臣民。土何以领？以国权而后领也。民何以臣？以国权而后臣。以国权、领土、臣民，而国权非由外铄。领土、臣民，固有之也。以领土、臣民固有之权力，集中于君主，君主因而总揽之，操纵之，故曰领土、臣民，国权基础也。君主，国权主体也。而学者不察，或误以臣民、领土为国权客体，或误以领土、臣民为国权主体，又或误以领土、臣民为自然基础。择焉未精，比焉未当，故往往不能自圆其说。甚则，何以谓之客体？何以谓之主体？又何以谓之自然？而皆不明其义意、示其旨归。呜呼，此其所以为领土、臣民也夫。

（三）国权以领土、臣民为基础，宪法以国权而成立。基础藉宪法以为巩固，宪法因基础以为发达。盖基础存，则宪法斯存，基础灭，则宪法斯灭。故有有基础而无宪法者矣，未闻有宪法而无基础者也。是以宪法规定国权主体，而国权主体之君临天下者，以有领土有臣民也。宪法规定国权机关，而国权机关之分歧设置者，以有领土有臣民也。宪法规定国权作用，而一国之立法、司法、行政无不毕举者，亦以领土、臣民之故也。然则国权基础之于宪法也，其关系如此，其重要如此，其亦规定于宪法也宜矣。试分别论究如次。

第二章　臣民

第一节　臣民之意义及其地位

第一款　臣民之意义

臣民与人民有以异乎？人皆曰无以异也。臣民与国民有以异乎？人皆曰亦无以异也。不知臣民与人民、国民，泛言之虽无以异，切按之实有区别也。夫同居于一国，而服从于一国权，又同属圆颅方趾者，无论其籍于本国或籍于他国，莫不得以人民称，亦莫不得以国民称。盖人民、国民之义广，而臣民之义狭。譬有三人于此，一英人、一法人、一本国人，可泛然谓曰：之三人者，人民也，国民也。如曰是皆臣民也，则彼英人、法人者，必起而争之。何则？彼未臣服于我国，我何得以臣民加之。是可知人民、国民者，通称也，包括本国人与外国人而言也。外国人之于内国领土之关系也，非国家之关系也。本国人之于内国国家之关系也，非领土之关系也。领土关系之效力暂，暂则去其领土而关系遂绝。国家关系之效力永，永则去其本国而关系犹存。是以外国人之资格有二：就其滞留内国领土观，则为客民；就其服从内国国权观，则为齐民。客民者，明其滞留之义，与本国人民不同也；齐民者，明其服从之义，与本国人民相等也。而本国人之资格亦有二：就其参与政权观，则为公民；就其隶籍内国观，则为籍民。公民者，明其享有公权之义也；籍民者，明其固有国籍之义也。以是而言，则内、外国人之区别严矣。然则谓臣民者,狭义之人民、国民也。民而曰臣者,对于君主而言也。君主君临一国,而一国之人民皆永永尊戴之,故一国之人民,皆曰臣民也。

第二款　臣民之地位

臣民在国法上有种种地位。约而言之,则有消极地位与积极地位、有受动地位与自动地位。所谓消极地位者,臣民于国法范围内,得以自由行动。国家不命令之,亦不禁止之。故由放任一面而言,是臣民立于国法上之消极地位也。所谓积极地位者,国家为国家之利益,对于臣民得以命令之或禁止之。臣民亦以臣民之利益,对于国家得以请求命令之,或请求禁止之。故由干涉一面而言,是臣民立于国法上之积极地位也。所谓受动地位者何?臣民之行为有必待于国法者,国法以之行,则行之;以之止,则止之。行止皆非出于自由意志也,而服从国家权力也。故名此地位曰受动地位。所谓自动地位者,国家对于臣民付与或作用之能力,臣民即以此作用之能力,不必待于国家之命令而为国家活动之,故名此地位曰自动地位。由此四者观之,则臣民国法上之地位了如指掌矣。知乎此,方可以言臣民,方可以言臣民之权利义务。

第二节　臣民之权利

第一款　权利之观念

欧人以固有之特性,启民权之思想,开宪政之先河,垂立法之模范。而英吉利于西历一千二百十五年之《大宪章》、一千六百二十八年之《权利请愿》、一千六百八十九年之《权利典章》,固已震惊一世,而不可抑遏。殆美国之《独立宣言》、法国之《人权宣言》,由是臣民之权利保障,益形巩固。而列国立宪之思潮,亦从风而起。若夫比较异同,则英国权利之规定不过集其既成习惯,而美法则认为天所赋予而人所固有,故以抽象的声明,遂成一种立法原则。然而是三国者,观念虽殊,而确认民权则一,世皆奉为保障民权之法源,信不诬也。

权利观念学说繁多,择其要者以明斯旨。德国哲学大家黑古尔曰:法律者,人民之总意,而权利则个人之意思能力也。又罗马法大家威敦霞曰:权利者,法律所承讼之意思能力也。是二者同一意思说也,凡学者之所公认也。然而亦有反对之者,其言曰:以意思说而明权利一部之意义,则可以之明权利全体之意义,则不可不观夫法人与未成年者乎?法人对于本身之权利,原无主张之意思能力,而其所以主张之者,自然人也。未成年者，对于自己之权利，亦无处分之意思能力，而其所以处分之者，代理人也。意思能力既出于自然人、代理人，然则法人及未成年者皆非权利主体也。答曰：予之所言者，非心理上与物质上之观念，而法律上之观念也。以非法律上之观念，而解释法律上之所谓权利者，则误而已矣。夫法律上意思能力云者，由法律之所承认也。是以法人虽无意思能力，而即以自然人之意思能力认为法人之意思能力，未成年者虽无意思能力，而即以代理人之意思能力，认为未成年者之意思能力。法人与未成年者，法律皆认为有意思能力。是即认法人与未成年者，皆权利主体也。然则法律上之观念，乌可与心理上之观念相混同乎？亦乌可与物质上之观念相混同乎？其亦不思而已矣。

　　反对者又曰：意思能力可以为权利要素，而实非权利本质。权利本质者，利益也。利益所归属者，即为权利主体。故不必问其意思能力之果出于何人，亦不必权利主体与意思能力之主体相一致。主张此说之最力者，德国叶林古氏之《罗马法论》也。答曰：是说也，亦不独非法律上之观念，而并举法律学之根据，而破坏之。何也？法所重者，拟制也。拟制者，以非有而作有，以无名而命名。如认一切公司组合为私法人，认国家与地方团体为公法人是也。夫公司组合及国家地方团体，固非人也。而法拟之为有人格者，故曰法人也。法人与自然人，在物质上比较，原绝对不类。在法理上观察，则毫厘无殊。是以法认自然人有意思能力，为权利主体，亦认法人有意思能力，为权利主体。此必然之效也。且夫意思能力之主体与权利主体，非可分离也。苟分离之，则意思无目的而权利无手段，必致两皆空虚，毫无实据，各自独立，互不相关。于是而欲统一法理造成法治，不亦难哉。譬有公司于此，因债务之故，对于一私人提起诉讼。夫公司无形体之物也，焉知诉讼之为。其所以出而诉讼而对质者，自然人也，自然人之意思能力也。然自法上观之，惟知有公司而不知有自然人，惟知诉讼出于公司之意思能力而不认出于自然人之意思能力，及其诉胜而获利也，亦惟知属于公司而无与于自然人。非果无与于自然人也，法之拟制则然也。然则意思能力之主体与权利之主体，苟非认为一人，是显违法理，而难乎其为裁判也。所谓破坏法律之根据者，此其一。又不观夫国家乎？其对于外也，或订约或战争，而世不曰两国君民之订约、战争，而曰两国国家之订约、战争，此国际法认国家有意思能力，为权利主体之一明征也。其对于内也，定法律,施政治,而世不曰君民之法律、政治,而曰国家之法律、政治,此又国内法认国家有意思能力,为权利主体之一明征也。不然,信如反对说,则国家为权利主体,而君民为意思能力之主体,是又显违法理,而置国家于无足轻重之地位也。所谓破坏法律之根据者,此其二。

以上所言,乃就意思说而推明其意义者也。然而日本副岛义一及美浓部达吉又取斯说,而变通之。副岛氏曰:为自己之利益作用之意思之力者,权利也;为他人之利益作用之意思之力者,权限也。申言之,即权利者,法律因一定之人格予以为其固有利益之意思之力也。又美浓部氏曰:权利者,主张自己利益之意思之力,且因法认之,而始存在也。此二说,在日本法学界中,久已脍炙人口,似勿庸再疑者。然以予之所见,则权利者,人类自然之事实,而以法条理之保护之者也。何则?天地既生人类,即不能不予以维持生存之方法。维持生存之方法者,权利也。苟无权利,则人之类灭久矣。是故人生权利,初不待法之承认,而固已有之。然而权利虽人所固有,无法以条理之,则淆乱而不均,无法以保护之,则侵夺而不厌。是以古之圣人,因其自然之事实而规定之于法。夫而后权利之淆乱者,因以归于条理,权利之被侵夺者,因以得其保护。故谓是权利曰法律上之权利。然则宪法上之所谓臣民权利者,义在斯乎!义在斯乎!

第二款 公权与私权之区别

权利者,公权、私权之通称也。公权、私权者,权利之分类也。私权规定于私法,立于对等地位者,互相之权利也。公权规定于公法,立于不对等地位者,共同之权利也。何谓对等地位?法律关系之当事者,为私人与私人是也。何谓不对等地位?法律关系之当事者,属于国家与臣民,又公共国体与私人是也。国家对于私权当事者,无关系惟立乎其上而保护之。保护之法曰裁判所,以平其私权之诉讼也。然国家亦有时为私权当事者,但此时之国家必一面退居于私人同等之地位,而一面仍为保护者。盖以维持私法统一之效力故也。而公权则反是。公权存于国家,其所以付与于臣民者,以公共利益为目的,不以个人之故而特创之。即有时属于个人,亦必同时适合于公益而后可。盖公权在公法上之位置,异于私权之于私法。私法规定私权,悉以私权为中心。故谓私法为关于私权主体、客体及其得丧之法,可也。而公法规定公权不过附带之一部分,非甚重要也。故谓公法为关于公权主体、客体及其得丧之法者,则误而已矣。何也？私权与生俱来,法之所认也,公权则否。公权者,必待于国家之付与,而后发生者也。

第三款 公权之种类

宪法,公法也。宪法所谓臣民之权利者,公权也。公权之种类,非宪法所能网罗无余。而宪法之所定者,特就宪法保护者而言耳。宪法以外所规定于其他公法者,则不在此限也。然则宪法上之公权,其种类如何？考诸学者论著,除清水澄列举而不分类外,余如美浓部达吉、副岛义一等,皆三分为参政权、请求权、自由权。夫分类较优于列举,固不俟言。而以参政权包括文武官吏及议员等,亦有未合。何则？文官中,惟行政议政者可云参政。他如司法官及司法行政以外各官,皆不得以参政名。文官犹然,而武官之非参政,更可知矣。且其谬尤不止此。夫所谓臣民者,指自然人而言也。文武官吏及议员者,公法人格也。参政者,非自然人之权利,而少数公法人格之职务也。自然人之权利者,公法人格之位置也。易言之,即臣民之权利,为文武官吏及议员之位置,而非参政。参政乃少数官吏及议员之职务也。以是而言,则宪法上之所谓臣民权利者,其义不待辩,而自明矣。试分别论列如左：

第一项 公法人格权

公法人格权者,公权之一种也。凡本国臣民,不限门阀,不分贫富,不论宗教,不别人种,但有合于法令规定之资格者,国家均付与之。所谓资格云者,有种种之制限,然约而言之,或限于年龄籍贯,或限于专门学识,或限于勋劳人望,或限于品行德业之数者。一经国家选察,即量分种类,予以斯权。然而亦有别公法人格中,有文武官吏,有议员,有选举,有诸种公职。文官包括司法、行政及其他官吏,武官包括陆海军将校,议员包括帝国上下两院议员,选举包括议院选举及地方自治团体一切选举,诸公职包括地方自治议员、吏员及议绅、教员等。品级虽有高下,而皆规定于公法。权利虽有差等,而皆受之于国家。所谓被动的而非自动的也。被动的者,明其付与之意出于国家,而臣民自身无请求之自由也。

第二项 自由权

臣民之自由权云者,非自然法学者所谓国家以前之天然自由,亦非生理学上所谓身体之动作自由,而以国家法律所规定之自由也。盖征夫列国规定之起源及其目的,英国臣民之自由权,以权利及自由之宣言而后承认。美国臣民自由权,以《独立宣言》及宪法之成立而后确定。法国臣民之自由权,以人权及公民权之宣言而后大明。但英美之目的,则在于除去旧日之恶制限,而并防国权之无故侵扰。法国则不然,法以臣民之自由权属于天赋,即以此为国家及法律之基础。之二主义者,骤观之,则法以根本为重,而英美则近于枝叶。细研之,则各因其历史上之事实,以造成一般之心理。欧洲大陆及日俄诸国,所以不取法于法兰西,而取法于英美者,良以此也。我国之历史事实,与法绝不相类。故规定自由权之目的,亦近于英美而同于日本者,此自然必至之符也。

欧洲自由权之学说,如德国拉庞德、栽德耳之《国法论》,耶里奈克之《公权论》,皆以宪法上之自由权,惟规定国权作用之界限,而非臣民之权利。日本学者驳之,以为谬误。以予所见,则两有可取。盖由国权作用一面观之,则自由权为制限国权之明文;由臣民一面观之,则自由权为臣民权利之规定。故其结果,则国家对于个人之自由负有不加侵害之义务,臣民对于国家之国权取得防止侵害之能力。不加侵害者,保护个人之自由范围也。防止侵害者,请求国家之救济诉愿也。然个人之自由范围,非止于宪法条文之列举,而臣民之救济诉愿,自有行政各项之法规。知乎此,则宪法上之所谓自由者,其概略可睹矣。试申论列之:

第一,言论、著作、出版之自由

思想之蕴蓄于中者为意志,发表于外者为言文。意志之善恶,有非他人所知。而言文之影响,则直接中于国家。惟意志非人所知,故法律亦不过问。惟言文影响甚大,故法律必从而范围。范围者,自由之限界也。我《宪法大纲》云:臣民于法律范围内,有言论、著作、出版之自由。意即此欤。且夫言论、著作、出版三者,催进文明之利器也,而宪法假之以自由。自由云者,从我所欲而外界无干涉之谓也。虽然,思想各异,发表尤殊。言论者,未必皆善道。著作者,未必皆名言。使漫无范围,则或伤风败俗,紊乱治安,其危害有不可胜言者。故国家对于其利益之方面假之以自由,即不能不对于其危害之方面,而加之以制限。一则以宽,一则以严,立法之善有如此者。虽然,言论云者,或演说于会场,或讲述于学校,或走告于沿门,宣诸予口,而入人耳,其不背于法律与否,闻者自能辨之。至著作,则与出版相连续而制限之规定,亦主义各别。从而计之,其种有三:一曰检阅主义(又曰事前许可主义),二曰呈报主义(日本谓之届出主义),三曰刑罚主义。所谓检阅主义云者,于出版之前呈请地方官核准,然后印行是也。所谓呈报主义云者,仅于出版时将其著作名称、宗旨呈报于地方官是也。所谓刑罚主义者,勿庸检阅、呈报,但有违反法规者,即科以刑罚是也。第一主义近世已无行之者,第二主义惟适用于报章杂志,而不适用于诸科学论著。第三主义则文明各国皆承认之。我国除报律外,余亦应有规定。然以新刑律草案第二百十六条(即凡依文书、图画、演说或其余方法公然煽惑他人犯罪者,从左列分别处断云云)观之,则我国所取主义亦与第三吻合。此盖世界一般之倾向,有不期然而然者矣。

第二,集会、结社之自由

凡人不能无同志,有同志不能无会合。或为商榷公益、私益,或为研究政治、百科,或为时节怡乐、游览,同志之事不一,而会合之时尤多。苟国家一一干涉,不能因其所志而予以自由,则其抑郁之气横结于中,其极必致有溃决之一日者,此欧洲各国之经验,所以不能不假以会合之自由也。会合之法有二:曰集会,曰结社。凡臣民以一定之宗旨,临时集众、公开讲演者,集会是也。凡臣民以一定之宗旨,合众联结、经久存立者,结社是也。但有宜区别者,祭葬迎神赛会,非集会,地方自治与家族团体,非结社。何以故? 以其会合之人数虽多,而无共同目的,故不特此也。仅有会场之形式,而会员未聚合开会者,亦不得谓之集会。仅有一二次会合,而未立一定之事务机关者,亦不得谓之结社。何以故? 以二者之性质未符合于法定故。虽然,集会、结社之自由,国家固承认之矣。然一切放任,则亦不可。何则? 脱令其自由过甚,恐间有图谋不轨者,一旦变生意外,小则殃及一方,大则危及全国。是以防微杜渐,而宪法有自由范围之明文也。自由范围者,法律也。法律规定之主义,各国互有异同。就我结社、集会律观之,则其所采之主义有三:一曰核准主义,二曰呈报主义,三曰放任主义。核准主义专适用于政事结社,呈报主义专适用于政论集会,其余则概以放任主义括之。然而例外亦有,与政治无涉之集会、结社,亦须呈报者。如凡于室外道旁集众开会,或整列游行为习俗所罕见者,及地方官认为维持公安起见者是也。虽然,不止此也,而会员亦有制限焉。凡政论集会,非本国人不得倡始。政事结社,非本国臣民不得列入。且是二者之会合臣民中,亦有因身分之制限,不得为会员者即:(一)常备军人及征调期间之续备后备军人,(二)

巡警官吏,(三)僧道及其他宗教师,(四)各项学堂之教习学生,(五)男子未满二十岁者,(六)妇女,(七)曾处监禁以上之刑者,(八)不识文义者是也。他如携带军械凶器,滋生事端,妨害风纪,在在皆有制限。至于秘密结社,尤严加禁遏,违者处罚有差。以上规定,仿之日本治安警察法,殊无大异。惟其中有不可解之一端,而为他国及日本所无者,即其第十条所谓凡政事结社人数以百人为限,政论集会人数以二百人为限是也。将防政党发达耶?则政党为立宪国之产物,不可得而防也。将防人多势大而官力不足以制之耶?则宗旨正大者,虽数万人为一团体亦无所碍。不惟无碍而已,且于社会之生存智识之增进大有裨益也。苟无一定宗旨或宗旨邪曲,而秘密活动者,虽数人数十人,亦大危害,岂必待百人二百人而后作哉。然则是条之规定,不啻画蛇添足矣。不惟无益,而反予臣民以口实。且臣民亦岂无遂其自由之方乎?如第四条所谓设立分会是已。然社虽分,而宗旨未分,人心亦未分。故曰制限人数者,实无益之规定也。设有益焉,则日本之治安警察法,何独阙如耶。

第三,身体之自由

臣民之身体,何以自由?以其无逮捕、监禁、处罚也。逮捕、监禁、处罚者,为制限臣民身体之自由而设也。然则官司对于臣民之所以为是逮捕、监禁、处罚者,非官司得以自由也,遵法规而行其职务也。苟臣民亦遵守法规而不犯,则彼逮捕、监禁、处罚,何为乎来哉?倘无故而加之,非我罪也,官司之侵犯自由也。官司侵犯自由,官司之违反法规、滥用职权也。官司滥用职权以蹂躏民权,官司不得辞其责,而民得请求国家之保护以矫正其非违也。宪法规定云:臣民非按照法律规定,不得逮捕、监禁、处罚。有旨哉。夫按照法律云者,不独臣民之行为,必按照法律规定之犯罪而后谓之犯罪。即犯罪矣,亦不能不按照法律上之规定而后逮捕、监禁、处罚。脱令罪不致于逮捕而逮捕之,罪不致于监禁而监禁之,又或处罚之分量轻重倒置,是该官司之不按照法律而蔑视宪典也。官司而蔑视宪典,臣民有所藉口矣。

逮捕、监禁、处罚之种类范围,规定于刑法、刑事诉讼法及警察法等,兹不细述。惟处罚一语,有不能不区别者。以广义言之,包括刑罚、警察罚、惩戒罚、行政执行罚;就狭义言之,惟指刑罚、警察罚二者。然而宪法之所谓处罚者,属于广义乎?抑狭义乎?学者论据多不一律。以予观之,则狭义也,非广义也。何以故?以数者之性质有不同焉故也。刑罚、警察罚者,国家对于一般臣民违反义务之制裁也。惩戒罚,则国家对于官吏之违反服务秩序者所科之罚则也。而行政执行罚,则国家对于特定之人命以特定之行为或不行为,有不从者,科以特定之罚则是也。以此观之,则宪法上之所谓处罚,非对于官吏,非对于特定之人,而对于一般臣民彰彰矣。何则?臣民云者,指一国之人而言,非指官吏及特定之人而言也。既指一国之人,则其犯罪处罚,亦自宜以一国臣民共通之制裁。共通制裁,即刑罚、警察罚也。刑罚、警察罚者,狭义之处罚也。

第四,所有权之自由

所有权云者,谓臣民对于自己所有财产之动产、不动产而有使用、收益及管理处分之能力也。所有权之自由云者,谓臣民对于自己之财产,以自己之能力,得以自由使用、收益、管理处分,而国家之权力不得有所干涉也。其所以规定于宪法者,保护之也。吾《宪法大纲》云"臣民之财产无故不加侵扰",即此意欤。夫所谓无故不加云者,即有故而加之之反面也。有故之义广矣,使毫无范围,则官司易于藉口,而宪法保护之明文徒虚语也。是以日本及他国,皆限定于公益。如果因公益而有不能不加以制限或收用者,必依法规而后可。然则我所谓无故云者,即无公益上必要之故也。所谓有故云者,即有公益上必要之故也。惟有公益上必要之故,而后可以侵扰。侵扰之义有二:一曰公用征收,一曰保持公安。公用征收必偿还其代价,如因建筑营垒、铁道、官厅以收用其土地,及过遇军用缺乏以征收其谷米、家畜、布帛等是也。保持公安,有须给价者,有不必者,宜于临时评定。不必给价者,如因消防火灾以拆毁其房屋,因驱除传染病症以烧弃其有毒物品及扑杀其牛马犬乘等是也。然此等举动,须按照法规所定,不得任意为之。否则,以使害自由论兹之。所谓法规者,仅包含法律及紧急诏令,而各官司之命令不与焉。何也?如各官司皆得发处分臣民财产之命令,则其弊不可胜言矣。

第五,居住之自由

居住之意义,不独指永久居住,即暂时居住,亦包括之。又不独指固定居住,即流动居住,亦包括之。永久居住者,家族共同生活之本据也。暂时居住者,商场、旅舍及寄寓之所也。固定居住者,不能移动之房屋也。流动居住者,舟车也。宪法云:臣民居住,无故不加侵扰。所谓不加侵扰者，非恐损害其财产也，非恐妨碍其身体也，为保护其居住安全之自由也。虽然，此原则也，而例外依于法律之规定（刑事诉讼法、行政警察法及行政执行法等）亦有时而许侵扰者。侵扰之种别有二：一曰搜索，一曰侵入。搜索之目的，犯人及赃物也。侵入则因行政上一时之权宜，如因公共卫生之检查及驱除危害等是也。搜索因乎紧急，故可突然侵入，侵入必先告语。是二者同一侵扰，而性质各异，不可不察也。虽然，搜索也，侵入也，国家之权力也，法律所规定也。苟行政官吏滥用其权力，或违反法律之规定，则被其搜索、侵入之臣民，得赴诉于官司，以求其伸理。非好事也，遵宪典而保持自由也。

第六，迁居之自由

凡在法治完备之国，自足以禁奸备盗。故无论内外国人，均准其自由迁徙。所谓自由者，或自外国而转居于内地，或自内地而转居于外国，又或自山林而之都市，自东北而之西南，无方无地无暂无久，移转择定，惟其所欲。然而亦有别。内国人之迁居自由者，臣民应得之权利也。外国人之迁居自由者，国家法律之认可也。且国家对于内国人，不得因犯罪之故，自甲地而放逐于乙地，亦不得自本国而放逐于他国。而对于外国人则不然，如有妨害安宁秩序及不能自营生活者，得逐出于境外，或送还于其国。送还者，国际间之事也。是故他国对于我国所送还者，他国有不能不受取之义务。而我国对于他国所送还者，我国亦有不能不受取之义务。何则？本国臣民也，不受取，将焉处置？虽然，此原则也，而亦有例外焉。如因公共卫生豫防危险，或为救护贫民收留养育，则限定区划，禁其转徙。其他属于警察目的，亦有随时驱遣，不准逗遛〔留〕者，如言行奇异、骇人观听及污秽乞丐、诸色浪游人等是也。但此等制限，必依法律而后可，非从有司之好恶也。至于现在兵役及官职者，其所受制限与一般臣民自有区别。盖军人之制限，自有营规，官吏之制限，自有官规故也。

第七，营业之自由

营业者，臣民所以谋生活也。随其性之所近而为之，从其利之所在而趋之，则心恒而业自专，食足而风自厚，此国家予以自由之至意也。然例外亦有制限者，如民法、商法及行政、警察各法关于营业之诸种规定是也。此项自由之明文，欧洲宪法皆有之，惟日本阙。如我国《宪法大纲》，亦未采取，说者谓惯习上有此，何必见诸条文。不知惯习上所有者,岂独营业耶? 所谓住居、迁居、财产等,何一而非旧日所有之事实耶? 若以为旧日所有之事实,即勿庸规定者,是素人之见解也,而非法学家之所敢知也。

第八,宗教之自由

泰西臣民之得宗教自由也,不过近二百余年事耳。而我国臣民之得宗教自由也,其所从来远矣。然则我国今日之制定宪法,无此规定可乎? 曰不可。何则? 宪法者,所以保障臣民之自由也。苟不立此一条以表白于天下,则奉教者以为国家有排斥之意,而疑虑以生。而不肖官吏,亦以为宪法无保护之明文,从而蹂躏之,抑制之,则宗教之案件,自兹起矣。或者曰:中国自来无此问题焉,有立宪以后,反多事者。不知未立宪以前,从其习惯,殊无他虑。一经立宪,则事事以法律为根据,根之不存,余何足言。则谓臣民宗教之自由,国家得随时制限之也可,国家不承认之也亦可,为国家剥夺之也亦无不可。今中国臣民,除少数有识者外,余莫不甘心于宗教。或入于佛,或入于老,或入于回,或入于耶苏天主人。于彼而出于此,入于此而出于彼,其出其入,日无宁晷。有司者志其大,而忽其微,故若未之有闻者。而臣民宗教之内部,则尊之无上,崇之无极,一若非信教不足以生活,而为人类以立于天地者,是故善立法者,目光四射,顾虑必周。苟此而不察,付诸阙如,则其余可知矣。故曰吾国之宪法,万不可少此一条也。

宗教自由之规定于宪法者,原则也。而其实例外,亦有当制限者。兹先明其自由之趣旨,而后详其制限之要点。

(甲)宗教自由之趣旨有三:一曰实质上之自由,二曰形式上之自由,三曰资格之保持。所谓实质上之自由者何? 无论何人,愿入何教,准其自择,或出此入彼或全不信仰,国家均不过问是也。所谓形式上之自由者何,无论何教,因其信仰之行为,或单独礼拜,或集合礼拜,或修炼于其家,或祈祷于其野,或讲经于寺庙,或演说于街衢,又或因布教而开坛,又或因持斋而立会,国家对之,亦全无干涉是也。所谓资格之保持者何,无论信仰何教,臣民固有之资格不因是而有变动。易言之,即凡臣民应享之权利,不得因信教之故剥夺之、减少之,而使其有向隅之叹是也。

(乙)宗教制限之要点亦有三:一曰害治安之制限,二曰紊秩序之制限,三曰背臣民义务之制限。所谓害治安之制限者何? 如信徒以团结之势力争教义之是非,群起角斗,骚扰闾阎是也。所谓紊秩序之制限者何? 如行使邪术,败常乱纪,强人进教,妨碍卫生及以教规为口食,而不遵从官厅之审判是也。所谓背臣民义务之制限者何? 如臣民有当兵之义务,不能因信教而拒绝征兵。有纳税之义务,亦不能因信教而拒绝纳税。他如不忠于君主,不遵其法令,则按律治罪,无称宽假是也。

第九,书信、密秘之自由

书信者,个人与个人间传达意志之媒介也。密秘者,国家准其直付邮递,不拆阅其内容,不泄漏其姓氏,而得以密秘往复是也。许臣民以自由者,利其谋生之计,遂其交通之情,俾无窒碍,无隔阂是也。虽然,此原则也。若遇国家事变及军务紧急之时,亦得拆视而检查之。盖恐奸细通谋,及泄漏军机也。然则所谓书信者,单指封固之书翰而言欤? 抑不仅此欤? 学者解释互异。予谓除广告外,一切电报、邮片、小包等,亦包含之。何则? 凡此皆归国家经营之业故也。本项意义,邮便法中亦略有规定。然必载入宪法者,所以示国家保护之旨也。

第三项　请求权

保护臣民者,国家之义务也。请求国家者,臣民之权利也。无保护则不生请求之问题,无请求则不见保护之作用。就国家一面而言,则先有保护之规定,然后臣民从而请求之。是国家立于使动地位,而臣民立于被动地位也。就臣民一面而言,则先有请求之事实,然后国家从而保护之。是又臣民立于自动地位,而国家立于被动地位也。更进以观,则国家予臣民以请求权者,因恐保护未周,而俾其自行赴诉也。而臣民之所以出于请求者,因自身之利害自不能决定之,而国家又不能闻见而知之,故沥陈下情以求助于国家。譬赤子之于其母,而有苦必号是也。然则其请求之种别如何,列举于左:

第一,诉权

诉权分为三:一曰司法诉讼,二曰行政诉讼,三曰诉愿。所谓司法诉讼者,臣民因民事或刑事之案件而请求于审判厅之审判是也。但臣民之为是请求者,必循法律规定而履行之。而审判亦不许别设委员,或移于非司法之他种机关。所谓行政诉讼者,对于官厅之违法处分而请求于行政裁判所之审理、判决是也。所谓诉愿者,臣民因行政官厅之处分,认为不当或侵害其利益者,而请求于其上级官厅,对于该处分取消之或变更之是也。此三者,诉权之大略也。但有宜注意者,行政诉讼与诉愿不可不区别耳。行政诉讼必对于官厅之法律处分,有违反法律者始可提起;诉愿则不问其为依法处分或裁量处分,但认为不当者,均可提起。其区别一也。受理行政诉讼之机关为行政裁判所,而受理诉愿之机关为行政处分官厅之上级官厅,其区别二也。行政诉讼以行处分或裁决之官厅为被告,否则无效;而诉愿则无须乎被告,但请求其上级官厅之取消或变更其处分,其区别三也。凡此者,皆就平时而言,所谓原则也。若遇国家事变及战争时,亦得依特别方法处理之,所谓例外也。

第二,请愿权

请愿云者,臣民为全体或一部分之利害关系而请求于国家之行为或不行为也。试略陈其义如次:(一)请愿属于臣民最重要之权利,而立宪国所宝贵也。其制起于英、美,各国均承认之而载在宪法者。故我国宪法亦不能不立此一条者,亦势所必至也。(二)请愿之为首者,臣民集合团体所公举之代表也。受理请愿者,君主、议院、政府及各省督抚也。他国臣民之请愿于君主者,可直接达之。我国自来臣民皆得上封事,即请愿于君主之意,然必由通政司转呈,并有请都察院代奏者。此后如何,必须规定。(三)请愿于君主之事件,必有关于全局或重大者。请愿于各部之事件,必因其所管辖之部分,以为其范围。请愿于议院之事件,除不干预于司法及行政裁判者,余皆得为之。请愿于督抚之事件,则凡本省以内所有者,皆得为之。(四)请愿者宜守相当之敬礼,其形式必出之以温和而可哀,其文辞宜庄重而达于理。倘倨傲激烈,则受请愿者得却下而不顾。(五)受请愿者,查臣民之请求属于自己之权限,而又合于礼式者,有受理之义务。但照准与否,臣民不得反抗。(六)请愿书之辞意,除不得侮辱朝廷及有司外,凡法规之废止、变更或行政事务,一切利害均得痛切陈之。以上数者,请愿之概略也,亦各国之通义也。然而请愿及诉愿区别之点,亦有不能不说明者,其要凡五:(一)诉愿无论一人或数人均可。而请愿非最多数人之集合体,则不许之。(二)诉愿不问为一私人或众人之利益,均得为之。而请愿则限定为一国或为一部分之共同利害。(三)诉愿惟对于行政官厅为之,不得及于君主或议院。而请愿则限于君主、议院及各部、各省督抚。(四)诉愿对于官厅之处分,以是认取消、变更为目的。而请愿则对于法规、行政事务,以废止、变更及创设为目的。(五)诉愿必先经过该处分之行政官厅,如不允所请,始能赴诉于其上级监督官厅,而请愿则否。总之,诉愿与请愿之性质,有绝对不容相混者。立宪国之臣民,其可忽诸。

第三节 臣民之义务

第一款 义务与权利之关系

有权利不能无义务,有义务不能无权利。权利因义务而始生,义务因权利而后发。世未有坐享权利而不尽义务者,亦未有虚尽义务而不获权利者。是故权利与义务相对待,而义务不可与权利相分离。以大凌小、以强并弱,非所谓权利也,恃其力也。奴之事于主,物之役于人,非所谓义务也,迫于势也。白昼之日光、太虚之空气,取之不竭,用之不尽,如是者,谓之权利乎?曰似权利,而实非权利。天地之自然也,长他人之长,急他人之急,劳而不怨,与而不惜。如是者,谓之义务乎?曰似义务而实非义务,道德之本质也。盖法学不明,而世之昧于权义者多矣。摩顶放踵,利天下为之,是只知有义务而不知有权利也。拔一毛利天下而不为,是只知有权利而不知有义务也。知有义务而不知有权利,其失也,流而为迂。知有权利而不知有义务,其失也,流而为独。迂则厚于众而薄于己,其终也人存,而己亦与之俱存。独则不足以合群而为治。其终也人亡,而己亦与之俱亡。平心而论,其可以执而告人者,其惟重视义务而轻视权利者乎?虽然,是非所论于法律上之权义,且非所论于私法上及公法上之权义。何也?法律上之权义,其性质则连续而不分也,其程度则衡平而有定也,故所享权利多者,其所尽之义务亦因之加多。所尽义务少者,其所享之权利亦随之而少。时而多焉,时而少焉,视乎其人其事而已矣。且夫私法上之权义者,生于对等之关系也。公法上之权义者,生于不对等之关系也。对等者,全部对于全部也。不对等者,分子对于全体也。是义也,予既以之说明公权与私权者矣。而公私之义务,亦何独不然。夫宪法,公法也。故宪法上规定臣民之权利为公权者,而规定臣民之义务亦公之义务也。公之权利与公之义务相须而相成也。日本笕克彦博士曰:权义者,规律之合成意力也。岂非然哉!岂非然哉!

第二款 公法上之义务

第一项 服从国权之义务

臣民一面为国权基础,一面立于国权之下。故国权命之曰行,则行之。国权命之曰止,则止之。国权之令行禁止者,非为私也,欲达国家目的也。夫欲达国家目的之事亦多矣，约而言之，则国权作用是已。广义之国权作用者，立法、司法、行政也。狭义之国权作用者，大权也。是数者，规定之于法律、命令，人皆见而知之矣。见而知之，而即服从之，是即臣民之义务也。臣民以是义务而对于国家，非客观的而主观的也。所谓主观者，不待谋之于人，不必疑之于心，视其国权所到之处，即其服从所到之处。国权终古不变，而服从亦终古不改，副岛义一所谓以单位之服从而服从之是也。人人皆以单位而服从之，则天下无不服从之人矣。天下皆服从于国权，是之谓一心一德。以此一心一德而统之于国家，则国家目的未有不达者。既达目的，则国家以固，而臣民以安矣。虽然，亦有当注意者。国家之颁一法出一令也，必有一发表之形式，以为臣民服从之标识。苟形式已具，可不必问其规定之实质如何，而绝对有不能不服从者。何也？臣民非得立于国权主体及国权机关以上，而决定其法令之当否也。故虽有不当，亦惟是依乎法定之次序，而出于请愿或诉愿或讼诉之行为，以求其庶几改之而已。不然者，或为之拒绝，或为之抵抗，则臣民之道失，而违法之罪大矣。至若机关越权，形式欠缺，伪作法令，贼害生民，则从之适足以乱法，违之不足以自保，于不得已之际而为正当防卫之举，亦法律之所许也。盖服从义务者，公法上之义务也。法令者，天下之平也。不公不平而滥用国权，民何以服之哉。虽然，臣民之服从于国权者，概括的义务也。而于概括之中，以求其要，而必别为论究者，其惟当兵、纳税乎。列之于左云。

第二项　当兵之义务

宪法所谓兵役者，谓人人为臣民，即人人宜捍卫国家。易言之，人人皆有当兵之义务是已。人人何以当兵，为维持国家之生存也。国家一日不生存，则臣民一日不得安。世界各国所以孜孜焉，以从事于陆、海军者，良以此也。然则臣民之兵役也，非依法律之规定恶乎可。法律规定之主义，各国不同。有取强制主义者，有取任意主义者。前者谓之国民皆兵，俄、德、普、法、日本诸国以之，后者谓之临时征募，英、美各国以之。我国现行之制，虽亦试办征兵，徒以风气未开，民之知尽义务者尚属寥寥，故未可遽然断行。然不断行，使人人皆兵，则国家之势力，终不克振。故图久远而立国于天地者，强制主义之必不可不行于将来也。

第三项　纳税之义务

臣民者，组织国家之团体员也。而国家之经费，不能不取之于臣民，此自然之势也。惟是国家经费之取诸民者，非无制限也。制限以何为标准？规定之于法律也。苟不按照法律而任意增收之，则民不堪命矣。然则规定之于法律而取之者虽不一其途，而其所以为收入之基础者，则纳税是也。纳税之制，以公平正义为原则。倘对于此而征之，对于彼而免之，又或某也以之轻减其负担，某也以之加重其收纳，则不演出欧洲昔日平民、贵族之交争，而危及国是者，未之有也。然而亦有别。如遇不可抗力之天灾，而五谷不登，饥馑洊臻。虽暂豁免一部分之义务，亦事实上之所必有者。我国数千年来，即有此制。今当立宪，若一经新定，法律更改，则税额亦自有变更。否则悉仍照旧输纳，不必问臣民之愿否，而国家自有强制力也。虽然，议院既立，以议院之权限，亦得从而议之也。

第四节　国籍

第一款　国籍之意义

第一，国籍者，区别内外国臣民之限界也。

有人于此，衣吾衣，食吾食，居吾居，语吾语，是可以断其为内国人乎？曰未也。外国人之游于吾国，而习吾之衣食住，以操吾之语言者，所在皆是也。有人于此服他国之服，食他国之食，观其貌也亦不类，聆其言也亦不同。是可以断其为外国人乎？曰未也。内国人之客于他国，娶于他族，其所生子女长而后归者，不一而足也。然则内外国人之区别也，将以何者为限界乎？曰有国籍。在国籍者，臣民隶属于国家之登记也。因乎登记，而定乎其籍。则无问其言貌、衣食之或同或异，而内者自内，外者自外，人焉廋哉！呜乎，自世界交通，熙来攘往，朝秦暮楚，出入自由。苟无国籍以范围之，则混混同流，将不辨其或为日人、俄人，或为法人、英人矣。此国籍之制所由兴也，此国籍法所由定也。

第二，国籍者，臣民与国家之关系也。

有臣民斯有国家，无国家必无臣民，是二者实有不可分离之关系也。然则将何以为标准？以服从国权为标准乎？则外国人之居于吾国者，亦有服从之义务，未可也。以纳税为标准乎？则外国人之业于吾国者，其纳税皆与吾民同，未可也。以当兵为标准乎？则不尽国民皆兵，如吾国者，乌足以语，此亦未可也。然则欲求其一显而易寻者，其惟国籍乎？国籍者，实确定国家臣民关系之凭征也。是故内国人之欲断其关系者，谓之出籍。外国人之愿结其关系者，谓之入籍。苟不出籍，则虽远居他国,至于子孙,而关系尤存。苟不入籍,则虽久居内地,至于数世,而关系仍否。甚矣,国籍之不可不讲也。

第三,国籍者,公民公法上权利、义务之基础也。

惟有国籍者,而后享本国之公权。亦惟有国籍者,而后尽本国之义务。虽其间亦有无本国国籍之外国人而享有其权、尽其义务者,则其所享之公权、所尽之义务,自与内国人大相差异。何则?彼例外也,此原则也。彼有限也,此无限也。彼之权义,因乎法律之认可。此之权义,依乎国籍之成立也。因乎法律之认可者,入其境则生焉,去其国则已焉。依乎国籍之成立者,居于本国也如此,客于他国也亦如此。故曰:国籍者,臣民权义之基础也。臣民之权义,既以国籍为基础,是故国家之予人民以公权也,必以国籍之存在为前提。苟丧失其国籍,则国家对于其既得之公权,亦同时而剥夺之。何也?其基础之不存也。且国家之课臣民以兵役也,亦必以国籍之存在为前提。苟未及成年而已出籍,则虽至成年亦无应征兵之义务。何也?其基础之消灭也。国籍之于臣民,其重要又如此。

第二款　国籍与户籍

第一项　国籍与户籍之区别

国籍之目的,在严分国界。而户籍之目的,在清查户口。国界分,则内外国人无混淆之弊。户口明,则男女生死得统计之实。其区别一也。国籍法之规定,惟详于入籍、出籍、复籍兼及于不明国籍者,而户口法之规定,惟重于臣民身分及其登记方法、报告、罚则等。其区别二也。国籍定臣民与国家之关系,苟关系断绝者,即收夺其公权而驱之出境。而户籍定臣民与地方之关系,苟迁居于他处者,但报告于户籍吏,而臣民之资格犹存。其区别三也。凡出入国籍者,必由地方官详请民政部批准,及无民刑未结案件与官阶出身,并已完租税、兵役义务而后可。而出入户籍者,惟依一定形式,呈报于本籍地及入籍地之户籍吏,其他非所问。其区别四也。国籍问题,发生于臣民自身,苟无出入之呈报,则国家亦置之不理。而户籍之清理,则属于行政机关之权限,通常以一年一次为原则,不必问其人民之愿否,而强制以行之。其区别五也。国籍之登记不常有,而户籍之登记则自出生以及亲族相续各事而至于死亡,无人无时无地莫不有之。其区别六也。国籍出入之呈请,必出于本人,并见诸禀呈而后可。而户籍之呈报,则亲族邻里皆可代为,并得以口述之。其区别七也。

第二项　国籍与户籍之关系

国籍与户籍相为表里，无户籍则国籍无存立之根据，无国籍则户籍无统摄之精神。故自其内容观之，有户籍者，皆有国籍。自其形式观之，入户籍者，必先取得国籍。盖征诸日本户籍法之规定：凡出国籍以前，须遵定式，呈报于户籍管辖官厅。倘至既出籍而犹不为呈报者，户籍吏得管辖裁判所之许可，即登记之。此国籍与户籍之关系一也。凡入复国籍者，一经内务大臣许可，即于十日内执其凭证，呈报于所在地之户籍管辖官厅，并由户籍吏之登记。此国籍与户籍之关系二也。要之，国籍、户籍虽名二法，而实不可绝对分离者，盖以其关系使然也。关系者，即所谓相为表里也。

第三款　固有籍

固有籍者，不必法律之规定、臣民之请求、官厅之许可，而自出生时即当然取得之谓也。惟各国主义，各有异同。或采血统主义，或采领地主义。血统主义者，以父母之国籍而定其子之国籍，其出生地在内国、外国，皆所弗问也。领地主义者，凡在其领地内出生者，皆取得其国籍是也。此两主义，若偏于极端，则每起冲突。例如日本采领地主义，中国采血统主义，则在日本出生之中国人，一面取得中国国籍，一面又取得日本国籍，是一人而有两国籍，所谓积极的冲突是也。若居留于中国之日本人在中国生子，则其子既不能取得中国国籍，又不能取得日本国籍，所谓消极的冲突是也。由前言之，则仅以出生之事实而确定臣民之籍贯，其方法虽甚简便，然以他国人偶游于日本，其所生子即谓之日本人，未免不适于人情而有碍于交通。由后言之，则其子之国籍以其父母之国籍为标准，此固甚合于情理。然而若其所生之子，父母均无国籍，或其境内发见之弃儿，必不得为中国人，亦不得为他国人，则天下之无国籍者，将多不胜数矣。然则是二主义也，一利一弊，互不相掩。故欲求其合乎中道而不戾于人情者，惟折衷主义乎？折衷主义者，以血统主义为原则，而以领地主义为例外也。近世各国，以交通日繁、经验甚多，大都趋重于是。我国国籍法条例之规定，亦此类也。分别陈述于左：

第一，固有籍取得之原则有四：

（一）凡中国男子娶于他国女子，其所生之子应从父籍而为中国臣民。但中国男子娶于他国女子，已入他国国籍者，则不在此限。

（二）凡中国男子娶于他国女子，其女子已受孕而男子死亡者，则限于男子死时为中国人，则其子虽出生于其父死后若干月，亦取得中国国籍。

（三）凡中国女子私生之子，不知其父为谁，则从其母之国籍。但中国女子已嫁于他国人，则不在此限。

（四）凡中国女子嫁于无国籍之男子，其所生子亦从其母之国籍而为中国人。

第二，固有籍取得之例外有三：

（一）凡未成年之男女，不知其父母为何国人，而住于中国境内者，认为中国人。

（二）凡其父母均无国籍，而出生于中国境内者，亦属于中国国籍。

（三）凡在中国发见之弃儿，其出生地及其父母并无可考者，亦视为中国人。

（以上国籍法第一、第二条。）

第四款　入籍

入籍者，本非中国人而愿为中国之臣民是也，其类有三：一曰任意入籍，二曰法定入籍，三曰特准入籍。

第一项　任意入籍

第一，任意入籍之条件

任意入籍者，一方面属于自己之呈请，一方面属于国家之许可，所谓双方的合意行为也。惟其为合意行为，故不愿入籍者国家不之强，愿入籍者必合于入籍之条件而后可。入籍条件者，即我国籍法第三条所列各款是也。录举如左：

（一）寄居中国接续至十年以上者。（二）年满二十岁以上，照该国法律为有能力者。（三）品行端正者。（四）有相当之资财或艺能，足以自立者。（五）照该国法律，于入籍后即应销除本国国籍者。

第二，任意入籍之效力

凡入中国籍者，皆为中国臣民，此固无疑。惟入籍人之妻及未成年之子亦得随同作为入籍与否，因各国主义不一，故我国之规定，亦分原则、例外。妻有从夫之义，未成年子无能力，故凡男子入籍者，其妻及未成年子，均一律作为入籍，此原则也。但他国法律不认随同入籍之制，对于其出籍人之妻若子，不销除其本国国籍者，则其妻若子欲随同其男子入籍时,亦不可不遵入籍之方法,以销除其本国国籍,此例外也。惟其间亦有区别者,既入籍男子之妻若子若欲随同入籍,则虽不具备入籍条件之第一至第四各款,亦准其呈请入籍。至于入籍人之成年子,原有自由择籍之能力,若现住中国者,虽不具备入籍条件之第一至第四各款,亦可呈请入籍。盖其父母既为中国人,故对于其子不能不予以特典也(国籍法第六条)。

第三,任意入籍之制限

男女虽得任意入籍,而例外亦有制限。女子之制限,在入籍之先即无夫,然后可以呈请入籍。有夫,则当从夫,不得独自呈请。男子之制限,在入籍以后即不得为:(一)内阁、内务府各官及京外四品以上各文官,(二)各项武官及军人,(三)上下议院及本省咨议局议员等是也。然此项制限,亦非无豁免之一日者。其在特准入籍人,则自入籍之日起十年以后得由民政部具奏请旨豁免。其余普通入籍者,必二十年后乃能呈请具奏。其所以如此者,恐关系未深,心志不一,遽获柄用,真伪难测故也(国籍法第七条、八条)。

第二项 法定入籍

法定入籍者,不必具备入籍条件而第合于法律规定者,即准作为入籍。其类有四:(一)凡外国妇女嫁于中国人为妻,而以正式结婚呈报有案者,(二)凡照他国法律尚未成年或未嫁人之外国人,而以中国人为继父而同居者,(三)凡在外国私生之子,父为中国人,经其父认领者。但该私生子照他国法律,尚未成年或未嫁人而后可,(四)凡私生子父为外国人,母为中国人,父不愿认领而经其母认领者。但该私生子照他国法律,尚未成年或未嫁人而后可(国籍法第五条)。

以上四者,即日本国籍法所谓"婚姻养子认知"是也。其彼此稍有不同者。彼有外国男子,可为日本人夫(即半子半婚)之制,我则无之。彼之认领以父母孰先孰后为定国籍之标准,我则其父不愿认领,乃归于其母。前者属于日本之惯习固无庸论,后者之规定,则我实优于彼,以其轻重适合故也。

第三项 特准入籍

可受特准入籍之种类有二:一曰外国人而有殊勋于中国者,一曰无国籍人而有殊勋于中国者。前者虽不具备入籍条件之第一至第四各款,后者虽不具备入籍条件之第一至第五各款,但得外务部、民政部会奏请旨,即可特准入籍。盖特准入籍者,别乎普通入籍而言也(国籍法第四条)。

第四项　入籍方式

入籍之方式有二:一曰呈上,一曰付下。呈上者,出具甘结保结,呈请所在地方官,详请该管长官咨请民政部核准是也。付下者,民政部因该管长官之咨请,批准牌示,给予执照为凭是也。此对于任意入籍者言耳。若夫法定入籍之方式,则不须甘结保结及给予执照等。其在于内国者,但具呈所在地方官详请,该管长官咨明民政部存案。其在于外国者,但具呈领事申由出使大臣,或径呈出使大臣咨部存案,如是而已。至于国籍发生之效力,任意入籍则自领获执照之日为始。法定入籍则自咨部存案之日为始。此二者之性质,不能不有所区别也(国籍法第九条、第十条)。

第五款　出籍

出籍者,入籍之反面也,脱出国家之关系也,即日本所谓臣民丧失国籍也。其类有二:一曰任意出籍,一曰法定出籍。

第一项　任意出籍

第一,任意出籍之制限

出籍固属于臣民之任意,国家不命令,亦不阻止。然而亦不能漫无制限。苟有(一)未结之刑、民诉讼案件,及(二)未尽当兵义务者,又有(三)应纳未缴之租税,及有(四)官阶出身者,皆不准任意出籍。其他有夫之妇人,并照中国法律尚未成年及一切无能力者,亦不得独自呈请出籍。凡此者,一则维持本国之法治,一则用以杜不法之臣民借此以规避本国之义务,法至善也。用意亦周密矣(国籍法第十二条、十五条)。

第二,任意出籍之效力

凡呈请出籍者,一经批准,即脱国家关系,所有在内地特享权利一概销除。如系男子出籍,则其妻及未成年子一并作为随同出籍。但其妻自愿留籍或出籍人愿使其未成年子留籍者,准其呈明存案,仍属中国国籍。此盖杜其强逼出籍之至意,而遂其不忘本国之愿也(国籍法第十四条、十六条)。

第二项　法定出籍

法定出籍者,合于法律上之规定,即作为出籍是也。其类有四:

（一）中国妇女嫁于外国人，以正式结婚呈报有案者，但照他国法律，不因婚配认其入籍者，仍属中国国籍，（二）中国人以外国人为继父而同居者，（三）私生子母为中国人，父为外国人，经其父认领者，（四）私生子母为外国人，父为中国人，其父不愿认领，经其母认领者。以上第二、第三、第四各款，以照中国法律，尚未成年未为人妻者为限（国籍法第十三条）。

第三项　出籍形式

呈请出籍，必遵一定形式，出具甘结，声明并无制限各款及犯罪未经发觉等事，具呈于本籍地方官，详请该管长官咨请民政部，批准牌示。其在外国者，应呈领事申由出使大臣，或径呈出使大臣咨部办理，此任意出籍之形式也。若夫法定出籍之形式，则不须具呈甘结，惟呈请咨部存案。至其出籍，未经呈请批准及咨部存案者，不问情形如何，仍属中国国籍（国籍法第十七条、第十八条）。

第四项　出籍施行方法

出籍人，既脱国家关系，即不准在内地居住。所有未出籍以前在内地之不动产及一切特有利益，限于出籍之日起一年以内，尽行转卖。若逾期尚未转卖者，一概充公。又出籍后，查有应制限各款，及犯罪发觉等情，即将该出籍批准注销，仍由中国按律处办。其他有诈称入某国国籍及其所具甘结有讳饰情事者，亦将出籍批准注销，处以监禁（国籍施行细则第八条、九条、十条）。

第六款　复籍

复籍者，既出其国籍之后，而又呈请回复本国国籍是也。但复籍人必原为中国人而后可。若系外国人，即入籍而又出籍，既出籍而又欲复籍者，则不得援复籍之规定，必仍照入籍办理。复籍之种类有二：一曰任意出籍人之复籍，二曰法定出籍人之复籍。前者须仍寄居中国，接续至三年以上，并合于入籍条件之第三、第四两款者，准其呈请复籍。后者因其夫已死，或因离婚及随同其父出籍之未成年者子，已达成年，均准其呈请复籍。至于复籍之形式，与入籍无异。惟效力稍有不同，即复籍人经过五年以后，一切权利皆复原状。若奉特旨允准者，虽不满五年，亦得为国籍法第八条所列诸等官职是也（国籍法第十九条至二十三条）。

第三章　领土

第一节　领土之意义

宗教之于土地，无涯矣。国权之于土地，有范围。故宗教起于一隅，足以及于世界。而国权局于一部，不能越其疆域。惟宗敢可及于世界，不得谓宗教所及之地是即宗教所领之区。惟国权不能越疆域，故凡国权所在之处，是即国家所领之土。且宗教以感化，其所以传播于他国之领土者，私而非公也。而国权以强力，其所以支配于一国之领土者，公而非私也。然自侵略之风行，亦每借宗教以占据人土而并吞之乱作，且尝依国权以蚕食邻邦。不特此也，有国以来，领土之观念亦几经变易矣。顾其始也，以领土为君主权利之目的，或分或合，如处分私有财产。其继也，以领土为主权区画，或有分割谓之主权破裂。至于今日，则一面以领土为国家要素，一面以领土为统治范围。虽有时出于割让，不过收缩其国权，遗弃其土地之一部，而国家仍无恙也。盖国家之领土，可大可小，权力可伸可缩，原无一定之标准也。又自其效果观之，则领土之性质，有国际法及国法之差异。国际法上之领土贵乎独立，不容他国权力之侵入，所谓消极效果是也。国法上之领土宜乎一致，无论远近及内外国人，凡居于其土者，皆当服从其权力，所谓积极效果是也。虽然，此原则也，而有例外焉。如外国之领事裁判权，虽侵入于我国，而我国允许之。又如外国之君主、公使及有治外法权者，虽居于域内，而亦不受其拘束。然领事裁判权为片面的、暂时的，一经改良法制，即归消灭。而治外法权，为公共的、互相的，苟长久维持，和平自然存在。但有宜注意者，一土地也，不能同时属于二国以上，只能领于单一国家。虽欧洲亦间有共同领土者，特对于必争之点，为弭兵之计，究属于特别事例，不可以一概论也。非然者，谓同土地可领于多数国家，则国权与国权之冲突，其祸宁有终局耶。

第二节　领土之变更

第一款　领土变更之原因

国家领土，时有变更。试一取世界读史地图观之，则明如指掌矣。然则变更之原因如何？列举于次：

第一,原因于割让

割让土地之事,自古有之,大都迫于时势之不获已。例如战争败北,非割地讲和,则敌军深入,必致濒于危殆。故比较得失,与其祸及全国,无可收拾,何若割弃一部,以维国本。远之如我国之割台湾,近之如俄国之割桦太,其明证也。虽然,此事实也,非所论于法理。盍观列国宪法关于土地割让,皆无可不可之明文。虽间有之,亦赘疣耳。是故割与不割,不在其法在其机,让与不让,不于其理,于其势。

第二,原因于占领

占领之义有二:一因战争获胜,一因发见新土。两军相对,争城夺垒,败则去之,胜则据之。既去其地,则治其地之权力于焉消灭。既据其地,则治其地之权力于焉发生。前者领土减缩之变更也,后者领土扩张之变更也。此变更原因于占领者一。陆地之大海岛之多,往往有足迹所未到,而古人所未辟者。此等荒地,甲国先发见而占领之,即为甲之领土。乙国先发见而占领之,即为乙之领土。发见占领者,领土添附之变更也。此变更原因于占领者二。要之,占领云者,无须乎对手方之许可,并不问乎宪法规定之有无。无论战时平时,但属于自由活动者是也,故又谓是曰单意之领土变更。

第三,原因于租借

日本学者谓我国以领土租借于列强,不适用赁贷借之法理,而属于付期限之割让。故于期限中,纯然为租借国之领土。不知割让云者,如以刀剖物,断绝关系也。而租借则有契约,有赁金,谁主谁客,决未相混。故我国权力对于该租借地之支配,虽云暂时停止,究不得谓已非我国领土,以其关系犹存也。而他国权力,对于该租借地之支配,虽得暂时行使,究不得谓已属他国领土,以有条约可凭也。但自侧面以观,则该租借地之管辖,我之权力既经停止。而于其停止之间,谓之"制限领土"可也。而彼之权力既得行使,而于其行使之际,谓之"假定领土"可也。再由事实上以观察之,则纯为强弱之结果。苟自发奋为雄,生其气势,则掷还其约以收回其地,而吾领土之原状一朝恢复可预决也。

第四,原因于交换

领土交换之例,历史上屡见不一。或图其统治之便,或迫于势力之加。图统治之便而出于交换者,昔英以哈古兰陀岛易德之三齐巴耳等地是也。迫势力之加而出于交换者,昔俄国以千岛易日本之桦太是也。

然则领土交换之效力如何？说者多不一致。予则谓一面属于国权机关之移转，一面属于国家法律之改修。机关移转者，行政上事也。而法律改修，则视乎各其规定之原文以为酌量耳。

第五，原因于并吞

并吞有用兵力者，有不用兵力者。用兵力者骤，不用兵力者渐。前者如琉球沦亡，后者如朝鲜之易主。琉球之灭也，不曰并吞，而曰归化。朝鲜之灭也，亦不曰并吞，而曰合邦。甚矣，日本之狡也。夫琉球、朝鲜既并吞之于日本矣，而其宪法效力之能及与否，殊无明文。惟自不许其为议员、军人及各重要官吏视之，则亦有内外之区别，有等级之差异也。

第六，原因于画界

领土之界限，分自然与人为二种。自然界限者，山岳江海也。人为界限者，石碑钢柱也。自然之界限不能移动，故一经勘定，即可垂诸永久。而人为之界限易于迁徙，故画界问题不幸往往发生。夫画界关乎领土之得失及权力之消长，非得精于历史测绘及有爱国心者，则日蹙百里于不觉。往事昭昭，可为殷鉴。留心边事者，勿拘拘于法律规定之有无，亦勿屈于外人之势，而甘心失地于一划中也可。

第七，原因于分合

以一领土而均分为二国者，如泰西古代之东西罗马也。以一领土而剖分为数十百国者，如中国周时之春秋战国也。领土既分，则权力、法制自不能一。此等国家，近世已无所闻，不足论也已。惟德意志联合二十余小国之领土，而共为一大帝国，同守一联合之宪法，其变更之效力，亦云伟矣哉。

第八，原因于自然

土地之增殖、减削，不以人力者，是谓自然之变更。基于自然变更，而增殖领土者，如荷兰之亚里西加由于来因河水流之变动而隆起，又如美国密西西比河口忽于海中涌出岛屿是也。基于自然变更而减削其领土者，如德意志北岸因波涛之冲击，而往往陷没是也。此等傥来之变更，于国法上殊无关系。惟增殖于其领海，而被他国先占之者，不无权力上之竞争耳。

第九，原因于赠与

以领土赠与他国之故有二：一原于政策，一原于报酬。原于政策者，在昔英吉利以亚伊奥尼耶群岛赠与希腊是也。原于报酬者，昔意大利以沙婆阿及尼斯地方赠与法国是也。夫赠与属于双方合意,故授受之际,两无权力冲突。惟于自国法规原有关系者,不能不稍加改正已。

第十,原因于买卖

国家之于领土,或迫于势力压制,或因乎治理维艰,凡有之无益于国,弃之无损于己者,虽卖获巨款以救时艰而裕国用,亦宜也,非过也。此事在欧、美尝见之。如美国买受俄之亚纳斯加及丁抹圣、特乌玛士列岛,英国买受土耳其之琐哥妥纳,普鲁士买受与墺大利共有之纳乌焉补耳喜侯国,是其例也。夫买卖虽出于国家,亦与私法上之物权相等。何则?以其所买卖之目的为土地,非为国权也。虽然,此等行为,须合于上揭条件而后可,否则是自取削弱也。欧洲列国宪法中,亦有规定不许将领土让与他国者,殆有见于买卖之非计欤。

宪法访问录

唐宝锷　质问

[日]穗积八束　解答

　　整理者按:《宪法访问录》完成于光绪三十二年(1906)夏季。1905 年至 1906 年间,清政府派遣五大臣考察各国政治,五大臣离开日本后令随员唐宝锷滞留日本,继续听取日本宪法学家穗积八束的讲座。唐宝锷于听课之余,向穗积八束请教诸多问题,将与宪法相关内容整理成《宪法访问录》。

　　《宪法访问录》共 29 问,万余字,分为 10 章:第一章国于民之关系,第二章立宪,第三章君主,第四章人民之权利、义务,第五章议院,第六章政府,第七章司法,第八章会计,第九章皇室典范,第十章中国之立宪。篇首有唐宝锷序。

　　唐宝锷(1878—1953),字秀峰,广东中山人,光绪二十二年(1896)年考取秀才。同年总理衙门选派人员赴日留学,唐宝锷应试入选,于光绪二十四年(1898 年)三月前往日本,成为中国官费派往日本的第一批留日学生中的一员。唐先进入日本高等师范学校校长嘉纳治五郎为首批留日学生专设的特别班学习,1899 年以第一名成绩毕业。此后两年间,唐出任驻长崎代理副领事。1901 年入东京专门学校邦交行政科学习国际法,1903 年进入新改制的早稻田大学政治经济部学习,1905 年获得该校法学学士学位,成为最早获得日本高校学位的中国留学生之一。1905 年毕业归国,通过考试被授予进士出身,赏给翰林院检讨。此后,唐宝锷任陆军部、民政部、法律馆川粤汉铁路督办咨议官,补陆军部一等参事官。未几,调宪政编查馆,又记名交涉提法使,民国后长期担任中国律师会会长,熟知中日法律事务。

　　《宪法访问录》作为五大臣出洋考察政治的成果,近年受到学界重视,陈丹、潘崇和崔学森等学者对其有所研究(见陈丹《清末考察政治大臣出洋研究》,社会科学文献出版社 2011 年;潘崇《载泽出洋考察团编译书籍与清末宪政——兼论清末宪政思想的日本来源》,朱英主编《近代史学刊》第 12 辑,社会科学文献出版社 2014 年;崔学森《清廷制宪与明治日本》,中国社会科学出版 2019 年)。《宪法访问录》以问答形式记录了当时中国人关切的宪法问题,穗积八束有针对性地予以解答,反映了当时中国人对宪法和中国立宪基本问题的认识。

　　本书以《北洋法政学报》1908 年第 68 期刊载的《宪法访问录》为底本。[①]

---

　　① 在整理过程中,本书也参考了《日本法学博士与近代中国资料辑要》(1898—1919)。见史洪智编:《日本法学博士与近代中国资料辑要》(1898—1919),上海人民出版社 2014 年版,第 219—234 页。

序

今之谈政治者,辄慕东西各国之政体。戒专制,布宪法,泯上下之阶级,明君主之权利。一则曰宪政行而人人得主张其权利,致国家于富强。再则曰宪政行而人人有国家之思想,图社会之公益。君与民治,国与民接,民以安康,国以永固。一切制度,惟外洋之是从。若而人者,但见泰东西之立宪已然,而转昧宪法之所自,并未一考如何程度,而宪法始可决行也。

溯中国当三代时,君不甚贵,民不甚贱,君民视同一体,好恶悉下洽乎民。故太宰主会计一岁之出入,即今之豫算、决算也。贡者下献其土所有于上,是即纳税由于公认也。正月始和,布政教于邦国,率民而读法,是即公布条教也。国有大疑,谋及卿士,谋及庶人,是即上下议院之义也。尔有利市宝贿,吾弗与知,是即与民自有之权利也。古者民为邦本,无不从民而治,此不言立宪,而宪法要自存乎中矣。至汉兴,定朝仪,上下隔绝,天泽迥判。君权专制,民自生灭,相沿日久,民权失而民气阻,政治不能发达,外人因而诟病。

泰西各国,互相偪处,日谋自存之道。下民思想勃发,要求参政,英吉〈利〉精明果断,首创立宪于西千二百十五年,经贵族迫其主,基恩规定宪法。租税非经纳者之同意,不得征收。犯罪非经人民所组织之裁判,不得处监禁罚锾。国制初定,公理渐明。后惟依利亚重订七条宪法,更为完备。国力活泼,握全球之海权,为世强国,名垂历史。由是文明之国,接踵奋起。美由十三州连合公布宪法,离英独立,推华盛顿为议长。法于路易末年,创三权分立,权在国民议院。影响所及,凡西、葡、挪、比诸国,同时改政,以英、法为模范,寻至德、墺、普、和,下至意大利、瑞典、希腊、丹抹各小国,亦相率立宪,争进文明,成列邦郅治之隆,普海外大同之象。

当时日本,闭关为治,守旧牢胶。幸明治皇神圣英武,纵观大局,愤然兴起,取法博而收效捷。自元年定国是,立宪纲,誓五事于神明,为立宪萌芽。五年,派大久保、木户、伊藤诸氏,遍历欧美,考察政治,为立宪之调查,适如吾国今日之派出洋大臣也。八年,召集地方官会议,设元老院、大审院,分立法、司法、行政三权,明国权之作用,为宪法之基础。十年,设府县会为议院之梯阶。十四年,诏以十年后实行立宪,命伊藤再游欧美,重加考察。十八年,改官制,设内阁,置枢密院审议宪法草案,参照比国,更据普国宪法,以成条文,为实行宪法之预备。统计日本宪法之设,非旦夕可期。其间备经沿革,历尽艰难,而后宪政大成也。夫以滨海小国,变法于上,团结于下,然犹屡形政见之冲突,党派之纷争。积二十余年之岁月,集数千百人之经营,萃一十余国之精养,四千万人之程度,始得与西洋立宪诸国对峙全球。从可知各国立宪,莫不几经改革,而始得次第施行也。

朝廷振兴伊始,熟筹内政之修明,不惮重洋之经验,特简重臣,遍访各国,究其治效之所在,审其措置之合宜。成竹在胸,对扬我后上赞高深,即决议实行之所从起,诚万古一时之盛举。宝锷备员,随节留东研求,窃以兹事体大,中国习尚索殊,因革损益,务求至当。爰就宪法之内容,访问日本宪法专家穗积博士,审端致力,分别讨论,计十章二十九问,于立国之原理、宪法之经纬,辨晰指示,确切详明。谨撷拾成卷,并将日本宪法各项法规,自宪纲五条,至元老院及地方会议,编译成书,分为七卷,名曰《日本宪法法规全书》。于立宪条例始,终毕贯用,备考察宪政者,有所参证尔。

光绪丙午季夏

香山唐宝锷　识于申浦

第一章　国与民之关系

第一问　人民对国家处何地位？负何责任？

人民对国家之地位,当分法律上之地位与政治上之地位论之。人民与法律之关系,国权绝对无限,人民即绝对服从其国家,不得背国家主权所命,此为法律上之地位。若与政治之关系则异是。国家本由人民而成立,人类相聚而为国,共同生活于其间,此即国之所以为国。而各人即为国之分子，国与个人合为一体，国由民而集，民由国而生。保全国家之元气，维持国家之生命，即各人各自图其生存。此国家与个人之关系法律之解释与政治之解释所以不同之故也。至问负何责任，则国家本人民之集合体，维持国家，固人民之义务；服从主权，亦法律之义务。为国家捐生命，抛财产，以维持国家，亦即政治上所以成国当然之义务也。

第二问　国家以专制为政，究可称强于世否？

此系政治之问题，不能一概而论。夫国家当多事之秋，或事变之际，因政治上之事情，与外国开战，内外多故，正当维持国之秩序为急务时，君主以专制治国，转弱为强者，此例甚多。如二百年前之法路易第十四时代，或百年前法国大革命时，以欧洲各国为敌，处处骚动，拿破仑行专制政治，得以维持法国之独立，此专制政体之一时可权用者。若平和时代，以维持国内元气为主，一行专制政治，则其为分子之人民，不以国事视为己事，而以国事反视为朝廷之私事，且愿朝廷租税无取于下方为善良之君主。可见个人所为，不过各自图其利益，则爱国之思想，日形其薄。浸至上下离心，谁为维持国家。一旦有事，无论战争外交，均以为君主政府之事，无协力以当外国者，此专制政治所以有欠统一国民之弊也。若欲图国内之一致，舍与人民参政之权为立宪政体，似别无善政也。

第三问　国家政教不行、民心涣散，当如何改革以杜叛乱？

当国家政令不行，人心方倦之时，惟定宪法以安民心，或行地方自治以启民智，令人民以政治为己之事，知国事与己之利害有密接之关系，如是而已。若夫国家生波澜，或人心厌倦，此其原因复杂，当其事势，作为政治问题而论之。惟布立宪制度，设地方自治，为永远使国人民密接之法。民心既固，国力自增，此治国之通理也。

第二章　立宪

第四问　立国于今日，无宪法，无议院，可以常治否？敢问立宪之原理

此又因时与势及国家之情形而论者。以今日世界政治之大势言之，不布宪法、设议院，而能整理国事，为文明国之治者，实未之闻。夫

政体乃治国之法，一如药之因病而异，政体亦因国因时代而异。立宪政体未必为最善之政体，不过各国现多采用之，故推为最善者。若国民政治之思想发达，普通教育普及，有爱国心，则非渐次布宪法，开议院，或令参与地方自治，干预国家政事，断不能使以国事为己事，国与民不能有十分密接之关系也。立宪政体云者，一言以蔽之，即因立法、司法、行政三权相异之机关行政事之谓也。相异之机关云者，即设议院令参与立法权，以独立之裁判所行司法权，而行政权，君主因国务大臣之辅弼而行之，此为立宪政体之原则。至在下人民，有参与议院组织之权，或自治行政之权，此为立宪政体之特色。备此特色之性质，故称立宪政体。今日国家之观念，其起势注重于人民集合体之论，故为国家永远计，不可不为立宪政体也。

第五问　宪政发始于何国？近今宪法以何国最为完善？

立宪政体，起于英国之宪法，而其源实发于盖路万一般民族上古之政体。近世欧美各国俱以英为模范，而行立宪政体也。英既为模范之宪法，则英或为最完全之立宪国，但完全云于英国，则英之宪法固为完全。而各国之情形不同，完全于英者，未必完全于法。故问何国之宪法最为完全，颇不易答。譬如衣之于人身，各有长短广狭之不同，若问布何尺何寸最为合宜，颇难定论也。然以英国为立宪模范之国，则从来所共认者也。

第六问　国家至如何程度方可立宪？

采用立宪政体第一要件，须国民有政治思想，加以普通教育普及，乃得实行宪政。查立宪政体，起于欧洲之历史，无论何国，皆自下要求而起，人民迫政府设立宪政体。此为国民一般政治思想发达所致之明证。若人民全无政治思想，漫为之设宪法，开议院，断无成效之可收。彼土耳其国，前迫于欧洲各国，从之，要求改革政治，不得已学欧洲之宪法，开议院。国民本不知宪法、议院为何物，亦并无此要求，故政府右曰右，左曰左，无一人反对，亦无一人赞成，殊属可笑，不成事体。议院开一次即行停止，至今传为笑柄。故行立宪，必须国民稍有政治思想，知立宪政体为何物，方能有立宪之程度。若无政治智识，而猥云开议院，我知其必不有济也。

第七问　国家立宪，必启民智。倘政论歧出，各分党派，无虑乱政治、危及政府之虞乎？并问立宪政治之弊害，较专制政治如何？

　　立宪政治之弊害，在于政党之起。政派〈以〉争夺权利，推倒政府，握取政权为宗旨，此弊之最甚者，各国所不免也。治国者欲救其弊则可，而政党则不能全无，此又历来之经验也。何也？立宪用选举之制，政党即由选举而起。如选举议员，必多数投票，乃能得选其多数之人。集合选举，即成党成派，终为政党。故政治家持论，每以小政党多而易御，使互相牵掣，政府反得收效。若政党少而大，如英有二大政党，势压政府，国便为政党政治，此与立宪政治相伴之弊。防止之法，根本之论，仍以施国民教育为第一策。人民有普通教育，则生爱国心，内虽以进步或以保守为主义，互为政党之争，至外有战争或国有大事，则弃党派之主义，一致为国，此即以国家之主义行国家之教育为第一防止之法。所谓兄弟阋于墙外御其侮即此意也。夫立宪政治之弊，最惧政府与议院为冲突。冲突愈多，则政务愈滞，政略便弱。政府为议院所左右，害莫大也。然立宪之利益，亦正在冲突之间，得以抑政府之专权，而折衷政见，以备采用。若专制政体，则政府任所欲为，其弊每至不可胜言矣。

第三章　君主

　　第八问　国有宪法，君主与政府之行动，多为法律拘束，何以东西洋各国俱用立宪制度？

　　立宪制度，君主自不能任己所为。然君主所有一国之主权，依然不少损害也。盖君主以其全能之力，制定法律命令，其法律命令所云，皆君主以自甲〔由〕之意见而定之规则，故自己亦依此规则为治国，此理之当然者。君主之行自己所定之规则，并非以他之权力置于君主之上，而为君主以上之权力所束缚。故宪法虽发布，君主之权力如故，未尝稍有减也。不过在专制政体，君主虽制定法律，不拘其法律，得自由任己所为，在下之人民，亦不能以法律为标准。纳租税，定负担，无论何时，或被征派，不得安于生业，其对国家之念甚薄弱。若为立宪政体，君王依法律行政事。法律苟未改，虽君主亦不能为违法之行，故民心得安也。

　　国务大臣辅弼君主为副署者，以具有辅弼之责，当奉呈意见，奏请采纳。故于君主所发之法律、命令、诏敕等，国务大臣为副署，以示赞成而发布之意。若君主与大臣意见不合，自当从君主之意。但君主所发之令，须有大臣副署。大臣不副署，君主不得行大权。所以重大臣之责，防君上有违法之行也。至以大臣为副署，而有假君主权力之虞，则断断乎其无之。在古时政治未齐之国，大臣权力倾人者，或有此专横之行。以今之法理上论之，立宪政体可以决其必无此事也。

第九问　国民对于政府有要求立宪之权否？并是否有参政权？

以法律而论，国民对政府无要求立宪之权利。但如前所述，法律与政治之议论不同，当分别之。国系国民集合而成之团体，国民之参与国政，理所当然者。国民智识进步，有国家之思想，国家便当与参政之权，此政治上与民共治最要之义。惟法律之原理，国家固当为民立宪，而民无求立宪之权利，如索借款。然不立宪即背违政府，如此权利，国民所无也。

第十问　各国宪法制定修正之权如何？

此事各国已定，可以确答。制定宪法之权，在有国之主权者操之。然各国为主权者不同，故宪法制定权之所在亦异。君主国以君主为主权者，故君主制定宪法。共和国以国民为主权者，故议院制定宪法。如日本为君主之国，君主为主权者，自制定宪法发布，谓之钦定宪法。如法国为民主共和之国，别有制定宪法会议，合上下两院为一团体，不分上下院议员，皆一致称宪法会议，有制定及修正宪法之权。以上所论者，为各国制定宪法之权。兹论其宪法发布后修正之权。日本宪法，其修正之事，必自君主发议，议院无发议修正之权，但改正宪法仍由议院决议。大概欧洲民主国之改正宪法与日本同，须经议院之议。如法之民主国改正宪法，由宪法会议决。其会议之法，如前所述，合上下两院而为会议者。

末论君主国制定宪法之法。一为德意志诸国所行之法，先由君主拟定宪法草案，招集议员开议院议决，而宪法始成。一为日本所仿之法，即宪法由君主钦定公布作为定案，依其宪法而开议院、行宪政，其次序各有差也。

第十一问　各国宪法，每有君主神圣不可侵、法律上无责任等语，不知与立宪原则有无抵触？

君主为制定法律之人，不受法律之制裁，于法律上毫无责任，此立宪政体之原则也。且无论立宪政体、专制政体，君主为主权者则一。惟欧洲比国之君主与日本所谓君主地位有异。虽君主，亦与大统领相似，为法律上最高之官，其政体之历史有不同，不能一概而论。若由法理论之，君主既为主权者，自无法律上之责任。惟无责任云者，议者或以为与立宪政体之原则相抵触。其实立宪政体，君主于法律上不得问其罪者，以政治上之事，国务大臣既为辅弼君主，君主有过，大臣便有辅弼不善之责。故以实际而论，如议院对君主有不满之事，不得对君主问责任，只对国务大臣责其辅弼之失。国务大臣当自引咎向议院辩明，不得以君主为名，希图塞责，亦不得谓奉君主之命而行，不认其责，此重国务大臣辅弼之责任，即所以免君主直接对法律上之责任也。所谓立宪政体，君主之过责在政府，此各国之通例也。

第十二问　宣战讲和及缔结条约权，每多主权者专之。设所立条约与法律有冲突，当如之何？

此事若专门论之，更仆难尽，亦仅就政治上之大概奉答。各国宣战讲和缔结条约之权，皆主权者独有之，其理由以外交之事，贵乎敏捷，若用议院多数议决之制，政略不能活泼，故归一主权者专之。惟通商条约等，往往得内对人民有课税之事，影响及于人民之权利义务。立宪政体之原则，对人民课税或加负担，须以议院议决之法律行之。今缔结条约之权，专归君主，所结条约若与法律有冲突，只得就政治论之。凡对外国之关系，以条约为重，为解决之法。盖当时欧洲各国定宪法草案之际，只以条约定为条约，法律定为法律，法律与条约之关系未深研究，学者于二者轻重之事，讨论日盛，迄未解决。今若新定宪法之国，可以定明条约与法律有冲突，以对外国条约之关系重于对内国法律之关系，则国民自无异议矣。查美国宪法之解释，如前所述，以条约为重于法律。英、法诸国，通商条约则交议院议决，条约即有法律之效力，可以依条约课税。日本宪法，条约一切不经议院之议。条约为条约，法律为法律，二者各别就其轻重。不无议论，只就政治论之，不重条约，则无以维持对外国之关系。此事若为学校研究之法律问题，则余有细说，兹就大概而答。总之，条约于法律有抵触，则条约为重，此通例也。

第十三问　议会于立法权及其他权利，至何程度为适宜？请问东西各国之制。

观各国之通例，议院有议定法律之权与议定岁计豫算之权，为有议院所不可不有者。若不与此权，便无立宪政体之特色。此外如英国派之议院，有与弹劾政府大臣之权，此起于英之惯例，欧洲大陆各国俱行其制。惟德国纵宪法有此明文,弹劾大臣之事,近来不多见。至议院行立法与豫算二事,固为各国之通例矣。议院参与立法权之事,有种种方法。许议院发议法律案者有之,只许议院议决政府发议案之权者有之,制度不一。日本与欧洲各国,大概许议院发议法律案之权。若依议院情形,国民虽开议院,于立法之事尚不熟练,不如通融办理,暂时不与提议法律案之权。法律概由政府提议,但令议院决其可否。如日本上下议院,得随意提议法律案,以多数为决。虽有不当之法律,亦不得不作为法律批准施行,窒碍尚多,此事当依国之情形,斟酌而行。

议豫算之权,乃预议国家之岁计。一会计年度岁入岁出之计算,其宗旨在防政府滥用国款。即非经议院之协赞,不得妄用国款之意。此议定豫算权,亦有限制,并非得任意议定。如日本宪法第六章所载,只就法律命令范围之内,有其议定之权也。

第四章　人民之权利义务

第十四问　国家当与人民以如何之权利?

国家不可不与人民以公权、私权。公权为人民对国家之权利,私权为其一私人之权利。其一,私人间彼此之私权因国家权力之保护,始得完全。故此项权利,国家不与之,人民便不能享受。其私权之种类,即为亲族关系之权利,或财产上之权利等。今日之世,吾辈以一人立于社会,为万般之交际。权利、义务若不明白,不能安心与人交际。故近世文明诸国,均制定民法、商法等法典,明其权利,作为通例者。无成文之法典国,有习惯可依者,则以不成文之法律认之。如英、美等国,即用不成文之习惯法定之。欧洲大陆各国及日本,则以法典(即成文法)定之,与公权同为保护也。

公权之种类,大别之为参政权与自由权。参政权即参与国家政治之权,用选举之法。如自治体之选举权,参与议院之选举权,以宪法或附属宪法之议员选举法或府县、郡市、町村制定之。自由权如人之行为,非依法律不得加罚,人之言论非依法律不得束缚,及信书之秘密、宗教之自由等,日本皆详载于宪法第二章。自由云者,即防政府滥侵人民权利之意，其重要之事，各国大概分别条款，载于宪法。如兵役纳税之义务，身体、言论、信教之自由，事之重大者，俱载明宪法保证之。外此之事，则随时作为法律，于行政法定之，此立宪政体之主义也。

第十五问　人民有自由营业之权利，国家可为各项专卖事业夺民生计乎？

国家虽不可夺人民之生计，然人民自由营业之权，亦非绝对。所有者，不过于法律范围内有自由营业之权利而已。夫法律为国家所定，国家定法律之意，系为公益起见。若公益上认定与其任一私人之自由营业，不如国家自营其事业较有利益于国家、于社会全体有益，则以法律禁止其自由之营业，国家独自行之，本属无妨，惟其事业当视果为社会之公益与否而定。如邮便、电信事业，有某国为一私人之运送事业者，日本维新以前亦然。旋因此交通机关于公益大有关系者，任一私人为营业，收费过巨，递送延迟，有碍事业之进步，故作为国家之事业，归政府办理，此为政治上之理由。以一私人之营业，归政府专办者，于宪法上毫无窒碍也。

其次为烟酒之专业，此与寻常公益上之理由稍有不同，系因财政上之理由。向国民征税之法，与其多征烟酒之税，不若政府专卖之为便利。但政府为专卖之际，务期不侵民权利。如实行专卖烟之日本，或专卖酒之法国。及观其余专卖之例，当施行专卖法时，政府对此等营业人必有相当之赔偿，然后将其事业移归政府。其向为营业之人得有赔偿，可以改业，不致碍其生计。此出于财政上公益，万不得已之事，惟有关民生日用之品，一任专卖。累及各项生业者，如薪炭、五金等物，则不可专卖也。

第五章　议院

第十六问　各国议院之制，有设上下两院者，有只设下院而别设元老院者，敢问以何者为宜？

宪法之事，视各国之沿革。各国之事情，其制度各不同。凡立宪国，以两院制度为宜乎？一院制度为宜乎？或普通选举为宜乎？限制选举为宜乎？不能一概而论。今试比较各国之制言之，则自英国为始，欧洲各大国大概采用两院之制为通例。大国鲜有用一院制度者，小国则有之。英国用上下两院之制，系历史之沿革所致。其古时只贵族组织议院，只一院之制。后平民得参政权，以平民与贵族无同席之资格，故分其席议事，成上下两院之沿革。法国及美洲各共和国，本无贵族、平民之分，亦无议院之历史。以英两院之制为便，亦采用之。日本亦如是，分贵族、众议两院。故问议院之制，则以两院似最适宜。何也？议院聚多数之人为议决，每易落于轻率，故设上下两院，令一院议决之案，再以同一形式经他院议决，方为法律，以示郑重。且国家只一议院，往往势力过张，有跋扈之虞。分为两院，令其互相牵掣，组织既异，并可代表各社会。或为贵族之代表，或为财产之代表，或为智识之代表，或为实业之代表，有此种种利益，故以采用两院之制为宜也。

问：中国如设议院，宜用何法为善？有何适当之法乎？

此系实际问题，不能遽答。如贵国之大国，或者宜用联邦制度于各省，集各地之代表人设议院，再由各省之议院选举议员，集于中央政府，开设中央议院。此非洞知贵国情形，不能确答。查联邦制度之国，即用此组织。美国议院于各州设议院，而于中央设总议院。英领之濠太利亚亦如此邦制度，于各殖民地设议院，又集其代表各殖民地之人于中央，设总议院。德国亦如是。其选举法，各地之议院各有其选举法。帝国议院即中央议院，则如日本法国，通全国公民之数而为选举，故选举中央议院有二法。一各州有议院，即于其各州之议院选举为中央议院之代议士。一令全国之人一体投票，选举中央之议员。究以何者为善，当就其国情而论，不能妄答也。

第十七问　上议院代表贵族，下议院代表众庶。代表之范围不同，议事之权限当别。若两院议事权相等，似欠平允。

各国制度，其宪法规制上下两院权限相等者，为本来之主义。虽英国上下院之主义，在宪法上权限原无甲乙之差别。今日欧洲各国，下院权力过张，上院权力遂衰，此系政治上之势力与习惯使然，并非立法者于二者之间有所轩轾也。日本宪法，亦采上下院同权之主义，惟豫算案先交下院决议，此各国之通例也。贵族、平民之分，乃选举时之区别。上院议员代表贵族，下院议员代表平民。既为议院立法之本旨，无分贵族、平民，均一律代表国民，为办理国家之公务而设，并非为主张贵族之权利，故设上院。为主张平民之权利，故设下院也。譬如下院，其中代表农民者有之，代表商业者有之。各种社会，俱有代表之人，然并非专为代表各等人有特别权利者。故上下两院同为代表国民之议院，权力相等，无有差别也。

第十八问　议院对君主、政府及人民之关系如何？

以日本君主主权国之宪法而论。日本宪法，议院系主权者之君主，为制定法律所设之机关。议院为君主之机关，辅助君主行立法权。君主为主，议院为客之别，甚分明也。

政府为行君主大权之府，与议院本无上下之区别。二者均在君主之下，分职任事。议院行立法之事，政府为〈行〉行政之事，议院与政府分任之事各别。惟如英国派之议院制度，政府因议院之信任而为进退，殆隶属于议院。议院为信任之决议，内阁乃得成立。若是之国，议院为主权者，君主与政府反为有名无实。此惟英国派议院政治之宪法有之，寻常君主国之宪法则不认此关系也。

议院与人民无直接之关系，行政为政府之职，政府与人民相接。议院虽代表人民，此不过广意之代表。议院就人民之利害得失得向政府为主张，此政治之办法。若法律上，则下院不得谓为人民之代表，亦不得命令人民也。组织议院虽有人民之选举，然既议院为国家之机关，并非人民之机关，与人民无直接之关系矣。

议院与人民之关系，稍似裁判所与人民之关系。人民无所请求，即与无关系。惟裁判所对人民得发命令，议院对人民不得发命令，此其性质不同耳。

第十九问　日本初设议院，对于从前之法律及豫算，生何关系，有无冲突之事否？

日本初设议院时，凡宪法实施前之法律及豫算，苟不与宪法条项抵触者，悉有效力。譬如制定宪法前之太政官即为政府，发有布告。至维新之际，复有各种命令、布告，仍归行用。明治十六七年时，并设预备立宪之局，至明治二十三年之间，政府调查向来之法律命令，务令修正，合于宪法政治，一切妥为预备宪法，即为矫正向之法律而设。故法律有抵触立宪政体者，自宪法发布，即失其效力。如刑法发布于宪法之前，窃盗者处监禁，杀人者死。此刑律昔时已有之，自宪法发布时，不触宪政之旨，故仍旧施行也。

第六章　政府

第二十问　君主既以行政权委任政府，更设枢密顾问，与政府权限有冲突之虞否？

此依日本宪法所定，决无冲突之理。盖政府与枢密顾问之权限不同，政府掌国务，枢密备咨询，就重大国务，君主咨询，则奉呈意见。政府所奉呈之意见与枢密顾问所奉呈之意见有异时，固有冲突，惟取舍自由之权操自君主，国务大臣与枢密顾问，法律上本无冲突之事也。

要之，实在政务，君主采用枢密顾问之议决与否，以国务大臣为重。当再问国务大臣，依其辅弼而定。至冲突之事不限大臣与枢密间，即大臣之间或枢密之间，彼此亦有意见之不同，此立宪政治势所必冲突者，惟赖君主自由取舍，以统一之耳。

日本设枢密顾问之宗旨，因国务大臣政务繁剧，或忙于议院之交涉，于宪法及法律之解释，无暇悉心研究。枢密顾问不任政务，得以持平解释，定国家永远之政策。二者表里为用，实为君主紧要之机关。惜欧洲各国枢密顾问有名无实，徒拥虚位，不如日本宪法分为两途，辅助君主之有效也。

第二十一问　政党势盛，每于议院及政府占多数，成政党内阁，于政治上不无妨碍。请示预防流弊之法。

此弊所常见之事而不能免者，前既言之矣。盖有议院便为政党，政党势盛，议院非各人自发表其意见，只党派持议论，以多少数决胜败。事之利害得失，不暇细审，此为议院政治弊之最大者，无论何国，俱有之也。欧洲各国，至成政党内阁，议院之多政党，跋扈争政权。政府内阁之国务大臣，非多数政党之人不得居其位，政府更迭，以视议院之信任为定。此风起于英国，欧洲大陆诸国信任之，法、比、伊、葡等法系之国，俱采用政党内阁主义，其弊害有不堪胜言者。预防之法，日本似稍得之，厥有三法。

一、重君主之大权。我辈制定日本宪法，不从欧洲之政治论，而重君主之大权。以君主为主权者，张大其权力，以压抑政党之跋扈也。故大臣之任免黜涉为君主一人自由之大权，不得以议院之多数决进退大臣，使大臣安其位，以君主之大权为依赖，不以政党之攻击为介意。政党于议法律之事，或可张其势力，至法律以外之事，政权〔党〕不与直接关系，便无所施其技矣。

二、解散议院之大权。多数政党若跋扈，不顾国家之利害，惟政权之是争，君主便有解散议院之权，令国民重选举新议员以代议。

三、分上下两院之制。政党之所由起，及其弊害则在下院。下院由平民一般所选举，故多政党之弊。若上院有势力，则可抑制下院，不令跋扈。于是君主之大权，既张上院，又不入政党。其权力与下院相等，使立于孤势之地，一被制于上院，二被制于君主，虽欲跋扈而不可得，其弊自鲜矣。

欧洲大陆中，惟德国无政党内阁之弊。其初普国宪法及据贤隆国宪法，国务大臣对议院有责任，议院并得弹劾大臣，制为法律。亦如英法，将政府置议院权力之下，依议院之议决而为行动者。其后法国学者日多倡为议院权力止于立法及豫算二者，不得关系行政之事。日本宪法亦参考是等学者之说，采用其尊君主大权之主义，颇能见效。而议者有谓日本宪法系仿千八百四十年及五十年前后德意志各国所立宪法之精神，其实不然。查伊、比宪法，同一主义，普国宪法殆翻译比国宪法而成。若云日本宪法似普国宪法，然比国宪法与普国宪法相似，而日本则与比国全然不同。可知日本只以德国学者之研究为模范，非以德之宪法为标准也明矣。

第七章　　司法

第二十二问　司法裁判与行政裁判之关系如何？

此各国不同。英美即安我洛沙逊民族之国，行政裁判与司法裁判无区别，对行政处分之诉讼，亦为寻常裁判所之管辖。最下级者，则地方官亦受理诉讼。大审院不分司法、民事及行政之诉讼，悉归其管辖。英美派之国，如比、伊等国，亦同此制。法国则用三权分立之主义，对行政处分之诉讼，不属司法裁判所之管辖，专于行政部内为裁判。如郡长、知事一面办理行政，一面受理行政之诉讼而裁判之。其最高之行政裁判所为孔赛油笛他，即附属内阁之参事院，是为最终审理行政裁判之所。凡法国派之国，俱用此制。德墺派之国，则司法裁判与行政裁判严为区别，行政诉讼不属司法裁判所之管辖，又不在行政署为裁判，而特设行政裁判所，其组织略仿大审院、控诉院、寻常裁判所之制，以行政官及他种官吏组织之，于其所审判行政诉讼，此即折衷英法二派之制度。日本仿之，亦于司法裁判所外，特设行政裁判所，是为特别裁判所。论其利害，则以德、墺之制为宜。盖司法裁判所为裁判民事、刑事之所，行政之事甚繁杂，其法律命令之解释、适用，自为专门行政法，与民法之法理有大异处。若使司法裁判所审理行政诉讼，便有以民法之法理为裁判之虞。二者兼长，其人甚难，故当以特别裁判所为要也。

第八章　会计

第二十三问　国家制度不齐，百废待举，如何行豫算及会计检查之法？

豫算即比较国家之出入，预定计画，不论制度之整否，不拘是何时代，不可不行之。凡掌一国经济之人，当预筹一年或数年间财产上之用度，于议院未设前试行之。俟设议院，特别精细之豫算使易为之。日本维新前封建时代，未尝无豫算。当时以秘密主义，任幕府自为定之，未有如立宪政体之办法，载在官报，公之于民者。贵国今日财政不修，想亦不免有是弊。至维新后，逐年整理，于开议院之前二三年始将豫算公布于民，其后接续每年公布豫算，至开议院提出豫算案，国民始接洽定豫算之法当自下计算，不得自上计算。如一区裁判所定每年需费若干，则全国区裁判所之费可知。地方裁判所之费亦然。无论何事，皆须自下调查，则总豫算之数可得矣。

会计检查之事，当特设会计检查院。检查法行于立宪前，于行政部内宜别设部局，检查国家之岁出岁入果合法律命令与否，及银钱之出入有无弊窦否，务令严杜中饱，款不虚靡，则财政自理矣。

第二十四问　日本宪法第七十条财政上之紧要处分，系指何事而言？

　　此条谓战争之际急于需款，课租税，起国债，或变更豫算不及开议院协议时，当紧急不得已以君主大权之敕令为财政上临机应变之办法。至事后开议院时提交，令协议承诺。非国家财政支绌，决不为此暴举，亦非勒收人之财产为野蛮之手段也。

第九章　皇室典范

　　第二十五问　皇室典范关乎宪法，其制定更改应否归议院协议？问各〈立〉宪君主国之制度如何？

　　各国之君主国，大体皇室之事，不须议院议决。或承继皇位及摄政之事，载在法者有之。若此者，皇位或摄政之制有更改，须经议院议决。日本于皇位、摄政及凡皇室之事，特设皇室典范，与宪法或法律为范围，故无须议院之协赞也。

第十章　中国之立宪

　　第二十六问　敝国人民政治智识日形进步，骤改立宪，固知窒碍尚多。若不立宪，又无以安众望、顺舆论。敢问当如何预备？以敝国情形，至少须若干年方可实行宪政？

　　此问非精通贵国情形不敢奉答，谨陈日本之经验，以备参考。查贵国今日当如日本二三十年前之情形，一面有改进党，喜法、美共和自由之制，起为极端之论。一面有守旧党，封于故见，即风俗衣食以为关系国粹，亦不愿改革。两党如水火不相能洽，如日本明治以前，亦有攘夷论与锁国论。一者畏惧外人，一者轻侮外人。过犹不及，俱不知外人情形之故。若知外人情形，读外人书籍，便知亦有极可畏之事，有毫不足畏之事。调和新旧之法，惟全赖教育之力，使知中外情形、地球时势，则其固执自化。待人民智识增进，爱国之情深，参政之念盛，于自非定宪法、开议院不足以与民图治。故当分别为立宪之预备，政府则审查诸国宪法，考其政治之经验及其制度、文物。人民则与以政治上之智识，先于地方行政许人民自治之权，于町村许民练习公务，俾惯于会议之事。首设调查局调查宪法及宪法附属之各项制度，改正行政各部及地方团体之组织，编制裁判所法，以期其独立，是为预备之次序。

至问需若干年始能实行立宪，则颇不易答。盖以日本自明治初年。发布五条誓文，广兴会议，万机决于公论，定立宪之宗旨，行之二十年，始设议院。其调查宪政之事，明治八九年间，元老院已屡派委员调查，经十四五年而后宪法发布，可见立宪贵有程度，非旦夕事。若定宪法之条文，并不须五年十年，使余执笔，书其草案，需六七个月之时。拟六七十条之宪法，余能为之，惟不能实行耳。盖行宪政必须改革一切关连之制度，悉心调查，凡行政部、司法部、陆海军之组织，务令合于立宪政体，然后宪政可行，议院可设矣。

第二十七问　敝国社会复杂，分满、汉、蒙，如行宪政，有无调和种族之法？请征各国实例指示办法。

此欧洲各国为最难之事。夫布宪法，开议院之意，原在防国内人种之区别。各自分居，情形隔膜。故集于中央之机关，以图统一。以设宪法、开议院为统一国内各人种之方法。只就表面而论，譬如贵国历史上有满汉之别，及蒙古其余各人种、风俗相异之民族，聚成一大国。自外部观之，为漠然帝国，令其统一对外，为一致之行动，当于中央设议院，集各人种，使互相混同，为调和之法。以开议院，为统一各民族之策。言之匪艰，行之惟艰。纵观各国成例，英最为明证。英本名英兰，即本来之英国。又有苏格兰及爱兰，人种各别。英以国小，故合三国为王国，于伦敦设议院，借为统一之计。苏格兰与英国相轧已久，近稍调和，而爱兰以议院势力不匀，始终不静。盖爱兰人热心主张自治，欲以爱兰之首府达布林设己国议院，自行为治。而英则强令合于大英国之议院，维持统一。若实行分离，则三国鼎峙不相联络，而英几不能团结矣。其次人种不同，骚扰最甚者，为墺大利之议院。墺大利与匈牙利，国势既异，人种迥别，试旅行欧洲，往匈牙利见其风俗及人民，举动恰似东洋之人种。而墺大利为德国人种，令其同一议院，即匈牙利国内，亦有多数人种，言语不一，俱集于墺大利议院，其议事之骚扰，党派之相争，实为天下之奇观。非若日本、法国议院之小有风潮者可同日语。然而两国尚未视如秦越者,幸赖议院之存立,故至今犹未分裂也。夫调和种族之法,惟恃教育之力,使各种民族知对于世界为一国,养成其为国家为公共之念,如是而已。议者评论贵国事情,每谓中国人民非常富裕,个人经理财产可谓尽善尽美。独至世界公共之事,即古来之大学问家、大豪杰,人而不闻有尽个人之才能,以其财产雄飞世界者何也?或者薄于国家之观念欤。其说当否,余不得知。然人民阶级之弊,满、汉、蒙古其余各民族之区别,一经开议院,俾各种人民皆知和衷共济,亦不分畛域之一法。但倾轧之风,往往即起议院。然则欲求调和种族之良策,非以教育养成其国家之思想则不为功。以日本纯然同人种之国,前因藩阀之区别而相争,今虽稍解,而又有政党之争。贵国大政党相争之外,民族、种族之争,恐在所不免也。

第二十八问　敝国人民甚众,文野不一。选举议员,当以何者为标准?国会议员,宜需若干人?

选举法之标准,寻常依财产之程度者居多。但如日本与欧洲各国,土地狭小,人民程度相同,可用一律之标准。若贵国真效法历史上最新例之大国,施行宪政,各国实无此经验。只就历史而论,则选举之标准以各地一律为主,但此不过各国之成例,并非法理之通理。如国内地方有文野之分,或贫富相悬殊甚,则分别定其选举权之标准,亦无不可。盖与民选举权之标准,为智识、财产二者。人民既有普通教育,再依其财产之程度定之。故第一须义务教育盛行,国民皆有兵役、纳税之义务。如不能尽此义务,而教育不普及之地,则可暂不与选举权,不必限一时均与之也。即如日本之琉球与北海道,皆不与选举权。近来北海道渐有可与选举权之程度,琉球则未也。

议院议员之数,各国大都通上下两院,自五六百人至七八百人,但以人民若干人选举一议员,其选举法以人口区分之数始终议论纷如,莫衷一是。有云十万人选举一人,或二十万人选举一人,大约议员总数,通上下两院,为八百人。一院四百人者为多,若过多或过少,便不成议事体裁。如德联邦中某小国有较日本一府县小者,亦设议会。其议员只十五人,若此者不过一议事之会,不得谓之国家之议院也。

第二十九问　敝国现当改革之初,新旧不一,政见各殊。除求教育普及外,尚有何法,使速开通?请问日本维新时调和新旧之法。

此无容易调和之法。以日本之经验而论,君所知者,日本为最尊皇室之国,自古国民尊崇皇室君主之念甚深,故得调和之者,实皇之福。譬如明治初年,新旧两派相竞上书建白,奏陈时事者甚多。朝廷关心时势,采仿舆论定国是,行立宪政体,与民参政之权,公布于众,国论乃定。一切君主乾纲独断。如开海禁,改风俗,修制度,凡设施之出于君主者,人民莫敢反对。此尊崇君权之益也。若君主无威力,则国易起叛乱。如幕府之末,锁国攘夷之论,纷纷其说,幕府因循无策,诸侯群起不能制之,至于颠覆。若时幕府制胜,定开放主义,与外国交际,图民福利,则维新之业,不在明治而在幕府矣。又如法国,百年以来,国民结为党派,始终革命,无以制之,皆在上者无权力以制服之也。贵国调和新旧之法,根本之论,舍教育外别无他法。惟须朝廷先定国是,公布众庶,俾国论一致,此亦调和之法也。

日本宪法说明书

[日]穗积八束　讲述

唐宝锷等　翻译

　　整理者按：《宪法说明书》是明治时期日本宪法学家穗积八束为清政府考察政治大臣随员所做的讲义。1905 年至 1906 年，清政府派遣五大臣考察各国政治，五大臣离开日本后令随员唐宝锷等人滞留日本，继续考察日本政治，聘请穗积八束进行宪法讲座。

　　穗积八束生于 1860 年，其祖父重磨（1774—1837）师从本居宣长的养子本居太平，是江户时代日本国学史上著名的人物。父亲重树（1812—1881）也是国学者。1879 年穗积八束进入东京大学文学部，1884 年作为东大研究生的穗积以文部省留学生的身份前往德国留学，专攻国法学。穗积在德国留学期间，师从实证主义巨擘拉班德（1838—1918），系统地学习了"支配后半个世纪的德国国家教义学"的公法理论。1889 年穗积回国后就任帝国大学法科大学教授，主讲宪法。其后历任东京帝国大学法科大学长（1897 年）、贵族院议员（1899 年）、帝国学士院会员（1906 年）、宫中顾问官（1908 年），1912 年去世。在学术贡献方面，以其提出的"天皇主权说"闻名于世。另外，民法典论争期间其发表了《民发出，忠孝亡》（1891 年），在某种程度上促成了民法的延期施行。

　　《宪法说明书》讲座共 12 回，大概于 1906 年 3 至 5 月间进行，篇首有"宪法说明小引"。第一回立宪政体，第二回宪法，第三回君位及在君主之大权，第四回臣民之权利，第五回国会制度及上院之组织，第六回下院之组织，第七回帝国议会之权限，第八回国务大臣及枢密顾问，第九回法律及命令，第十回豫算，第十一回司法权，第十二回地方制度及中央行政各部。各回基本按照《明治宪法》的章节顺序进行。

　　《宪法说明书》以对明治宪法的讲解为核心，同时将其与欧美各国宪法进行比较。穗积反对三权分立学说，这一点在《宪法说明书》中有所体现。由于穗积是宪法学大家，中国学生众多，其宪法学著作也多被译成汉语，因而其宪法学说在清末有较大影响力。1911 年清政府指派李家驹和汪荣宝起草《钦定宪法草案》时，该书为参考书之一。

　　本次整理以《政治官报》上的连载为底本。其中《日本宪法说明书提要》载于《政治官报》光绪三十三年（1907 年）九月二十日号。《日本宪法说明书》各回连载于《政治官报》光绪三十三年十月初九日第二十号至十二月初九日第七十九号。

日本宪法说明书提要

右日本法学博士穗积八束《宪法说明书》，共十二次。其承用之学说，大都出于德意志，参佐之以英、法，旁及于荷、比诸国，而重归于日本。持论反复详尽，切近事理。谨按各国宪法，于其政体之差别、风俗之习惯，参观互证，必当融会政法之精理，准照国势民情，自立不敝之法典，不得据纸上空谈，遂成定案也。何则？各国宪法，互有情形、历史之不同，彼国之所利，未必即利于我。我国之所利，未必即具于彼。傥立法之初，昧于事情，徒袭近似，害即伏于无形，强为附会，弊且出于不备。然则如之何而后可？必经数年之试验，审时会之所趋，不耻效人，不难舍己，详慎改革，以求其适宜。此研究宪法必要经过之理也。博士日本法学大家也，明治维新初，随使欧美，于各国宪法，既得其渊源，考其沿革，于本国国势民情，尤多经验。本编特发明体裁与模范之迥殊，形式与精神之互异。日本宪法之改良政体，国体益以尊崇。摧抑私权，君权愈以巩固。实镕铸欧美而成日本之特色，其中慎始防微之意、因势利导之方，博引旁通，时流露于意言之表，感情良匪浅已。

宪法说明小引

一、宪法为治国之大法，以宪法分统治权之作用，为立法权、行政权、司法权三者。行使立法权，则必待于国会之参与。行使行政权，则必属于政府之专职。行使司法权，则必归于裁判所独立之判决。是谓立宪政体。

一、立法权、行政权、司法权必须判分三事，而不可使混同者，是为立宪制之第一义。开设国会，使人民有参政权者，是为立宪制之第二义。以宪法保护人身之自由与重要之权利，用以防止政府专制之害者，是为立宪制之第三义。审判、诉讼必归于独立公正之裁判所，不得凭藉政府之权势以侵害之者,是为立宪制之第四义。至于一切行政行为,则以不与此立宪本义相违反为制限。凡在制限以内者,当属于政府专有之权力。

一、考欧洲诸国所以采用立宪政体之故,在惩戒昔时政府之专恣,而欲防止其弊害。故以分权为主义,注意在扩张民权,而削减政府之权力,以此拯救生民之疾苦,可谓适得其宜。然注重分权,主张太过则于国权之统一强大与政策之巩固敏活,或有不能无所损失者。欲不失国权之统一强大与政策之巩固敏活,而成立所谓立宪政体,则当于分权主义以外,别树一帜。日本宪法以万世一系神圣不可侵犯之皇位,维持国权之统一强大。其国会之权限,仅在于决议立法与豫算二事,而不得干预行政。政府大臣之进退,则属于君主之大权。与英、法诸邦议院政治大有所异,盖亦以国民历史事情与欧美相去较远故也。

一、宪法法典要在揭示治国大法,不及其他。何则?如宪法上规定行政细目,则其势不得不因时势之变迁,而屡加修改。易招政变之动机,不可不慎,故以仅揭政治大纲为得。虽然,如一切详密之制度,未能具备,则亦不能以仓猝之间发布宪法,开设国会。故如行政各部之官制、地方制度、裁判所构成法及诉讼法,实为最要,不可不从速制定之。如军制、如教育,亦为不可忽者。且国民教育为立宪政治之基础,使不解政治与国法之大要,无公民之素养,无自治之能力,而漫然与以参政权,则如授利刃于儿童,徒足以自戕其性命而已。故立宪国根本之培养,在于教育之普及,不可不察此义也。

一、同一立宪政体,而于实事上,英国、美国大异,法、德诸国亦自不同。日本宪法,亦系折衷各国而采用特别制度者。治宪法者,决不可偏于一国之成例与一家之学说,一概以断之。宪法成文,贵在简洁,仅举大纲,故各国多相似者。然成文相似,而实事悬殊。解释宪法者拘泥文字,而论说异同,殊为无当也。

一、本年一月当载泽殿下来游时,予尝应召在芝离宫,讲说日本宪政大纲,并承命使制日本宪法一览。以讲演仅得一回,殊有未尽之憾。继因清国出使大臣之属托,更讲演数次,付速记写成,以补不足。然此不过参酌日本宪法与欧美宪法,略述立宪之大纲,非详细之解说也。如更设条目,有所质问,虽非浅学所及,亦可陈述鄙见,以供大方家之参考焉。

明治三十九年五月十一日　大学教授贵族院议员法学博士穗积八束谨述

第一回　立宪政体

（明治三十九年三月五日）

宪法为法治国家之大原则，欲知宪法为何物，当先知国家为何物。国家者，有土地，有人民，有统治土地人民之主权，而为独立之团体者也。主权者，乃独立最高之权力，为统治国家唯一之权力。宪法者，乃规定此统治权之行动之原则也。欲知宪法之种类及其性质，不可不知国体与政体之分别。

国体云者，言夫统治国家之权力在于何人之手，即指言统治权之所在为何如者也。政体者，指言行使统治权之方法、形式，为其国之法律制度之所制定者也。国体与政体之观念，判然有别。例如言君主国与民主国是为国体之区别。统治国家之主权在于君主一人之手者，名君主国。统治国家之主权在于人民之手者，名民主国。君主国与民主国，其国体虽彼此各异，然其政体则有相同者。例如日本为纯粹之君主国体，法国为民主共和国体，然其采用立宪政体，则大略相同。故国体之问题与政体之问题不可不分为二事。变更政体者固不必变更国体，常得因沿固有之国体，而施行制度之改革。

国体之为物也，系由民族历史之结果。凡各国各有绵历数千百年之历史，其统治权之所在，当各因其国家特别之变迁而定之，难一概据理论以评其是非得失。民主主权之国，自有不得不为民主主权之历史沿革。君主主权之国，自有不得不为君主主权之历史沿革。故主权所在之国体，非得一日以法令左右之者，其国体有激急之变更者，即必有非常之大革命。至于政体，则但论政权运动之方法为何如，有不必摇动国体而可实行改革者。故今日制定宪法而采用立宪政体，决非变更国体之问题。于国家主权之本体，无所移易，不过将立法、行政、司法等国权行动之方法、形式改良其构造而已。如我日本虽用欧罗巴近世所谓立宪政体，然主权之所在仍归于万世一系之皇位。因袭建国以来之事实，而无所变更。虽发布宪法，开设国会，于日本固有之君主国体，毫不相妨也。

言政体者，必分君主专制政体与立宪政体。然此不过就近来欧罗巴诸国之政体言之。至于政体之种类，决非仅有此二者。统治国家之形式，古来各国绝不相同。法律制度或以国土而异，或以时代而异，不能一概论之。唯在欧罗巴近世，其政体之最显著者，则有君主专制与立宪政体。何谓君主专制政体？谓不分别立法、司法、行政三权，而以君主一人总揽一切而行使之者，其设官分职数甚多，皆受君主命令，以施行政务。然但为君主之手足，而不能以独立之志意参与国家之政事。此种专制政体，在法兰西大革命以前流行甚盛，在日本明治维新以后发布宪法以前，即系采用专制政体者。立宪政体云者，分立法、行政、司法三权，各以特立之机关行使之。于行使立法权，则使人民选举议员开设国会以参与之。其行使司法权，则使独立之裁判官任之。其行使行政权，则由君主凭藉大臣之辅弼而断行之。备此三件者，则名为立宪政体。所谓制定宪法者，即系采用立宪政体之意。

立宪政体自十九世纪初期以来，广行于欧罗巴大陆诸国，叩其实，则渊源于英国之政体。此种主义，先移于北美殖民地。当合众国宣告独立之时，制定宪法，实为立宪政体之最纯者。其时法兰西国民以外交事件反对英国，大表同情于亚美利加之独立，于是美国新宪法之主义，在法兰西政治上大占势力。法国宪法实以此为模范。其后德意志诸国从风而靡，虽论法国大革命之原因不仅变更政体，实且变更君主国体而为民主国体，然立宪政体与专制政体之区别，全在政治之方法，而不在主权之所在。欧罗巴诸国中，德意志诸国虽为纯粹君主主权国体，然亦效法国，采用立宪政体。要之，立宪政体之起源，全在反抗君主之专制。在欧罗巴当日，君主专制为患甚烈，王室及贵族恣行威福，赋税烦苛，束缚自由，无所不至。故人民崛起反抗朝廷，遂生政治上之大变动。

立宪政体之起源有二：一则由于历史上之沿革，一则由于理论上之发明。历史上之沿革云者，自昔欧罗巴有日耳曼民族者，于上世分为独立之小部落，其小部落中各有民会制度，执行纯粹之共和平等政治。其后诸民族合并组织为大国，而奉戴君主。然为其君主者，实不过为民族之首领，非以国土为自己之所有而为纯粹之主权者。如梅宾格王朝、喀罗林王朝时代是也。其后为封建时代，诸侯豪族各私其土，各子其民，自为其国家之领主，实稍稍近似于近世之君主国。然在欧洲中世，尚有会合贵族各阶级以参与国政之制度，即国会制度依然

存在。如英国即由豪族会议之制度逐渐发达至有今日者。在法兰西，虽一时因君主专制权力强盛，其贵族集合之国会废弃不用，而名义尚存。故欧罗巴民族自其祖先建国以来，实即以国会制度为其政体之要素。唯法兰西及其他欧罗巴大陆诸国，自中世以来，因君主专制势力方张，国会制度有名无实。而在英国，则立于特别之地位，其俺革罗萨克逊古代国会制度，绵延继续以至于近世。虽国王数与国会争竞权力，然二者常并立对峙，相需为用。英国旧例，虽亦以贵族集合体为国会，而因商工业发达之故，各都府并占势力，遂使各都府之代表者参与国会，又各地方中等社会之人民，因生计上及政治上位置渐高，于是地方团体之代表者亦得参与国会，终至分为上下两院。在一方，则用历史上之贵族会合而成，在一方，则自国民选举代表人会合而成。英国国会制度，遂为欧罗巴大陆各国之模范，近世立宪政体由斯而作。

立宪政体之发生，不仅有历史上之原因，其出于学问上理论之影响者甚大。当西历十八世纪时，欧洲人士竞从事于学问，将国家及人民之关系，由理论上切实研究，由是所谓人民之自由云者，所谓权利云者，所谓独立云者。种种思想，极为发达。民主主义，如日中天。英国之所以屡次改正宪法，扩张选举权利，使中等以下之人民，并有参政权者，其原因亦由于是。如北美合众国之独立，宣言全系采用当时法律学者之理论。法兰西大革命亦全然用此种理论为基础者。当时学者之理论，其最著者，在法兰西则有孟德斯鸠之三权分立论，而瑞士哲学家卢骚者，鼓吹民主主义，尤足以震荡欧罗巴大陆之民心。故民主主义之势力，于法兰西为最大，实为法兰西与意大利、西班牙、葡萄牙、比利时等腊丁民族诸国变更国体之原因。然德意志与英吉利、墺地利等日耳曼民族诸国虽大受民主主义之影响，尚不至变更其国体。唯孟德斯鸠三权分立论通行于欧罗巴全土，于变更政体，实最为有力。所谓三权分立论者，谓擘分国权为立法、司法、行政三者，使各由特别之机关而行使之谓也。据孟氏所说明则谓国家之权力，若全然在于君主之掌握，以一人自作法度自施行之自裁判之，不受何人之限制，则其结果必为压制。欲防此弊，则不宜将权力委任于一人，必分为无数机关，使各各独立对峙而执

行之。于是各种机关互相节制，不得滥用其权力。故欲防专制之弊害者，不可不采用分权主义，以制定宪法。孟氏之三权分立论，实为立宪政体之基础，而有最大之势力者也。

孟氏所以特倡分权论者，以其研究英国政治之故，彼自言研究当时英国人民何以得有自由、免受压制。则以英国与法国异，自有分别权力之宪法。然孟氏虽以说明英回宪法之旨而倡三权分立论，以今观之，则孟氏实不免误解英国之政治。盖英国非必纯如孟氏所谓三权分立之政体，又自法理言之，则孟氏所言亦有主张太过之病。何则？国家之统治权，系独一圆满而不可分者。若有分割主权之事，即有分裂国家之事。故譬分国家主权为三事，使分任之者，各自为其权力之主体。此种理论，实大反于国权统一之原则，其结果适足以削弱主权。故孟氏之议论，如拘泥文字以为解释，直谓为三项权力之分立者，则于法理上实为误解。若略去文字之窒碍，而参酌其精神，则国权之本体固不必譬分其主权者，亦非必以三人鼎立而后为得。惟将独一圆满之主权，于制定法律之时，则以国会参议之。于裁判诉讼之际，则使独立之裁判官执行之。于行政之际，则以君主之大权专决。所谓分权主义之目的，由斯可达。现今学者解释立宪政体之意义，于三权分立一事，虽承用历史上之名辞，实则非以分立权力为意义，而但以譬分行使主权之作用之形式为意义。故虽在纯粹之君主主权之国体，亦不妨采用立宪政体，以君主为立法、行政、司法之主权者。而组织机关之方法，及行使主权之形式，则与专制政体时代大有所异。

立宪政体之要点，实在所谓三权分立之精神，蔑去此种精神，则失去立宪之特色。然察现今立宪国政治上实在之形势，必非与立宪政体之理想全然相吻合者。譬如英国、法国、美国、日本虽皆同为立宪政体，而政治上实在之情状则大有差异。约而言之，凡政治云者，在一国中必有一权力之中心。孟德斯鸠虽理想一三权分立之政体，然以政治之实际言之，必非可以三个或二个平等之权力以统治国家者。例如君主与国会各在独立平等之地位而共同统治国家，此但可为纸上之空言，不能见之实际。其能行之成例亦甚鲜少。权力之必欲出于一途，如水之就下者。然自政体之外形上观之，则君主与国会虽似各有独立平等之权力者，然自政体之实际上观之，则其权力中心或专在于国会，或专在于君主之大权，其势自不能不有所归宿。唯亚美利加合众国则以其所采用之宪法,最近于孟氏所谓分权主义者,稍稍近似于三权分立之实事。今就政治之实际,据宪法实行之状态,而以类别之,则第一为美国之分权政治,第二为英国之议院政治,第三为日本之大权政治。如德意志列国,以君位为权力之中心,与日本大略相同,然此种区别非宪法正文文字上之区别,乃自政治上实际之形势而言之者也。

美国名为分权政治,其大统领纯然为行政权之首领,其立法权则在于国会,于立法上则大统领殆无实权,于行政上则国会亦无实权。其宪法条文如是。此于孟氏所倡分权论最为相近。以此防止专制,实为最宜之政体。何则?此种政体在大统领一人不能滥用其权力,而在国会于立法虽有权力,而于行政上亦不能滥用其权力。自理想上观之,殆为最完善者。然就实际上观之,则又殊有不便之点。何则?立法与行政之区别,乃国家政府内部之区别,然在国家外部乃必须以唯一之国权自由行动者,如国会与大统领之意见及政策不能融洽,则于措施张弛之机宜不能保有坚凝之态度。大统领与国会于立法、行政政策既异,则其易生冲突,自不待言。察现今之趋势,美国国会实已扩张权力于宪法明文之外,而渐次蚕食其行政权。美国国会中,其以政务分科之委员会殆近于五十种,其委员会专任调查各行政部之事务。其行政官吏则顺从国会内行政各科委员之所决定,以为任事之方针。故以现今时势言之,美国宪法之表面上虽用分权主义,然于实际上则美国之国会不仅主持立法,亦且参预行政,实为美国权力之中心也。

英国政治极为错杂,在外国人既难窥其真相,且以英国宪法非如美国有成文之法典。名为宪法,实为自然之习惯。于表面上不见有改正宪法之事,而于实际上则常从时势以为变迁。故在外国人颇难断言其法理。孟德斯鸠之误解英国宪法亦由于是。据大概情形论之,百年以来,英国政治之实况实为议院政治,君主虽永保尊严,为英国人民所尊敬,然其政治上之实力至为微弱,唯得顺从国会所决以施行百事。此种议院政治,在国会实有无上之权力,不但能执行立法权,即在行政权亦且直接间接以为其主宰。质言之,即行政权亦全归于议院,而不在君主之掌握。何则?君主之行政,必须得大臣之同意,而辅弼君主之内阁诸国务大臣,必以议院之信任而为进退,是为宪法上之要件。既不得以君主一己之信任而自由进退,诸大臣则其政府之实权自不在于君主而在于内阁,且内阁非有独立之权力与独立之政策者,常因议院多数政党之向背以为进退,故内阁大臣势不得不为议院之手足。其议院之政党分为二派,其得多数之政党,则入而组织内阁。故自表面上观之,其行政权似在内阁者,实则全在于国会。此种制度名为议院内阁政治。法兰西、比利时、意大利等诸国,皆模范英国之议院内阁政治,于实际上亦大略相似。故在法兰西及其他得法兰西系统之宪法,实非采用纯粹之分权主义者,其国会常混同立法、行政,而为权力之中心,握有国家最高之势力。故美国与法兰西虽同为共和政治,而政体纯异,不可不注意也。法国之大统领比美国大统领大有实权,然辅佐大统领之内阁国务大臣非得由大统领之自由意志而进退之者,常以国会之信任而为进退也。故法国行政之权力,亦间接而归于国会。在美国则辅佐大统领之内阁大臣,其大统领有自由进退之权,不由国会之信任,此其所以异也。然美国之大统领其权限甚为微弱,以其不能左右国会,而干预其立法政策之故也。

日本政治,以现在形势言之,其权力之中心于名实上并在于皇位。君主对于国务大臣得以自己信任之厚薄而自由进退之。又宪法上列记君主大权之事,不许国会侵犯之。帝国议会但为参与立法之机关,无议会之决议虽不得立法,然裁可法律之大权于名于实并归于君主。虽议会已经决议之法律,然如君主不与以裁可,则不得有法律之效力。非以议会享有立法权,实以君主行使立法权。议会惟得参与立法之方法、次第,于立法及豫算之外,不许干涉何事。于外交军事及其一切重要政策,皆属于君主之所亲裁。虽必须有国务大臣以为辅弼,然其进退黜陟之权在于君主,故决用何种政策,全在君主之实力。英、法国之君主及大统领虽得行使大权,然其辅弼大臣非君主及大统领所能自由进退,而由国会多数政党之信任以为进退,故君主及大统领虽有大权之名,而无大权之实。此日本大权政治之精神与英、法等国所以相异也。夫既为采用立宪政体之国,则裁判权必归于独立之裁判官,制定法律亦必须有国会之决议,无国会之决议,不能制定法律。顾既已备具此种要件,则立宪政体之根柢业已完足,故于立法及司法之外,一切皆属于君主之大权,于名于实皆以君主大权行使之,此非英、法二国有名无实之大权所可同日而语也。德意志帝国为联邦国,国家之成立及其组织截然殊异。有难以与日本、英、法等国相比较者,惟普鲁士国、萨逊国、巴威里国及其他各联邦王国有种种之宪法及政治,于大体上皆为维持君主之大权,在国会仅有议决立法及豫算之权，其行政权并在君主之掌握，与日本宪法有相似者。要之，近世立宪政体，其理论上之主义在擘分立法、司法、行政三权而以特别之机关行使之，然政治上之实际则擘分国家权力为三项，使并立与独立平等之地位者，不但于事实上极为困难，亦大失国权之统一。凡国权之中心，自有不得不偏重于一方者。自其大概言之，则美国稍近于当初分权政体之精神，而施行分权政治。英国则为议院政治，一切权力归于国会。法国及法兰西宪法系统诸国亦承用英国之议院政治。日本则与是等诸国事情别异，当称曰大权政治，于立宪政体之要素无所欠缺，而权力之中心则尚归于君主之皇位。德意志列国之宪法大抵相同。然此不过举其大略而已。

第二回　宪法

（明治三十九年三月六日）

宪法为制定统治国家之大原则之法典。既有国家，必有统治之法。则以广义言之，无论何国，必有宪法。在专制国，有专制政体之宪法。在立宪国，有立宪政体之宪法。然近时欧罗巴诸国所谓宪法者，系专指采用立宪政体之法典言之，此编亦然。

宪法随国而异，有制定为成文法典者，有以不成文之习惯法而存在者。所谓国法者，非必指传述于文章典籍之成文规则言之，凡不成文之习惯法，亦有得为国法性质。无论为民法为宪法，伊古以来，国家政治之法则，多存于不成文之惯例，不必如现今有整齐完备之法典。即如现今诸文明国中，竞称英国为立宪政治之模范，而其国之宪法，多自古相传不成文之习惯，非如法、美诸国编纂为成文之法典者。虽在英王约翰之时，曾发布统治国家之成文法典，延及近世，亦屡经制定关系于宪法之法律，然实未尝编纂整齐完备之成文宪法，是为英国国宪之特色。即以民法言之，在英、美系统之国，亦以不成文之习惯为基础，非如法兰西、德意志用论理之全部排列编纂以为法律正文者，是为英国法律之特色。盖着重在习惯法，而以成文之法律补充习惯法之欠缺，当必须改正之时，始行发布之者，其成例然也。匈牙利国之宪法亦为不文之习惯法，非如欧罗巴诸国之编纂为一部法典者。

成文宪法者，以文字写定宪法正文之谓。日本、法兰西及其他欧美诸国，现今大都有成文之宪法法典，其编纂之体裁与所揭载之条件固自不同，然其编纂立宪政体之大原则为一法典大略相似。名曰成文宪法，非必仅以一部之成文法律单独存在，亦有以数种之成文法律集合而成者，然常以编纂重大事件之成文法典，命为宪法。

宪法当用成文法典与否，其判断颇难。原来国体、政体者，系因各国固有之历史，绵历数千百年而自然成立者，自不难藉古来不成文之习惯法则以维持之。然欲更新政体，则非制定成文之法典，必不能达其改革之目的。且如英国政治之根本法，虽未及编定成文法典，然人民操之既熟，绝无不便之虞，实为甚幸。又不文之法律，适用于社会之事情，常能应弦赴节，妥贴易施。然若一旦有法律上之争议，欲决定其嫌疑，殊有不能明了之病。盖在立宪政体，政府与国会及裁判所等各种机关易生权限之争议，故在从新采用立宪政体之国，有必须以成文法典明白权限者。如英国人民于君主与国会之关系及裁判所之地位等，历史流传，根柢深固。在国民思想，其不文习惯法比成文之效力更为强固者，殆非他国所能望其肩背，势不得不编纂成文法典也。

自宪法之效力言之，可分为二类。其一为划分宪法与法律，而不许以法律变更宪法者。在此等国，其宪法为国家最高之法则，效力强大，不得用法律及命令以变更之。日本之宪法即有此最高之效力。欧罗巴大陆诸国之宪法亦多如此，比普通法律效力迥殊。其一则虽名之为宪法，至于其效力，则与普通法律了无所异，且不妨以普通法律变更宪法者。如英国之所谓宪法者，其效力实与普通法律无所区别，且以普通立法之方法次第，得改定宪法之原则。如意大利虽有成文宪法，亦与普通法律之效力了无所异，不妨以法律变更之。其他如普鲁士国之法，虽比法律有绝大之效力，然自现今实际上观之，则不以改正宪法为名，而以普通之法律，行改正宪法之实。至如法兰西及其他欧罗巴诸大国，则大概将宪法、法律区别其效力，而采用不许以法律变更宪法之原则者。日本宪法，固有最高之效力，不许以法律敕令变更之，关于此事有极宜注意者。欧罗巴诸国于法理论，则不许普通之法律变更宪法，而在实际上，则有以法律变更宪法之实例。然此固不当之事，但在欧罗巴诸国，其国法之观念，如君主与国会互相一致者，则此外无论何人，不可得而动摇之。纵令有违反宪法之法律，无论何人，不得以违宪之故，昌言排斥其过者。故在学理上虽当命之曰违宪之法律，而在政治上无可以裁判之者，故其法律得以成立。独在亚美利加合众国，于此事有特别之惯例。合众国之最高裁判所如发见普通法律有违反合众国宪法者，则有判定其违宪而排斥之之权力。盖不许以法律命令变更宪法者，于维持宪法上为必要之原则。宪法为制定统治国家之大本，划分各种政务机关权力之范围者，不可容易变更之。以宪法之性质言之，实为永远不磨之大典。虽有必须随时改正之事，然如率尔从事，则大背于宪法之精神也。

制定宪法之为各国历史上之问题，不能一概断言之。在日本明治维新之初，王政复古，废藩置县，国权统一。当其初时，已宣言制定宪法之趣意，而发布五条誓文。以一切法律制度未及完具，于是最先整理行政及司法制度，其次则整理地方行政制度，由是召集地方官吏于中央政府，使公议国事。其后更以采用立宪政体之趣意为基础，以明治八年四月十四日下诏，于行政部之外设元老院及大审院，使元老院专为立法之府，大审院专为司法裁判最高之机关，此为划分立法权、行政权及司法权之第一着。虽当时之元老院不出于国民之选举，但由君主会集国家元老以咨询立法，然不使直接担任行政事务，仅得参与立法，不可谓非划分行政权、立法权之基础。大审院总辖各种裁判所，为司法最高之府，不可谓非司法权独立之基础。其后民间政论嚣然，希望国会制度之成立者，日见激急。若必强为钳制，则祸害方滋。明治十四年十月二十日，发布开设国会之敕，克期以明治二十三年制定宪法，开设国会。自是年以后，至宪法发布以前，逐年准备，最先整理地方行政，发布地方自治行政之制，于未及开设国会之前，先就各府县、郡市、町村等地方团体开设地方议会，以养成其多数采决之习惯。同时极力改良普通教育制度，以普通教育未能普及全国即与国民以参政权，甚为危险也。又于制定宪法以前，设立裁判所构成法，而以德意志帝国裁判所构成法为模范。其地方自治行政之组织，亦多参酌德意志地方制度。此外则设会计检查院，以确立会计检查之基础。凡在开设国会以前，一切采用与立宪政体大略相近之制度。基础既定，乃于明治二十二年二月十一日发布大日本帝国宪法，以发布宪法之翌年开设国会，日本宪法为天皇钦定之宪法，非由国民制定之，亦非由国民强迫而制定之者故。在欧美各国,其宪法草案必由国会撰成,宪法正文必由国会决议,制定宪法多由国会。而在日本,则宪法生于国会成立前,国会之成立由施行宪法之结果。故日本宪法与欧罗巴诸国情事特殊也。

欲知欧罗巴诸国制定宪法之事,必知各国之历史,兹但举其大略。法兰西西历第十八世纪大革命之结果,制定宪法,人皆知之。法兰西大革命波及于欧罗巴诸国,因此成立宪法,为数甚多。德意志诸国君主之权力,比之他邦较为强大,亦不免被牵动于法兰西大革命之余波,大概皆以国民暴动,强迫政府制定宪法。由君主发案,使国会决议之,以君民协约制定宪法。此等事情,于政治上大有可研究者。

改正宪法之方法,各国不同。在得以普通法律变更宪法之国,自无须别有改正宪法之方法次第。在划分宪法、法律之国,则其改正之方法次第有不可不郑重者。日本宪法其改正之方法次第为第七十三条所规定,若将来有必须改正宪法条件之时,则必由君主发案,于发布宪法之诏敕,亦有明文,使国会于改正宪法绝无发案之权。其理由甚明白,宪法为永久不磨之大典,不可轻易变动。如因时势之变迁必须改正,则由君主发案,所以防止妄事纷更之弊。而君主发案,必交国会议之。两议院非各有总议员三分之二出席,且非有出席议员三分之二以上多数之决定者,不得辄改正。在普通立法,惟以出席议员多数之决定,而在宪法改正案,则必以总员三分之二以上之出席,及出席议员三分之二以上之多数取决为要件。其郑重之精神,明白易晓。又宪法为君主之所定,则将来似亦得由君主一人之意思,而自由变更之者。然论日本宪法之精神,则在既开国会以后,非经国会之议决,虽在君主,亦不得擅行改正。自一方而观之,又有防止君主滥用权力之精神。故发议改正案,虽为君主独有之权力,而改正案必由国会议决,又可以知日本宪法之精神之所在也。

欧罗巴诸国制度各异,在法兰西,则改正宪法不在通常之国会,而必开特别之国会,名曰制定宪法议会,在此特别国会中决议之。故以法兰西宪法论,其制定宪法之权力,与普通之立法权,实判然为二事。制定宪法之权力,为国家最高之权力,而立法权则受宪法制定权之委任而在其下。有制定法律之权力者,是亦郑重宪法之意。但在实际上,则所谓制定宪法议会者,即会合上下两院之议员为总会议而议之。凡法兰西宪法系统诸国,改正宪法之方法次第多相似者。在某国则国会于改正宪法之始，先议应否改正之问题，于决定改正之时，则解散其国会，而使国民选举新议员组织国会，使议决改正案，因其决议而为改正。在普鲁士国，则宪法改正之方法次第，殆不异普通法律改正之方法次第。然改正宪法之议案已经决议之后，经二十日必须重议两次，可决之后始有改正之效力，是亦出于郑重之意，以避议院决议之轻率者也。

宪法上当规定何种事件，实为最要之问题。兹略举数国编纂宪法之体裁，以见其例。观各国宪法之大体，其所揭者或仅举大纲，或并涉及于细目。其利害得失，难以一概言之。如日本宪法，但揭示重要之原则，其细目则以附属于宪法之法律敕令别行发布。盖以宪法为将来永久不磨之大典，如必规定细目，则将来必有变更繁数之患。故务避去此事，力求简要。例如贵族院及众议院之组织，于宪法上但揭示其原则，而别以贵族院令及众议院议员选举法为详细之规定。又裁判所构成法亦在宪法外，以普通法律规定之，其宪法上唯揭示司法权独立之原则。如豫算会计之原则，亦揭示于宪法，而其细目别以会计法定之。其议院议事之方法次第，则别为议院法，皆为是故也。自发布宪法以来，未满二十年，社会之变迁颇为急激，众议院议员选举法已经改正一次，若非旧为别法者，则改正选举事宜，即须改正宪法，于事殊为不便也。欧罗巴诸国之宪法，亦仅揭示大体而略于细目。然如美国各州之宪法，则有为一大部之法典者，条目甚多，且甚详细。其所规定，不但关系统治之原则，其通常立法事件，亦多阑入。是盖因美国事情与他国有异，必须限制立法之权限，故特设细目以规定之也。又联邦国如德意志帝国、墺地利、匈牙利联邦国、北亚美利加合众国等，其联邦政府之权限与各州之权限于宪法上必须分划明白，此联邦宪法之特色也。

今揭示编纂宪法之体裁，取日本及欧罗巴二三国之法典，以宣示其大略。其纯粹民主共和国与联邦国之情事特殊者，则略去之。

大日本帝国宪法　明治二十二年二月十一日

　　第一章　天皇
　　第二章　臣民权利义务
　　第三章　帝国议会
　　第四章　国务大臣及枢密顾问
　　第五章　司法
　　第六章　会计

以上略示编纂宪法之体裁，非以之为最良之模范也。德意志列国之宪法，于大体上以君主国体为基础，与日本宪法颇多相似之处。又虽同为君主国，如比利时王国及西班牙王国，实皆属于法兰西宪法之系统，以民主主义为基础。为国王者，但有法律明文所授与之权限，于法理上与共和国大统领相似。故自宪法体裁上观之，是等诸国实以国民权利为第一基础，以国会为国家第一之机关，而君主不过为行政权之首领，其位置但足为国家之一种机关而已。即自宪法编成上观之，其以君主为主位，与以国会为主位者，自有所异。要之宪法上应行规定之事件，在声明立法、司法、行政权力作用之区别，以国会参与立法权，以国务大臣辅君主，以裁判所独立行司法权，皆宪法上所应行揭示者。其他如国家之会计、臣民负担税租之关系，亦为重大事项，无论何等立宪国，凡国家之费用，必经国会议决豫算案，故国家之豫算与租税，必使国会参与之。是等诸事，皆必揭示于宪法，此外则从宜增设可也。又日本制定宪法，分皇室事务与国家事务，使各为一种法典。属于国务者为宪法，属于皇室事务者为皇室典范，皇室典范不经议会之议决。在德意志诸国，亦大概于宪法之外，各设王室家法。然宪法与王室家法之区别，在各国亦自有所异，不必与日本相同。要之，皇室之内事与国家之政务，如有混同，易生弊害，故不可不别为一事也。

第三回　君位及君主之大权

以君主为主权者之国，其宪法上必宣明此义。是非谓君主主权必俟有宪法法典以授与之也。特将其国历史上主权在于君主之事实于法典中明白揭载之耳。例如日本宪法第一章题曰天皇，其第一条云：大日本帝国以万世一系之天皇统治之。是特就日本建国以来数千年历史之结果而以明文表示之，非以此付与君主之权力者也。据日本历史上以君主主权为国体，皆毫无疑义，似无烦更设明文。然恐世人误解立宪政体，谓君主与国会平分统治权，故以此防万一之疑难。然各国国体，自有其特别之事，漫然引外国之例，以供贵国参考之资，则于事理反多所窒碍。日本国体与中国国体之异同，非可故为牵合者，故且略之。

　　观欧罗巴诸国之宪法，虽或称皇帝，或称国王，然实非如日本以君主为纯粹之主权者。其皇帝或国王之称号，系历史上之敬称，苟受人民之依托，管理其国政而为之首领，则虽非主权者，亦得称之。如欲以欧罗巴诸国之宪法与日本之君主同日而论，则殊为误解。例如德意志国皇帝为德意志联邦之首领，其联邦之主权在于联邦政府，皇帝非德意志国之主权者，实为联邦之最高机关之一。皇帝及帝国议会、联邦会议三者，皆为联邦之机关，相需为用，以执行帝国之政治。又如比利时王国，其宪法明文，谓主权自国民而出（比利时宪法第二十五条），而比利时国王除宪法上所付与之权力外，更无何种权力（比利时宪法第七十八条），是则主权在于人民，为宪法所揭示，特戴一君主为国王耳。比利时国王，其法理上之地位殆与民主共和国之大统领相同，惟一则由人民选举而就其职，一则以一定之血统世袭相承而就其职耳。凡法兰西宪法系统之西班牙、葡萄牙、意大利等诸国，虽皆奉戴国王，而其宪法之精神，实与比利时相似。故自表面上观之，则君主国之宪法规定君主之地位，其体裁大略相等。然其在国家上之地位，则大有所异，不可不注意也。国体云者，非利害之问题，而为其国固有之历史之特质。当用君主主权，抑当用民主主权，决难据学问上之议论以解决之者也。君位之继承，不可援引外国成例以立论，至其用何种方法，以规定君位继承之条例，则有可言者。试观诸国有揭载之于宪法中者，有以为王室之家法而不揭载于宪法中者。日本宪法第二条于皇位继承一事，仅示大纲，至于细则，则别入皇室典范，而不以为宪法之条件。欧罗巴诸国宪法中，其以之为宪法之条件而揭出之者，盖实以之为政治上之问题，而日本于此事则不以为政治上之问题，全视为王室之内事。夫王位之继承，实为一国主权者地位此所由确定，事情重大，固不待言。然苟揭之宪法，则他日宪法改正时，必使议会议之，王位继承之事，亦必归议会所议决，故别载之皇室典范，以省去纷更之患也。

　　所谓君主之大权者，谓对于立法权及司法权而为君主独自专有之权力。在君主主权之国，国之全体皆为君主所擅，故以广义言之，则大权者即谓统治权之全体。然立宪政体之主意，在以独一之国权，擘分其作用，使为三事。立法权则使国会参与之，司法权则藉独立之裁判所以执行之，在此二者，其权力之行动，君主必不能以独裁专断行之。至于立法、司法以外之事，则属于君主独裁专断之范围，谓之为君主之大权。在专制时代，凡统治权之全体，皆为君主之大权，故其范围不必揭示于宪法。唯在立宪政体，则君主大权之范围，必直接间接于宪法揭示之。日本宪法于第一章《天皇篇》列举君主大权之重要事件，然君主大权之范围实不尽于此数事。虽非宪法所列记，但须在宪法明文上未言，必当以法律规定，而使国会参与之者，即不妨以君主之大权独断而行之。其必列记某重要事件者，特示此事专属于君主亲裁专断之范围，在国会不得侵犯之也。察欧罗巴诸国之宪法中，亦列记君主大权，且不独君主国为然，即共和政体，亦列记大统领之大权。其所列记之事项，随国而异，难以概括之辞言之，当求之于各国宪法之条文。至于列记大权之精神，则诸国宪法大有所异。如比利时王国之宪法，虽列记国王之权力，然列记以外之事，则不属于国王权力之内，故其列记之者，即有制限国王权力之意。而日本宪法中之列记，则绝无制限之意。虽列记以外之事，但在宪法上未尝明言，当以法律制定之者，实皆属于大权。其列记诸事，明指为宪法上之大权者，乃宣示不许议会以法律左右之之意，此事于宪法之精神大有关系。比较日本宪法与欧罗巴宪法时最宜注意者也。

日本宪法特认为君主之大权事件者，其重要者如左：

一，法律之裁可；

二，帝国议会之召集开闭及众议院之解散；

三，因紧急必要之事情得发代用法律之敕令；

四，因执行法律及维持安宁幸福而发布命令；

五，行政各部之官制及文武官吏之任免；

六，海陆军之编制及其统帅；

七，宣战、讲和及缔结条约之权；

八，宣告戒严之权；

九，授与荣典之权；

十，恩赦之权；

十一，于战时及有事变时得施行非常之大权。

以上为最重要者,是等大权,议会不得发布法律以侵犯之。其发布命令之权,范围甚广,但以不及变更法律为限,得以命令规定一切之事物,此事于君主大权,极为广大。例如教育、农工商、宗教、交通等,凡百行政事项,君主皆得发布命令,或使行政官发布之,但不得以命令变更法律而已。凡在宪法上,必尽将君主大权事件悉行记入者,有制限君主权力之意。如某国宪法,除宪法列记之事件以外,在君主更不得有何种权力,故不得不尽行揭示,细大不遗也。

规定君主命令权之范围,各国宪法上大概有两种主义。其一仅得因执行法律之规定,而发布命令,其法律规定之事件,不许以命令制定之。其一则承认君主有广大之命令权,但以不及变更法律为限,皆得发布命令。日本宪法即采用第二主义,而法兰西系统之宪法皆采用第一主义。法兰西大统领及比利时国王等,仅得于执行法律条件之时,有发布命令之权。其命令不得与法律对峙,以规定事物。然以实际上言之,政府之命令权过于狭小,实多障碍,盖法律仅定大体,至于细目,必宜归之命令。故有别设法律正文,将法律应行规定之事项委任之于命令,使大统领及国王等有广行命令之权者。日本宪法不以此种法律委任为必要,在君主自有广大之命令权。故日本宪法第九条云:天皇因执行法律又因保持公共之安宁秩序及增进臣民之幸福,得发布必要之命令。至于法兰西系统之宪法,则但言国家之元首因执行法律得发布必要之命令,其因保全秩序及幸福而有广大之命令权,则为宪法所不许。是君主大权之范围上大相差异之点也。

又日本宪法第八条云:有紧急必要之时,得发布代用法律之敕令。其意以为法律者,非议会开会中不得制定之,而在议会闭会时,苟遇有临时紧急之事,则可以君主之大权,规定属于法律权限以内之事物,又或废止法律或变更之。其所发之敕令,与法律有同等之效力。此等紧急敕令之大权,于欧罗巴诸国之宪法上殊为罕见,惟普鲁士国宪法第六十三条,及墺地利国宪法第十四条有与此相类似者。至法兰西系统之宪法,不许有此。盖法兰西系统之宪法,务极力制限君主之权力,故虽在事机紧急之时,非开国会不得制定法律也。紧急敕令一事,议论甚繁,或谓以此种权力授与君主,则必至有滥用权力之虞。法兰西宪法系统之国,即以此种议论为依据。然在实际上,无论何国,皆必有紧急事情,迫不及待者。当此时若必拘守宪法,势必不能应弦赴节,以维持国家之秩序。故有时大政治家,每用政治上之见解,不肯胶执宪法文字,以贻误国家。遂径行违反宪法,以政府命令权,发布代用法律之命令。例如英国大政治家,遇有必经议会决议之事,而因事机紧急,遂以政府之责任,违反法律而决行之。嗣后更付议会议决,以乞解除责任,是为惯例。此种惯例,于条理上殊为不当。盖宪法既经制定,则虽有何种紧急事情,亦不得违反之也。今既不能逆睹将来,而豫设非常之规定,在宪法上实为一大缺陷。故日本及普鲁士王国,特于宪法明文上揭示君主得有此种特别之权力,使径用非常处置,而不至违反宪法,盖实为政治上之要图也。

裁可法律之大权,于日本宪法上为君主对于议会之自由权力。既有此权力,则立法权乃得由君主执行之。纵令有上下两院一致之议决,然在君主有不与裁可之权,故法律为必由裁可而成立者。欧罗巴诸国,于表面上则君主及大统领亦有裁可法律之形式,然其实际上大有差异。英国国王,其宪法上虽有可否法律之权,而据英国宪法学者之说明,则君主之裁可权,在今日已经丧失。历时既久,君主绝无拒否国会议决之事实,且亦无拒否之权力。以共和国言之,其大统领苟不以国会所议决为然者,则有要求国会再议之权。然再议时,如国会仍采前议,则大统领不得再拒之。又德意志诸国,其解释宪法者,谓君主之裁可为其自由,对于国会之议决,得自由可否之。然在实际上,则君主拒否国会议决之事实,极为罕见。日本宪法特置重裁可权,非得君主裁可,即不得成为法律。而裁可与否,为君主之自由,故国会非自能立法者,特参与君主之立法权者也。

制定行政各部官制及任免文武官吏之大权,即监督行政各部之权力也。行政云者,谓在法律之范围以内,执行各种政务行政之官制,及官吏之任免,专属于君主之大权,而在国会权限之外,固为立宪政体应有之事。然在欧洲诸国,则有以国会直接间接侵夺行政权者。试观英国政治,其所谓行政在于君主大权之下者,不过表面上事,其实则政府内阁,全以议院信任之决议而为进退,即内阁大臣任免之实权,亦不在于君主,而在于国会。以是监督行政之权,已间接而归于议院之手。至法兰西、比利时、意大利、西班牙等国,皆用议院内阁政治,其行政权于名义上虽在君主及大统领,而其实际亦间接在于议院。美国虽不采用议院内阁政治,而于议院内部,常设各种行政事件之委员会,以审议行政之细目，政府为委员会决议之方针之所束缚，故国会于实际上实有监督行政之权。惟德意志诸国稍有区别，其行政各部于名实上共属于君主大权之下，其国会仅参与立法及豫算而已。日本宪法于此事殆与德意志相类云。

编制陆海军及统帅之大权，大抵皆属于君主。盖军事之权力必宜统一，而行动必宜机密。其事务之性质上，贵专任于一人也。陆海军之统帅权者，即指挥战斗力之大权也。指挥战斗力，必出于君主之亲裁，国会不得而干涉之者，为各国所同。惟陆海军编制及常备兵额之事，日本宪法特于第十条明言属于君主之大权，是为最宜注意者。其不仅言统帅之大权，而言编制及制定常备兵额之权者，因陆海军之编制与常备兵额需款甚巨，此项经费实与国家之岁计、豫算大有关系。欧罗巴诸国，凡关系于经费者，皆不肯委任于君主之大权，因是易启政治上之纷争。盖指挥陆海军，虽为君主之大权，而编制陆海军及制定常备兵额，为国家之经费问题、豫算问题，必不可不经国会之议决，是为政治家之所主张。欧罗巴诸国宪法上皆作如是解释者，固无足怪。据近例言之，德意志帝国政府与德意志国会，因此事屡起政治上之纷争，国会既有议定陆海军之编制及兵额之权，则国家之兵力必以国会之议决而为制限，于政治上实多困难。故日本宪法以此为鉴，而设定第十二条，明言君主不独统帅陆海军，即编制与制定常备兵额，亦皆属于大权之内。国会对于陆海军经费，虽有豫算议定之权，而编制及兵额则以君主大权制定之，绝不由国会所左右。是乃日本宪法之特色，而为欧洲诸国所罕见者也。

君主有外交之大权，为各国所同。外交之事与军事等，必力求机密，力求统一。苟使国会直接自当外交之事，甚不适宜。然此事日本宪法与欧罗巴诸国亦大有差异，是宜注意者。日本宪法第十三条明言，天皇得宣战、讲和及缔结各种条约。宣战、讲和由君主专断者，系君主国之所同，而在共和国则必经国会议定。至缔结条约之权，日本宪法之主义与欧罗巴君主国之主义则大有差异。日本宪法第十三条既言缔结各种条约，即不问如何之种类，凡条约之缔结皆属于君主之大权也。夫政治条约，如同盟条约之类，当属于君主之大权者，固为各国普通之例。至于通商条约，在欧罗巴大陆诸国，无论为法兰西，为德意志，皆必经议会决议而后缔结之。德意志诸国之宪法，虽多与日本相似，至于此点实有大差。盖德意志诸国,凡人民有负担之条约及通商条约,皆必经国会之决议,而后缔结。而日本宪法,虽通商条约,亦全属于君主之专断,此事在政治论上利害关系,为说甚繁。然日本宪法之趣意,凡对于外国之关系,皆以君主大权力求统一,且国会之性质,究非适于外交之机关,故吾党仍以日本宪法之规定为适当也。

宣告戒严之大权者,谓于战时及遇非常事变时,停止普通法律,而施行军政,以维持秩序之大权也。详细事件无暇说明,规定戒严事件之法律,各国皆特别制定之。例如某都府受敌人攻困之时,其地方之行政即委任于军队。或某地方因战事起见须严加约束,即以警察权一任军队之指挥是也。

日本宪法第三十一条,有规定君主施行非常大权之事,其文云:本章所揭之条件,于战时及国家有事变之际,并不妨碍天皇大权之施行。其所谓本章所揭之条件者,即宪法第二章所揭之立法事件,谓制限人民自由之重要事件,必以法律定之,不得以君主大权定之。然既有此条,则战时及国家有事变之时,即不妨以君主之大权,制限臣民之自由也。日本学者常以此为非常大权之施行。此种大权于欧罗巴诸国殊为罕见,惟德意志诸国之宪法上,有与此相类似之规定。至法兰西宪法系统诸国,绝不许以如此非常大权之行动载于宪法之上。诚以制定宪法之主义,在将国家政务分别为二:一为以法律规定之者,宜归国会决议;一为以君主大权专断之者。此种区别如有不明,实大反于宪法之精神。故法兰西系统诸国守此主义,至为严谨。于宪法之表面上,无论何种事变,绝不得以君主或大统领专断之权力,破除法律而为临机之处置。惟日本宪法特许施行非常之权力。盖国家政治变化无极,当战时及非常事变时,绝不能以平时之法令律之。苟政府被束缚于宪法,不能出身以当国难,是反有自危其国之虞。宪法者,为国家而存立,国家者,非为宪法而存立。故于宪法上必豫定非常之处置,且苟无此规定,一旦为时势所迫,事变既起,则君主政府,或至万不得已而停止宪法,蹂躏宪法,实为最危之结果。故日本宪法特设第三十一条之规定,使不致违背宪法,而得据宪法所许之权力,以临机应变。是亦日本宪法之特色也。

授与爵位勋章及各种荣典之权,与大赦、特赦之权,无论何国,皆属于君主,其条理自易明白。惟某国行大赦时,亦必俟国会之议决。然以大体论,是等诸事,皆为国家元首之特权也。

日本宪法上君主之大权，为独立存在，而不得以法律摇动之者。欧罗巴之宪法，其揭示国王大权时，谓其国王之特权由法律付与之，故其后亦得以法律夺去之。而日本宪法，则君主之大权，非法律所得而变动之者，故称为大权之独立。其行使大权时，虽必赖有国务大臣之辅弼，然辅弼之国务大臣，又皆以君主之大权，自由选择而任免之。故大权之独立，至为安固。至于英国，其国务大臣之选择任免，不属于君主之自由，而由于国会之信任。故英国君主之大权非能独立者，盖国王行使大权时，必不可不赖国务大臣之辅弼。而辅弼大臣，不能由君主自由进退之，其进退大臣者实为议院。是君主之大权，于事实上已移于议院，而大权之行使，君主亦不得自由。此为日本宪法与英国宪法相差之要点。欲使君主之大权名实相副者，则辅弼大权之国务大臣，必不可不使君主自由任免之。故日本宪法特为如此之规定。德意志诸国，君主与其辅弼大臣之关系，与日本宪法相似。而法兰西、比利时、意大利及其他法兰西宪法系统诸国，与英国相似。是即前次所言，议院内阁政治与君主大权政治之区别也。

第四回　臣民之权利

（明治三十九年三月十二日）

观近世立宪国之宪法，大概以国民权利别为一章。盖以英国宪法发达之历史，与西历十八世纪之天赋人权说，为此事之原因。观英国宪法之历史，在约翰王之大法典及其后诸宪法法典，其成立之事由，皆在主张国民之权利。其得称为宪法者，惟在国王有认许之形式，至于国家统治之原则与国家机关之组织，在当时尚未十分注意。惟在控诉身体自由之束缚与征收租税之繁苛而已。故英国宪法之发达，由国民主张个人之权利，得国王之准许，渐次成长，以致于今日。又当欧罗巴十七八世纪中，所谓天赋人权论者，风靡一世。天赋人权论者，谓人自有生以来，即有自由平等之权利，是为天赋之权利，虽国权不得而侵犯之。此说既倡，遂至有法兰西之大革命。由是视宪法为对抗国权，以保障天赋人权之思想，极为发达。谓宪法之要素，在保护个人天赋之权利，而防卫国权之侵害。美国独立之檄文、法兰西大革命之宣言,皆大昌斯义者。法兰西革命时之宪法,列举人权极为详悉,盖一则以仿用英国人民请求权利诸法典之体裁,一则受当时哲学家天赋人权之影响。故于美国及法国之宪法,有揭示人权之事。此后欧罗巴诸国之宪法,竞相模效,遂为成例。

臣民之权利云者,以现今法律思想言之,凡权利皆为国法所赐,系由法律而生。于国家国法以外,有天赋人权者,无论求之于历史上之事实,与求之于法理上之说明,皆为学者所不取。反抗国权之自由权利,乃法理上之所不认也。于宪法上揭示人权,在从前为时势所驱迫,在今日固不必仿用之。原来臣民之权利有二,大别即公权与私权是也。私权者,生于私人相互之间;公权者,为对于国家之权利。凡私权皆自古来社会相传之习惯法与成文之民法而定,不揭载于宪法中。其揭载于宪法中者,实为公权。而公权又分为参政权与其他关系人身之自由权利。参政权者,谓国民参与国事之权利,如选举权是也;人身自由权利者,例如身体之自由、财产之安固、住宅之不可侵、宗教之自由,皆是。此两种者,共揭载于宪法。日本宪法亦效用欧洲成例,以国民权利义务别为一章。然此不过沿用历史上之成规,于实际上非有不可缺之理由也。

天赋人权说,自今日观之,殊为谬见。然当法兰西大革命时,何以此种宪法论风靡欧洲大陆耶？则以其于攻击当时专制政府之宿弊,为最有效力也。以彼其时,君主专制势力方张,行政官吏滥用权力,束缚自由,侵害权利,剥夺臣民之财产,征收无益之租税。故倡天赋人权论,以为拔本塞源之计。其实际之目的,非主张反对国家法律之自由权利,乃藉以反抗政府之权力。其宪法上虽揭示人权,然非谓臣民反对国家国权,而有不可侵之权利,不过反抗行政官吏之威力,以保障法律上之自由权利而已。日本宪法、普鲁士宪法、比利时宪法所谓国民权利云者,皆当以此意解释之。如日本宪法第二章各条,自其表面观之,虽系揭示臣民之权利,然察其内容,并非指言各私人所得之权利、所负之义务,实则列举立法事件。凡立法事件,必以法律定之,非政府之命令权所能自由制定之者。日本宪法第二章,其列举臣民权利,盖谓此种事件当以法律制定,而不得以命令制定之。如此解释,较为正当也。

宪法揭示国民权利,别为一章者,实以美国及法国革命时代之宪法为之作俑。然观法兰西现行之宪法,即西历千八百七十五年之宪法,则已删去人民权利之明文。据法国学者所说,谓尊重人权,既在历史上为当然之事,不必明言。虽不揭示于宪法中,实则与列记者无异云云。夫以学理言之,如宪法上必须揭示国民之权利,则公权、私权并须罗列。然私权则诸国皆别以民法制定之,其各种参政权之细目,亦皆别为法典。如国会议员之选举权,则另设选举法;地方自治权,则另设地方制度之各种法律。是等事情,必列记于宪法中,则失于烦杂。因惟将人身自由之重大事件,揭载于宪法中,其实乃当别以行政法律制定之、保护之者,不必列举之于宪法。以此观之,则各国宪法揭示国民权利者,自学理上观之,殊为无当。惟欲表明国家尊重国民自由权利之主义,故揭示政略上之原则。实则自由权利云者,非得民法、行政法及各种特别法令不足以保护之也。

今将日本宪法第二章列记臣民权利、义务之条件摘要如左:

一、臣民之身分资格;

二、被任用为文武官吏及就公务之权;

三、兵役之义务;

四、纳税之义务;

五、居住及转移之自由;

六、身体之自由;

七、关系于诉讼裁判之权;

八、住所不可侵犯之权;

九、书信秘密之自由;

十、所有权之不可侵犯;

十一、信教之自由;

十二、言论及结社之自由;

十三、请愿之自由。

此为日本宪法第二章所列记之大略。普鲁士宪法、比利时宪法与其他诸国之宪法所列记之范围,大略相似,摘要如左:

普鲁士宪法　千八百五十年一月三十一日

第二章　普鲁士臣民之权利

一、国民分限;

二、平等;

三、人身之自由；

四、住所之不可侵犯；

五、关于诉讼裁判之权；

六、身体之自由；

七、所有权之不可侵犯；

八、废去准死刑及没收财产之刑；

九、居住移转之自由；

十、宗教之自由；

十一、结社之自由；

十二、信教之自由；

十三、教会之权利；

十四、婚姻之制度；

十五、学问之自由；

十六、言论之自由；

十七、集会之自由；

十八、结社之自由；

十九、请愿之自由；

二十、书信秘密之自由；

二十一、兵役。

比利时宪法　千八百三十一年二月七日

第二章　比利时臣民及其权利

一、国民分限；

二、归化；

三、国民平等；

四、人身自由之保障；

五、受独立裁判之权；

六、非据法律不受刑罚之权；

七、住所不可侵犯；

八、所有权之不可侵犯；

九、废去没收财产之刑；

十、废去准死之刑；

十一、宗教之自由；

十二、学问之自由；

十三、著作之自由；

十四、集会之自由；

十五、请愿之自由；

十六、书信秘密之自由；

十七、国语之自由；

十八、对于官吏诉讼之自由。

是为普鲁士宪法及比利时宪法所列记之要点，非检阅正文，难以知其意义。兹所举似，但以见其何种事件而已。据学理言之，此等权利实非有必须揭示之理由，惟以防止制定宪法以前政府滥用权力之弊，故列举之，以为将来之保障而已。故与欧罗巴事情殊异者，正不必沿用此例。在法兰西现行宪法，亦已省去之。但其所以省去者，乃视为当然，而非有意废去之也。

是等自由权利，为宪法所保障，非据法律不得侵损之，即非经国会之决议，不得以行政权单独之威力而妨害之。是为宪法上列记自由权之效果。然以法律制限之，则为法国学者所公认。据古来天赋人权说，则虽法律亦不得而限制之。然在日本宪法及其他现今各国宪法，无以此种绝对之意味主张人权者。

国民权利自由，与国会立法权之关系，在法兰西宪法系统之主义，与日本宪法之主义，大有差违。法兰西、比利时、意大利等之宪法，凡制限臣民之自由权利，当悉经国会之决议。虽极微细之自由权之制限，及所有权之制限，必以国会决议之法律行之，而不许以君主及大统领之命令行之。日本宪法则反是，有以国会议定之法律制限之者，亦有以君主之命令限制之者，但于宪法上，有必以法律制限之之规定者，则不得以敕令行之。其并无特别之明文者，则或以法律，或以命令，要在因时制宜，以为处置。法国与日本之主义，于实际上大相违异，欲制定新宪法者，不可不别择之。法兰西主义，自表面观之，于尊重自由，保障臣民权利，如最为适当者，然实际上于政权之运用，殊为不便。凡政治者，于各种方面皆不免有限制自由权利之事，如警察行政，如卫生事宜，如农、工、商、殖产事宜，非直接间接限制个人之自由，则不得达其目的。如法兰西主义之所主张，则凡警察规则、卫生规则、农商务规则之细则，于性质上皆为法律，非经国会议决，则不得制定之，其不便最易明。故法兰西于实际上,亦不能笃守宪法之理论。如警察规则之细目,势不能以法律制定之者,则为概括之法律,而将限制自由之权力委任之于行政官吏,使发命令以设立各种细目之规定。在宪法上虽必应经议会之议决,于实际上则用法律之委任,使得以行政命令自由处置,与日本之行政并无所异。然则日本宪法之主义,较为适于事实也。然在他种重要之自由权利,则不以之委任于行政权,必以议会议决,君主裁可之,法律制限之。其特揭于宪法者,盖为必须保障之之故。日本宪法、普鲁士宪法、比利时宪法,凡所列记,在专制时代,行政官吏,滥用权力,其弊甚多。当采用立宪政体之际,但以防止专制为目的而列举之,于学理毫无所与也。

　揭载于宪法者,为公法上之公权。然臣民之权利,不仅公权而已,其私法上之权利,亦最为重要者。私法上之权利者,如亲族关系之权利,则有亲子之身份,夫妇之权利义务,及相续后见之类;如财产上权利,则有物权、债权及商业上各种权利义务;于社会交通上,有必须声明之、保护之者。保护私权者,在一面则宜设独立之裁判所,制定裁判之方法,次第以听诉而裁判之。独立之裁判所云者,必不为行政权所左右,但服从法律,而以公平正直执行审判之谓。现在各国,皆有附属于宪法之裁判所构成法、民事诉讼法,乃以成文法典规定,保护私权之手段也。在一面则宜将私权条件,分别明晰,以昭示私权之范围,与其法律上之效果。现在诸国,大抵皆有民法、商法,与宪法并为重要之法典,惟在于英国,则有特别之事情,其民法无成文之法典,但有一古来民俗习惯为基础之不文法,惟在更革古来习惯之时,则发布成文之法则,故常以判决先例,为分别国民权利义务之材料。习英国法律者,除根据裁判所判决先例之外,决少成文之规则。此外,欧罗巴大陆诸国,大概与日本相同,编纂民法,盖宪法与民法相需为用,实为国家社会之根本法。如但有宪法无民法,则运用政权,虽有成典,而于国民之身体、自由、财产及其各种私权,不得完全之保障。故欲采用立宪政体者,必不可不编纂民法。虽然,各国国民习惯不同、制度各异,采用外国民法,于理实有所不可。又如英、美二国,有完全之裁判所,有明了之习惯法,虽并无成文之民法,其私权亦极为安固。至于此外各国私权上之习惯,于权利义务,往往不能明了,难以依据,必编纂成文法典,以分别权利义务之关系,方能有所规定。然无民法之基础,惟采用近世之宪法,则亦不得达立宪政体之目的。日本制定宪法之议既起,自明治维新之初,同时即从事于编纂民法。日本民法最先翻译法兰西之成文法典,以为基础。及德意志制定民法,更参酌之,将民法草案更行改正。其亲族关系,不可援据外国者,则采集国内各地之惯例,而编纂之,取其最普通者,以为法典。是为现行之日本民法。至于裁判所构成法及诉讼法,又常在编纂民法之前制定之。各国成例,大抵如斯。裁判构成法及诉讼法,宜及时纂定,固不俟繁言。惟刑律一事,东洋诸国旧有成文之法律,故略去之。

第五回　　国会制度及上院之组织

国会制度为立宪政体之主脑,有谓立宪政体之所以异于专制者,即在开设国会,洵为不谬。国会于东洋历史无所表见,乃欧罗巴民族建国之特色。故欲说明此事,不可不溯源于欧罗巴之历史。在昔希腊及罗马盛时,所行之民会制度,尽人知之。然今日欧罗巴民族之祖先,非希腊及罗马民族,乃古昔日耳曼民族。观日耳曼民族繁殖于欧罗巴东北及中央时代之制度,群小部落,各各独立,自为一小国家,有住民总会。其各小部落当初之组织,并无君主,纯然为共和团体,有事则以人民总会议之。后因战争之结果,遂有戴君主为部落之长者,然其所谓君主者,止于有事时为指挥军政之统帅,其政治之中心,则在于民会。其后经若干年代,始建设以伟大民族组织之大国。如佛兰克王国,其最大而显著者也。观佛兰克民族建国之制度,虽似模拟古罗马之官职者,然实则保存日耳曼人政治上同有之精神,然以当时扩张中央政府之权力,民会制度遂至衰歇,殆成专制。又经若干年月之后,佛兰克大国分裂为诸小国,是为封建制度之时代。其豪族之领地最广者,自立而称王侯,统之者称帝王。全欧罗巴皆有分裂之状况,而于名义上有统一之者,是为神圣罗马帝国。实非罗马人之建国,而为日耳曼民族之联邦。其皇帝以选举而即位,其权力则在于各国之王侯。当此时代,于所谓帝国者,有帝国议会。神圣罗马帝国时代,所谓帝国议会者,非如今日以国民代表者相集,乃封建之诸侯、伯及宗教之贵族等会合而议国事。盖宗教豪族阶级及政治豪族阶级之会议也。又经若干时代,而神圣罗马帝国崛起,其统治之主权,全然在于君主国会者,与政府及裁判所并立而为君主统治国家之机关。因日本新开国会,非如欧罗巴有前古之旧习,不必参酌历史事情,但取与君主主权不相冲突,而采用欧罗巴国会之制度。观日本宪法之明文,可以知之。如日本宪法第五条云:天皇者,以帝国议会之协赞,行立法权。据此文观之,则天皇为行使立法权之主格,特在立法时咨询国会而已。其国会者,则常在于客位,以辅翼君主。若普鲁士宪法第六十二条,即有立法权由君主及国会共同使用之明文。是立法权之主格,在于君主及国会,二者毫无主客之辨存于其间也。

　　要之国会在宪法上之地位,因其国体与其历史之变迁,必有不得相同者。其不同之故,各有理由,不必妄下雌黄,横生议论。惟在采用国会制度之初,宜熟察本国国体,参酌情势,而明示国会以宪法之地位。若于国会与君主地位之关系不及明白规定,则政治上必至大起纷争,而援引欧罗巴之成例,以横生枝节,所宜预防也。

　　国会有用二院制度者,有用一院制度者。以上下两院组织国会为二院制,无上下两院之区别为一院制。欧美诸大国大概采用二院制度。如英、美、法、普、墺与其他德意志列国中之稍大者,以及比利时、意大利、西班牙、葡萄牙、丹麦、瑞典、诺威、瑞士等,大概皆采用二院制度。德意志帝国为一院制度,德意志小国多用一院制者,希腊王国亦为一院制度。两院制度及一院制度必各依其国之事情定之,不能以一概之辞评论其利害。然如前述诸国所以多采两院制度者,其理由亦有数事,略议于下,以供参考。

　　第一,欧罗巴诸国采用两院制度之来历,盖非出于理论,而实出于模范英国之故。英国国会所分两院者,又非本于理论,而出于当时之社会事情。英国在昔与中世欧罗巴诸国相同,所谓国会者,仅为诸侯豪族之聚会,而英国历史上,王室与贵族屡相轧轹,其贵族即为国会。贵族权力渐次伸张,国王遂不得不从容退让,而贵族与王室相争,必藉平民以为后援。距今千百年前,有西门德门佛倭得其人者,实使平民之代表者,列席于国会。然当时所谓平民之代表者,并非一般之平民直接出席于议院,乃由都府及其他地方团体之代表者,列席于国会。其列席者,实非下等平民,而为中等社会。即为下级之贵族,但以封建之大,诸侯阶级不同之故,虽新得列席之权,不能有与大诸侯同席议事之荣誉。于是贵族与贵族平民,各自别席会议,是为英国划分贵族院与庶民之原因。英美两院制度既为外国之模范，美国独立之事情虽异于英，然亦采用两院制度。当法兰西大革命时，于国会应为一院与否之问题，议论甚多，卒之二院制度，得占胜利。其他欧罗巴君主国之强大者，大都皆采二院制度。盖贵族者于历史上据有参与国家政治之特权，故因而承认其历史上之特权，遂施行之于国会也。

第二，设国会之精神，将使代表国民之社会之状态。故有谓国会为国民缩小之相片者。当法兰西革命时代，即有唱此理论之人。若国民各能于实际上一切平等，则与各个人以均等之权利，使为国民社会之代表，实足以为国民之缩影。然在实际上，则国民之知识、财产、德望、门阀种种事情，在社会上之势力，实因人而异。贵族、平民划分阶级，相沿已久。今忽于法律上宣言使国民一切平等，而社会实际又必不能一切平等。或以一人而有对于权力销亡，各王侯自立而成独立国，在英、法固早为独立之建国。其中央欧罗巴之小国，则亦因旧帝国之分裂而成独立国。于此时代，在各国中又有国会，然其国会系以贵族阶级相会合，其各国之君主，则贵族中之最高者，渐次得有权力，而君临其上。故于实际上必得其国内豪族贵族之赞同，否则不得征取租税，亦不得专决政事。故普通必有国会制度，而为政治贵族豪族及宗教贵族豪族之会合。欧罗巴大陆实以此种情态绵延至西历十八世纪之末，遂成法兰西之大革命。至十九世纪初，国会制度始一新其面目，唯英国则以自古君主权力较弱，贵族权力较强，故国会制度渐次发达。而在法国，则以王权专制势力甚盛，国会久不召集，是为英、法历史事情之差异。英国国会制度，既渐次发达，其参政权遂由贵族而逮及平民，当法兰西大革命以前，英国已有上下两院，其国会之完备已如今日。以此模范，传于美国，更由法国而延及于欧罗巴全土。综论现今国会制度之特色，在于为国民代表之合议体。国民代表云者，用普通人民参与国事为主义，而自国民选出议员以组织国会之谓也。此种国会不仅代表贵族阶级，实代表国民全体。在欧罗巴上古之民，为纯粹之国民总会，其国民皆集合于原野，而直接议决国事。中世之所谓国会，为贵族豪族领有土地者之会议，在农民毫不得有参政之权。而现今国会之精神，实以上世国民总会之思想为基础，国民总会既不可行，故极力扩张国民参政权之范围，使选出代表者，会合于中央，而议国事。然此不过有其理想与其精神而已。在各国各有旧来之历史事情，此种理想之国会，亦有不能尽行者。

故自实际上观之,则现今各国国会之性质极为错杂,然比之上世及中世之国会,则实可谓以国民全体之代表为其特色也。

国会在宪法上立于何等地位,当据各国宪法而说明之。于立宪政体上,并无普通之原则。所谓宪法上之地位云者,即国会将居于主权者之地位乎? 抑非自为主权者而为其他主权者之政治机关乎? 此种事情,因国体而异。有以国会为主权者之国,有自历史上观之,君主与国会之权力两相对峙,无主从上下之区别,而共同为国家主权者之国。又有主权在于君位,由君主开设国会,以为统治国家之机关,而咨询政务之国。大要国会之地位,不外此三者。在民主共和之国体,则以国会为主权者,盖此种国家,其主权在于国民,然以国民无所统一,不能行动,必有为国民代表之国会,以国民之名行使其主权。如亚美利加合众国、瑞士国、法兰西国等,皆采用此种主义。其他法兰西宪法系统诸国,如比利时、希腊等国,虽奉戴国王而其宪法上明言为民主主权之国体,故国会为统治权之主体,而君主则有在于客位之情态。英国宪法上因不文之习惯,不能据明文以断定,惟据英国学者从来所论,则谓君主与国会为两相对峙,相需为用,而行使国家之主权。盖英国国会之地位,为属于此类者。德意志诸国,其宪法之观念甚不明了。德国学者或主张英派之议论,或置重于君位。盖德意志列国,有沿用中世豪族会议之制度者,君主与大诸侯之间无甚区别。殆有君主国会对峙之观念,然在其他君主权力强盛之国,则以国会为君主之手足,仅为一活动之机关。如普鲁士国君主与国会之地位,实略似于日本。此外德意志列国中小国之宪法,即今尚有中世豪族会议之情者,不必一一说明之。日本宪法,其国会之地位甚为明白,非主权之本体,亦非与君主对万人之势力。社会阶级依然存在,故不得已而参酌知识、德望、财产、门阀等事,有不得不承认优等阶级特别之权利者。故因此种事情,而设立贵族院,集合此种阶级之人,而与以政治上参政权也。

第三,在联邦之组织,则于上文所述诸事情之外,别有必须划分上下两院之事。例如美国及瑞士为各州县联合之合众国,在一面则集各联邦之代表者,使组织上院。在一面则不顾各州之疆界,而以全国人民共通一般之选举,组织下院。如英国属国澳太利亚,近来制定新宪法,采用联邦制度,亦本此意,组织上下两院。凡分一国为联邦,用联邦组织而为一国者,必须集合联邦代表者于国会。故采用联邦制度之国,虽无贵族、平民之阶级,亦必准用二院制度也。

第四,除以上所述诸事之外,更有以政治论辩护二院制度者。详其理由,盖以现今立宪政体,其立法权于事实上实为国会所专有。虽在君主国,于事实上亦有以国会为权力集中之倾向,且立法权为国家最高之权力,行政及司法之行动,常被束缚于立法权所制定之法律,而立法权则常在其上,而得有自由。故若国会专横之时,滥用极为可畏。今以国会为一院制,则此一院者,不免凭藉一时多数之势力,而有轻易立法之虞。故分为二院,使各院别为会议,于各院议决,互相一致,则得成为法律。如是则上下两院可以互相牵制,得以防止滥用权力之患,亦无轻易立法之虞。此种理由,有于实际上划分立法权为二份之意,用以分置上下两院,较为有利。自大体言之,颇为适当。且据诸国之经验,在议院中,往往有凭藉多数举动轻率之患,以一院为议决,颇多危险。分国会为二部,可得慎重立法之结果,于防止一院之跋扈,殊为切要。然二院制度亦非无弊者,盖立宪政体之国,务必有涉滞不前之患。如立法如豫算必须得上下两院之一致,如上下两院互相轧轹时,则于国事之进行,实多妨害。然因一院专制为害甚大,故宁不免轧轹之弊,而采用二院制度也。

日本宪法采用二院制度者,盖日本历史原有贵族阶级,而日本之贵族阶级非仅由社会贫富之悬隔而生者。有因在昔世居贵仕而受国民之尊敬者,又有封建时代之大诸侯曾自辖其领地,非仅有地方豪族之意味,且旧有参与朝廷政事之权者,故名为贵族。以有此种来历者,为组织贵族院之中心。其他则选有学识者,有勋劳于国事者,及财产多者,以组织上院。此种事情,大概与欧罗巴诸国相同也。

上院之组织,常因其国情而异,非得据普通之条理,以述其概括之通则者。今将共和国及联邦国事情,略去不言,仅就君主国制度之足为模范者,列举如下:

第一,日本贵族院之组织,为贵族院令。明治二十二年二月敕令所制定,以左开各议员组织之。贵族院令第一条:

一、皇族;

二、公侯爵;

三、伯子男爵,各自其同爵中选举之;

四、因有勋劳于国家及有学识而特被敕命者;

五、在各府县中以土地及工商业纳直接国税为额甚多,自其中互选一人，而被敕任者。

公侯爵之议员，为世袭者，其以勋劳及学识被敕任者，为终身议员。伯、子、男爵议员及多额纳税议员，则以七年任期改选之，其详在贵族院令。

第二，英国贵族院，则专以贵族相会合。国王如以某人有才能，欲使列于贵族院者，则必与之以爵，而使为贵族，乃得入院。其贵族院，自左列各议员组织之：

一、因世袭之权利而列席者；

二、因国王授爵而列席者；

三、高等之牧师；

四、爱尔兰之贵族，终身；

五、苏格兰之贵族，国会之任期中。

第三，普鲁士王国上院之组织，甚为错杂，有因古来德意志帝国时代之贵族，而享有特权者：

一、王族；

二、高等贵族，古来帝国时代之贵族约十六家；

三、由普国国王授爵之贵族，约五十家；

四、自大地主及其他功绩显著者之中而被敕选者，终身议员；

五、自普国旧领八州土地所有者之中选出之者，八人；

六、大学校及大都府之代表者。

有为终身议员者，又有任期者。

第四，巴威里王国上院之组织：

一、王族；

二、大官二大收师贵族旧家二十家，及他之世袭贵族二十八家；

三、罗马加特力教之高等牧师，及布罗特斯丹教之高等牧师；

四、因敕任而为终身议员者，十七人。

第五，墺地利王国上院之组织：

一、王族；

二、世袭贵族，六十八家；

三、高等之牧师；

四、自学术、技艺、宗教及有功绩于国家而被敕任为终身议员者。

第六，西班牙王国上院之组织：

一、据固有之权利而为议员者，王族、豪族、陆海军之大将、大神甫，国务会议之议长，最高法院之长，其他之高官；

二、敕选议员，百人；

合计右二项不得超过百八十人。

三、自地方各团体大学校及多额纳税者之中选之者百八十人；

由选举为议员者皆有任期，须改选，且得解散之。

第七，意大利王国之上院组织：

一、王族；

二、终身敕选议员。

此议员自曾居高等官职者，学术、文学上有功绩者，有功劳于国家者，及多额纳税者之中敕选之。

第八，比利时王国上院之组织：

比利时虽曰王国，然与其他君主国大异其国体，故其组织上院之元素，亦全然相异。上院议员由国民选举之，任期为八年，以八十三人组织之。

观以上所揭之各国之例，其上院之组织，因其事情而定，无一定之标准。观其大别，则英国主义非有贵族之称号者，不得列席。意大利组织上院之主义，适相反对，不问为贵族与否。王族之外，皆视其人之技能功劳财产而敕选之。在英国纯然为有爵者之议院，在意大利国又为敕选人材之议院，是为二者之特色。如日本之贵族院，半以有爵者，半如意大利自敕选人材而成，实为折衷之组织。又欧罗巴列国，特置重宗教者，由其历史上旧有国教之故。在日本不用国教制度，故与欧罗巴诸国大异其趣。又上院组织，在联邦国更有大异其精神者。又虽非联邦国，而如法兰西、比利时等国，其上院议员出于国民之选举，与下院无所异。惟选举方法与其任期有所不同。故法、比等国上院之议员，于事实上为有学识经验之元老，与君主国贵族阶级之代表者，情事大殊矣。

第六回　下院之组织

下院之组织，各国皆以国民公选而成。盖既欲设议会以为国民之代表,则由国民公同选举议员以组织之。固事理之所当然也。选举之法,国异其制。欲一一述之,非此简易之说明所能详尽,且非查各国之选举法,不得彻底明白。兹但取选举人之资格、被选举人之资格及选举之种类、选举之方法等事,引日本宪法及欧罗巴诸国显著之成例,以说明其概要。

选举权者,谓选出议员之权。选举权以何法分配于国民,各依其国情而略异,究其原则,则有普通选举与制限选举之二种。普通选举者,于财产上之资格不加制限,使举国人民皆各有选举权之制度也。然普通选举者,亦必限于成年以上之男子,其中亦有无资格者,则别以法律除去之。近来诸国,多采用此主义者。如法兰西、德意志帝国、比利时等之类,大体皆采用普通选举之原则也。制限选举者,据财产上之资格,以定其选举权之得失。如取一定之纳税额以为标准,而付与以选权者是也。然制限选举不仅财产为标准,尚有以他事为标准者。但从来历史上制限选举之国,咸以财产上之资格为主。如英国广以选举权与人者,尚有财产之制限。在日本之制度,则以纳直接国税十圆以上为其要件。其他如普鲁士国等,亦皆就财产上而加以限制。凡所谓财产上之制限云者,即有据纳税额以给与选举权之意。然在昔选举资格所要之纳税额,为数甚多。近来诸国,皆渐次低减其数目,而有趋于普通之选举之情态。普通选举及财产制限选举,实通行于诸国者。惟近年比利时国改正选举法,特开新例,其主意在采用普通选举之原则。凡二十五岁以上国民之男子,皆得有投票权。然又使纳一定之国税,及有一定之不动产者,则以一人而有二个之选举权,即以一人而得投二票。又有高等学校之卒业文凭,及曾从事于高等教育者,则以一人而有三个之选举权。夫以一人一票平均普通选举之外,更使有财产者加投一票,有知识者加投二票,实为置重于知识、财产之制度。是乃比利时特殊之法,其他诸国尚无此例,以理论之,无乃太甚欤。

被选人之资格云者,谓有被选举为议员之资格也。诸国于此,除年龄以外,大概不加制限。在日本宪法,以满三十岁以上者为及格。其他各国,在年龄上皆有制限,此外别无资格。然参政权者,为国民所有,苟非国民,即不得有此权,此为当然之事。故各国中,且有采用由外国归化而入本国籍者不得为议员之原则者。

选举之种类,有直接选举、间接选举之区别。直接选举者,选举人直接投票而选出国会议员也。间接选举者，由选举人先选出议员选举人，再使被选举者投票而选出议员。又名为复选之制度，复选制度行于普鲁士国。日本众议院议员之选举为直接选举，其他诸国亦大概以是为通例。

选举一事，近来学者有唱为比例代表之说。比例代表又名为少数代表，比利时选举法即采用此主意，其意谓以国内各政党人员之数为比例，而使出席于国会，为国民之代表也。凡各种类政党政派，各随其人数之多少为比例，使选出代表者于国会。据此理想，以为制度。盖以用从来普通选举制度，则仅有大政党得以专占议场，而少数之政党竞争选举，全归失败，有不能出席于议院之势。用此法则能使少数政党，亦得举出代表者，故名之为少数代表之法。因欲达此目的，故学者及立法者，立有种种之方法，但须用数学家之理论以说明之。其事甚烦，且从省略。此种选举方法，在比利时国多热心研究者，且为已被采用之制。然以实际言之，则比例代表之制，在政党政治之国，固当为重要。非在政党政治之国，则既无必采用之理由，又无有可以采用之根据。如比利时，其国民于实际上悉皆分为政党，故以采用此制为必要。若日本之政治，非以政党为基础，则其事情亦全异也。

选举之形式有秘密选举与记名选举二种。秘密选举者，于其投票用纸上不记自己之姓名，唯记被选人之姓名也。记名选举者，于其投票用纸上明记选举人之姓名，及被选举人之姓名也。二者之得失，自来政治家及学者议论甚繁，难以一概断言之。要在因其时社会事情之状态，以决其当否据从来之经验。则记名投票之制，虽似公平，然贿赂强迫之种种弊害，由是而生。若用秘密投票之制度，则何人者为何人所投票，其关系既为秘密，则贿赂强迫之弊自见减少。但投票者因不记自己姓名之故，遂不免为无责任之投票，亦一弊也。日本现行法用秘密选举制度，英国及其他诸大国亦多有行之者。

选举有单记与连记之区别。单记者，谓以一人而指定一名之议员也。连记者，谓以一人而可指定数名之议员也。例如，分全国为无数之选举区，各自选举区选出议员一人，其选举区民各各投票选举一名之议员。此种制度即单记制。若用大选举区之制度，自一区选出议员五名若十名，其区内之投票人，每一人各按区内议员名数而为连记指名投票，以选出五名若十名之议员。此种制度即连记制。单记、连记之利害得失，自来立法者及学者议论甚多。在法兰西国，尝屡次试用单记法，或试用连记法，以觇其利害。日本制度则采用单记制，然其选举区则为大选举区，而自一区内选出议员数名，但各选举人唯能指定一人之议员，不能以一人而指定数名之议员。以欧罗巴诸国之制度言之，小选举区常用单记法，大选举区常用连记法。而日本乃折衷二者之间，采用大选举区制，而施行单记法。其详如后。

选举之方法、次第，各国宪法皆有不同。如比较而言之，颇嫌混杂。今但就日本之现行制度，以说明选举方法、次第之大要。

选举之方法、次第，在日本以众议院议员选举法（明治三十三年三月法律第三十七号）规定之。第一为选举区，第二为投票区，第三为选举人名簿，第四为投票及选举会。据此以说明其大略。

一、选举区云者，将全国分为数个之区域，使自各区选出一名或数名之议员也。小选举区制系自一区选出议员一名，大选举区制系自一区选出议员数名。日本现行法用大选举区制，使自一选举区选举议员数名。盖以小选举区制，因其范围狭小，易于运动，容易起激烈之竞争，在大选举区则因区域广大，候补者运动之弊亦较为少。然此乃据日本现在事情言之，不可以为各国之通则也。日本制度以大选举区而用单记投票之制。例如在东京市，应选举议员十一人，则由东京市民各各指名一人之议员，不能为连记投票也。此事得合并小选举之利益与大选举区之利益为一途，乃日本之折衷制度。若以欧罗巴大选举区言之，则大概并用连记投票之法。

二、投票区云者，为投票之便利，于一选举区中，更为区划。例如，一选举区合无数之町村而成立，即以其中之町村，各为投票区。盖因欲使一选举区之人必同时集合于同一之地方而执行投票，于事实必有所不能。故于各小区域设投票所，使住居于其近旁者得以同时至该投票所执行投票。例如以东京市为一选举区，则设投票区于市内各区，使区民于各区之投票所执行投票是也。

三、选举人名簿云者，为登载每年选举人资格之账簿，其资格必每年调查之。日本制度则由市町村长，每年以一定之期日调查选举人资格，而以一定之期限供公众之纵览。期间既过，则为确定之名簿。若选举人发见该名簿上漏去自己之姓名者，得请求其订正。请求此事，可以出诉于裁判所。如此已经确定之选举人名簿，实有法律上重大之效力，当投票之期日,于投票所按照选举人名簿所记载之姓名,若其人为名簿所无者,即不许其投票。

四、投票云者,选举人记入被选者之姓名,而投入于投票所之投票函之行为也。投票分记名法与秘密法。日本制度用秘密法,各选举人不许将自己之姓名记入于投票用纸中。记名投票则记入投票者之姓名者也。秘密投票得防止议员候补者贿赂胁迫之弊。日本之投票制限,定一人一票,是即所谓单记投票法。虽用大选举区,而投票则限定一人一票。

五、选举会云者,谓计算票数以决定当选人之会也。其开会之顺序,先以一定之期日,各将各投票区之投票函送于所属之选举区之选举会场,在选举区之选举会场集合各投票区送到之投票函,开视而计算之。其开视计算之时,在法律上有严密之规则,必立选举长,以选举区之吏员任之,又自一般之选举人中选举立会人,由选举长与立会人当面开投票函计算之,而决定当选人。其决定当选人之方法,通常皆据多数,以得投票之最多数者为当选人。然此事在倡比例代表主义之学者,设立种种计算法,各国亦有采用之以为法律者。日本之选举法亦不得专以单纯之多数投票为标准,必得有一定之投票数以上者乃得为当选人。于选举法第七十条,具有明文,其法用该选举区内,应行选出之议员定数,以除选举人名簿上人员之总数,取除得之数五分之一以上之得票为最低限之得票,即以最低限以上之得票占比较的多数者为当选人。

以上略示选举之方法、次第,虽为日本之法,然诸国亦大略相同。但既以如斯之方法、次第决定为当选人。若选举人及议员候补者之中,有以得选人为不当者,得控诉之于裁判所,以求其审查,名之为选举诉讼及当选诉讼。选举诉讼者,谓对于选举之方法及其效力而有异议之诉讼,如以执行选举有违反法则之事为口实者是也。当选诉讼者,谓次点者对于当选人而主张自己有当选之理由者,例如当选人之得票中有无效之投票,应除去之,而以次点者为当选人是也。其议员之资格,由此二种诉讼而确定之。在日本属于司法裁判所,欧洲诸国则使议院受理而裁判之。然由议院受理裁判,则各政党偏重自己党派,有徇私枉道之虞,不如付诸局外之司法裁判所,可以得适当之判决也。

就诸国现行选举制度观之,选举一事,属于自由权利,其不预投票,亦任本人之自由。然学者之说,则谓选举者,为对于国家之义务,故为法律上之义务而有必不可不投票之说。但此不过为学者之理论，于实际上尚未为法律上所采用。凡立宪政体之要，在于各选举人以公平诚实执行选举，然后宪政始得成立。如选举人因议员候补者贿赂运动之行为，而肆行卖鬻，或偏执政党之意见，而借用投票一事争夺政权，又或选举人全不热心于政治，放弃责任之不行投票，则亦不能达立宪之目的。故不可不努力防止是等之弊。现今各国所立之法，尚未能全然达其目的，是固非常困难之问题，且非因其国之事情而决定之，则不足以为全体之模范。

以上略述国会中上院、下院组织之大要，以下再为全体之说明规定国会行动之方法、形式，在日本别有议院法，欧洲诸国则有编纂于宪法中者，然其细目多别定为议院法。以下所述，皆议院法中应有之大体也。

一、国会召集之权，此在日本为天皇之大权，欧洲诸国大概相同。在共和国之大统领，亦有此权。惟某国则制定国会，以某年某日集会，不须别待君主之召集。然在君主主权之国，国会者为君主统治国家之机关，其召集开闭必应归于君主之权力。故日本宪法第七条云，天皇召集帝国议会，且宣命开闭会、停会及解散众议院。开会为国会开议之始期，闭会为议事之终期，停会系于一会期中暂停议事，解散系解除众议院议员之资格。诸国宪法，大概相同。

二、议会之解散，此事特须注意。解散者，解除议员之资格，且解散议院之成立也。解散之权多归于君主之大权，亦有当解散下院时，必须得上院之同意者。在日本仅有解散下院而无解散贵族院之事，而在他国，则对于贵族院中以选举为议员之部分，得与众议院为同样之解散。但在通行之例，则对于下院得执行解散权而已。解散之大权，在政治上最为重要。如政党政治之英国，若政府与议院相冲突，则必解散下院，重行选举，以觇政府之权力。既解散后，如新选议员，仍有多数为政府反对党者，则必更迭内阁，是为惯例。在日本，不用政党政治，则执行解散之意趣，与此大殊。然如政府与众议院相轧轹，致妨碍国务之进行者，则君主非进退大臣，必解散议院，否则于国务必有迟滞不前之患。又或上下两院，轧轹过甚者，亦非解散不可。若君主无解散议院之权，则于国务之进行上甚为不便。故无论何国，大概将议院解散之权归之元首也。

三、议院议事之方法，语其细目，则过于烦杂，且从省略。语其通例，则将议院分为数部或分之为无数之委员，曰部曰委员者，所以图事务之进行，为议院内部之制度。议院得自作议院规则，将此等事务各为区别。日本议院法，贵族院、众议院各分数部。又设常置委员，常置委员者，如豫算委员、请愿委员、资格审查委员之类，为审查各种事件而设立之者也。此外有特别之委员，乃于议事之进行中，特使审查各种之法律案而设立之者也。凡议法律案必经过三读会，以多数决定之。何谓三读会，第一读会乃以决定法律案大体之可否，第二读会乃就各条件之文字修正而讨议之，第三读会则更就法律案之全体而决定其最终之可否。必经三度决定，以见慎重议事之意。一院中已经确定之案更移交他院，又经同一之方法而议定之。经两院一致之可决，始得谓之为帝国议会之议决。

四、法律案提出之权。日本宪法政府与贵族院、众议院三者，各各平等，有提出法律案之权。在欧洲各国，大有所异。如法兰西拿破仑皇帝之时代，则惟政府有提出法律案之权，议院唯得从其后而可否之。在他国，则上院于实际上有权得可否下院决议之案，而不能有提出之权者。是等事情，随国而异，并无一定之标准。上下两院之关系，各国之间又极不同。日本宪法则有两院同权之主义，以立法及豫算言之，上院与下院全然相等，唯豫算案必先使众议院议之，而后移交贵族院，于先后次序，稍有差别耳。欧洲诸国，虽有两院同权之理论，而于实际上，则上院多失去其权力。如英国上院之权力，甚为微弱，虽得可否下院决议之案，而豫算一事，即不许上院与下院有同一之权力。法兰西及其他欧罗巴诸国，大概相同。唯日本宪法，于名实上皆主张同权主义。观宪法之文字，日本与欧洲各国，虽不见差违，而政治之实际上，则判然殊异。此为政治上所最宜注意者。以美国及法国之宪法理论言之，代表国民者，在于下院，上院不过为历史上之一遗物。故于各种政治，皆以趋重下院为主义，然趋重下院，易生政党跋扈之弊。如日本上下两院权力均等，则两院之间易生轧轹，于议定法律及豫算案，殊多牵制，阻害政务，为患不浅。虽得有防止政党跋扈及慎重国事之利益，然利害仅足以相偿，顾设立上院而使上院无一毫权力，则大反于所以设立上院之意。然则既采两院制度，则两院权力均等，适为事理之当然也。

五、国会与政府之关系。此项问题，在政治上甚为重要，当别为说明。此处但就政府官吏得于国会议场出席发言与否，略有所述。在于英国，则行政大臣及政务委员不许以官吏之资格身临议会以辨明议案。于惯习上，常使内阁大臣及重要行政官吏兼任英国上下两院之议员，始得以议员之资格参列议席，陈述政府之政策。于实际上虽无异于日本。但英国于政府之大臣及官吏，非有议员之资格者，即不许出席议会，讨议何事。而在日本及欧罗巴大陆诸国之制度，则国务大臣及政府委员，许其出席于议院，以辨明议案参与议事，但不得加入可否之数而已。其国务大臣、政府委员者，即以官吏之资格，得有出席发言之权利，虽非议员，亦得有此权。故与英国实际虽同，而名义上则全然相异也。英国所以成为议院内阁制度者，亦以此为原因。何则？ 国务大臣非为议员者，则不得出席于议会而陈述政策，则凡为政府及重要行政官吏者，必不可不兼任议员，而以议员中人兼入行政部。至于日本，则为国务大臣及重要官吏者，不必由议员选出。何则？ 既为政府，即有出席发言之权利也。因此区别，故在英国必采用议院内阁制度。而在日本，则采用大权内阁制度。君主任命大臣，不必取之于议员中，而得以自由选择之。美国之例，则又与此异趣。盖美国者，采用极端之分权主义，故不许议员有兼为官吏之事，又不许政府之大臣及官吏得有出席发言之权利。遂致政府与国会全然离隔，于事实上、于形式上苦无交通之道。论其实际，殊有不便。然美国宪法，虽立此严重之规则，而以近事言之，则美国国会议场，虽不许政府官吏出席发言，而在国会内部开设各种委员会，则政府委员得出席辨明政府之政策。盖无论何种方法，于实际上议会与政府，若无相通之道，殊为不便，与其取则于英国，无宁取法于日本及欧洲大陆折衷之制度，为适于事情也。

第七回　帝国议会之权限

　　国会之权限应如何规定于宪法中，乃因各国政体而异者。然立宪政体之通义，在于设立国会，使参与立法权。惟参与立法权之方法、形式及参与立法以外财政事宜之权限等，各国不同。兹故略述沿革，并比较诸国，以说明现行之制度。

国会为立法之机关，是为立宪政体之通则。学者在今日率视此为理论上之必要者，然考欧罗巴各国，何故而有此物，要不外历史之结果，无庸以理论求之。先以英国事情言之，英国本为承用惯习法之国。惯习云者，谓凡民族之法律，即所谓民法、普通法者，非如现今日本、法兰西、德意志等编纂整齐完备之法典，而定为成文法。要惟沿用古昔之民俗、礼仪、习惯而自然成为法律，不必由政府特下命令以制定之。故英国之法律观念，谓民族固有之法律，为昆孟洛。昆孟洛者，即普通法。此所谓普通法者，有虽以君主之威力不得擅行变更之意，以其为国民固有之法则也。欲变更民族固有之普通法者，仅以君主单独之敕令不得为之，要必本于国民共同之志意。因有此种精神，遂生出一观念，即凡变更普通法时，必有国民会之决议是也。是等变迁，不独英国为然，即欧罗巴大陆日尔曼诸国，其沿革大概相同。因有此沿革，遂为近世国家。论及立宪政体之精神，凡欲束缚国民之自由，加重国民之负担，及侵害其财产权利等事，必以经由国会议决之法律行之者，其理论实由是而成。故今日之国会，以参与立法权为本，然固有之权能者，揆厥所由，实存于历史，而近世尊重人权之理论，亦为其原因之一。二者相合，遂成此制。

国会虽为行使立法权之地，然据各国之宪法，其意各别，是亦制定宪法者所宜深加研究也。在宪法上有以国会为立法权之主体者，则国会全以自己之权力行使立法权。法兰西及属于其系统之宪法，大概皆采用此种精神。故法兰西及其他诸国，虽或与君主及大统领得以否认国会议决之法律之权，然仅对于国会之立法，使在其局外者有否认之之特权而已，决无必待大统领及君主裁可而后成为立法之精神。其实际上立法者为国会，君主及大统领特就国会之立法，有自外部与以拒否之特权，是即法兰西及其系统诸国之宪法精神也。而德意诸国立法权之观念与之稍异，普鲁士宪法之明文有云，立法权由君主与国会共同行使之，是即代表德意志诸国立法权之观念之语也。国会不能独有立法权，君主亦不能独有立法权，二者共同而行使之，即二者共同为立法者。盖以二者在于对等之地位，共同而行使立法权之故也。其所由来，则以欧罗巴中世以来君主与贵族互相对峙，以议决国事，余波流衍，遂至于今。又如日本宪法第五条云，天皇以帝国议会之协赞而行使立法权。读其文字，知行使立法权者，实为天皇，议会非为立法权之主体，特当君主行使立法权时,使议决法律案。其立法权之主体,在于君主非以国会为立法者,又非以君主与国会共同而为立法者,国会仅议决法律之案,非以国会之议决,而即成为法律。虽已经国会之议决者,仍仅为法律案,必待君主裁可后,其法律案始成为法律。所以能为有效力之法律者,实属于天皇裁可之大权,是立法权之本体,即为君主之权力。此即日本宪法之精神也。

将以上诸国之宪法比较而观之,是虽云国会为行使立法权者,而国会与立法权之关系,实分三种,不可混同。其究以何者为善,并非利害之问题,乃因各国之国体而定之。在民主国,自以国会为立法权之主体。在承受欧罗巴封建政治余波之君主国,因自昔君主与贵族有合同议决国事之关系,则自以君主与国会为共同行使立法权之主体。至以君主为独一无二之主权者之国,则立法权在于君主,而君主就立法事宜,使国会议决各种法案。是皆由国体不同,而各呈异状者也。

国会立法权限之范围,其主义亦不一致,大别之为二种。第一种为法兰西主义,凡关系于人身之自由、权利、财产之规则,悉当以经由国会议决之法律定之,其应属于国会之立法权限之事件,不必列记于宪法之内。惟概括言之,谓凡关系于人之自由、权利、财产之规则,悉依于国会之议决。如法兰西、比利时、意大利、西班牙、葡萄牙及其他德意志诸国,大概皆采用此主义者。然于实际上,不能全然遵用此种主义,惟其宪法之精神,采用此种制度而已。此种制度于条理上似极正当,而于实际上极为不便。凡法律无论何种细目,不免有制限人生自由之意,诚以法则者因制限人生之自由而设立者也。苟欲主张上文所述之极端主义,则凡涉及细目之警察规则等类,及其他关于行政细目之规则,皆不可不经由国会之议决。然国会不能常常开会,又不能逐一密查涉及细目之事实。且国会于议决国家大事,为适当之机关,于议决行政之细目,则为不适当之机关。故法兰西及其他诸国,其宪法之精神,虽置重制限人生自由者如彼,而实际上多以法律委任此事于命令,使得以行政官之命令,发布束缚人生自由之规则,其大体与日本无异,特其主义不同耳。第二种之例,即将立法事项列记于宪法条件之中者,如日本宪法是。日本宪法之主义与法兰西异,不肯作概括之辞,谓凡关系于人之自由、权利、财产等事,必以法律定之,而将关系于自由权利之重大事件,特为列举于宪法之内,谓是等列记之事件,必以法律定之,如日本宪法

第二章所揭臣民权利、义务各条皆是，所谓宪法上之立法事件也，又在一面则列记专属于君主大权之事件，如日本宪法第一章各条之规定是。至于不专属于大权之事件，又非宪法上列记之立法事件，则或以法律定之，或以命令定之，为君主之自由，因时制宜。或经国会之议，或不经国会之议，均无不可。要之，日本宪法中，凡关系于人之自由权利之事件，不必皆属于国会立法权限之内，特举其重要者而列记之。其未及列记之事，应经国会议决与否，随时酌定。日本宪法定明立法权限之事实，为较适于事情者，然欧洲诸国采用此主义者绝少。虽德意志帝国、奥地利、匈牙利合众国及北美合众国等，列记立法事件于宪法内，于表面上颇与日本宪法相似。至其精神，截然不同。因彼等皆为联邦国，其中央联邦国会应议之事件，与各州议会应议之事，每相重复、相矛盾，中央政府与各联邦各有应议之政务，易致混杂。因防此弊，故一一列记之。凡于联邦宪法上记明属于中央议会之立法权限者，不许搀入于各州议会立法权限之内。据此精神，故将立法事件列记于宪法中，非与日本单一之国可比，故其列记立法事件，外形虽似，其精神决不同也。

以下请言立法之方法、次第。按立法之方法、次第，各国不同，而于大体则皆相似。今欲图说明之便，姑以日本宪法上立法方法、次第为标准，而更举诸国之例之相异者，参照而说明之。按日本宪法上立法之方法、次第，第一为法律案之提出，第二为法律案之议定，第三裁可，第四公布。

第一，法律案之提出者，谓提出当于议会议定之法律案也。然问何人有提出法律案之权，是为宪法上最重要之问题。按日本宪法，政府与贵族院、众议院三者，皆有提出法律案之权（第三十八条）。且此三者权力平等，并不依法律案之种类而为限制。寻常法律案提出权，据宪法上表面之理论，现今诸国大概与日本相同。然因各国之习惯，而提出权之所在大有分别。据日本宪法之明文，则政府两院得平等行使此权。而英国及德意志诸国，则惟下院专有提出法律案之权。至关系财政之法律案，则在英国更为下院之特权，以专归下院提出为常例。盖欧罗巴君主国，虽有两院制度，而上院之权力较为微弱，惟对于下院所议定者，约为可否之议决而已。又有提出法律案之权，为政府所专有，国会唯得就政府提出之案议决可否者。例如法兰西拿破仑第三世时代之宪法，实采用此制。又有与此反对者，政府不得提出法律案。为政府大臣者，必以国会议员之资格，始能于上院下院提出议案。如英国国会，非如日本制度，判然分为政府提出及两院提出者。政府之大臣，即为议员。以议员之资格，得提出政府之意见，故政府不得有提出权也。至于国会究宜行使提出权与否，在新开国会之国，宜深思而熟虑之。苟国会不能有立法之技能，则必率意提出法案，议定无用之法律。又国会议员因有各种利害之关系，故立法易使公平。故当国会未能练达于立法技能之时代，则宁使政府提出法律案，使国会议决其可否，较为得策也。

第二，法律案之议定者，即议定其所提出之法律案也。其次序必先于一议院议之。据日本议院法，凡法律案必经三读会。第一读会，就议案全体为大端之讨议。第二读会，则将议案各条为详细之审议。第三读会，则再通举全体以决其确定之可否。经三读会而后议决，此为欧罗巴诸国普通之例，其意在于郑重议事。既于一院经过三读会议决之后，更移交他议院，凡议决必得过半数。苟出席议员过半数以上以为可者，即决定之。在他议院亦必经三读会而为议决。两议院之议决既已一致，则为帝国议会之议定，而上奏于天皇。若一院以为可，而他院以为否，则其案即作废，故必须有两院同一之议决。又若一院所可决之法律案，在他一院欲重加修正而议决之者，照日本宪法，应开两院协议会。凡开两院协议会时，各院皆选出同数之委员，由该委员会合而议其案。既由两院协议会议决之成案，再使两院各别议之。若两院皆以为可，则其案为成立。若一院为否，则仍作废。是为两院协议会之制度。夫立宪制度所最困难者，为上下两院屡起冲突。一院为可，而他院必以为否，其妨害于立法也必多。因欲调和之，而设两院协议会之制度，是为日本宪法之制。欧洲诸国，亦为调和两院之冲突煞费苦心，而卒未得解决之妙策。于某国凡两院之议决不能一致，则由两院合同更议，依两院合同之多数以定决之。墺地利之联邦宪法即是。然此实际上大有困难，不得谓为公平之方法。盖以上下两院各异之人员，惟据人数以判断其议决，不免违反于采用两院制度之主义。由是以观，或者日本之两院协议会较为妥善也。

第三，裁可云者，谓既有帝国议会之议定，即由其最终议决之议院，将该法律案上奏，经君主裁可之，以为法律也。裁可之权，归于天皇，固无待论。但裁可权即为自由，即不与裁可，亦为其大权之自由。又裁可者，别无条件，即照原案可决之。如修改其案而加可决者，即为违反于宪法之精神。盖凡法律既必须议会之协赞，则议会议定之案，即应照其原议以裁决可否。苟修正而后裁可，固为宪法所不许也。裁可之效力，在对于国民使为有效之国法，法律者依于裁可而成立者也。至裁可之形式，各国不同，以涉于细目，不暇详述。在日本国法，必有天皇之御名御玺，且由国务大臣副署，乃为完全裁可之形式。宪法五十五条于副署之事既明言之。此外，则有公文式之敕令，为规定裁可法律敕令之形式者，可资参考。欧美各国宪法上虽皆有裁可之文，而不能与日本宪法有同一之效力。又如某某君主国及大统领实仅有拒否之权，拒否权者，谓对于国会之议决，表示不同意之权也。日本宪法，在积极的以为可时，则予以裁可。苟不采纳，则于形式上绝不公示何等不同意之旨。如某某国则于不同意时，必用表示不同意之形式，是即谓拒否权。其与日本宪法所谓裁可，其意大别。又如英国等，虽同有君主之裁可权，但无论同意不同意，其君主必皆对于国会而为答复。是又与日本宪法相异之点也。且英国之君主，于习惯上并无裁可之实，所谓否认国会议决之权，久废不行。据英国宪法学者之说明，谓君主已自失其权，英国为不文宪法之国，每以习惯变更宪法，不能与成文宪法之国同日而语。君主在实际上既失去裁可权，是即立法权所以全然归于国会也。

第四，公布者，发布既经裁可之法律之形式也。日本宪法第六条云，天皇裁可法律宣命其公布及执行公布一事，日本惯例，必在官报上登载既经裁可之法律正文而发行之。公布者，所以使国民皆知有此法律也。但此非仅广告之意，亦以公布而明示法律有效之时期。既经公布，则无论官署与人民，皆有遵据法律之义务，是为实施法律时必要之条件。各国皆有公布之式，其方法虽异，而必要则同。凡既经公布之法律，或有于即日而生效力者，或有经一定之日数（例如二十日）而生效力者。是谓法律上之细目，非宪法上之规定。对于距离悬隔之地方，必使其自中央政府公布之日即实行之，则人民无由豫知，故必须酌定一得知之日数，是公布日期与实地有效日期之所以相异也。然此为实际上之问题，非宪法上之问题。

经过以上四种次第，立法之事，始得完成。至于敕令，亦必经裁可公布之后，始生效力。特以不经议会议决，其事简便，故无庸深论。国会于立法权限之外，更有与之相关系之权限。据日本宪法，议院有上奏、建议、质问之权。上奏者，即以议院之意见，奏闻于君主之谓。建议者,开陈其意见于政府也。质问者,对于政府之行政行为而质问之也。上奏、建议及质问,于宪法上别无制限,无论何事,上奏、建议、质问皆得自由。然日本宪法所以将此等权力授与议院者,为属于议院权限内之立法、豫算等事,必须陈述意见质问政府之故。但上奏及建议其采纳与否,全属于君主及政府之自由。又对于上奏及建议,无必须答复之义务,惟在质问时,政府有必须答复之义务。日本宪法所谓质问者,谓质问政府之意见,非有弹劾政府之意。此事日本宪法与他国宪法亦稍稍相异。欧罗巴某某国议院有弹劾国务大臣之权,或以下院弹劾而以上院裁决之,或唯认议院有弹劾权,其所谓弹劾者,与日本宪法所谓质问不同。弹劾者,否认政府之行为而诘问其责任也。质问者,质问政府之意见及行政之事实,而求其答辩也。弹劾与质问,实为二事,不可相混。此外议院尚有受理人民请愿之权,凡因人民共同之权利而为请愿者,为日本宪法所准许(第三十条),对于君主用相当之敬礼而为哀诉者,亦为日本宪法所准许。又有向于议院提出请愿书之自由,其请愿事件,别无限制,无论何事,皆得为之。议院受理请愿书时,即当审查之。苟认其有正当之谓,则送交政府,然政府受取之后,不必即有采决之义务,不过以供政府之参考耳。以上上奏、建议、质问及受理请愿等事,虽在议院权限之内,然仅足为附属之权,非议院制度上所必要者。议定法律,为议院重要之权能。上奏诸事,乃附属于权限内之行动也。

日本宪法与欧美异,仅得有宪法上制定之权限。如国会欲于宪法以外自由行动,则为不当。日本宪法特采用此谨严之主义,故除立法及豫算外,别无何等权限。欧美各国殊有不然者,如英国用国会万能主义,种种事情,得兼行之。有时则以国会为最高之裁判所,而执行裁判权,英国上院实带有最高裁判所之性质者。然欧洲他国司法权与立法权,大都必有区别,以国会而为裁判所,其例甚稀。又于行政权,诸国之例,亦不一致。虽如缔结条约,须得国会议决,是为诸国之通例。日本宪法则以缔结条约专属于君主之大权。又君主及大统领欲解散下院时,必得上院之同意。日本宪法亦无此等规则。此外如宣战、讲和,亦有必经国会之议决者。诸国之异例,苟一一比较之,实嫌烦琐,兹特就其大要而说明之。夫宣战、讲和、解散下院及司法裁判等事,实非国会应有之权限。惟参与立法为其本来之权限耳。立宪政体惟此一事为最要,他事不过附属之而已。国会者以参与立法而得存立,若开国会而不参与立法,则立宪政体为有名无实。故立法权限实为国会权限中之第一义也。

国会内部之组织及议事之规则,必别以议院法定之。此外又必于各议院各各设立议院规则,以示议事之细目。欲知何者为议定法律之详细方法,则浏览是等法律规则,可以知之。又国会须每年召集,为日本宪法所定。欧美诸国,大概相同。所以必每年召集者,因每年必为立法及豫算也。日本宪法,必待君主召集,乃开国会,国会不得自行集议。议会开会中,为国会议员者,必受身体上特别之保护,是皆涉及细目之事,不暇一一述之。给与国会议员之岁费,各国不同,其额亦随国而异。其给与岁费之利害,亦全依其国之情态及政治上之便宜而决定之,此亦细目上之问题也。

第八回　国务大臣及枢密顾问

国务大臣之制度,与国会制度,并为立宪政体要件之一。国务大臣之地位在于君主国,则为辅弼君主之机关,对于君主之行使大权而敷陈意见,又掌其执行大权之事。在于共和国,其行政权虽操自大统领,而其下必有国务大臣以辅弼之,使任行政权之施行。当专制时代,国务大臣在辅弼君主之重要地位,其参与大政,亦与今日略同。然所以异者,因立宪政体特于宪法上与国务大臣以特别地位之故。所谓特别地位者,第一,凡君主行使大权,必凭借国务大臣之辅弼。第二,凡君主所发之法律敕令或诏敕,必须要国务大臣之副署。第三,国务大臣对于其辅弼之职务,必任其责。此三者为宪法之特别地位。国务大臣之地位,虽同在立宪政体之国,然因各国之宪法及政治上之惯例,而大有所异,难以概括之辞言。故先就日本宪法说明国务大臣宪法上之地位,次就英国议院政治及欧罗巴诸国国务大臣之地位以为比较,次就美国宪法上国务大臣之地位以为比较,而说明其异同。盖以立宪政体,如前日所言,实分为三种:一为君主大权政治之国,一为议院内阁政治之国,一为纯粹之分权政治之国。其国务大臣之地位,因之而异,故不能一概言之。

日本宪法第四章有规定国务大臣及枢密顾问文,其第五十五条云(国务大臣辅弼天皇而任其责,凡法律敕令及其他关于国务之诏敕,必要国务大臣之副署),其第五十六条云(枢密顾问依枢密院官制所定,应天皇之咨询,而审议重要之国务),此二条即规定国务大臣及枢密顾问宪法上之地位者也。国务大臣及枢密顾问,虽并为辅弼君主行政大权之机关,然大臣为对于内外两面行使大权之机关,枢密顾问则专在于内,必俟咨询而后奉呈其意见。至于欧洲法例,枢密顾问与国务大臣,并非为各别之机关。为枢密顾问者,亦有担任行政各部,而于实际上为行政大臣者。当君主专制时代,枢密顾问之职,甚为重要,而此外无所谓国务大臣。然欧罗巴诸国在今日已经施行立宪政体之时代,其实际上担任行政事宜之国务大臣,实为重要。而枢密顾问,则较为闲散。故英国今日国务大臣与枢密顾问,并非截然为二。枢密顾问中有于事实上兼行国务大臣之职者,与日本宪法上分为两种机关者,大有所异。又如某某国其宪法上仅认有国务大臣,而枢密顾问不得为宪法上之机关,如法兰西、比利时是。法兰西有所谓参事院(昆塞油特达)者,与日本宪法上之枢密顾问性质有异,实为行政上之机关。在德意志诸国,虽有枢密顾问之名义,以国之元老当之,而实际上殆如名誉官,无宪法上之实权。独日本宪法分国务大臣与枢密顾问为二,皆为宪法上重要之机关,并行不悖,共当辅翼君主行使大权之任,与各国外形相似,而实际上迥殊。原来对于政务负有责任,而在外面行动者,实为国务大臣。枢密顾问仅在里面应君主之咨询,以审议重要之国务,绝非对于外部行动之机关。其分别为二事趣意,盖以国务大臣勤劳国事,殚尽智能,必须有超然置身局外,以敷陈其公平之意见者。故集合国家之元老于枢密院,以为辅翼,实为必要不可缺云。

国务大臣之辅弼云者,谓大臣得挺身就国家政务敷陈意见,以求采纳。非如枢密顾问,必待君主之咨询,而后奉陈其意见也。质言之,即有自进而辅翼大政之义也。凡君主行大权时,必凭借国务大臣之辅弼,是实为立宪制度之精神。然在法理上,君主毫不为大臣意见所束缚,大臣不奉君命时,得自由黜退之。又大臣亦本无阻遏君主命令之权利,与国会参与立法之情形,判然不同。无国会之同意,则不能制定法律。至如国务大臣之同意,则宪法法理上并无何等之必要。故于宪法法理上,大臣惟有服从君主之命令而已。顾以政治之实际言之,凡君主行使大权,必不可不依国务大臣之辅弼。故不能如专制时代之君主,不必经由宪法上重要机关之国务大臣,而私使宫廷官吏擅行何事。是故政令必出于一途,事无大小,凡君主所施行,不可不经由国务大臣发表之。于实际上有足以矫正君主专制之弊害者,凡君主命令,不经国务大臣发表者,不得施行,是实为宪法上至大之保障也。

欧罗巴诸国国务大臣对于君主之地位,于理论上大体与日本宪法相同,而政治上之实际,则大有差异。英国以国务大臣合内阁自成一团体,而以连带责任决定政策。其法律之表面上,虽言辅弼君主,而于事实上,则君主无论何事,皆不能自行其政策,专由国务大臣决定之,在君主唯嘉纳之而已。大臣与君主之关系,比于日本,殆有主从颠倒之观。故与其谓由君主行使大权,毋宁谓行政权在于内阁为得其实。是实英国历史上之沿革使然。今日英国之王朝,在昔本由国会议决。自哈诺伯王国迎来而使君临英国者,故政治之实权归于国会,及国会所信任之内阁国务大臣,而君主则处于客位。事经数世,大势已成,恢复王权,更无可望。至法兰西、比利时、意大利及其他法兰西系统诸国,于外形上虽有君主国及共和国之区别,而大致模范英国,采用内阁政治。故其国王或大统领,虽皆言有行政权,而其实权实归于内阁国务大臣。其内阁国务大臣必连带成一团体,对于国会而负有重任。是其事实上与日本宪法大异之点也。德意志诸国与英法殊,不采用议院内阁政治之制度,然为英法学者理论之所牵率,其君主地位殆有名无实。其行政权力,颇有欲归于国务大臣之倾向。惟普鲁士国,世有英迈之主,又政府大臣威力强盛,故能反抗此种风潮,得维持其君主之大权。其他德意志诸国,幅员狭小,又有德意志帝国临制其上,国务鲜少。故宪法上君主与大臣之地位,不至酿成争夺之患。要之,是等之关系,非宪法明文所能制定,各因政治上之趋势,而呈其现相。日本宪法与德意志宪法,于文字上似无所异,而详观其实行宪法之精神,则有大相径庭者。不知此精神者,不得谓能深明各国之宪法也。

日本宪法,凡法律敕令,及其他关于国务之诏敕,必要国务大臣之副署。副署云者,谓因有君主之御名御玺,国务大臣对之而署其名者也。法律命令为国家重要法则,必不可不依国务大臣之辅弼。国务大臣表示辅弼之形式,即为副署。副署云者,如其文字,别无他意。非以表明同意,乃以表明其受君主之命令而奉行之之义也。于事实上,凡大臣呈出法律敕令草案,必得君主之裁可后乃发表之。故以事实言之,实多本于大臣提出之草案者。然自法理之表面上言之,则大臣为受君主之命令,因副于君主之御名而署其名,非君主与大臣二者共同宣示之命令也,故不得谓为对于君主表示同意、不同意之形式,惟得有奉行君命之说。于政治上之实际,则大臣之副署,实为对于其事而有责任者,然法理上绝不以副署之有无而论其责任之有无。副署者,限于法律敕令而为宣示之形式,然虽无法令诏敕之形式,苟君主有行使大权之事,则必有大臣之辅弼。故辅弼之任务甚广,而副署之形式甚狭。如以副署与辅弼为一事,则殊为谬误,是日本宪法之主义。至于外国宪法中固有规定国务大臣以副署而负责任者,然不论副署与否,为辅弼者自应有辅弼之责任,盖当然之理也。至于仅仅关系于皇室事务之诏敕,则不必须得国务大臣之副署,即由宫内副大臣副署之,亦无不可。此日本宪法所以特言国务诏敕也。日本宪法国务与皇室事务划分为二,国务大臣为对于国务而为辅弼且副署者。

国务大臣之责任,为宪法上之大问题。各国解释宪法及为法理论者,议论甚繁。要以国情而异,不能据一定之标准,以判断其当否。日本宪法之主义,以为国务大臣之责任,乃关系于其辅弼之任务而生者。若问为对于何人而任其责,则在日本宪法为对于君主之责任。盖大臣对于君主,有辅弼之任,故当以辅弼而任其责。而诘问其责任者,亦为君主,即当据君主之权力而问其罪。此为日本宪法上重要之点。欲使君主之大权现于事实者,则必使君主对于其辅弼之大臣,得自由任免黜陟之。欧洲各国有以大臣为对于议会而负责任者,如是则进退大臣之权不在于君主,而在于议会。其君主之大权,有名无实。而实权皆归于议会。苟欲维持君主之大权,而不以大臣之责任对于君主,则其主义终不能立。所谓大臣责任者,非民事及刑事上之责任。为大臣者,苟触犯刑法,则以裁判所之权力,足以审判之。至于民事上之责任,则亦不得有何等之特典,应与普通人民同审判于民事裁判所。故兹所谓责任者,全为政治上之责任。即因执行宪法上之职务而于政治事宜有过失之责任,非谓于刑法上及民法上有特别之责任也。大臣职务,不能限定某事,要在于辅弼万机。当其辅弼时,如有违反宪法及法律者,即为过失。或虽不及违反宪法及法律之明文,而有误国之政策,亦为有过失。为大臣者,宜对于君主惕息待罪。君主责问大臣,亦无一定之形式。君主与大臣极为密切，得以自由志意处分之。此实日本宪法之精神也。

大臣责任之事，在欧罗巴宪法，其主义各各不同。先就英国言之。英国国务大臣，称曰内阁，为负有连带责任之一团体。为阁员者，对于国会而有责任。夫日本宪法上之国务大臣，为各各单独以自己之行为而任其责者。故君主黜退有过失之一大臣，不必同时黜退其他之大臣。而英国不然，其责任为连带责任。例如十人或十五人之国务大臣，以连带而成内阁，即以连带而任其责。连带云者，谓一人之过失即为内阁全体之过失，联袂而相与为进退。此为英国宪法上之要件。在日本政治上之实际，虽往往有国务大臣联袂而相与为进退者，然不得谓其与英国宪法上连带责任相同。特事实上国务各大臣以议会而决事，故一人之过失，常有牵连为数人之过失者。日本近年以来，独进退当事一二大臣，而内阁全体不动摇者，多有其例。至于英国连带而为进退者，实为其宪法上之所要求。其对于国会而任其责云者，即谓国会对于大臣之过失而有审判之之权也。依英国旧例，凡国务大臣有过失时，由下院告诉，而上院审判之，此为历史上数见不鲜之事。然近百年来，此等实例殆不多见。延至今日，其以正正堂堂之办法，由下院告诉上院裁断之者，绝无其事，唯以信任投票行之。凡对于重要之国务，苟下院反对内阁，表白其不信任之决议，则内阁即应乞休，非如百年前审判大臣以刑罚者可比。今日所谓弹劾大臣者，唯表白其不信任之意，使内阁人员去其职守，别无所谓科问刑罚之处置。且英国弹劾大臣之权，实际属于下院，而上院竟不能直接以当其事，是为英国下院专制之结果。至于法兰西、比利时、意大利及其他法兰西系统诸国，皆模范英国。故国务大臣皆以连带责任成为内阁团体，对于国会而有责任。其国会诘问责任之方法，大体与英国同。然以政治实际言之，法国及大陆诸国不能如英国施行议院政治之圆活。盖英国有二大政党，议院之向背，容易明白。而法国及其他诸国，其议院中之党派，皆分数起，小党林立，故议院对于政府之向背，颇难判然。又无论其援助政府、反对政府，其势力极为薄弱，是以内阁政府之地位，甚易摇动。日本宪法，议院无诘问大臣责任而进退之之权。又内阁政府不以议院之向背而为进退。故议院中虽分为无数之小政党，而其弊端尚少。盖施行议院政治，欲求圆活而依议院之向背以进退政府者，在国会中不可不分为政府党及反对政府之二大党派。若小党林立，而欲仿行英国之议院政治，甚难奏其成效也。

至于德意〈志〉诸国，又自不同。普鲁士国制定宪法时，虽谓大臣责任，得由国会审判之。而政治上之形势，实与日本相同，为大权政治，故大臣弹劾之法不行。而其他巴威里诸国，虽皆载有明文，谓大臣对于国会而负责任，且特于国会中制定弹劾大臣之法律，然近时未尝实行之。盖德意志诸小国政务甚少，故难以模范大国政治之实际。德意志宪法之实行，实与日本宪法相似也。

北美合众国之宪法，其大臣之地位及大臣之责任，与英法既异，与日本亦不同。盖美国为纯然分权政治之国，守三权分立之理论，划分行政权与立法权，因之国会与政府判然不得相交通。行政权专属于大统领，而国务大臣为大统领之属僚，专在大统领监督之下行使行政权。进退大臣者为大统领，大臣对于大统领而有责任，不因国会之信任议决以为进退。然美国大统领，既出于国民之选举，国会亦出于国民之选举，而属于大统领之政党，与属于国会多数之党，不必相一致。故大统领之政见，与国会之政见，往往相冲突。当此时，国务大臣必奉行大统领之政策，不能为国会之政策之所驱遣。虽在事实上，以政府反抗国会而独行其是殊为困难，而在名义上，颇与日本宪法相似。盖国会中政党之关系，与政府中大臣之政策，不必一致。以此点言之，实与日本宪法无所异也。但日本宪法，国务大臣得自由出席国会，以维持政府之政策。而美国国务大臣，绝不许出席于国会以辩护政府，国会与政府全无交通之道，是为美国宪法正当之解释。然近时在实际上，大臣虽不能出席于国会之本会议场，而政府之官吏，得在委员会上与议员共同议事。虽然，此不过由委员会就政府之报告以供参考，非如日本宪法为大臣者得于议院发摅其政策也。国务大臣与行政各部之关系，全依各国之便宜而规定之，毋庸多述。各国通例，国务大臣多同时为行政各部之长官。例如内务大臣、陆军大臣、文部大臣等是。其上又必置总理大臣，一称首相。然此为便宜之问题，其以国务大臣兼为各省长官者，不必为宪法上必然之要件。又日本制度所谓内阁者，即为国务大臣会议之官衙。内阁团体不得为宪法上之机关，于宪法上但有国务各大臣，于内阁制度并未明白揭示。至如英国所谓内阁团体者，为宪法上政府之主体，虽其法令正文上或曰枢密顾问，或曰国务大臣，并不见有内阁制度。而习惯既久,于实际上为内阁者,实为宪法上之主脑。故虽同一内阁之文字,而日本官制上之所谓内阁,与英国及模范英国之法、比、意等国所谓内阁政治者,其精神实不相同,未可混而为一也。

为国务大臣之资格,不以宪法制限之通例,属于君主之自由选择。某某国之规定,有谓王族不得为国务大臣者,是为欲制限王族之权力,故明定之于宪法也。日本宪法无此制限。在英国及模仿英国议院内阁政治诸国,于事实上为国务大臣者,必为国会之议员,是虽不必为宪法上之资格。而在英国,非为议员者,不许出席于国会,故议员以外之人,虽为国务大臣,欲对于国会辩明政府之政策,殊多不便。因此相沿为今日之习惯法,非为议员者,不得为国务大臣。至于法兰西、比利时、意大利等与英国宪法不同,无所谓非为议员不得出席于国会之说。苟为大臣,即得出席。然因其模范英国之故,常以国会中人组织内阁。美国反是,严禁兼为议员与大臣,必以不为议员者为国务大臣。至德意志诸国及日本,其国务大臣无必自议员中选出之理由,又无必自议员中选出之惯例。凡政府大臣,于实际上得以大臣之资格出席于议院而辩明议案,是则大权政治与议院政治之所以区别也。

据日本内阁官制,内阁者以国务大臣组织之,此内阁官制系以君主之敕令定之,非宪法上之规定。因其为总括行政各部,而保持其统一之机关,故全属于行政制度。在宪法上国务大臣以辅弼君主而任其责,纵令无所谓内阁官制者,宪法主义亦得实行也。欲保持行政各部之统一而使政界一致者,必立国务各大臣会议之机关,此为诸国之通例。内阁决议何事,考日本内阁官制,可以知之。

枢密顾问,如宪法五十六条所载,非应天皇之咨询则不得敷陈意见。又各顾问非以独立之资格敷陈意见者,必会议于枢密院,以其议决之意见而上奏之。枢密院者,为君主亲临召集国家元老咨询政务之所,其官制惟依当时之便宜,于宪法上枢密院应行决议之事件,无所制限。凡重要事件,有君主之咨询者,皆得议之。其应行咨询之事件,于宪法上亦无制限。至于欧罗巴诸国,其枢密院于事实上多为闲散之职。或有以枢密院即为国务大臣之会议者。至于以枢密顾问与国务大臣对峙,并得为宪法上之行动者,实为日本宪法之特色。召集国家元老之谙练国事者以咨询国家永远之政策,颇为适当之制度。然采用此制,如与政府常有冲突,则于政务殊多窒碍。故应行设置与否,随国家之情事而异,决不可一概论之。日本现行惯例,凡解释宪法,必咨询于枢密院而决定之。盖国务大臣身当政局,每因一时之政策而有横生曲说之虞,故必以在局外之元老使下公平之解释。又如改正宪法,如附属于宪法之法律命令,如外国条约,皆以咨询枢密院为常例。且不特国务而已,即皇室事务之重要者,亦必咨询枢密顾问,使议决之。以上所述枢密顾问之事,特就日本现行之状态言之。至外国宪法,皆不以枢密顾问为重,不能以此例之也。

第九回　法律及命令

法律

立宪政体之特色,在于分国家之法则为法律与命令二种,而不许以命令变更法律。凡法律为经由国会之议决者,命令为发自政府之行政权者。区分法律与命令之轻重,是即立宪政体之要旨也。当专制时代,发布国家法则有种种之形式,于外形上亦有法律及命令之区别,其区别惟在表面,至其实质,皆系君主独裁之命令。而在立宪制,则所谓法律者,必经国会议决,于实质上不得以君主政府单独之意思而摇动之。制定法律与命令之区别,而分别其效力之轻重者,以防止政府专制必要之方法。法律与命令之区别,即立法权与行政权之区别。区别立法权、行政权者,为立宪制度之主义。此主义之结果,即为法律与命令之区别。兹故将法律之效力及立法范围等,特为说明。至于国会权限之问题,已见前章,兹不再赘。

法律二字之意义,立宪诸国大略相同。谓经由国会议决,更由君主或大统领裁可,而定为国家之法则之义。详言之,如某某国等更不区分宪法与法律,然于日本则宪法者,有法律以上之效力,而法律者,为在宪法以下之位置,而有最高之效力之法则,是其所以异也。又如法兰西系统之宪法论,无论何事,凡已经国会议决者,一切名之为法律。而在日本宪法,虽经国会议决之事,必有法则之实质者,始得称之曰法律。若虽经决议而无法则性质者,则不得以法律称之。例如豫算,虽经国会之决议,而在日本并不以法律称之。至于他国,则有称之为法律者。

　　法律之效力,在有变更命令之力,而不为命令所变更。论日本宪法,不许有以法律变更宪法之事,然对于宪法以外之法则,则法律为有最高之效力者。当法律与命令相冲突之时,不问发布时间之先后,在法律常居于优胜之地位,是为立宪政体之通则。然此事亦有特别之变例,于后文解释命令权时说明之。统观诸国立宪制度,无不区别法律与命令之轻重者。然论人民遵奉之义务,则无论为法律为命令,其应当服从,二者相等。盖人民不得因比较法律与命令,臆断命令之违反法律,而有不肯服从命令之权也。所谓法律与命令之轻重,不过为全体上之议论。在人民不得以个人之私见,拒绝服从命令之事。欧罗巴诸国之宪法,以法律、命令效力之轻重性质易明,故揭示之于宪法正文者,殊不多见。但此事于欧罗巴宪法历史上,虽甚明白,而仅举法律、命令之文字,不足以明示效力之轻重。新定宪法者,不可无区别效力之明文。日本宪法第九条,有不得以命令变更法律之规定,为是故也。何种政治事件当以法律规定之乎,各国宪法主义大殊。自大体观之,宪法上制定立法之范围,其主义有二。其一则规定一原则,凡制限人自由权利之法则,当悉以法律之形式制定之,是为概括法,亦谓原则主义。其二则规定其某种重要事件为宪法条文所列记者,必以法律定之,是为列记法,亦谓列记主义。各国宪法规定立法之范围,不外此原则主义与列记主义二者。法兰西系统诸国之宪法,皆以原则主义。凡制限人之自由权力,必悉经国会议决,以法律制定之。故法兰西系统之宪法,并不列记宪法上之立法事件,以虽不列记,而据此原则,足以知之也。巴威里王国之宪法,以明文揭示此项原则,云:凡关系吾人自由、财产权利之法,则必经议会议决,而以法律之形式定之。此种明文,实代表法兰西系统之主义者也。

　　列记主义,观日本宪法,可以知之。日本宪法不用法兰西系统之原则主义,特将应由法律规定之事件列记之于宪法中。凡宪法所列记者,必以法律制定之。其列记以外之事件,无论以法律定之,命令定之,皆可因时制宜,是列记主义之定例也。此外诸国,虽或采其列记主义,与日本宪法相似,而其精神大有不同。如德国、美国之联邦国,列举立法事件于联邦宪法中,其列举之主义与日本宪法列举之意味,实不相似。盖联邦宪法之列举立法事件,乃因分别各州与联邦政府之立法范围而起。例如铁道、邮便为中央联邦之立法事件，教育则任各州立法之自由云云是也。故联邦宪法之列记，与日本宪法之列记大异其趣。应列记何种事件，全属实际问题，不能以学理论定之。日本宪法第二章将关系臣民权利、义务之重大事情，揭示为立法事件。盖自政治上之精神论之，凡关系人民身体、财产权利重大事件，必须以法律规定之。又虽非直接关系于人身之自由，然关系于组织国家机关之重要事件，亦必须以法律规定之。此外不问为何等事件，如必期诸久远而不可变更者，及不应由政府擅行变更者，亦必以法律制定之。然已经制定为法律之后，即不得辄以命令容易变更。则于必须修改之时，颇为不便。故滥用法律之形式者，不得谓之为得策也。欧罗巴诸国及日本，凡近来之政治，皆有滥用法律形式之弊，此识者所忧也。

从日本宪法以观立法之范围，则第一为必须以法律形式规定之之事件。第二为得任取法律形式、命令形式以规定之之事件。第三为必以君主大权行之而不许以法律形式规定之之事件，亦名大权事件。以此三者之范围，定法律与命令之范围，而划分政务为三种，是为日本宪法之主义。在法兰西系之宪法，不必将国家政务划分三种范围，是谓法律万能主义之政体，其国家政务可分为二。第一为必不可不以法律形式规定之之事件，第二为以法律形式定与否属于自由之事件。至如日本所谓大权事件者，则全为法理上所不许。通常大统领及君主虽有以大权自由处置政务之范围，然在法理论上，则必以法律之效力，夺去此权力。此法兰西系统宪法之精神，所以为法律万能主义也。

命令

立宪政体之宪法，所谓命令云者，为与法律相对之辞。谓君主及大统领不经国会议决，而以单独之意思制定国家之法则也。或由君主自己发之，或使行政官吏发之。命令者在于法律之下，以不得变更法律为限而发布之者也。法律与命令效力之轻重，为立宪政体之特质。若蔑视此种区别，则与专制政体更无所异，故当极力尊重之命令权之范围。各国主义不同，兹但举其主义之异同，至其细目，则须用学问上精密之议论，姑略去之。

制定君主政府命令权之范围，在各国宪法上有二主义。其一为法兰西宪法系统之主义，其命令权仅得因执行法律之规定而设立细则，其设立与法律同等，用以制限人民自由之规则。则在所不许，是为限在执行法律时得有发布命令权之主义。此主义可与前节立法范围之原则主义相对照，一切限制人民自由之事，必以法律定之，万无以命令定之之理。其应行发布命令之事件，例如实行法律时制定必要之细则，及行政长官对于所属之下级行政官吏制定办事规则等，乃得发布命令。是为法兰西宪法系统之主义。然此种主义，在法国亦不能绝对实行。观法兰西之国法，在实际上其命令权之范围颇为广大，如以命令发布警察规则，及制定制限人民自由之规则，其大体实与他国无异。然宪法上之主义，如前所述，极为狭小。故法兰西宪法，论者谓于法律上如将制限人民自由之事委任于命令权，则命令权者得制定与法律同等之规则，以制限人民之自由，谓之为凭借法律委任之命令权。盖实以法律委任之形式，推广命令权之范围，而应用之于实际者也。然所谓法律委任云者，果适当于宪法之精神与否，实为未经解决之问题，不过用此为口实，以推广命令权而已。

日本宪法之主义，其规定命令权之范围，观于第九条之明文，可以知之。所谓因执行法律及为增进安宁幸福、维持秩序，得发命令，但不得以命令变更法律者是也。据此则在寻常事件，其命令之范围与法律相等，无论何事，皆得规定之。但如宪法上所列记之立法事件，及其他为法律所已经规定之事件，则不得以命令变更之。命令权之范围，最为广大，非如法兰西系统诸国以执行法律为限者。命令权者得独立以增进公益维持秩序限制人民之自由，但不得以命令变更法律，为事理所当然耳。规定命令权，如此其广大者，以行政实际上不得不然。如法兰西系统之宪法，其表面上命令权极为狭小，于实际上则当施行百政之时，非以命令权自由处置各事，则公益与秩序必不能保。故实际上殆与日本相同，惟在彼则必得法律之委任，而后有此命令权。在日本则早于宪法上付与以此权而已。

日本宪法分命令为三种。第一为大权敕令，第二为更代法律之敕令，第三为行政命令。此种区别，非立宪国之通则，但在日本宪法上为重要之区别，故略说于下。

第一，所谓大权敕令者，即规定宪法上大权事件。例如陆海军之编制、行政各部之官制、施行戒严令、大赦特赦之敕令，皆是此种事件。在宪法上专属于君主之亲裁专断，不许国会得赞一词。其规定之之敕令，于形式上虽为命令，然不许以法律变更之。故此类之敕令，为大权敕令，为不得以法律变更之敕令，而有特殊之效力者也。

第二，更代法律之敕令，为日本宪法第八条所规定。在国会开会期中，有临时紧急事情必须发布法律时，则君主得发敕令以代法律。其敕令后日必提出于帝国议会，以求其承诺。何则？原来为应以法律规定之之事件，因议会闭会，不得已而以敕令代法律。故至次期议会开会，不得不询问议会，以定其效力之继续。若得国会之承诺，则其敕令照旧，得有效力。若不得国会之承诺，则其效力即须废止。是为日本宪法第八条之主义，此事在宪法上最宜注意。此项敕令，有变更法律之效力。其敕令之位置，本在法律之下，但以事情紧急，不暇待议院立法，故特以敕令代法律，是为可以变更法律之敕令。较之寻常命令权，实为变例。立宪政体之主义，在不许以命令变更法律，不得已而执行变例，如第八条所云者，非正则也。

更代法律之命令，为法兰西系统宪法之所不许，因法兰西宪法偏于理论之故。然在实际，则当国家有事变时，执行紧急之处置，亦为历史上所常见。惟在宪法之理论上，不许为此耳。在英国亦有与日本宪法相似之成例。当议会闭会中，有临时紧急必须以法律（要国会之议决）制定之之时，则由英国政府担负责任，以命令权断行之，而后提出于国会，以求解除责任。原来英国宪法上无论如何紧急，亦不许政府以命令权代国会议决之法律。因是当紧急时，政府不得不用违反宪法之处置。在英国宪法上，发行紧急令，实为违反宪法之行为，后日不得不向国会谢违反宪法之罪，以求责任之解脱，其国会对于此事实有问罪之权力。故外形虽相似，而与日本宪法之意趣截然不同。据日本宪法第八条，则发行紧急敕令，并不得认为违悖宪法，以宪法豫测将来设立明文。以此种权力付与政府之故。在日本政府于紧急时，依宪法第八条发更代法律之敕令，为遵从宪法之行为，非违反宪法之行为，故国会不得问罪。其要求议会承诺者，非为解除责任，乃为欲使此种敕令依旧能有效力也。但本来变例，当更经国会议决。如后日国会不肯承诺，则其敕令必须废止。普鲁士之宪法亦与日本宪法相符。盖如法兰西之宪法，过于谨严，难以因应事变。如英国之成例，则使政府不得已而有违反宪法之处置，又若既经国会承诺，则违反宪法之罪可以消灭，于理为不可解。故普鲁士王国及日本，与政府以宪法上之权力，遇有不得已之时，则政府得有此权,实为宪法本文所明言者。此种敕令,本由变更法律而来,故与法律有同一之效力也。

第三,所谓行政命令者,为日本宪法第九条所规定,因执行法律及维持公共安宁幸福而发命令。在寻常行政行为,实为必要之事,然与更代法律之命令大有区别。假名为行政命令,此命令权为有行政行为而付与之者,在宪法上本为政府之权能,故范围甚广。然法律命令效力轻重之差等,对于此项行政命令,为通用之原则。在大权命令及更代法律之命令,系与法律对峙者,不属于命令权本来之范围,乃依宪法上特别之规定而存立者。行政命令则为命令权本来之范围,在法律之下,以不得变更法律为限,得自由制定国家之法则。以上所举三种命令,皆据日本宪法言之。至于欧罗巴诸国之宪法,划分三种者,殊为罕见,但于大体上亦承认有此事实。如普鲁士之宪法,区别普通命令与紧急命令者是也。在法兰西系统之宪法,不许有此种区别。其所称为命令者,专谓日本宪法上之行政命令,即第九条之命令是也。

命令权虽为君主及大统领所有,然得据行政各部之官制,自由委任于各官府而发布之。其委任之制度、方法,为各国行政法上之问题,非此编所及。以日本行政法言之,君主所发者为敕令,总理大臣所发者为阁令,各省大臣所发者为省令,府县知事所发者为府县令,其他特别之官府亦有特别委任命令权之事。敕令者,由君主亲裁而发布之,其用甚广,其重要者则必经枢密顾问之议决而后发布之。发布之形式,必得国务大臣之副署。敕令以外,在日本宪法上,君主又可发布诏敕。诏敕大半为君主举特定之事件而发布,其规则者亦依敕令之形式。然诏敕及敕令,自学问上言之,并为君主命令权之发动,其对于法律之关系,一概相同。

以上所述法律与命令之效力及其范围,若欲详悉说明,颇费时日,故但举大体,以说明宪法之要点。当制定宪法时,必明定立法范围与命令范围之区别,其命令之范围又不可过于狭隘。当日本制定宪法时,于此极为用意。英国及法国之宪法历史甚长,欲以现在之理论及政府之需要而变更之,其事甚难,故不得已各沿用其习惯而行之。在新定宪法之国,如必拘泥外国历史上之成例,勉强效颦,则大为无谓。日本宪法于立法权、命令权与法律、命令之区域,不拘英法宪法之成例,而设独异之规则者,良有以也。

第十回　豫算

（明治三十九年四月六日）

　　帝国议会之权限，以立法及豫算二事为其重要者，乃立宪国之所同。然国会之豫算议定权，据政治上之精神论之，大有所异。兹故比较诸国，以说明其差别。

　　豫算者，乃将政府之岁入岁出豫为计算，即将一年间之国库收入与经费豫先估计是也。豫算一事，为财政之基础。凡国家财政及公众财政，必须有此，不独立宪政体为然。即在专制时代，亦必用此种制度监督财政。但在专制时代，其豫算由政府自议定之，自执行之，在立宪政体，则必经国会决议，不得以政府自由变更之。因是政府于财政上不能恣其意之所欲为，是为立宪政体豫算制度之特色。将豫算案交国会议决而确定之者，为立宪国通行之制度。然论国会议定豫算之权力，则因各国国会历史之变迁，其精神绝不相同。言其大别，第一则为欲防止政府征收租税之苛酷，而将豫算案交国会议定之者。属于此类者，其议定豫算权力之要点在于岁入之议决。第二则为防止行政官府滥费国帑，而将豫算使国会议定之者。属于此类者，其议定豫算权力之要点，在于岁出之议定。此二种制度之差别，今尚显现于诸国之宪法上。然在现今诸国，于岁入及岁出，普通以监督财政之主义。使国会议定豫算，非必如从来之历史，有判然之区别也。

　　据英国历史，其发生国会制度之一大原因，实为国王横征租税之故。欲防其弊，故于国王课取租税时须得国会之承诺，无国会之承诺，则国民无纳税之义务，是为英国宪法历史上最显著之事实。因有此种来历，故英国国会议定豫算者，乃因赋课租税必由国会承诺？故自古以来，专以此种精神行之。故政府必将向后一年所需经费几何，供给此项经费所需岁入几何，与其所以必需此项岁入之故，陈辩于国会，以要求承诺赋课租税之额。虽在实事上，必将岁出各种经费之需要与否及其全额若干切实讨论，然其本来之宗旨，则实以甘心承诺租税与否之精神讨论之。故从来英国宪法学者之法理论，谓国会不议定豫算时，则政府无征收租税之权能。此种议论，广行于欧罗巴大陆。于是豫算决定一事，遂视为非常重大之事情。主张极端之论者，至谓国会若否决豫算时，则国家不能征取一文之租税。此种议论，即自以国会议定豫算权，惟在于承诺租税而生出者。在欧罗巴诸国中，以英国制度之精神为基础者，其租税法律仅得有一年之效力，政府据国会议定之豫算，仅得于一年间执行之，是为采用第一种制度者政治上之精神。

日本宪法之精神，则与此异。豫算者，为估计政府岁出岁入之大略，其必经国会议决者，非有要求承诺租税之意，乃有监督政府、恐其以无关紧要之目的浪费金额之意。其要点在于议定岁出，而以检查浪费为其精神。虽课税必以法律制定之，其法律必经议会之协赞，然日本税法非以一年为限，而为永久承用之法律。纵令国会有否决豫算之事，但使租税法律未经废止，则政府依旧得以征收之。是故国会之豫算议定权，为有监督政府不使自由浪费之意，而无不许征收租税及拒绝之之意。其国会豫算议定权之要点，在于审查岁出，是为日本宪法豫算议定权之精神。在欧罗巴诸国中，亦有采用此种精神者，然大都模范英国。在普鲁士王国，宪法之解释，殆与日本相似。

此两种制度，与政治上大有差异。以外形言之，所谓国会议定豫算者，大略相同。然若主张英国主义，至于极端，则国会否决豫算时，不得征取一文之租税，亦不能支出一文之经费，将使国家之生存归于绝灭。虽不必有此事实，然将此种主义，就理论推之，必致得此极端之结果。设国会与政府意见参差，在豫算时，适生冲突，则国家政事，必将尽行废止。然在日本宪法，则无此患。豫算者，其位置在于法律之下，用以估计按照法律命令之经费及其岁入。纵令适当估计时，政府与议会意见参差，但使根本法律依然存在。则政府可据法律，以征取租税、支出经费，不至有一切不能收支岁入岁出之患也。

二种制度之差异，衍之则为宪法之法理论。在法兰西系统之宪法理论，则谓豫算即为法律。法律云者，谓与他种法律有同一之效力之意。因豫算之议定，凡与此抵触之法令，皆由是而变更。例如租税法，如支出经费之法令，如在议决豫算案时有变更者，则从前之法律命令即因是而变更。约言之，是为以豫算为法律之主义。日本宪法，则豫算非法律，而为按照法律命令之岁入岁出之估计表，以法律命令为本，而以豫算为末。为表示法律命令之结果，而自金钱上估计之者，是为豫算。

故不因豫算之议决,而有直接变更法律命令之事。约言之,则为豫算非法律之主义,有注重法律命令,而以豫算为仆从之精神。因此二种精神之差异,于实际上有绝大之结果。在新用宪政之国,极宜慎重采择之也。

以上所述,为豫算制度大体之精神。此下说明国会议定豫算之权限。凡豫算案,必由政府撰制之。据日本制度言之,先由行政各部,估计明年度之岁入与岁出,送交大藏大臣。大藏大臣综合各部,以撰成国库之总豫算。总豫算案由大藏大臣呈请阁议,依国务各大臣之评议而决定之,乃提出于国会,其政府内部撰制豫算之细则,则以会计法及会计规则等法律敕令制之。以其为财政上之事,且从省略,然此固必须研究者也。

豫算先由政府提出于众议院,各国大抵相同。凡豫算以由下议院最先议决为通例。然此事非据理论而然,乃为模范英国国会习惯之故。在英国,凡租税事宜、财政事宜,下院有绝大之权力,而上院权力较为微弱。盖因租税为国民全体所负担,故必先使国民选出之下议院议之。在日本宪法,众议院由政府受取豫算时,必交豫算委员会使审查之。豫算委员会审查既毕,则提出于本会议场,就豫算全体而为议决。豫算案为可以修正者,故先将豫算各款项审查决定,而后就总豫算全体决定可否。其豫算之款项节目等事,必照会计法所规定,依收入支出之目的,而细别之。豫算之各款各项不许互相挪用,当就各款各项别为议决。在众议院既经议决之后,则送交贵族院。一切与议定法律案之次序更无所异。在贵族院亦以同一之方法而议决之。但在日本宪法上有特宜注意之点,其豫算之议定权,上下两院全为平等。而在欧罗巴某某诸国,于宪法上及习惯上,其上院于豫算一事殆无权力,除就全体上可否下院之议决以外,别无修正议决之权。纵令宪法明文并无制限上院权力之事,然以政治上之习惯,其上院殆绝无权力,盖效英国之先例者也。

英国财政事宜,于历史上为下院之特权。其上院于财政及豫算,殆无权力,相沿已久。英国政治,为欧罗巴诸国之模范。独日本宪法豫算一事,于名于实,均采上下两院同权之主义。虽前日贵族院与众议院,于此事之权限颇生争论。然据日本宪法之解释,实以天皇之敕裁而确定为两院同权者。两院同权主义,自一方面观之,如两院意见大有参差,必致妨碍豫算之成立。然自又一方面观之,得以矫正一院轻率决议之弊。其审查事理公平适当,实以两院同权得之,然亦未尝无豫算不成立之虞。故日本宪法明言如豫算否决及不成立时,当照前年度之豫算行之,此为方便之法。欧罗巴诸国于此事并无规定,遇豫算否决时,则困难异常。观西历一千八百六十年至一千八百六十六年普鲁士国国会情形可以知之,时普鲁士国会连年否决豫算,普鲁士政府无可奈何,至违反宪法,执行非常之处置,仅得自救。盖为普鲁士宪法无此种规则之故。日本宪法有此规定,故不至违反宪法,而有行政之便宜也。

议院议定豫算之权限,据日本宪法之明文及精神论之,实有一定之制限,略述于此。在英、法等国之宪法论,议定豫算,全归国会之自由。或修正之,或可否之,并有自由无限之权能。而在日本宪法,则与是异,不得以豫算议定权变更法律、命令之实质。又有于宪法明文上立为特别之制限者(宪法六十七条),议会议定豫算,当于法令之范围以内行之,其要点如下:

第一,以法律及命令制定岁入岁出之目的及其金额者,议会不得改动其目的及金额。

第二,虽以法律命令制定岁入岁出之目的,而其金额未定者,则以不能变更其目的为限,而议定其金额之多少。

第三,岁入岁出之目的及金额未经以法律命令制定之者,则议会得自由议决。其目的之需要与否、其金额之多少,亦全然得自由议决之。

此三原则,乃自豫算之性质上,而制限国会之议定权者。因豫算为遵从法令,执行法令而议定之者,故不许以豫算之议定变更法律之目的。在某某国,采用豫算为法律之主义,则为以法律变更法律,故豫算议决,虽与现行法令互相矛盾,而于法理上并无窒碍。法兰西系统之宪法即采用此主义者。日本宪法采用豫算非法律之主义,乃为执行法令而议决豫算,此所以有上文所述之制限也。

三原则外,日本宪法又以第六十七条之明文,制限议会之豫算议定权。其文云:"以宪法上大权为基础,已经制定之岁出,及由法律之结果与法律上应属于政府义务之岁出,若无政府之同意,帝国议会不得废除之,或削减之"云云。所谓以宪法上大权为基础,已经制定之岁出者,谓日本宪法第一章列记各条属于天皇大权者。其列记事件之岁出,在前年度豫算已经决定之金额,谓之为已经制定之岁出。所谓由法律之结果之岁出者,谓由法律规定上当然之结果所必需之金额。如议院法,议员须给岁费二千圆,其金额为依法律之规定而生者,于豫算议决即不得改动之,是为由法律之结果之岁出。所谓法律上应属于政府义务之岁出者,例如政府与一个人缔结何种契约,以法律言之,其契约上之义务为政府应当负担之金额,议会不得改动之。此三种岁出,议会不得废除之、削减之,若有应当废除之理由,必先求政府之同意。既得政府同意之后,方可废除、削减,是宪法六十七条特别之限制也。欧罗巴诸国之宪法,此种明文,无可征引。然实际上,无论何国,必不许蔑视法律、命令之结果,而为自由之议决。则亦不得不确守此种主义,特不以此揭示于宪法,则宪法上并无制限议会权力之事。故日本宪法特置此条,据此宪法六十七条之明文,及上文所示豫算议定之三原则,则议会议定豫算之权限,自然为所限制,是皆注重法律,而以豫算为仆从之主义也。在采用豫算即法律之主义者,则无此种制限,是又新定宪法者所宜注意者也。

政府与国会豫算上之关系,尚有宜说明者。日本宪法上有继续费,何谓继续费? 即为某项事业必须于数年间陆续支出费用者,必就该事业预定年限,估计继续费,以求议会之同意。凡豫算以一年为限,虽在某某国,有以数年为一会计年度者,而在日本及其他诸国通例,以一年为一会计年度。然事业之性质上,有非得数年继续支出不能着手者,必就此项事情估计延及数年之继续费,以求同意于国会。又日本宪法于豫算上必设豫备费,豫备费者,为填补豫算之不足,而留存岁入之一部分,以供不时之费用者也。又日本宪法六十四条第二项云:“有超过豫算之款项及于豫算外生出之支出时,必于后日要求帝国议会之承诺。”豫算之款项为约束行政官会计之制限,然因不得已时,有豫算金额以上之支出,或为豫算上所无之事件而必须支出者,当于后日提出议会要求承诺,是皆为防政府之滥费,而严为监督者也。

于议会不议定豫算,及豫算不成立时,政府可施行前年度之豫算(宪法七十一条)。此种规定,为各国之所稀有,实为日本宪法之一特色。豫算不成立时,政府将全然蔑视豫算,而为自由之处置耶? 抑笃守宪法之成规,而束手无策耶? 二者皆极端之论,为事理所不许。然若无此项规定时,势不得不走取两极端之一。为防其弊,故日本宪法许其施行前年度豫算。虽豫算每年不同,前年度豫算必无适合于今年度之理,然因此得以防止政府自由处置之弊,又得防止政府以豫算不成立为口实而荒废政务之弊,实为折衷之法。虽今年度之会计与前年度之会计必无可以尽行沿用者,在政府固当应事情之需要,而施行岁入岁出。但如与前年度豫算有相异者,可于次期议会中,将相异之部分要求议会之承诺,非必然被拘束于前年度之豫算也。又日本宪法第七十条规定,财政上之紧急处分者,为有内外事变不能召集国会时,若有紧急之必需得以敕令为财政上之处分,例如战时募集公债等事是。但既有此事,须于次期议会提出,要求承诺。原来起借公债,为豫之一部分,必经议会之同意者。又如课税为当以法律行之者,此种财政上事件,必需议会议决。但因内外事变,不遑召集议会,故许以敕令为紧急之处分。然其后须提出议会要求承诺,为一要件。日本宪法七十条之规定,亦为各国宪法上所不可多见之例。对于豫算则有决算,决算者,将豫算与实在会计相对照,以为国家岁入岁出之决算也。决算一事,在宪法上特设一会计检查院之机关,使审查之。检查院审查之后,由政府提出于议会。议会受政府之决算,更当审查其与议定之豫算相符合与否。凡国家之财政,以豫算为始事,经由收入支出各种会计,而以决算报告为完结。如此乃得完全国家财政之监督,此乃宪法上规定政府与议会豫算上相关系之大体也。

豫算及会计,为财政论,又为法理论,当别为详细之说明。兹所述者,但关系于议会议定豫算之权限,而非豫算之全体也。议会议定豫算之权限,依其国家政治之精神而有差异。日本宪法之主意,为监督政府之会计,而使国会议定豫算者也。既经国会议定之豫算,则不许政府以单独之意思变更之,是即所以监督之实际。然在英国,其他各国之主义,则以国会为于财政上有全权者,特委任政府使之行事而已。事体虽相似,而其实则主客易位。日本宪法以国会为政府财政之监督,英国主义,则国会以豫算国家会计之条件委任于政府。此二者精神之所以异,实为宪法全体重要之点。日本宪法与他国宪法相异之处,可求之于会计法第六章,是当注意参考之者也。

第十一回　司法权

司法权为执行民事,刑事裁判之权力。按立宪政体之原则,司法权必与行政权分离,使由各别之机关以行使之。故司法权必以裁判所行之,与行政官府相区别。欲明宪法上之原则,必先明司法权之独立,及裁判所之地位与其构成。各国宪法大率皆表示此大原则。至裁判所之组织,则别以法律定之,于宪法中不详载其细目。唯司法权独立之原则,与裁判所构成之原则,则于宪法法典中表示之耳。

司法权之独立,古来诸学者谓为立宪制度之骨干。其意不过谓司法权不被行政权力所左右,必由独立之裁判官,以独立解释法律之势,执行之而已。所谓独立者,非谓与国权分裂而特别存在之意,谓不受行政权之干涉而已。欧洲各国,当法兰西未革命之前,司法权与行政权分别独立之制未能实行,司法裁判之事,常为君主政府行政权之所左右。于是为改革政治之一题目,而倡司法权独立之说。其主意所在,即不许君主与行政官吏干涉民事、刑事之裁判。司法权者,必按照法律,由裁判官以独立之意见决定之。凡立宪政体,苟无司法权独立之事,则其要件大有所缺。故各国宪法,皆必揭示此主义云。

今试据日本宪法之条件,以见司法权独立之例。按日本宪法第五十七条云:“司法权以天皇之名,依于法律,由裁判所行之。”是司法权者,非以君主大权直接亲裁,必设裁判所特别之机关而委任之。所以不由君主之直接亲裁,而一切委任于裁判所者,诚欲避专制时代政府之干涉,以期司法律者之公平也。又裁判所者,专依据法律以执行司法权。依据法律云者,必公平严正,遵据法律之规定,必执行裁判之,不得为法律以外之权力之所左右。即君主欲发命令左右裁判所之裁判,然苟不依法律,则亦不为所动。故日本宪法云:“司法权者,以天皇之名,依于法律,由裁判所行之。”此所以明司法权之独立也。又第五十八条定明裁判官任免之事。谓裁判官除由于刑法之宣告,及惩戒处分之外,不得免其职,是即保障裁判官之地位者。在行政官虽得以君主之命令权,自由任免黜陟,而裁判官则无论君主政府,皆不能漫然黜退,非由触犯顶罪,不得失去职守,故裁判官为得终身任职者。裁判官之地位,即赖此宪法条项,而得巩固之保护。然此非保护裁判官之一身者,实保护立法权独立之实者也。苟执行司法权之裁判官得以行政权自由任免,则其结果直与干涉司法裁判无异,为裁判官者,亦不免逢迎行政官之意,以自保其禄位,其弊害为何如。今使一切为终身官,而行政权不能动之,则裁判官自安于其地位,而无所求于他人,乃得为公平之裁判,此宪法所以特为保障也。立宪诸国宪法之精神，于此事全然一致。又裁判所之构成，必以法律定之，以法律定之云者，即以经国会议决之法律定之，不得为命令所左右。裁判所之构成法，及民事诉讼法、刑事诉讼法等，皆当以法律定之者，所以规定裁判所之组织权限，及诉讼之方法、次第者也。凡诸国宪法上揭示司法权之事，大抵与此相同，有无庸烦征博引者。

裁判所为执行司法权之机关，与国会及国务大臣并为宪法上之机关，其职专在于典司司法权之行使。裁判所之构成，必以法律定之，各国大抵相同。其细目不著于宪法，而自为一法典。裁判所之组织，英、法、德等国，大有差别，欲说明之，极为庞杂，姑略去之，以俟为特别之研究。唯就日本宪法上之裁判所，略述梗概，以示其例云。

裁判所分为通常裁判所与特别裁判所。通常裁判所者，管辖民事、刑事之裁判，特别裁判所者，就民事中或刑事中特殊之事项，而与以特别之权限者也。例如对于商人设商事裁判所，对于军人设军事裁判所。是通常裁判所，以广民事、刑事为裁判所之原则，特别裁判所，则以特别事宜设置之。此外，又有所谓行政裁判所者，与司法裁判所截然不同，不执行民事、刑事之裁判。凡对于行政处分有不服者，向行政官提起诉讼时，即由行政裁判所判决之。是在司法裁判所以外，实可谓于行政部内设置之者。行政裁判所，日本与德意志诸国皆设置之，而英国及法国则大异，其例难以一二言尽之。要之，英、美诸国，皆不特设行政裁判所，凡行政之事件，亦由司法裁判所裁判之。法兰西虽无行政裁判所之名称，而于行政部内，常受理行政诉讼，而为裁判。至普鲁士国，有行政裁判所，为一中央机关，在于司法裁判所以外，受理行政诉讼，日本制度稍与普鲁士相近云。

通常裁判所，日本制度分为四级：第一区裁判所，第二地方裁判所，第三控诉院，第四大审院。此四种裁判所，于大体上为上下之阶级。上级裁判所对于下级裁判所，有复审其判决之权限。

第一，区裁判所，以单独判事行裁判权。单独判事云者，谓以判事一人裁列之也。裁判有合议制与单独制之区别，上级裁判所为合议制，最下级之区裁判所为单独制，其权限详述于裁判所构成法。略言之，区裁判所为处理民事、刑事及非讼事件者，其民事、刑事则处理其轻者，苟其事件稍重，则不经区裁判所，直出诉于上级裁判所。处理非讼事件云者,谓该事件虽不具诉讼之形式,而为关系于人民之身份、权利者,则处理之。非讼事件之为何物?别有非讼事件法,以详悉规定之,是谓法律学术上之细目,难以一言而尽。例如买卖土地、家宅而为登记,或对于亲族人事而求裁判所之干涉等事皆是。凡各种裁判所皆处理之,是为民事、刑事诉讼以外之事,故为非讼事件也。

第二,地方裁判所者,是为区裁判所之上级裁判所,用合议制判事,数人合议而裁判之。其所管辖,非统观法律规定之细目,颇难表示。就大体言之,凡民事、刑事之诉讼受区裁判所之判决而不服者,则得出诉于地方裁判所,由地方裁判所受理而裁判之。又民事、刑事中不属于区裁判所之权限者,则为其第一审,由地方裁判所受理而审判之。

第三,控诉院,为地方裁判所之上级裁判所,用合议制。其所管辖,即对于下级裁判所之判决,而受理控诉再审查之。有不服地方裁判所之裁判者,得进而诉于控诉院,以求其复审,是为设立控诉院之目的。凡民事、刑事之事件,大概由区裁判所或地方裁判所受理而审判之,有不服者,则进而诉于控诉院。

第四,大审院,为最高之裁判所,用合议体之组织。凡不服下级裁判所之裁判者,则受理之,而为其最高最终之裁判,其不服控诉院之裁判者,得进而出诉于大审院。大审院则就法律之适用,以纠正下级裁判所之误。大审院之裁判,为最终裁判,以上更无要求裁判之途云。

以上略示裁判所之阶级,至于其所管辖,则宜对照裁判所构成法,与民事、刑事、诉讼法而研究之。

各裁判所裁判官之外,又有检事之职。检事者,补助司法权之行使之机关也。对于刑事,则为告诉、为诉追。对于民事,则于裁判事情,代表公益,陈述意见。检事为动作于司法大臣监督之下者,与裁判官大异其地位,而有行政官之性质。又有执达吏者,为附属于裁判所之一机关,专以送达裁判所所发之文书,及掌管裁判上执行之事务。其附属于司法权之行动者,又有辩护士及公证人之职掌。辩护士乃代表诉讼本人,而为诉讼之代理者,必须有法律之智识,故必审查其资格,得政府之许可,乃得行此职业。诉讼一事,于法律上甚为庞杂,因本人利益起见,以辩护士为代理人,而辩明其应有之权利,固为便宜。即在裁判所,亦以与通法律之辩护士,左提右挈,以审判事件为便宜。故欧美各国之诉讼,多藉辩护士行之。公证人乃应他人之嘱托,而撰成关系民事诉讼之公证证书者。例如契约书等是。亦必得政府之许可，乃能行此职业，因欲契约及其他法律行为，归于正确，故特以公证人作成证书，为日后证明之地。辩护士及公证人虽为私人之业务，而因其动作关系于司法权之事，故必由裁判所监督之。

司法权之独立云者，谓当裁判民事、刑事时，解释法律，使用法律有独立之位置也。故司法权独立，与维持裁判所官署中之普通事务，全为别项问题。司法大臣者，为行政之官吏，司法大臣之职，在于监督裁判所，然不能干涉裁判之事。裁判官之身分及区裁判所之事务，于大体上皆为司法大臣所监督，然如诉讼事件，应当如何裁判，其法律之解释及其使用，非为司法大臣者所能赞一辞。司法大臣之职务，在于监督裁判所官署中事务之大体，至裁判判决与之全无关系。各国宪法大率如此。盖司法大臣之职，于裁判之实质上，毫无关系者也。

裁判所所管辖民事、刑事，应依于法律而裁判之，故为裁判所之标准之民法、刑法，必以明白制定。民法如前章所言，各国有编定成文法典者，又有所谓不文法者。英、美为不文法之国，欧罗巴大陆诸国多为成文法典之国。英、美之不文法以其历史久远、基础坚固，故虽无成文法典，而裁判之准则，自可明白，非他国之所能仿效。在欧罗巴因法兰西大革命之结果，而法兰西民法，遂得编成，为司法权历史上近世之大事件。法国民法为列国之模范，不独法兰西宪法系统诸国为然。如德意志诸国，如日本，亦藉此而编成今日之法典。当法兰西民法制定后，而意大利、比利时、西班牙、荷兰诸国，皆遵据法兰西民法，制定法典，恰如模范英国宪法而仿行立宪政体者。然近时德意志诸国，亦已编纂民法，其法典之体裁与法兰西民法大有差异，然其不同者，惟在枝叶耳。至于撰成大法典，以巩固司法权行动之基础，则实以法兰西拿破仑编纂法典之大事业，为其根柢。日本编纂民法法典，久经审订，始得成立。其初亦参酌法兰西拿破仑之法典，创立草案，后又参酌德意志之法典而改正之。今日日本民法法典，已告大成矣。编纂法典，为国家大事业，必须详悉精审，且不可无学术上特别之智识，故非假以年月，难以集事。民法法典之外，又必制定商法法典，在诸国多有此例。商法者，即编纂关系于商事之特别规定也。因商业之发达，故不可无特别之法律。例如公司，如运送业，如汇票，如保险，其他种种方面，皆必须有特别之规则。故于普通民法之外，更须编纂商法法典。商法者，于维持国家秩序上,为不可一日缺者。且诸国皆已定为成文法典,公之于世。至编纂刑法法典,亦为切要。就行使司法权论之,如裁判所构成之法、民事诉讼法、刑事诉讼法、民法法典及刑法法典等,皆必须编成者,纵民法全部不能赳藏事,然亦必须渐次从事于此者也。

司法权与行政权,大体之关系,有所谓权限之争议者,因此而有权限裁判所之设。此等制度,日本尚未完备,欧洲各国皆已备具,而以法兰西制度为他国之模范。权限争议云者,谓对于某种事件,果应属于司法裁判所之所管辖,抑应属于行政官府之所管辖,此等问题发生以后,则司法权与行政权之间必生冲突。例如自行政权方面提出抗议,谓某某事件不应属于司法裁判所所管辖,则对于此等权限争议,而特设权限裁判所,以确定其事件之应属于司法裁判所与否,是即权限裁判所之谓也。此制度最初发达于法兰西,盖法兰西自来裁判所与政府之间,冲突极甚,而因司法权与行政权分离,既各自为独立之行动,则此一方之权限侵害彼一方权限之时,苦无调和之道,于是乃设立权限裁判所。苟有行政权对于司法权提出争议之时,则由权限裁判所决定之。权限争议之形式及权限裁判所之组织,不暇详述,法兰西有所谓昆塞油铁达之一机关者,一云参事院,即此物也。

裁判所依于法律而为裁判,虽然,苟误解此说,谓裁判所者,仅得适用已经国会议决之法律,而将君主所发之命令置之度外,则殊为不当。法律、命令、规则,一切皆为国法,故必以国法全体准则,而使用之依于法律云云。非谓不得适用法律以外之规则,但裁判之方法、次第,凡由法律规定之者,则不得为命令权所动。裁判之方法、次第云者,裁判所之构成、裁判所之权限、民事、刑事之诉讼方法等事,是等事件,皆必以法律规定之,而不得以命令规定之者。凡裁判必对于某事,分别其权利、义务之所在,其法律之解释,非行政官之所能应用,是为裁判之性质。如行政官当行政时,欲解释法律而执行之者,则必由行政官以独立之意见决定之。凡裁判所法律之解释,仅就于其诉讼事件而有效力,专就该诉讼事件以决定其事情,而不能定法律本身上之解释。例如欲判定某敕令为无效,某法律为违宪,是为决定法律上之效力者,实非裁判所所得为力,唯能决定某甲某乙国人之权利、义务而已。所谓使裁判所法律之解释相为一致者,乃言各级之裁判所,对于同一之事件,其法律之适用,不能一致时,由最高之裁判所划定之之作用也。

第十二回　地方制度及中央行政各部

地方制度

宪法以规定中央主权之行动为主,若行政各部之事及地方制度之事,实无可以编入宪法法典中之理。然宪法者,亦以行政各部之组织及地方制度为其运用之基础,有此基础,始能运用宪法。故行政组织与地方制度之大要,为必当附属于宪法而特加研究者。

地方制度云者,谓区划国内以施行政事之方法制度,请举欧美及日本现行实例,以示其大要。凡对于地方之政治,有采用集权主义者,有采用地方分权主义者。所谓中央集权者,凡百政令出自中央,由中央政府派出官吏于各地方,使之执行政事者是也。地方分权者,将全国划分多少区划,于其区划内一切政治,委任之于该地方总督者也。日本及欧罗巴在封建时代,则地方分权达于极点,渐次革新,而成中央集权之制度。至于今日,大体皆用中央集权制度矣。就日本现行制度言之,府县有知事,为地方行政重要之职。知事者,中央政府所派出之官吏也。故行政之主体,全在中央政府。

论地方行政事宜,则有中央行政与地方自治行政之区别。盖一则划分地方为行政区划,一则认为地方自治团体也。所谓行政区划者,谓分全国为许多之州郡,以为执行中央行政之区划。其州若郡不必为独立之团体,而为地方官管辖之区域,是所谓行政区划也。所谓地方自治团体者,以一地方之住民,就一定之土地,自行团结,而经营公共之事业,故名之为自治体,非中央行政之区划,而为地方之团体,乃为欲达自己共同之目的,而相为团结者也。据此种区别,而生中央行政与地方行政之界划,在主张极端之中央集权之制度者,则不认有地方团体,不许有自治行政,事无细大,皆由中央政府执行之。其主张极端之地方分权制度者,则又如日本及欧罗巴古世封建制度,中央之政府之权力,不能直接罩及于国内。现今立宪诸国之通例,则以中央集权为本体,而辅翼之以地方自治团体之制。中央行政官府与地方自治团体,互相提携,以完全行政之作用。如比较诸国则过于烦杂,故唯揭日本之例以说明之。

日本行政制度，以中央集权为其原则，有各省以分担行政各部之事务。例如农商务省管辖农、商、工事业，文部省管辖教育事业，全国农商工教育事业，皆直接为中央行政部之二省者之所管辖，其他各省亦然。此外有知事、郡长等各地方官，知事者管辖府县，郡长者管辖一郡。知事、郡长者，为中央政府所派出之行政官吏，受各省大臣之命令，在各省大臣监督之下，以执行地方行政事务。郡长又在知事监督之下，对于一郡而执行中央行政。故府县、郡者，自一方而观之，则为知事及郡长之行政区域。然在日本现行制，于法律上又认府县、郡为自治团体之行政机关。自治团体云者，谓地方之人民为执行共同之行政自相结合为一团体，而国法上亦认之为权利、义务之主体者。如府县、郡市、町村是也。是等各阶级之地方团体，欲详述其组织，则属于行政学，姑省略之。但举地方团体与中央行政互相提携之关系，说明一二。

市、町村为最下级之自治团体，论其组织，市与町村稍有所异，而其大体则同。就町村言之，则有町村长及町村会二者之关系。町村长者，据町村会之决议，以执行公共事务者也。町村会者，由町村住民选举而成立之会议体，用以议决町村费用及议决公共事务之机关也。町村条例，由町村会议决之。条例云者，谓自治体所制定之法则也。市者，其组织大体与町村相似，于郡则有郡参事会及郡会，于府县则有府县参事会及府县会，皆为职掌自治行政之机关。就日本府县制、郡制、市制、町村制诸法律观之，可以知其详细。是等地方团体，为自己之目的，执行自己公共事务，如一小国者。然在各团体，既有民会，又有执行民会之决议之机关，亦如国家之有国会，有政府。盖使国民先以地方自治行政养成参与政治之习惯，则自然于参与国家大事，服习纯熟。日本当未开国会之前，最先整顿地方自治制度，于地方设议会，以养国民自治之习惯，实为适当之顺序。国民以参与地方自治，而受参与全国政治之教育，自行政便宜上观之，自训练国民以政治思想上观之，实为切要之图也。

欧罗巴诸国，地方制度之主义，大体与日本相似。原来地方自治之精神，在英国最为发达，故德意志学者尝研究英国地方制度，以供德意志国立法之参考。如普鲁士有名之政治家伯林大学教授罗特甫格来斯特者，尝研究英国地方制度，而指示布诺斯地方制度之模范者也。格来斯特氏予尝就学其门,饫闻讲义,其著书甚多,以英国宪法及行政,于近世学者最为有名。德意志诸国据格来斯特氏之所研究,于地方制度大加改良,虽德意志列国互相差异,然大体与日本相近。盖日本地方制度,实以德意志地方制度为基础者。法兰西于中央集权为最盛,然其市町村亦有完全之自治团体。在政治上虽与德意志稍异,不免倾向于中央集权。然法律上,大体之组织亦复相似。但地方团体之阶级,德意志多而法兰西少耳。其他法兰西宪法系统诸国,如比利时、意大利、西班牙等,大概皆与法兰西相似。英国地方制度,即英国学者亦难以说明之。盖因其制度错杂之故,其地方制度之精神,据格来斯特氏所研究,大略可知。盖英国原为贵族制度之国,贵族于地方富有领地,在该地方为有势力之阶级,以故地方自治行政,即以该地方之贵族受名誉职,而担任其地方公共之事务。所谓名誉职者,无金钱之报酬,有奉公之义务,而当其地方行政之职任者也。如是者,实全以英国之社会状态为基础。但英国之特色,在承袭古来封建制度,中间无非常之激变,而渐次迁移至成近世之政体。其古昔地方之领主,管辖其地方之人民,如自己之臣仆。虽在近世此风已绝,然尚保存古来之习惯。其地方富有土地住居永久之人,常受住民之尊敬,于社会交际上,有足以管辖该地方之实力。故使有此种实力者,任奉公之义务,而当其地方行政之事,是为英国自治行政之精神也。在德意志及法兰西等国,社会情态与英国大殊,故不能模范英国之成例。且以法兰西当大革命之后,地方制度灿然一新,自有不能执行英国地方贵族组织之自治行政者。即德意志诸国,古来贵族阶级,犹有存者,然亦不能如英国贵族之有实力于其地方,故其制度,亦不能不异。在日本研究英、德、法地方制度,欲大加改良,然亦不能采用英国制度。故日本地方自治体,为平民的,而非历史的,为地方人民纯粹之合同政治,而非藉社会上贵族阶级以执行自治行政者。盖各国社会情态不能一致,固不能一概仿行之也。

地方制度,不必采用全国划一之主义。且在大国,于各地方既有文野之差,又有交通上之关系,情态不同,故必以适合于各地方之制度,别择而行之。在欧罗巴地方状态,大略相同,故多采用划一之制度。然至如俄国,则因地方情态而大有差异,故全国划一之制为不可强行者。

中央行政各部

中央行政云者,对于全国执行全体统同之行政也。在中央集权制度，必因行政事务，以划分行政各部。例如内务、外务、大藏、文部、海军、陆军、农商务、递信、司法各省，各就行政事务以划分其职掌。在地方分权制度，虽亦就行政事务划分职掌，然实就各地方以为分辖。据日本言之，例如台湾①、北海道、九州，皆使各地方负担一部之行政，国务大臣则总督各地方而当统治之任。日本及欧罗巴诸国，大体皆采用中央集权主义，其现行制度行政各大臣，皆就行政事务分之，不就各地方分之也。

行政之长官即各大臣，其分掌之事务，为有最高级之权限者。虽一切行动，皆在君主命令之下，然对于下级之官吏，则有最高之权限。在各大臣之间，又必须力图行政之统一，故日本制度，于各省大臣之外，有总理大臣。而在内阁会合诸大臣，以保持行政之统一，而特开阁议。然对于外部，则各省大臣各以所分掌之事务，而有行政长官之权限。今略示各省大臣之权限于左。

各省大臣有发行命令之权，以不至违背法律、敕令为限，得各就分掌之事务而发行命令，称之为省令。省令者，对于人民全体有拘束之效力，与其他法令无异，但不得以变更法律、敕令而已。又各省大臣，有执行行政处分之权，行政处分权者，依据法令及在法令范围之内，命令人民为某事及禁止其为某事，而对于特定之人，为特定之处置也。大臣者，在一方则发省令，在一方则行处分，以此执行法律、命令。且在法令范围之内，而施行政务。又各省大臣有监督下级官吏之权，得对于下级官吏而发训令。训令云者，大臣对于下级官吏，或揭示法律、命令之解释，或揭示处理事务之规则，而指授以执行政治之方针者也。训令者，为上官对于下官执行监督权之作用，而非直接对于人民者。然行政官者，必依上官之训令以从事，故训令之影响于人民者为用甚大。

于各省大臣之下，有地方官。日本制度，则有知事及郡长。知事为管辖府县之官吏，自中央政府派出于地方，其地位则在于各大臣监督之下，以不至抵触法律、敕令及大臣命令为限。得就自己之职务，于其管辖区域内发行命令，称之为府县令。知事者，又得有就其职务执行处分之权力，且有监督下级郡长而发行训令之权力。郡长者，在知事监督之下，亦得有发布命令，执行处分之权。郡长之下则有町村长，受郡长之

---

① 1895 年日本根据《马关条约》割占台湾，设总督。——整理者注

监督,而在町村中执行中央行政。市町村长与知事异,亦与郡长异。盖非中央政府之官吏,而为市町村自治团体之吏员也。论其本职,实为自治体之机关,而受法律之委任与郡长之命令,又在町村为执行中央行政之机关。市町村长,在自治行政,则当从市町村会之议决,在中央行政则,当从知事、郡长之命令。

于各省大臣之下,有各省次官以下许多之官吏,于知事之下,亦有事务官。是等各省之官吏,及各府县之事务官,为其长官之辅佐者,即为大臣及知事之辅佐者,非有独立权限之行政官吏,故称之为补助官,又曰事务官。不能直接对于人民自以其名发布命令,执行处分,唯在于内部处理行政事务而已。例如各省次官及局长等,但能补助大臣之事务,若有对于人民之命令及处分,则由该大臣者以大臣之名行之。其各省之官吏,止能为内部之补助而已。故于行政法上,必将有命令处分权限之行政官,与补助行政之事务官,分别言之。

官吏制度,为最重要之问题,非别就行政制度详悉言之,难以明白。然既为重要事件,于立宪诸国,自有一定之通则,今特举示其通则如下。设置官吏,以由君主及大统领自由任免为其主义,其司法官则以法律保障其地位,以使得终身任职为原则。其武官则别以军政上之规则任免之。行政官之任免,虽属于君主之自由,然为行政官者,要有一定之知识与其资格,因是各国大概设任用官吏之法,以审查其学术上之资格,而采用其及格者,是为文官试验制度。为官吏者,据理论言之,无论何时可以黜退,然非使之安于其位,而练习事情,则必不能为用。故一面又必设立官吏之又限令,非有一定之理由,则不能辄行进退。诸国大概皆依此例。然官吏之分限令,为以君主大权自由而定之者,故不至失去君主之权力。又对于官吏,必制定服务规律及惩戒规则。官吏者,以服从上官命令为第一要件,故与上官以监督之权,又与以惩戒之权,以励行官吏之服从义务。其他如授与荣典、优给俸禄,皆为各国所同。

英国官吏法,分政务官与永久事务官。政务官者,与内阁之交迭共同进退之行政官吏也。永久事务官者,不问内阁之更迭与否,永久为终身官,以从事于事务者也。此种区别,为英国政党政治之结果,他国所不必仿行。在英国,用议院政治内阁者,以议院中多数政党更迭相代而入为大臣。故依议院中政党势力之消长,而更迭内阁,随阁员之更迭,而某种行政官吏亦同时更迭,以其为政党政治,故必须如此。既非采用政党政治之国,固不必勉强效颦。在美国又与英国不同,而其弊害较英国为尤甚。每当更迭大统领时,必有无数官吏同时更迭,以是为官吏者,不得练习行政事宜,此其所短也,弊端之最易见者也。

以上论列普通行政之组织,此外则有依据法律以监督行政处分,而为特别之制度者,名之为行政裁判制度。行政裁判制度者,因行政官吏有违法之处分,而制定准与人民要求救助之方法也。此种制度,大概为立宪国所通用,但其形式大有所异。行政诉讼者,当行政处分违法之时,人民得据理伸诉,要求撤消其处分,及变更其处分。然以行政处分,而任人民之控诉,将使行政之命令及处分,有不能实行之弊。欲优给人民以行政诉讼之权利,于实际有所不可,必制定其事件与方法形式,不妨于行政之实际,而有请愿诉讼之途。行政裁判之范围,于各国大相差异,不能如民事、刑事裁判之归于一致。其范围最广者为法国。在日本至为狭小,仅仅在列记事件之范围以内。有要求行政裁判之道,其详细须俟特别之说明,今且略之。

行政诉讼之次序,日本现行法大体与德意志诸国相近。人民如以凭藉法律之行政处分,为有妨害其权利者,则先经执行处分之行政官署,而诉愿于其上级行政官署。上级行政官署则审查其诉愿,而与以裁决。如倘不服其裁决,则控诉之于行政裁判所。行政裁判所者,与普通行政官署分离,而为特别之裁判所,独立于各省大臣以外,但虽如民事、刑事之司法裁判所之自成为独立者,然并非司法裁判所之一部。行政裁判所如与以判决者,则其判决有羁束行政官署之效力。虽各省大臣,亦当服从其所判决,而撤消其处分,或变更其处分。然为行政裁判有绝大之势力,使行政裁判所权力过大,则将令行政权者,自各省大臣而移入于行政裁判所之掌握。故日本制度,行政裁判所之权限极为狭小,其应行裁判之事大有限制,故其弊尚不易见。在德意志诸国,大体相似,唯行政裁判之范围较日本为广大。又法兰西于此种权限范围特广。法兰西有参事院昆塞油铁达者,为高等行政裁判所,不仅掌行政裁判,一切于行政内部为最高之法律顾问,其行政诉讼,亦于参事院判决之。在英国、美国等,于形式上并无特别之行政裁判所,即在通常之行政裁判所受理行政诉讼而判决。然在英国之例,其对于行政处分之诉讼者,必先在行政内部,经行政官之裁判,乃得进而控诉于裁判所。

行政裁判之制度,极为公平,不可不谓为立宪政治之良法。然既立此种制度，必须整理现定行政之法律、命令及各种制度。如各种行政细目，无明白精密之法律命令，而递立行政裁判制度，则裁判时既无可为标准之法则，徒令人民相率习为反抗行政权之事，非徒无益，而又害之。德意志之法学者以理想言之，谓立宪国者，不可不为法治国。法治国云者，谓非依于人以行政之国，而为依于法以行政之国也。德意志学者以理想言之，欲开设行政裁判，一切行政处分皆依于法，以审查其当否。此种理想，固当为学者之所赞成，然行政事宜，常随社会进化而有日新之情态，欲如民法、刑法，将一切事情豫设成规，殊为难事。故欲如刑事、民事裁判成立完全行政裁判之制度，有未易言者。然因此而力求进步，固当为立宪制度之目的也。

官制篇

李景龢　曾彝进　录

整理者按：清末新政之际，清政府继 1905－1906 年派遣五大臣考察各国政治，又于 1907 年定向向日本、英国和德国派遣大臣考察宪政，达寿为考察日本宪政大臣。达寿赴日后，日本法学家有贺长雄为其讲授日本宪政，共 60 回；但中途达寿被清政府召回，仅完成 30 讲，内容主要为各国宪政比较。未完成的考察任务由时任驻日公使的李家驹接续。讲义后 30 回由李家驹继续听讲，主要内容为行政方面事宜，即官制。听讲之后，李家驹命李景龢和曾彝进将后 30 回编译为《官制篇》。

《官制篇》分为上下两篇，篇首有李家驹的小序。上篇第一章立宪国官制之原则，第二章内阁官制；下篇第三章地方官制。由于《官制篇》属于编译，对照有贺长雄的《日本宪政讲义》，《官制篇》略去了李家驹与达寿之间的问答等信息（参见有贺长雄《日本宪政讲义》，日本国立国会图书馆宪政资料室所藏《伊东巳代治关系文书》186 卷，缩微胶片，北泉社）。

有贺长雄生于 1860 年，1876 年从大阪开成学校选拔至东京大学预备门学习，于 1882 年毕业于东京大学文学部哲学科。1884 年选任元老院书记官，两年后自费赴德国柏林大学留学，专攻欧洲文明史与心理学，后赴奥地利学习施泰因的国法学讲义，1888 年归国。其后历任枢密院书记官兼议长秘书官、总理大臣秘书官兼内阁书记官、农商务省特许局长兼参事官等职务，是伊藤博文、伊东巳代治和大木乔任等政界高层的下属，也目睹并直接参与了明治宪政的设计过程。1908 年有贺为清政府考察宪政的大臣进行了长达 60 回的讲义，是有贺长雄将历史主义法学派斯泰因的学说同日本明治宪政体制建设的经验相结合的产物。

编译者李景龢（1882 年—?），字孟鲁，福建闽侯人，清朝举人。早年毕业于日本法政大学，民国后历任北京大总统秘书、咨议，1913 年任众议院议员，1916 年第一次恢复国会时仍任众议院议员，1922 年第二次恢复国会时再任众议院议员，1929 年任国民政府军政部参事，1931 年去职。曾彝进（1877—?），字叔度，四川华阳人，清末时期赴日本东京帝国大学法学部留学，师从有贺长雄，归国后任职于清政府工部、邮传部、大理院及资政院。民国初年任北京大总统府秘书，1913 年任约法会议议员，1915 年任政事堂参议，1916 年任国务院参议。因精通日语，袁世凯与日本方面打交道，通常都要经过曾彝进。作为袁世凯的心腹，曾彝进参与过多次密秘活动。1919 年任帝国人民财产管理事务局局长,1924 年任临时法制员评议;后入实业界,任北京东方人寿保险公司经理;著有《日本行政制度》《欧战中的中国》《中国的家族制度》等。

《官制篇》是学界关注较多的史料,熊达云、曾田三郎、孙宏云等学者对其内容有所研究(参见熊达云《近代中国官民的日本视察》,成文堂 1998 年。曾田三郎《通向立宪国家的起点——明治宪政与近代中国》,思文阁出版 2009 年。孙宏云《清末预备立宪中的外方因素:有贺长雄一脉》,《历史研究》2013 年第 5 期。吴迪《近代中国的宪法制定和明治宪法》,庆应义塾大学《法学政治学论究》2019 年第 122 号)。

本次整理以《近代中国史料丛刊》第六十五辑所收录的《官制篇》为底本。①

---

① 沈云龙主编:《近代中国史料丛刊》第六十五辑,台北:文海出版社有限公司,第 1—68 页。

序

《官制》上下篇，曩在东京与日本博士有贺长雄所讨论，闽县李君景龢、华阳曾君彝进译而录之，今忽忽三年矣。友人时索阅原稿，因印行之，以饷同好。凡博士所论，务取其通，不沾沾一国之制，又以我国广土众民，于列邦行政组织之成规，殆无一遵能袭用者。爰旁稽博考，附以己意而论断之，于中央与地方之关系，尤加详焉。谈官制者，或有取于斯与。

辛亥长至日　广州李家驹

官制篇　上

第一章　立宪国官制之原则

凡属立宪政体之国，其官制必有一定不可易之原则。兹篇详考各国之官制，译其通义，挈其纲要，以资考镜。又虑其不合于中国之用也，则参照中国之情形，取舍从时，斟酌合势，以备厘定官制者之采择焉。

第一节　官制之本义

夫欲厘定官制，则官制之本义不可不明。此节所引，则最通最确之学说也。

国家之主旨，在谋庶民之发达，而庶民之发达，其业务至夥，于其要端之中，择其非独立及小群之力所能兴举者，而以国民全体之力经营之，此则国家之主旨也。譬如，征兵以巩国防，收税以施庶政，凡此皆非独立或小群之力所能兴举者，而胥以归诸国家，国家蕲达此主旨，乃制定宪法，具载国家编制之大纲。顾宪法所定，特其大纲而已，至本此大纲,以运用于实际,以达国家之主旨,则属于精神上之事业,此非赖有治人,不能为功。至依何道而后能使夫人奋发激扬,以致力于精神事业,则厘定官制之时所当有事者,而官制之主旨即于是存。

立宪国官制,其所取之标准,即自精神上以达国家之主旨而已。故其官吏无时不当以国家之主旨为念,违于公家之主旨者,决不可为,而信其协于国家之主旨者,而不可有所顾虑,此即责任之根本。故凡立宪国家厘定官制,其第一之主旨,在使官吏能尽其责任。盖非是,则无以副立宪政体之主义。中国厘定官制,于责任之事关系尤大,此则不可不三致意焉者也。

谨按,《宪法大纲》第一条曰:"大清皇帝统治,大清帝国万世一系,永永尊戴。"所谓中国厘定官制,于责任一事,关系尤大者,即在此万世一系之文也。

"万世一系"之文,学者不无疑义,以为中国历史固与日本不同也。不知中国所谓万世一系者,并非就已往之历史而言,乃自立宪政体成立而言,固无可疑者也。

自古贤圣之君问世,而作冲庸御宇,则国本綦危。自今发布立宪政体,上下一体,朝野同心,所以遏内忧外患之萌,而维长治久安之局者,在是矣。将使一切庶政常协于国家之主旨以行,则必自明官制之责任始。责任明,庶政修,而后长治久安之局可以永保。此则立宪之精神,亦国家之主旨也。

官制以立宪政体精神为基础,则官吏对于君上之关系,前后亦遂不同。前者,官吏对于君主之意而负责任,故奉行主意,斯谓之忠;后者,官吏对于国家之主旨而负责任,故协于国家之主旨,乃谓之忠。勿违国家之主旨,即无负君上施行宪政之本意,所以间接效忠也。

故君上若举与国家主旨不能相容之事以命其官吏时,则不奉诏而因以辞职者有之,虽其关系不同,至其尽忠则一,惟有间接直接之差而已。夫协于国家之主旨以行,所以防遏乱萌,永保宗社,此正君上施行宪法之本意,故曰间接效忠也。

官吏责任之内容,举其大者有二:一即无违宪法。盖宪法者,故所认为达国家之主旨最良之编制也,是为法律上之责任。二为官吏者,于无违宪法之外,又当就其所管事务,以求协于国家主旨之良法,而取其所自信者以行之。国家之主旨,常往来于心目之际,无时或忘,而决不肯枉己徇人，以行戾于国家主旨之事。若不得行其志，则以去就争之，此政治上之责任也。

第二节　官制之类别

立宪国家厘定官制，必重责任，既如前所叙矣。虽然，官制之中，亦得区为三类，胪举如左：

第一类以保全皇室之尊严及特权为主之官制也。此种官制当与上文所言，以国家之主旨为主之官制，区为两事，其区别之故，亦由责任之关系而生。盖立宪国家其君主以无责任为原则，则奉君之官吏，亦不必有责任之规定，惟奉行君意可矣。日本明治十八年之改革，以宫内省官制及皇族官制别于普通官制之外，即此意也。

关于皇室事务之官制，大率皆以保全皇室之尊严及特权为主。至考其实，则与国家之主旨亦非绝不相关。然苟认为有关，则事变之来，或恐波及皇室，而害其安谧，渎其尊严。欲防其弊于未然，故直认为毫无关系也。例如日本监督华族一事，自一方面观之，华族为贵族院议员之所，自出则与国家之主旨有关。然自他方面观之，则华族为皇室之屏藩，故监督之权不以归之国家，而以属之皇室。

第二类枢密院、会计检查院、行政裁判所等，是为特设官厅，亦不列于普通责任官制之内。盖枢密院特以备君上之资讯，奉陈意见而已，无执行事务之权，故无责任。会计检查院依据政府所送之决算，而检查之、报告之而已，故亦无责任。行政裁判所按照法律、命令之条文，以判决行政官厅之处分而已，非对于国家之主旨而行动者，故亦无责任。

以上为特设官厅，故其所管之事务，一切无有责任。然此等官厅薪俸、费用，在在亦须经费，而其经费无不列于豫算之中，皆当守其范围，不容逾越，即在会计上为有责任也。惟此等官厅之豫算由大藏大臣编成，而大藏大臣即负此会计上之责任。

司法裁判似为特设官厅矣，实则不尔，其责任司法大臣负之也。司法大臣不能与闻审判之事而当图裁判之进行，故有责任。又关涉刑事之件，司法大臣有命令检事，使依国家之主旨，以行其职务者。当此之时，亦不能不负责任。如日本去岁马券问题，当西园寺内阁时，因以改良马匹为主旨，乃许人民买卖马券。至桂〈太郎〉内阁，则不以此为主旨，而令检事检举之，竞马遂以中止。故勿论刑事、民事，司法大臣皆当负其责任,此司法裁判与行政裁判相异之处也。

第三类就对于国家主旨而行动之官吏,以定其职务、权限之官制也。逐年筹备事宜所称京师及各省官制即指此类而言。今于本论之前,先举此类官制所当准据之责任原则,而论其大凡。

第三节　官制所当准据之责任原则

第一,国家政务无论大小,必以有责任之官吏管辖之也。

即无论事之大小,而管辖之官吏必皆对于国家主旨担负责任而后可,此为经费上之理由。盖国家之收入有限,而国家之事业无限,欲办某事需费若干,必有人于内阁之中主持其议,然后费集而事举。如是,则对于某事业不可无负责任之人明矣。

第二,负责任之人虽多,其归必为国务大臣也。

凡立宪国家负责任之人,皆非国务大臣不可。日本宪法第五十五条亦有明文,且国家政务甚为复杂,而其间又互有关系,故虽主管之人亦不得独断专行,必互相协议而后可。然协议人数不能过多,或十人或十许人。日本称为国务大臣,无论何事,既经协议,则国务大臣之中非有一人担负责任不可。虽然,国家事务有性质无定,不能以类相属,甚难定其管辖者。例如,日本之宪兵本非兵队,然不得已乃以属之陆军大臣。此外,尚有类似事件不知当谁属者,日本皆以属之内务大臣,而使内务大臣负其责任,故日本内务省凡无所属之事件皆归焉。顾此外犹有事件不便归于内务者,则以属之内阁直辖,而总理大臣负其责任,日本统计局、马政局等皆此类也。

第三,凡一部政务负责之人,不可无一,不可有二也。

盖责任本乎心者也,心有所笃信,以为必如是,而后能达国家之主旨。依其所信而行之,苟其所行非是,则责有攸归,此之谓责任。若二人以上主持其事,其能意见相同者盖寡,或则己所笃信而不能决行,甚者则全反乎己意而行。夫反乎己意而使负责任,必不可也。故负责任之人断以一人为当,若二人以上则必相争相诿,终无一人负其责。

按,中国官制,各部政务负责任者不止一人,此与宪政主旨不合。他日厘定官制,首当留意者也。又,中国今日之弹劾制度为专制政体所不可缺者,惟他日宪政成立,则大有碍于责任,不可不预谋改革也。

第四,负责任之大臣对其所属必有监督之权也。

日本监督之制，如升降惩戒，取消指令训令等是，然以上临下则易于监督，若分位相等则监督綦难，此实立宪政治最难处置之事。日本之制则一切上奏不能由本官直接上奏，必由主任大臣代递。盖由其代递，则主任大臣可先寓目，若其奏旨与自己政见不能相容、不能担负责任之时，可将原奏发还本官，请其自行修改。若仍执己见时，则主任大臣为之代递，一面伏陈己意，以仰宸裁，如不获命，则即辞位让贤可也。

当位分相等而不能不负责任之时，其处置之道綦难，日本之例有二：

一、帷幄上奏也。

日本统帅事务由陆军参谋本部及海军军令部上奏，称为帷幄上奏。未上奏前先以其事交军事参议院会议，此时陆、海军大臣皆列席，得以与闻奏事之内容。奏事内容与己意合时则已，否则同时上表辞职。又，天皇发统帅号令时，亦由陆海军大臣以转于各师团。按，《参谋本部条例》第三条曰："参谋总长立国防计画及用兵之案，经亲裁后，移于陆军大臣。"又，《海军军令部条例》第三条曰："海军军令部长参画国防用兵之事，经亲裁后，移于海军大臣。"所谓移者，皆经由之意也。

二、统监上奏也。

日本制度，韩国统监之上奏，其关于庶政者，经由内阁，关于外交者，经由外务大臣。天皇发命令于统监时亦然，其关于庶政者，内阁承宣之，关于外交者，外务大臣承宣之，《统监府及理事厅官制》第二条曰："统监直隶天皇，其上奏关于外交事务者，经由外务大臣及内阁总理大臣。关于其他事务，经由内阁大臣，受制可时亦同"云云。

统监上奏如是，则台湾总督亦事同一律矣。然日本制度，台湾总督上奏不经由内阁大臣，而直达于天皇，天皇裁可亦不经由内务大臣，而直下于总督。此制实未完善，然台湾总督直接上奏权，当时本有期限，初定明治三十九年以后三年以内，改归内务大臣代递，后延期至明治四十四年为止云。

按，中国各省督抚直接上奏权，与日本台湾总督相似，此事于责任上有无障害，宜区别而研究之也。

第五，各大臣之方针必须统一也。

其故有二：一为财政上之理由。一国之财力有限，故可缓之事业，则其经费当求搏节，而所急之事业，则其经费当图扩充。当此之时，必立一定之主义,以权其轻重,定其缓急,使各大臣即依此主义以行,此则统一之不可缺者也。二、政治上之理由。各大臣之计画不可互相龃龉,各大臣之政务亦不可互相冲突。当是之时,立大经纶以统一各部之计画,亦总理大臣所当有事也。

按,中国制度,部臣与疆臣有权限不清之病,故其责任亦不明。譬如部臣建一计画,奏准通行,以为必如是而后能达国家之主旨,然疆臣有不奉行者,部臣无如之何也。又或疆臣于所计画有所反对,则部臣理当极力斥驳,坚持原议而后可,若不获命,则理应辞职,庶可以告无罪,而责任亦有所归。顾中国情形,则部臣为疆臣反对不能实行己意时,因其所反对者业经奏准而无可如何,当此之时,其责任究当谁属,终不可明矣。故中国官制虽不能断为无责任制度,然究非立宪国家所谓责任也者。盖以对于君上之责任为主,而无所谓对于国家主旨之责任。故臣下之责任在无违君上之意而止,依此而行即其责已尽。虽知之不言,或言之不尽,皆无不可。究其归也,无论部臣之意见或疆臣之意见,惟仰承朝旨裁决而已。此与立宪政体之所谓责任,实不相容者也。

第二章　内阁官制

欧洲各立宪国,其内阁之组织大抵皆同,虽有少异之处,乃因国体、政体差异之故,不得不然。论其大体,固无殊也。由是观之,勿论何国,但使其政体为立宪政体,则其内阁之组织必有不可缺之要义存焉。此必不可缺之要义,凡新采用立宪政体之国,亦万不可不采用之。中国既定立宪政体,必当采用,断可知矣。因国体、政体相异之故,亦有不得不鉴于本国固有之历史、国情定其取舍者,此则尤须研究者也。

第一节　内阁之组织

内阁之组织,其要端有六:

第一,以各部长官为阁员。

组织内阁,其第一要义在以各部长官组织内阁。昔者虽非各部长官亦有使其入阁者,今则不然,各部长官以外之人,入内阁者甚罕,而各部长官不入内阁者,殆无之。日本自维新以来迄于明治十八年,皆以参议组织内阁,而各省卿不与焉,各省卿第施行参议所议决事件而已。伊藤博文鉴于欧洲制度,于明治十八年议改旧制,自是厥后,始以各省大臣组织内阁。

一大臣也,入则组织内阁,出则为各部长官。此其间有不得不然之故,无他,以有责任故也。盖属己管辖之事将欲为之,而负其责任则必亲与阁议,主张其计画而后可。何则?国家之资力有限,而国家之事业无限,欲以有限之资力治无限之事业,势所不能。故勿论何部长官,必不能悉如其计画而行,理固然也。不能悉如其计画而行,则不能不互相退让。然退让亦有所限,退让之极,逾乎其限,则国家之主旨将不能达。夫因退让之故,至于国家之主旨不能达,在重视责任之大臣决不为此,必起而力争,自不待言。然所力争者又非他人可以代谋也,必亲身向他大臣直接主张其计画。可退让者退让,不可退让者坚持,必如是而后始能尽自己之责任。

国务大臣及各部长官,使一人兼任,此制度欧洲各国大抵皆然。惟德意志及北美合众国无此例,盖亦有故。德意志(与普鲁士异)惟宰相一人为真国务大臣,其余大臣虽名为大臣,实为宰相之辅助官,听命于宰相者也。德意志帝国政务简少,仅军务、外交、财政、交通四大端而已。华士马克欲以一身肩其全部,遂本此意制定宪法。虽然,自宪法言之,只宰相一人手握重权,而自实际观之,各大臣之实权仍有日渐增加之象。窥其大势,已渐与各立宪国之内阁组织相同。北美合众国置国务卿数人,而负责任之大臣,殆无一人,盖美国宪法以一切行政事务悉委任于大统领,大统领任期以四年为限,此四年间,纵大统领所为与国家之主旨不协,亦不更迭之。俟其四年任期既满,始行交替,故该国不须别置责任内阁使负责任。是则政体如是,不得不然也。

第二,内阁总理大臣之必要。

组织内阁,其第二之要义在置一人于各部大臣之上,以定政治之方针,即不可无内阁总理大臣是也。总理大臣非以躬亲庶务为能,而以辨别大体,定政治方针为其责任。盖各部长官必不能各如其计画而行,行政经费赢于彼必绌于此,有不得不互相退让之势。故必须设总理大臣,使立一定之方针,依此方针以测各部事业之轻重缓急,凡取舍从违,一以此为准的。由是言之,立适当之方针,对于国家之主旨取舍从违不至舛误者,总理大臣之责也。各国政体不能尽同,故不置总理大臣之国亦有之。法兰西素号议院政治之国,政治方针,议会定之。故勿庸另置总理大臣,第由各部大臣中互选一人为内阁议长,以便整理内阁会议而已。北美合众国亦无总理大臣,除此而外立宪各国皆置之。

定大政方针,其事至为重要,故定方针而有舛误,总理大臣不能不负责任。此其故,可得而详言之。欲达国家之主旨,则应经营之事业不可胜计,然一国之收入有限,其实国力所能经营之事业,不过择其至要者耳。故支用国帑时,宜用之于最有效力之所,即用财少而成功多之所也。

设裁判所也,颁布普通教育制度也,是皆关乎国民一般之利益者也。此种事业,有国家者万不能不经营之,实无异议。至其事业,只能增进国民一部之利益,如高等教育与夫外国贸易或制造事业等。所谓特别利益者,当经营之时,若不再三筹画,其结果必有不公平之弊。欲免此弊,则经营事业之方法不可不详加研究。约而言之,直接保护特别之利益,因保护之结果亦能间接伸长一般之利益。如是,始可谓施政经营悉得其宜。今世间号称富强之国,大抵皆系特别利益发达之国。英以商业纵横大地,德以陆军雄视海内,是其例也。不经营特别利益,而欲期国力发达,难矣。欲经营特别利益,必须由总理大臣定其方针,方针既定,各部计画自亦随之而定。若总理大臣所定方针,只保护一部之利益,不能间接伸长一般之利益,是谓失政,应由总理大臣负其责任。必于保护一部利益之外,又能间接伸长一般利益,始能谓之完其责任。由是观之,内阁不可无总理大臣,断可知矣。若无总理大臣,其弊将不可胜言。盖无总理大臣,则内阁协议必至互相退让,而豫算经费,惟各部大臣之有力者能多取用,其无力者所管之部,必有经费不足之忧。似此情形,国家之主旨必不能达。何则?该大臣所管之事业,自国家观之,亦实有事关紧要,须多金始能举之者,因阁议时互相退让之故,致匡时要政不克举行,是国家之要务不能准乎时势,一视其管辖大臣之势力矣。有是理乎,有总理大臣,则由总理大臣先就大体定其方针,依时势之所宜,选择发达特别利益之事业。此种事业勿论属何大臣管辖,皆可以自己之责任径行之。夫然后国家之经费乃能使用于最有效力之所。

组织新内阁时,须先选任总理大臣,然后使总理大臣选任各部大臣。盖总理大臣固有一定之方针,而各部大臣亦各就其部有所计画,其计画若与总理大臣之方针不相容,不能使其入阁也。必意见相同者,始能以之组织内阁。

　　总理大臣以定大致方针为其专职,然此事与议会颇有关系,要以不为议会意志所束缚为上策。英、法二国皆议院政治之国,议会之束缚力过于强大,此其弊也。英国有保守、自由两政党,以议会占多数之党组织内阁,其政纲例由政党定之。例如,保守党注重外交,自由党注重内治。保守党组织内阁时,外交虽日有起色,而内治颓靡不振,民间不平之声四起,乃多选举自由党员,及该党于议会占多数,遂取保守党内阁而代之。自由党内阁注意内治,而外交必至废弛,不平之声又起,乃多选举保守党员,保守党员又取自由党内阁而代之。两党内阁若循环周而复始,一起一仆之间,内阁方针无不更变者。故英国总理大臣采择方针时,不能取决于自己之一心,必以议会意志为标准,遂为议会意志所束缚。法国内阁定大政方针时,受议会意志之束缚较英尤甚。法国议会与英国异,不能因一政党占多数而使其党组织内阁,必待数政党联合而占多数时,乃自其中选人组织内阁。故内阁之政纲,不得不折衷联合各党之政纲,内阁定大政方针时为议会意志所束缚,几无自由之余地。故观于英、法二国,而知议院内阁不足。取法日本,不采用议院内阁,自无此患。

　　非议院内阁之国,如普鲁士、墺大利、日本等国,其总理大臣定大政方针时,匪独不受议会意志之束缚已也。方针既定,反可束缚议会,使议会亦须循其所定之方针而行。例如总理大臣既定方针,因欲实行之之故,可将必须之法律案及豫算案提出于议会,求议会协赞。若议会不协赞,至不得已时,尚有种种方法,必求其协赞而后已,如解散议会,即其一方法也。故君主内阁不惟不受制于议会,且可操纵议会,与议院内阁迥异。法律提案权,议会亦有之,然议会提出之法律案,若与总理大臣之方针不相容,虽请上奏内阁,可抑不以上闻,使成废案,故即以立法论,议会亦受政府之束缚。

　　置总理大臣之国,有置一人使专任之者,有于各部大臣中选有力者使兼任之者,日本、墺大利(墺大利与匈牙利各自组织内阁)置一人使专任之。英国不然,自由党组织内阁时,大抵使度支部第一大臣兼任之(英制度支部有二大臣者,一大臣只有官名,并无管辖事务,其兼任总理大臣者,即以此充之),保守党组织内阁时,大抵使外务大臣兼任之。法国无总理大臣,但有内阁议长。内阁议长勿论何大臣,均可兼任,时而司法大臣兼任,时而内务大臣兼任,向无定例。

第三，额外大臣。

总理大臣及各部大臣之外，尚有一种额外大臣。英国内阁亦有之，即国玺卿兰加斯太（地名）书记官长——枢密院议长是也。此项大臣，虽附有职务官名，其实徒拥空名，并无职务。英国之有此制度，纯由沿革而来，盖英国向由议院内阁主持国事，组织内阁之政党，图伸张己党之势力为务，多引己党有力者入阁，故成斯制。

此项大臣惟英国有之，他国亦有置之者，但与英国异，无必置之例。《日本内阁官制》第十条云："各省大臣之外，若奉特旨，亦可使其为国务大臣，列入内阁员。"因有此条，故初布宪法时，伊藤博文以枢密院议长列入黑田清隆组织之内阁中，继伊藤博文为枢密院议长者为大木伯爵，亦如伊藤博文例，列入内阁。其后虽无此例，但如台湾总督及韩国统监等为国重臣，责任匪轻，将来列席内阁，亦未可知。故今尚存此例，然台湾总督及韩国统监自设置以来，尚无列席内阁之例。

按，中国各省总督巡抚，或概使列席内阁，亦属一策。西洋各国成例，如德意志帝国，属土亚撒及罗连，其总督之书记官长即具有大臣资格。英国有爱尔兰尚书（爱尔兰有特殊之事情，须行特别之政治，故置此官）、苏格兰尚书（此官徒拥空名，并无职务）、印度大臣，此等皆地方官，亦使其列席内阁。匈牙利内阁员中亦有二人为地方官，中国可以仿行与否，亦一问题也。

又按，中国各省督抚未常不兼任部院大臣，例如总督兼兵部尚书及都察院都御史，巡抚兼兵部侍郎及都察院副都御史。然此但兼衔而已，不得以入阁论。若就地方行政担负责任，则列席内阁时仍须以地方官之资格列入，勿容居兼官之名，始得其宜。

第四，内阁无衙署。

勿论何国内阁，皆无衙署，凡阁员会集协议之所，勿论何地，即为内阁所在地。大抵官员会集之所，恒于宫中择一室充之，细绎内阁二字之义，自可了然。但非必以宫中为限，时而会于总理大臣官邸，时而会于他所。值议会开会时，大抵于议院割一室，以备开内阁会议。喀毕尼之名实肇于英国，然英国决不开阁议于宫中，或于外务大臣官邸为之，或于总理大臣私邸为之。盖英人以御前开议恒多不便，阁员以国王在座，多所顾虑，不能倾吐其意见。因国王临会之故，致阁议受其影响，非法之至善也。故英国宪法，国王不得临幸内阁。日本不然，于宫内省割一室以充内阁会议所，并设宾座以备临幸，但平常开御前会议时，日皇决不临幸，值非常事起，如将与外国开战等事，日皇始临御焉。平常开议会时，虽不临御，然有宾座在前，阁员恒设一皇已临御之心以昭敬慎。法国定例每星期一日、星期六日开会议于大统领官舍，星期四日开会议于内阁议长官舍。中国内阁向设宫中，将来自可仍旧。

第五，阁议事件。

何种事件必须交内阁会议，何种事件不必交内阁会议，各国不能一致。英国办法有二：其一以惯例为标准，惯例须交阁议者，必须交阁议。其一则各部大臣自由办理，若各部大臣以为应交阁议，只须向总理大臣一言，即可交阁议，但凡与议会问题有关系者，必须交阁议，历来如是办理，并无明文规定。日本不然，应交阁议事件，概以明文规定之。虽然，其事甚夥，终非明文所能尽载。《日本内阁官制》第五条、第六条即系此项规定。

《日本内阁官制》第五条，应经阁议事件如左：

一、法律案及豫算决算案；

二、与外国结条约及重要国际条件；

三、官制及施行各种规则法律之敕令；

四、各省间主管权限之争议；

五、由天皇交下或由议会送交之人民请愿书；

六、豫算外之支出；

七、敕任官及地方长官之任命及进退。

此外，各省主任事务若与高等行政有关系，事体稍重大者，须经过阁议。

第六条勿论何种事件，主任大臣可据其所见，向总理大臣提出，求交阁议。

有此规定，故该事件应交阁议乎，不应交阁议乎，悉由各该大臣自行审定。若系应交阁议事件，未交阁议，将来若有纷纭，该大臣须负责任。

日本宪法上所谓政府，概指内阁全体而言。例如，言应以政府之名通知议会，即言应由内阁全体通知议会也。既以内阁全体之名行之，故其事必须交阁议。若就其事应负责任，亦应由内阁全体负之。宪法有云："政府提出决算。"又云："政府施行前年度之豫算。"此等皆指内阁全体而言。

宪法上之非常手段，必须经过阁议，自不待言。例如，发紧急敕令，或财政上之非常处分，以及宣告戒严等皆是。当此之时，各大臣须连带而负其责任。

对议会之政策，亦须经过阁议。例如，何时召集议会，何时开会，及其他一切对议会之事，不问钜细，皆须经过阁议。

开阁议时提出问题之方法，亦无定式，有由总理大臣面述者，有由总理大臣命书记官长作阁议案，以文书提出者。若各部大臣欲提出问题，须由该大臣将提出事件作成文书，交与总理大臣，再由总理大臣命书记官长作阁议案，然后再交阁议。但各部大臣当开阁议时，亦可即席而述求他阁员之同意。但法律案或敕令案大抵皆系重大问题，必须以文书提出，不得面述。若系寻常问题，无关重要者，可将阁议案送至各大臣官舍，请其画诺，以代阁议。

就决议之方法言之，日本非全数大臣意见一致，不能决议。然一致云者，非各大臣悉皆赞成，无一人反对之谓，谓纵有反对者，其反对不甚剧烈，内阁不至分裂而已。虽不赞成，然或以不赞成之故，恐内阁分裂，姑表同意，随同画诺者亦颇有之。故日本所谓全数一致，与英国大异。英国国务大臣须连带而负责任，故勿论何事，必须阁员全体真表同意。日本不然，只须无坚执反对者，即可谓之一致。

内阁会议须极秘密，自不待言。开阁议时，除阁员外，虽书记官长亦不使其列席。有时为供参考之故，命书记官长、法制局长、警视总监列席，然亦仅有其事至应极秘密之时，并阁议案亦不假手书记官长，概由总理大臣自作之。开阁议时，一切不用记录。阁议速记，惟意大利国有之。此外，勿论何国，皆无此制，意大利阁员为向议会表明开阁议时自己所主张之意见，故作速记录。各国不然，开阁议时，勿论何人所言，均禁止宣泄。英国惯例，凡大臣皆为枢密顾问官。初任枢密顾问官时，须于国王前设誓，坚守秘密。日本无设誓之例，亦无明文及此，只有阁议应极秘密之惯例而已。

第六，关于陆海军事之特别组织。

凡有关陆海军之事件，宜严守秘密者尤多。有时第由陆海军大臣直接上奏请旨宣行，匪惟不使他大臣知之。即总理大臣亦不使知之，只事后通知总理大臣而已。若其事有关责任问题，非与他大臣协议不可之时，可请命天皇，得许可后再开阁议。凡军事可分三种：第一为统帅事务，陆军参谋本部、海军军令部掌之。第二为普通军事行政，如征兵、购船械等事，必须经过阁议。第三为介于第一第二间之事务，既有关于车机军略，又有关于豫算及法律、敕令者是也。此项事件，由陆海军大臣自负责任，直接上奏请旨施行，事后再行报告总理大臣。《日本内阁官制》第七条云："事关军机、军令，上奏之后，除奉旨交付内阁外，应由陆军大臣、海军大臣报告内阁总理大臣。"此等报告以简单为主。陆海军大臣于此类事务直隶天皇与总理大臣，立于同等之地位。

第二节　内阁之职权

内阁职权其大端有七：

第一，定大政之方针。

是为总理大臣之职权。日本明治十八年二月，伊藤博文草《内阁官制》，其条文中有云："定大政方针为总理大臣之职权。"现行官制中虽无此规定，然实际仍属之总理大臣。

大政方针除总理大臣外，虽君主亦不能定之。若君主以方针示总理大臣，此方针对于国家之主旨未能尽美尽善，而君主强总理大臣。命其实行，此时总理大臣为完自己责任，故不得不辞职。若自己所定方针，自以为对于国家之主旨必须如此，献替于君主，君主不听，此时亦不得不辞职。故大政方针，虽君主亦不得以命总理大臣，而总理大臣所定方针，虽君主亦不得排斥之，惟能劝谕总理大臣而已。

现今日本，每值内阁更迭时，由总理大臣定大政方针。于组织内阁之初，上奏天皇已成惯例，但此非必然之例。惟内阁更迭时，细寻前内阁所以倾覆之故，必有大问题存焉。继起内阁审量其问题以定新方针，此新方针不可不上告天皇，纵不以文书上陈，亦必面奏其大略。

大政方针须发表否，亦一问题。若发表必至议论纷起，故日本不发表。虽然，施政之初，其机已露，纵不发表，人亦知之。英国与日本异，大政方针必须发表，当举行议会开院式时，敕语之中必将内阁方针明细记入。盖先由内阁请于国王，将其方针发表于议会也。

第二，内阁为天皇施行大权之关键。

纵属君主大权范围以内之事，君主亦不能直接施行，必须经由内阁,故内阁与关键无异。其故何也? 若与内阁方针不相容之事,君主能任意施行,则内阁不能负责任,故纵属大权事项,仍由内阁作案上奏。若与内阁方针不相容之事,君主强总理大臣为之之时,总理大臣除辞职外,无他法。

由是观之,但使关于国家之事,须行使大权者,必须经由总理大臣。例如任免官吏、开战、条约等事,皆由内阁备案上奏,由君主裁可而已。惟关于皇室之事不经由内阁,盖关于皇室之事与关于国家之事,显有区别故也。行使大权之程式,不外诏书、敕书、敕令、敕语之类,除敕语外,勿论何种,皆须总理大臣副署,或总理大臣以外之大臣副署。如议会举行开院式时所宣敕语,即在日本亦多与政治有关,此项敕语皆由内阁拟案上奏,决不由天皇自作。但敕语与敕书等异,敕语,言语也。纵使笔之于书,亦不过笔记之取备记录而已,其本质仍属言语,言语不能副署,故敕语无副署。敕语既不能副署,故行使大权时,凡有关于大政方针者,自以用诏书宣之为是。日本明治二十三年发布《教育敕语》时,由文部大臣笔记。以其为敕语,故无副署。然此项敕语宣示教育之大政方针者也,与大政方针大有关系,然竟无副署,自立宪政体观之,殊觉不当。今日议论纷起,要非无故。四十二年十月十三日,涣发上下一心勤俭自重诏书,此次所发诏书与二十三年发布《教育敕语》,其行使大权种类正复相同,然此次不以敕语而以诏书,即以此故,故此次诏书由总理大臣桂太郎副署之。

君上施行大权,不经由总理大臣者有二事:其一为任免总理大臣,此事由君上自行之;其二为与大政方针关系绝少之事,此等事虽属施行大权,然与大政无甚关系,设有特例,例如授与爵位等事是也。授与勋章与大政方针关系匪鲜,然授与爵位则与大政方针关系绝少,故不必经由总理大臣,而以宫内省掌其事。但国家之官吏,其叙位等事,可由国务大臣奏请,由宫内省授之。授与学位由君上委任文部大臣,故不必一一奏请。特赦由司法大臣奏请,以有敕令委任故也,大赦则否。

第三,内阁为通谒之门。

凡有关政治之谒见,必不可不经由内阁。内阁员中亦只总理大臣能随意进谒,他大臣必须得总理大臣承诺,始能进谒。阁员且如此,故阁员以外之人许谒见否,必开阁议决之。若决议许其谒见,由总理大臣或他大臣带领谒见。日本后藤新平未为递信大臣时,以南满洲铁道总裁资格聘于俄罗斯，归国时欲谒天皇，有所陈奏，然阁臣不许其独对，遂使外务大臣领之。进谒之先亦曾经过阁议，盖不如此，则无责任之政客得随意上奏。若所奏与内阁方针不相容，必滋纷扰，故令请谒者先以上奏，大意言于内阁。若大意与内阁之方针合，许其见，不合，则不许也。

外交官之大使，有直接谒见驻在国君主之特权，是为外交上之惯例。然当此之时，外务大臣亦须侍侧。大使所陈述，君主未常不听，然谈判一切仍由外务大臣主持，君主决不自行应答也。

内阁者，通谒之门也，是为立宪政体之重要原则。英国严守此例，总理大臣以外之大臣未得总理大臣承诺，擅行谒见，因此被弹劾者亦曾有之。他国不然，依君主之性质，亦有不能严守此例者。上年德意志皇帝擅许英国新闻记者谒见，与新闻记者谈论颇与政治有关且涉及日本国之辞，德意志国会起而攻击宰相，宰相以皇帝滥谒见新闻记者，自己不负责任且继任宰相亦不能负责任，因此陈请辞职。皇帝不得已向宰相谢过，誓此后不滥谒见外人，其事始已。

此项原则日本尚未十分遵行。日本有元老，其意见时与内阁之方针反对，因反对，故时以其意见入告天皇。然现今此等事渐少，欲上奏时恒以其意见问商诸内阁。

日本宫内省官制中设有内大臣一职，有常侍辅弼之责，似内大臣于政治上亦居重要之地位。虽然，内大臣就政治上实不能述其意见，内大臣日侍天皇侧，若能随时向天皇陈其意见，则其职必以最有力者，如伊藤博文辈当之矣。今乃不然，以侯爵德大寺任之，德大寺于政治上毫无意见者也。质言之，内大臣仅掌玉玺、国玺而已。应钤玺之件，查其是否应钤，钤之无误，内大臣即完其辅弼之责。

内大臣所司事件中，亦有一事关于国家事务，即任命总理大臣时所颁官记。总理大臣免官时所发辞令，皆由内大臣副署是也。盖任免总理大臣以外之亲任官时，其官记及辞令由总理大臣副署，然任免总理大臣时，总理大臣不能自行副署，其官记、辞令故不得不使内大臣副署之。然任免他大臣之辞令，仍由总理大臣副署。

英国与日本异，总理大臣免官时，自己之免官辞令，自行副署，且新总理大臣之官记，仍由其副署。日本不然，总理大臣于免官后，大抵即时告归田里，虽欲副署而不可得。

日本宫中顾问官，亦与政治之事毫无关系。只宫中典礼等有疑难时,备顾问而已。

日本枢密顾问官,除会议外,每一星期谒见天皇一次,但其谒见亦与政治上毫无关系。只连合入宫问安而已。

由是观之,政治上之谒见,必须经由内阁。只有特别明文言"不必经由内阁者"始能行之,但此项明文仅只一事,即国会上奏弹劾政府是也。被弹劾者为内阁,故可直接谒见,不必经由内阁。此外,如统兵元帅面奏军事,凯旋大将面陈战争状况,皆可直接谒见,不必经由内阁。然此时君主乃以大元帅资格见之,非以政治上之君主见之也。

第四,内阁为上奏之关键。

凡内阁决议之事项,由总理大臣上奏。总理大臣以外之大臣有应单衔上奏事件,须于上奏案表面附加一语,云:"本案拟上奏,送呈内阁,由内阁代奏。"阁员以外之人概不得以自己之名上奏,俱应请内阁代奏。

但有特别法文时,亦可不循前例。特别法文有四:一为枢密院之上奏。枢密院上奏不经由内阁,由侍从局干事奉呈天皇,惟该院将上奏文交付侍从局干事时,须即时通知内阁。二为议院以奏牍弹劾政府之上奏。此项亦不经由内阁,仍由侍从局干事奉呈天皇。但议院之上奏,若系议决法律案、豫算案,仍须经由内阁。三为会计检查院之上奏。会计检查院有上奏权者,所以定会计检查院之地位也。盖会计检查院虽直隶于天皇,其实与天皇无所承。有此上奏权,始足为直隶天皇之证。四为陆、海军统帅事件之上奏,此上奏亦不经由内阁。

按,以上四端为内阁最重要之职权,立宪国内阁固不如是。或曰,立宪国内阁有此重权,然则立宪国之君主,将无一事可为,讵非徒拥虚位乎?而又不然。夫立宪政体者,至美善之政体也。圣明之君当阳用命,德化流行,光被四表,固无论矣。纵使天步多艰,冲庸御世,然政法明备,上下相维,颠覆典型,自可无虑。盖有总理大臣以定方针,但使方针得宜,即无碍于国家之发达,君德纯疵不必问也。圣明之君对于总理大臣,指示之,劝谕之。此指示、劝谕正自具有实力,总理大臣循是以行,政美者益美,化神者愈神,决不因有总理大臣之故。至德意有阻阂之虞,试就英例观之,英制国王于政治上无甚实力。虽然,未可概论。女皇维多利亚听政时,就关系政治之事,劝谕总理大臣为之,或劝止之。六十年中,奚止数十百次。其劝谕劝止,皆为最有力之劝谕劝止。凡内阁决议事件上奏后,女皇亲身研究,斟酌可否,然后施行,内阁决议后即时施行,女皇决不许也。至事关外交,监督尤严,决议之先必须上奏女皇亲裁。庶政凡有章奏,一一批答,每日亲署名文件不下二三百通。及至暮年,总理大臣劝其稍事节劳,琐屑事件不必寓目。女皇不听,事必躬亲如故,日秉笔署名如故。自登极迄于升遐,殆无倦勤之时。总理大臣格蓝斯顿为自由党领袖,英国有数名相也,辅女皇听政,奉命出使他邦,私聘于丹马国女皇,以其未奉朝命擅行聘问,归国后严斥之。人皆服女皇之英明,似此美谈,不一而足也。

第五,外交事件由内阁为之。

外交事件与他项事件迥异,恒须取决于阁议,外务大臣只按照其所决议者施行而已。遽闻此论,似觉其奇,然而有说。大抵行政可分为二种:一为普通行政,按照法律、敕令施行者是也;一为有关外交、军事之行政,此项行政自其性质言,必不能以法律、敕令豫为规定,必须临机应变,始能措置得宜。凡外交事起,必须取决于阁议,以此故也。就此言之,外交与军事其性质殆约略相同。总之,普通行政可由各部行之,而外交事件大体皆应取决于阁议,不能由外部径行之也。

外交事件能以法律、敕令豫为规定者亦有之。例如,保护在外国之本国臣民,移住民,领事裁判等事,其办理方法皆可豫先规定。然此只关于本国臣民之事而已,至与外国政府有关系之事,勿论用何方法,亦不能豫先规定也。

外交事件中,应经阁议之事项,内阁官制亦有规定,即国际条约及其他国际条件须经阁议也。所谓国际条件,仅指文牒所载者言,然实不止此,对外政略亦须经过阁议。英制凡向驻外外交官发训令时,须先经阁议,然后上奏,俟裁可后始能发出。凡由驻外外交官呈送公函,不问其事件之轻重,皆须即时上奏,将原函进呈御览。日本与英异,必须重大事件始奏请裁可,始进呈御览。

英国君主巡幸外国时,必有内阁代表者扈驾相从。盖内阁责任无一时中绝,故君主旅行时亦不得不尽辅弼之责。扈从者大抵为外务次官,凡君主旅次之行为,如拜访外国君主会晤时之谈论、宴席上之演说,无不于起程之先以阁议定之。君主至外国演说,若有疑问之点,议会质问时,君主虽未回銮,政府亦可答辩,盖其演说本由政府谨拟进呈者也。

按,军旅之事亦不能以法律、敕令豫为规定,此点与外交事件同。

但军事有特别机关,故军事决不取决于阁议,此点与外交事件异。

关于军事,日本与英国迥异。英制一切军事亦交阁议,开战之初不必论矣,开战后进军方略亦取决于内阁。

第六,统一各部事务。

各部事务必须统一,自不待言。统一方法之重要者,约略有五事:第一,各部重要官吏,其升降进退由内阁决之。第二,各部经费由内阁定之。第三,各部互相争权时取决于内阁。第四,各部所发命令及其处分有背总理大臣之方针时,内阁可中止其处分与命令,奏请敕裁。第五,内阁可向各部发训令。统一方法之重要者约此数事。

内阁可向各部发训令,此训令名之曰“达”。“达”者,示以办事时应注意之方法也。例如与外国开战,据日本制官吏俸给,平时与战时异,然此自何日起为战时,是不可不确定之。日俄开战时,宣战诏书于明治三十七年二月初十日发布,然内阁发各部之“达”,则以初五日为战时。又如官吏夏日给暑假日期,亦以“达”定之。凡“达”皆向官吏而发,非向人民而发。其向人民发者为阁令。发阁令事甚仅见皇族薨,令民间停止音乐,则以阁令,是其一也。马政局属内阁直辖,故马政局命令亦为阁令。阁令与各部所发命令同,可附加罚则,但罚金以三十五圆为度,禁锢以二十五日为度。

第七,为内阁特别职权。

即普通行政中事务,以法律、敕令规定该项事件应交阁议者,故办理该事件属内阁职权,如土地收用是也。因敷设铁道等事,有时不得不据土地收用法,买收私人土地,然该土地果必须收用与否,应取决于阁议。盖收用土地或致侵害私人所有权,事体重大,故须经过阁议也。

第三节　内阁之责任

内阁责任问题,关系重要,其详见于宪法篇。兹仅就连带责任及单独责任,叙其梗概。

英国惯例,国务大臣连带负责任。法国宪法明言:“国务大臣应连带负责任。”二国皆采用议院内阁制者也,故亦均采用连带责任制。议院内阁何以采用连带责任制,盖非无故。议院内阁,其责任不仅国务大臣负之,其党派亦应负之。既由该党组织内阁,若阁员中有应引责者,则人之责问内阁,必先责问该党。该党既受责问,该党阁员自不得不连带辞职,理固然也。英国守此惯例,不稍宽假。法国稍形宽大,内阁虽连带引责,联袂辞职,然前内阁阁员中之无过失者,仍再入继任内阁,即谓新内阁者改造旧内阁之一部而成,可也。

日本不采用议院内阁制,故勿须连带负责任。既无此惯例,宪法中亦无此明文,但应连带负责任之时,亦有之。一、凡宪法所谓政府之处,若生责任问题时,应连带负责任。二、解释宪法,附以新说至其结果有违反宪法之行为时,应连带负责任。三、滥行宣告戒严至人民权利、义务被侵害时,应连带负责任。四、对议会政策有舛误时,应连带负责任。除以上所举之外,若该事件经阁议时曾决议就该事件连带负责任者,亦应连带负责任。普通事件,纵使经过阁议,亦只一部引责,并不连带负责任。盖如第一节所述,阁员赞成本有二种意义,非真心赞成,为防内阁分裂,故姑表同意者亦谓之赞成。此等赞成者,决不令其负责任也。

第四节　国务大臣之待遇

一,国务大臣进退自由。

国务大臣应负责任,故不能不使其进退自由,有所献替而君主不听,大政方针既定而君主强其为违背方针之事,当此之时,国务大臣不得不辞职。进退不能自由,则责任不能尽。国务大臣与普通官吏异者,实在乎此。然自来立宪国决不以明文规定此事,惟西历一千八百四十八年《巴威伦国宪法》附属法之一有曰:“大臣责任法者,其第一条云:‘勿论何人,无为国务大臣之义务。’其第三条云:‘国务大臣之政见与君主意见不相容时,无论何时,悉可乞退。’”以明文规定国务大臣进退自由者,此为嚆矢。

二,国务大臣辞职后,仍可受俸给之一部分。

国务大臣勿论何时,均可辞职,辞职之后仍可领俸给之一部分。立宪国虽不尽如此,然行此例之国恒多。苟无此例,则国务大臣恐辞职后为生计所困,在职时必多瞻徇,不能畅行其志。英国于一千八百六十九年制定《政务官年金令》,不独国务大臣沐此恩泽,大臣外之政务官亦均受其赐。日本国务大臣辞职后仍依《普通恩给令》办理,惟大臣俸给厚,所受恩给亦多,且大臣在职时,宫中赐金每年二次,其额殆与俸给同。若有特别功勋,虽辞职,仍准前官待遇,宫中赐金如故,日本伯爵、大隈重信侯爵、西园寺公望是其例也。

官制篇　下

第三章　地方官制

　　各国之中,其纯粹行中央集权制度之国,暂置不论。兹篇所叙,则参用地方分权制度之国也。然各国参用分权制度者,考其原因,实与中国大相悬绝。大抵始各分立建国,其后兼并统一,于是前之为独立国者,后则取而郡县之,而行分权之制焉。中国郡县之制,行之已久,无复有封建之遗,特因土地广袤,故须参用分权制度,此则与各国相异之处也。

第一节　各国地方分权之制度

　　一、英吉利之制。

　　英吉利始本三国分立后,乃合并为一。三国者,英伦、苏格兰、爱尔兰是也。英伦、苏格兰,初各异国,自千六百零三年合为一国,号曰"大不列颠",至千七百零七年,两国议院亦合为一地,至今日尚有地方分权之遗风。一则教宗之不同(苏格兰教会与英吉利一般教会宗派不同),一则税法之不同也。又苏格兰大臣之官,至今未废,惟徒存虚号,对于苏格兰之行政,并无职权耳。英吉利上议院中,苏格兰贵族互选议员十六名,下议院中苏格兰议员七十二名,此今制也。爱尔兰之分权,较苏格兰为甚,盖其人种、宗教、言语本不相同,始亦异国。虽英国兼王爱尔兰,而二国政府仍各分立,至千八百零一年一月一日合并为联合王国。故至今通俗皆称英吉利,实则法律上之名词当称"大不列颠及爱尔兰联合王国"也。至今爱尔兰所用之国玺与英吉利国玺不同,枢密院亦分为二。爱尔兰置总督一人,兼管文武事务,于爱尔兰代表国王。总督之下置爱尔兰尚书,名义上属于英吉利内务大臣之下,实际则独立为一政务大臣,而列于英吉利之内阁(总督代表国王,故无责任,然总督有时以责任之身列于内阁。盖值充当总督者,与党派有关系之时也,此时则尚书特一事务官，而非阁员，无有责任。总督或尚书入内阁为阁员时，则与内阁共进退）。又尚有当注意者一事，则英国内务大臣之职权不能及于爱尔兰，故内务大臣有二人，一为大不列颠之内务大臣，一则为爱尔兰之内务大臣，而爱尔兰之内务大臣则爱尔兰尚书是也。爱尔兰国民前此曾要求另开国会，以议爱尔兰之法律。倡此议者为逄虑，所谓爱尔兰自治也。后以本国政治家反对之议遂寝。今日则依旧选举爱尔兰议员，以列于中央政府之议会，而称为大不列颠及爱尔兰联合王国之议会。上议院中爱尔兰贵族互选议员二十八名，下议院中爱尔兰人民所选议员一百零三名。大不列颠国例，贵族不得为下院议员，爱尔兰贵族则否。凡不入于上议院者，可被选为下议院议员。又，联合王国议会所议决之法律，一律通行于爱尔兰。惟联合王国制定特别之法律行于爱尔兰者，例如非常警察制度，则与英国异，因其国民屡谋独立，迭次蠢动，故特设严重之制度也。

二、墺大利之制（兹所称墺大利，不含匈牙利而言）。

墺大利凡十七省，而各省皆属于维也纳之中央政府及最高裁判所之管辖，其表面固中央集权矣，然各省本为独立国流风未艾，故地方分权之迹犹有存者。各省置总督，礼节上代表皇帝，而无政务大臣之资格，受内务大臣之监督。十七省中置总督者凡十二省，其余五省则置总理。

墺大利地方制度最足供参考者，则地方议会是也。各省各有一地方议会，其议会以大教堂之教师或大学校校长或大地主互选之议员，或大市镇及商工业繁盛地方之商工业会议所选举之议员，及一般人民所选举之议员组织之。其地方议会备有两资格：第一为各省之自治会议，第二之职权则于各省之中议决法律也。故墺大利国家有二议会，一则帝国议会，议决全国通行之法律；一则各省议会，议决各省所行国家之法律，此墺大利宪法载在明文者也。依墺大利宪法，则该国法律皇帝以帝国议会及地方议会之协赞制定之，故各省议会亦为宪法上之一机关，与帝国议会立于同等之地位，其协赞法律之权利亦同。惟其所议决之法律，但通行于一省而已。又，各省议会实际又为兼理该省自治事务，而自治事务较繁，各省议会由皇帝召集解散之，一切召集、开闭、解散之命令，皆自皇帝出。又，各省议会所议决之法律，由皇帝裁可之，而以该省官报公布之，公布之后经十五日发生效力，其一律通行之。帝国法律则以《帝国官报》公布,其效力期间为四十五日云。至帝国法律与各省法律之关系,则尤不可思议,以通义论,则各省法律与帝国法律抵触时,则各省法律当失其效力。顾墺大利则不尔,帝国法律与各省法律效力相等,若两相冲突时,则新法律之效力出于旧法律之右。此制不无可议之处,究因墺大利各省本为独立国,故其结果如此。中国将来定帝国法律与各省法律之关系时,不宜仿照墺制帝国法律之效力,终以超越各省法律为是,盖非是,则不能收统一之效也。又,墺国各省议会议决各省之豫算,豫算亦分为二:帝国议会议决全国豫算,各省议会议决各省豫算,此则中国所宜取则者也。又,各省总督、总理之下,有知府、知县为地方官。地方官兼管帝国一般行政事务,由中央政府特派官吏监督之。此种官吏派在各省,平日则巡阅该管地方,有事则会集于总督、总理驻节之地,充总督、总理之顾问官,会议该省政务。地方官之进退黜陟,由总督开单请旨任命。至地方官之监督,其属于该省行政事务者,总督、总理监督之,故总督、总理指名请简之人,朝廷多从其请。至中央政府直接管辖之行政事务,则或委总督兼行监督,或由特别官吏监督之,此墺大利之制度也。

　　三、匈牙利之制。

　　匈牙利全国大政为中央集权,惟古路西亚、斯拉惟尼亚两地方则行分权制度。此两地方皆建行省,置政务大臣,其政务大臣列于中央政府之内阁。又,两省各设议会。匈牙利一般之法律不行于两省,而行两省议会所制定之法律焉。若匈牙利一般之法律将适用于两省时,则非经两省议会承诺不可。又,两省裁判制度亦与匈牙利全异,匈牙利全国裁判制度本属一致,惟两省独异,两省政务大臣列于中央政府之内阁。故中央内阁更迭时,两省大臣亦随之更迭。然两省大臣对于该省,又各负责任,故亦有因一省之责任问题而辞职者,其制度亦不可思议。故或谓匈牙利亦可称中央集权之国焉。

　　四、德意志之制。

　　德意志亚撒、罗连二州本为法兰西领土,后割让于德者,人民大半为法人,因其久属法领,故德意志帝国一般之政治不能行于二州,乃布特别制度。考德意志本由联邦二十五国合并而成,然亚撒、罗连二州本非独立国,故割让之后,亦不列之联邦国,而以为帝国直辖地方(其他联邦各国皆非帝国直辖之地方)。以其为帝国直辖地方,故一切行政,皇帝以命诸帝国宰相，而不依法律，纯用敕令焉。初于宰相衙门置亚撒、罗连局，至千八百七十九年七月四日制定二州关于宪法及行政之法律，乃更今制，置亚撒、罗连总督，开府于斯脱括斯堡，统治事务，由皇帝以敕令委任于总督。其未经委任者，仍属皇帝直辖，而委任于帝国宰相，顾实际则殆全部委任于总督焉。总督于其委任范围之内所发之命令，必有政务大臣副署（总督非政务大臣），故置亚撒、罗连长官为政务大臣，位于总督之下，驻于亚撒、罗连省，以长官之资格副署总督之命令，总督惟对于皇帝担负责任。关于一般之行政，所谓政务大臣政治上之责任，则长官担负之也。又亚撒、罗连事务有以帝国法律委任于帝国宰相者，此法律多成于未置总督以前。置总督后，则此种法律渐不可见，然前此业经委任于宰相之事务，虽置总督之后，而此种事务仍旧属之宰相，故此时则以总督为宰相之代表人，执行法律，而对于宰相担负责任。又，至今日亚撒、罗连州之事务尚有仰给于帝国之经费者，此属于帝国财政上所受之担负，不得，但以亚撒、罗连总督之命令规定之，而必需帝国之法律，此种法律惟帝国宰相有执行之权，故不得不使总督立于代表宰相之地位也。又，亚撒、罗连不立特别之豫算，系编入于帝国豫算之中，称为亚撒、罗连行政经费。按，德国豫算本为帝国之法律，故从会计上言，帝国宰相亦不能不负责任也。

按，中国行省之行政经费，或编入全国豫算之中，或另立行省豫算，不归于全国豫算之内，二法孰善，亦亟宜研究者也。

亚撒、罗连有省议会，议员凡五十八名，用特别选举法选举之，以议决亚撒、罗连单行之法律，亚撒、罗连亦并行帝国法律。此外，尚有单行于该省之法律，则由该省议会协赞，经帝国议会批准之后，以皇帝之名发布之。

又按，两省行政事务大概多以敕令颁行，然德意志帝国之宪法既适用于两省，则宪法上有不得不以法律规定之事项，而帝国一般之法律，两省又不能通行，则势不得不用特别之法律，故其制度如此。

亚撒、罗连之行政大抵以敕令委任总督，由总督颁发命令施行，因此特设参事院。凡提出于亚撒、罗连省议会之法律，及总督于其所受委任权之范围内所发之命令案，均交参事院审议，盖总督之顾问府也。参事院以亚撒、罗连之长官、次官、裁判所长、检事及皇帝敕任之议员十二名组织之。两省官吏之官阶，以日本比较之，总督为亲任官，长官、次官、参事官为敕任官,其余高等官则总督任命之,判任官则长官任命之。据以上所叙,英、墺、匈、德四国制度观之,虽同为立宪政体,而参用地方分权之制度则固不拘一格也。要之,取舍应乎国情,折衷期于至当。而地方分权之制度,其种类亦綦多也。

第二节　中央集权与地方分权之理论

所谓中央集权者,除军事、外交应属于中央政府外,举凡行政事务,皆由中央政府颁法律,发命令,定豫算。地方官惟遵照法令施行,虽亦可发命令,然中央政府各部大臣随时均有取消及命其改正之权,地方官不得独立发布命令也。至于豫算,则亦无所谓地方豫算者也,中央政府制定豫算而举地方之行政经费,悉归纳于其中,而支出之权属之内务大臣。内务大臣于帝国豫算成立之时,则制支付豫算,而委任于地方长官使司支付之事,其责任则内务大臣负之,地方长官惟遵照所委任之范围从事支付而已。帝国金库亦分设支库于各地方,而地方长官就其所受委任豫算之范围内,由地方支金库支应开销而已,此实中央集权之制度也。至于处分,即对于人民执行法律、命令之事,大抵亦多委任于地方官。然地方官之处分,各部大臣无论何时皆有取消、中止或变更之权。盖各部大臣实担负责任,地方长官非政务大臣,无有责任之故也。此纯粹中央集权之大概也。

至于纯粹地方分权,则反是。外交、军事及关涉全国之交通事务、邮政、电信及货币等,凡此皆须谋全国画一之事务,则由中央政府办理。此外事务,则各有地方政府、地方议会,而各以其地方之法律颁定施行。此纯粹地方分权之制度也。瑞士,小国也,然国中有二十五垦屯,各有议会,各颁行法律,而中央政府则仅办全国画一之各种事务而已(如上文所举)。又,坎拿大,英国殖民地也。然今日则实际为一独立国,与日本缔结条约,其地方制度亦用分权。计分九州,州有政府,有议会。又,州有副总督,然惟代表君主,并无实权,惟该州内阁更迭时,则其次组织内阁之人为副总督之所命,此外则纯行议院内阁之政治焉。故坎拿大各州虽存州之名,实则纯粹地方分权制度也。

于是,有当注意者一事,即各地方既分予以若是之权力,则虽称地方,隐若敌国矣。故纯粹之地方分权殆与联邦无异,然如瑞士、如坎拿大不称联邦者,则以各州未有宪法之故。若各州各有宪法,则不称地方分权,而称联邦矣。北美合众国及德意志帝国是其例也。

以上所叙,一为纯粹中央集权,一为纯粹地方分权,二者皆过于极端。窃谓中国将来改订制度,当执其两端,折其衷而用之也。盖以中国幅员之广,采用极端中央集权决非易事,然苟分予各省以莫大之权力,则又与联邦无异,亦非国家之利。故舍斟酌于纯粹中央集权与纯粹地方分权之间,损益取裁,无他道也。至其办法之大概,则闳规巨模,自以集权为是。其分权无碍之事,则举以委之,各省督抚依各省法律及各省豫算而行。惟兹事体大,利害得失,不可不三思者也。继此尚当研求者三端:一则中央行政与各省行政之关系,二则中央法令与各省法令之关系,三则中央豫算与各省豫算之关系。此三者实问题之要领,分途考究,不厌求详者也。

第三节　中央行政与地方行政之关系

何种事务归之中央政府执行,何种事务归之地方政府执行,欲考究其关系,若仅区别中央与地方,尚不足以盖之也。以下区为四类而分类说明之。

第一,依照中央政府之法律、命令,而由中央政府所派之官吏直接行之于地方也。其法令本为中央政府之法令,官吏亦为中央政府之官吏,特以此法令使官吏行于各地方而已。此类命之曰"直接官治事务"。

第二,依中央政府之法令而使地方官吏行之于地方,此类命之曰"间接官治事务"。

第三,其法令亦为国家之法令,惟不由中央政府制定,而由地方制定之者,使地方官吏行之于地方,兹命之曰"地方官治事务"。

第四,使地方自治团体依国家之法令而行之事务也。其依照国家之法令则同,惟行之不以官吏,而以自治团体而已。所谓国家法令者,或由中央政府制定,或由地方政府制定,皆为国家之法令,而非自治之规则。至以国家之法令,而以地方自治体行之,则不称官治而称为自治。又,所称自治不惟城、镇、乡之自治小团体而已,大之而县、而州、而厅、而府、而省,皆得行之。盖最广义之自治也。

以上所分,计凡四类,以此为纲要。以下更就国家行政事务,广为调集,以类相从,若者当属于第一类,若者当属于第二类,若者当属于第三类,若者当属于第四类,区别而归纳之法之最便者也。

行政事务分类之道，人各不同。以下所采则最通行、最精当者也。

第一类对敌行政，即军事行政也。其所对者为敌国，故当由中央政府直接行动，不能依法律、命令而使地方行之者也。其责任亦中央政府任之。

第二类外交行政，与前项同，亦对外之事，不能依据法律、命令，而当直接处理之者，亦中央政府之事也。

第三类财政事务，可别为二。中央政府所办事务之财政，谓之直接官治。例如编制豫算，是为直接官治，征税则或为间接官治，或为直接官治是也；地方政府依其所制定之国家法律、命令而行之财政，谓之地方官治。

以下二类则关于人民之事务也。

第四类保护人民既往之发达之事务也。所谓既往之发达，即其既成为权利者也。例如财产等项，皆人民既往发达之结果，至今日而成为权利，或成为社会之秩序者是也，是为司法事务。司法事务必须全国画一，否则省各异律，而异省之人起诉讼时，其裁判极难，故此种事务当以为直接官治，由司法大臣立于中央政府而行之。其他各地方裁判所所长亦以司法大臣所派官吏之资格行于各地方，与中央政府派遣之官吏同，既非地方官治事务，亦非自治事务，纯然为中央政府直接官治事务也。

按，司法大臣所管辖事务乃司法行政事务，非裁判事务也。司法行政事务属于司法大臣所管辖，而为行政事务之一种，不可与裁判事务混也。例如，整理裁判所之会计，改良裁判所之建筑，催促裁判所之迟滞，皆为司法行政所当有事，此种事务，即以委诸地方官，原无不可，特因裁判独立之故，由中央政府特派官吏焉。

第五类则关于人民将来之发达之事务也。前者属于既往，兹则关于将来，其为数滋夥，西洋学者总称之曰"内部行政"。中国或称为民政，此类细分之可得四目：一、身体生活之发达；二、心意生活之发达；三、财政生活之发达；四、社会生活之发达。以下一一论之。

第一，关于身体发达之事务。

日本称为内务行政，顾中国若称内务，又与内务府相混；或称民政，则范围又太广，兹姑称曰"内务"。日本内务行政项，则警察及民众事务。是民政事务有三：曰户口，曰籍贯，曰卫生。

第二,关于心意发达之事务。

即宗教、教育、美术、奖励等,是为学术事务,称为学务行政可也。

第三,关于财产发达之事务。

则日本递信省所属之交通事务,农商事务省所属之农业、工业、商业、林业、矿山业、渔业等,以及谋一切营业之发达之事务,莫不含之。

第四,关于社会发达之事务。

据欧洲学者所谈,此种事务现尚鲜少,故以归于内务行政之中。此后有日渐扩张之势,或可独立为一种行政事务云。此种事务今日可数者,如救贫事务、劳动者保护事务、徒弟保护事务、老年保护事务。若就中国论,则种类较多,而最发达者为救恤事务。此事官治自治,可以并行不悖,政府行之,谓之善政事务,或曰仁政事务均可,以为国家独立行政事务之一业。

以上四者为内务行政,凡可以委任于地方官治者,皆此类之事务也。然全部委任,则亦不可。其中又当细为区分者也。

内部行政事务可区分直接官治、间接官治及地方官治三种,而区分之道,有当据之原则凡三:

第一原则:

凡非全国画一不能达其主旨者,则不得以之委任于地方官治,而当以中央政府之法律、命令而为直接官治或间接官治也。

此种事务如邮传、度量衡、船舶事务、航海事业,皆须立全国画一之制度,而断非地方行政所能举者也。例如,电信地方分办,则劳费而用不广,惟电话区域较狭,则或以属之地方官治亦可。欧洲各国亦有以为地方事务者,港湾行政事务各国皆以属之政府直辖。盖港湾与全国交通及关税皆有关系,亦视为交通行政之一事,且与外交时有关系,故当属之直接官治或间接官治。地方外交之事,府、县知事亦得行之,惟当依中央政府之命令而已。

第二原则:

关于权利效力及于全国之事务,亦当以为直接官治或间接官治也。例如版权专卖、特许商标登录、意匠保护、医师药师产婆之免许,以上事务皆以权利与人,而其权利之效力能及于全国者,故不得由地方许予,而当由中央政府许予之也。是为第二种事务,亦当归于中央政府直接、间接事务之内也。

第三原则

一切事务非一地方民力所及，必合全国民力而后能举之事务也。例如，中小学校为地方之力所及，至于大学校则必政府而后能经营之。又如谋农商发达之事业，其中规模较小者，地方亦能兴举，至规模稍大，则亦当由政府以国税经营之（如开大博览会等是）。

所谓四种内部行政之中，除依以上三原则区别之外，其余大率可以属诸地方行政者也。夫行政事务苟以种类区别之，亦未为不可。然有同一行政事务而其中又须重加区别者，例如教育一事，程度高者，当归直接官治，程度低者，当归地方官治。是同一教育事务，而其中又须重加区别，区别愈多，复杂愈甚，是则分类之未易言也。虽然，就其大要，略加分别，举之如左：

第一，日本所称内务，即上文所举警察行政、民众行政、卫生行政三者。三者之中，第一警察行政惟司法警察及保安警察（国事警察）非以属之中央行政不可。此外，则可归之地方行政者也。

第二，民众行政似可全部属之中央民众事务之中，如调查人口、管理户籍、寄留归化等事，皆与国家之征兵赋税重有关系，必须全国画一者。此外，如养子相续等权利，其效力皆及于全国者，故亦当归之直接官治或间接官治。凡此皆所以维系国家与个人之联属者也，故民众事务大率当归诸中央行政者也。

第三，卫生行政，此则全部可归地方行政者，盖既无画一之要，又非劳费之业，地方行政尽可举办，其中惟医师、药师、产婆之许可，则必须画一耳。

此外尚有三端：

一、教育行政。教育事务之中，如大学、高等学校则当归于中央，其余如职业教育等则宜归于地方，且可使依各地方之情形，斟酌设立。至中小学校，则亦地方所能自办者也。

二、关于财产发达之行政，即上文所叙农工商等项，对于人民各种营业之行政，此种事务，其小者可悉归于地方。惟规模较大者，如试验场、博览会等，则以政府为之。至于农业、工业、林业、矿业、渔业等项，则皆地方所能兴办者也。

三、社会行政（即善政行政）亦然，小之归于地方，大之归于中央政府。

以上行政事务之种类，叙其大概，苟欲详密区分而，措之实际则当远稽历史，近考惯习，以为依归。以上所陈，特其理论耳。

要之，一切事务若皆归之中央政府，无论地方之远近，一秉中央政府之方针以云统一，则有之矣。而各地方之发达或因之以迟滞，故当细为区别，其必依中央政府之方针者，则以归之中央政府。此外，各地方中或当趋重教育，或当专注农业，各地方皆可自立其方针，独立行动，似于地方之发达较易奏功。至其标准，所存学说虽不一致，然为谋各地方生活发达之故，有时必不可少独立之方针，此则学者之间无有异词。盖各地方发达，则全国亦从而发达。若仅以中央政府之力为政，则各地方中不免有偏枯之虞，此则酌采分权之为要也。至于每一事务之中亦有议论纷歧之处，例如教育一事，自财力一面而论，则中小学校，地方均能举办。然教育主义，又不可以不画一，于是又有主倡集权中央之论者。故此种事务，中央政府但可定其大概之方针，而于范围之中，委诸地方行政，决无弊碍。盖委诸地方云者，非必全部尽委之也。其须全国画一者，则循中央政府之方针，而细目末节须因地制宜者，则归诸地方办理而已。此则按照事宜斟酌分合，因时因事因地而各不同者也。

按，日本专门教育专属于文部省，中学教育则准据国家之法令，使地方为之。所谓地方者，府、县是也。小学教育则准据国家之法令，而由自治团体为之。日本采用纯粹中央集权制度，故行政种类惟有直接官治、间接官治及自治三种。专门教育为直接官治，中学教育、商业学校等则为间接官治，小学校则归自治，而皆准据国家之法律、命令以行。

至于行政事务之中，何项可归于自治团体，即何项属于自治行政事务，此为别一问题。要之，自治团体所办之事，不必尽属卑微，直接官治事务亦有委诸自治团体者，如征兵、赋税等事，委诸自治团体吏员办理是也。

日本各地方有府县会，然府县会所议地方自治之规则，非以议地方官制、单行之法律也。盖日本不采地方分权制度，故无所谓地方官制之法律，其所议之豫算亦属地方自治之豫算，非地方官治之豫算也。

按，中国向来官制，或分中外，或分京外，此种名称究觉未安。以日本论，如东京为中央政府之所在，而亦为地方官厅之所在，东京府、警视厅皆地方官也。故日本称为中央地方，而不称中外、京外。盖虽帝都，亦入于地方之列也。中国以实际论,则京外官厅本属判然,如顺天府、大兴、宛平两县治,虽在京师,而非京官。所谓中央政府之官厅,则限于六部九卿而已。故中国之京外与日本中央地方名不同,而实则一,而细按"京"字意义,与中央政府之意义微有不同,至于"外"字意义则更有语病。此虽文字之末,亦宜斟酌者也。

又按,今日各省总督、巡抚皆为省务长官,而居于同等之地位,已非初制。总督专管军务,巡抚专管民事之本义,将来官制职守宜加厘定其名称,亦以称为省务长官为宜。

又按,中国巡道,本为特派分巡地方之官吏,与本节所称中央政府为办理各地方之直接官治事务而派遣之官吏性质相同,故将来或使兼充省务长官之顾问,以之联络直接官治事务与间接官治事务及地方官治事务三者之关系,似为适当。盖中央行政与地方行政不可不谋其联络,而省务长官事繁责重,势不能随时进京与中央政府协议事件,若以中央政府所派于各省之道员兼充该省省务长官之顾问,道员于奉行直接官治事务之外,遇有地方官治事务,由省务长官与之协议而行。如此则双方事务可以收联络贯通之效,而督抚可省随时进京之烦,或亦法之善者欤?

第四节　中央法令与地方法令之关系

各省之法令豫算对于中央政府之法令豫算,其关系颇难规定。兹篇所叙,亦非学理上一定不移之原则,特就意想之制度,而采取外国之成例,以相印证耳。顾外国成例与中国适合者盖寡,故兹篇所叙,出于拟议者为多,非敢以此为不刊之论也。

关于法令豫算,最要之机关,其省之参事院(省之行政会议)乎。考德国亚撒、罗连州,除设州议会外,尚有参事院者,置于总督之下,其制最善。盖一面为总督之顾问府,一面即可以为联络中央政府与地方政府之机关也。参事院职务可分为三:一、调查法律案,所以防与中央政府之法律相冲突也。二、调查总督所发之命令案,亦所以防与中央政府之法律相冲突也。三、依特别之委任于参事院议决之事件也,此种事件未遑列举皆可以法律、敕令委任之者。盖无此专门机关,则无以谋立法之统一,新旧章程不免有矛盾重复之弊。今设此机关,而于其中存置一切案件,随时审查,则督抚虽更代无常,而立法之统一仍可以保。至其组织,则亚撒、罗连参事院之制度,可采者居多也。

第一,参事院人员可分四种:

一、各省督抚自为议长。二、各道或各使司(兹称道或使司者,指中央政府派遣于各省,以代表中央各部之官吏也。如中央政府有八部,则每部一人,八部当为八人,如为九部,则当为九人,依部之数定之)。三、总督府之局长(总督府中当设局,分掌庶务局,置局长)。四、专门参事官。第三、第四之员数合之当与道或使司之员数相等,否则中央政府人员之意见常占胜利,故局长由督抚推举奏请敕任,加以专门参事官四人或五人,恰与各道或使司之人数相等,或稍过之,此其组织之大略也。查亚撒、罗连州,以地方裁判所长及地方裁判所检事加入,然裁判事务与此别无关系,似不可用,而代以专门参事官,此参事官必学有专门通晓法律者,则可以胜任愉快,此则与亚撒、罗连相异之处也。

第二,各省之法律问题也。

法律发议权,总督及省之议会共有之,彼此均得发议,此制外国有之,可法也。其属总督所发议之案,当先交参事院调查,调查之后提出之。其为省议会所发议之案,议决之后,申请督抚上奏者,亦先付参事院调查之,此其次第也。

第三,法律裁可之问题也。

此为最难之问题,以名义言裁可之权,自必属之君上,别无疑义,盖虽经省议会议决,而究为国家之法律也。即以实际论,如亚撒、罗连之法律及奥匈之地方法律,亦无不经君主裁可者。然中国实际则殊有不便之处,不得不变通办理者也。所谓不便之处,其故有二:道路遥隔,地方情形九重,不能深悉裁可之时,颇烦圣虑,一也。裁可之时,势须垂询政府,而中央政府政务大臣之意见,遂能遥制各地方,而别建行省政府之意亡矣,二也。以是之故,地方之法律裁可权不得不特别规定,故中国中央政府与各省之关系,与欧洲中央政府与殖民地之关系,名异而实则同。考欧洲以殖民地遥隔之故,殖民地之法律若一一须经君主裁可,则需时孔多,故殖民地之裁可权实行特别制度,即以事实言之,本国政府于殖民地之情形,亦不甚瞭彻,故常不专采省国政务大臣之意见,而反重殖民地政府之意见焉。此二者与中国情形实相仿佛。夫以中国行省与欧洲殖民地相比拟,似觉不伦,然自裁可法律之关系言,实有类似之处,此则不能不参酌采用者也。

殖民地之事例孔多,试举如左:

一,英国与坎拿大之关系也。

前篇所叙为坎拿大内地之制度,兹则英国与坎拿大之关系也。坎拿大全国议会议定法律之后,由该总督代君主假为裁可,二年之内如君主无废止之谕时,其法律遂着为令。盖二年以内暂不确定,经二年后,乃确定也。考英国北美殖民地宣告独立之时,坎拿大亦闻风响应,势颇炭炭,故当时英国遂以此裁可之权委之坎拿大总督,相沿至今。坎拿大法律成立后二年之间实已施行,君主殆无不裁可者,由今计之,自坎拿大建国以来,其不裁可之数不过十七八件而已。英国鉴于坎拿大之弊,故五年以前建设澳洲联合政府,乃一变其法,此或中国所可采用者欤?

澳洲全国亦有议会,澳太利亚总督对于该洲议会所定之法律,其办法有四:

第一,总督所同意者,一年以内君主无取消命令时,其法律遂着为令。

第二,总督所不同意者,其法律案即消灭。坎拿大总督殆无不同意之权,澳洲则灿然著在简册也。

第三,则请旨施行者(待敕裁),总督既非同意,亦非不同意,惟据案入奏以待宸裁。此种法律皆与中央政府关系较多者,须由中央政府自行审议,故总督但发请旨施行之告谕。计该法律案自议会提出于总督后二年之内,总督若传谕奉旨依议(裁可之通知),则成为法律;若无谕旨,则不成为法律也。

第四,则总督修正之者,即总督以其所议尚有未妥,修正之,而付于议会重新议决之是也。

以上四种为澳洲裁可法律之办法,中国或可仿行。今略仿其意,而变更其次第,姑拟办法如左:

其一,省务长官以该法律案与中央政府有重大关系时,直接由总督请旨施行(奏请裁可),一年之内未经奉旨依议(不裁可),则不成法律。

其二,该法律关系地方责任之问题,不须请命于中央政府者,是为地方上问题之法律。或虽不仅地方上问题,与中央政府亦有关系,然为紧急必需之法律,须早为颁行者。此二种由省务长官假为同意,暂时施行,而一面据情入奏,一年之内若奉旨著无庸议时(不裁可之通知),则该法律即时作废。

其三,省务长官所不同意者,则该法律案即时作废。

其四,则修正付议者也。至于候旨之期限,中国与各省之距离不如英国与澳洲之远,则定为一年或半年可也。

按,本案第一种办法与第二种办法截然不同。第一种为与中央政府关系较多之法律,故一年或半年之内未经裁可(奉旨依议)者,作为无效。第二种则与地方关系较多之法律,故非不裁可(奉旨著无庸议)则为有效。此区别不可不审也。

凡一法律案,于上文四种办法之中,当采何种办法,由省务长官决之。惟省务长官须采参事院之意见以为抉择,如是则无不平之患,中央政府亦可无间言。盖省务长官苟以一人之意,独断独行,则其法律将来中央政府或不必裁可,而省务长官业已同意,斯不免与中央政府冲突,今设参事院以为代表中央政府之机关参与其事,省务长官务采其意见以行,则冲突可以不起矣。此实采用澳洲之事例,而略为变通之者。因其情形与中国相类似,故其制有足法者。若不察此,而沾沾然以殖民地之制度,中国不宜取法为言,则诚一孔之论矣。

第四,法律公布之问题也。

以通例论帝国法律,以《帝国官报》公布之,而施行之期限较长,大抵公布之后经三星期或四星期发生效力。直省法律别有直省官报,于该直省官报发布,而施行之期限较短,大抵公布之后经十四日发生效力。若为特别科条,则或迟或速均无不可,通常则定为十四日为宜。

第五,副署之问题也。

亚撒、罗连总督府尚书为政务大臣,法应由该尚书副署。顾德国则由帝国宰相副署之,此法未尽适当。今既以省务长官为政务大臣,则由省务长官副署为宜。又,副署在于发布之时,非在裁可之时。发布之时不由有责任大臣副署,则无效力。故此非裁可时之问题,而公布后之问题也。

按,第一种办法系奏请裁可者,故其初并不公布,候一年之内有裁可时,由省务长官副署公布之。第二种办法则省务长官得以其职权先行公布(公布之时,加以前文),一年之内若无不裁可之通知时,直作为法律,此种不须副署。

第六,帝国法律与直省法律之关系也。

此为最难之问题,即两者冲突或重复时,何所适从是也。查墺国之例,帝国法律与直省法律有同等之效力,而后出之法律效力居上。德意志帝国与亚撒、罗连省之关系则否,地方法律无论何时,效力皆在帝国法律之下。兹仿德国之例,拟办法如左:

按,中国现时中央政府之法令,皆通行于全国者。若一省之中,情形不便,则由该督抚奏请免除或施行特别之法令,然亦限于该省而已,他省则仍旧一律奉行。今者施行宪政,似宜区别事件之种类,何者必须通行全国,何者限于某省行之,必于立制之初,先为豫定而后可。近来所颁法令,亦有设此规定者,盖善法也。

厘定直省官制(即地方官制)之时,议院尚未成立,然不问法律或敕令,均当于官制之中举全国公共利益及地方寻常事务,略为区分,定其标准。其定标准之法有三:一,于官制中揭载关于全国公共利益当以帝国法律规定之事项,其余则或以帝国法律或以行省法律,彼此可以酌量规定。二,于官制中揭载地方寻常事务当以直省法律规定之事项,其余则彼此亦可酌量规定。三,帝国法律事项与直省法律事项两面并揭,其所不揭者,彼此亦可酌量规定,而以规定在先者为有效力。以上三种似以第三法为最良,全国公共利益,例如征兵法律、国税法律、货币法律等,此必当以国家法律规定之者。地方寻常事务,例如卫生、小学教育等,此可以地方法律规定之者。凡此皆豫为揭载大概,其于彼于此均无不可者,则以先出之法律为有效,似此区别之标准,可谓为最当矣。

故关于全国公同事务之法律,谓之帝国法律,中央政府之政务大臣副署之,而于前文之中载明某某法律经帝国议会之协赞而裁可之云云。关于地方寻常事务之法律,称为直省法律,省务长官副署之,而于前文之中载明某某法律经某某省议会之协赞而裁可之云云。此则最为明了者也。

又,区别帝国法律与直省法律之异同,尚有最易分晓之法三:

一、凡法律事件,苟其经费须由帝国国库支办者,不得由各省制定,而非帝国法律不可。而地方所能支办之经费,则其法律可归各地方制定之。此亦最易区别者也。

二、厘定直省官制之初,先为规定某项事件由直省定之,或开设议院之时于法律之中定明某项事件,委任于直省之立法事件。此二项事件,于官制及帝国法律明定为直省立法事件者,不以中央政府之敕令定之;其未经明定之事件,则中央政府可以敕令规定。若官制或帝国法律已委任于直省者,则虽中央政府亦不可以敕令侵其范围。

三、其余事件则中央政府之敕令有超过直省法律之效力也。一为敕令,一为法律,然中央政府与直省之间不可不略加轩轾,即中央政府之敕令在于直省与法律有同一之效力,而直省法律与中央政府之敕令相遇时,则敕令之效力出于法律之右。此则德国之制度,亦实际不得不然者也。或谓如是则敕令之效力反出于法律之右,而与命令不得变更法律之原则相背驰矣。此实最难之问题,以下就敕令之种类分别论之。

一、紧急命令。

《宪法大纲》已有此条,此种敕令本有代法律之效力,故发紧急敕令时,则无论中央政府之法律、直省之法律均失其效力。至紧急敕令废止之后,则直省之法律自然复旧。盖前此之失其效力者,非全然废止之谓,惟于紧急敕令有效之时,直省法律暂失其效力,至紧急敕令废止,则直省法律之效力依旧复元也。

二、执行法律之敕令。

中央政府为执行法律,当发敕令以规定其执行之手续,不惟敕令,亦可发阁令或部令。盖中央政府本有执行法律之责任,故以何法执行最为利便,其选择之权必全属中央政府而后可。当此之时,各部大臣以敕令或部令定其大概,而各直省因情形差异,不能一律者,则委省务长官以命令定之,然终属中央政府之职权。盖中央政府执行法律之时,其所取方法若与直省前定之法律冲突时,苟非直省法律失其效力,则中央政府之政务大臣势不能尽执行之责任也。

三、法律委任之敕令。

此亦属于中央政府之职权。盖所谓委任命令者,谓某某事件由法律委任于敕令者也。故其敕令当为法律之一部分,即与帝国议会所协赞之法律效力无异。如是,则不能不认为有超越直省法律之效力矣。

除以上所举三种敕令外,尚有第四种,则与法律无关,而全属中央政府之意见,奏请发布之独立敕令也。此种敕令当有超越直省之法律与否,为一问题。是亦当区别全国公共事务之独立敕令及直省寻常事务之独立敕令为二。以定之其关于全国公共事务之敕令,则当有超越直省法律之效力无疑。其关于直省寻常事务者,则既为直省之寻常事务,中央政府断无更发独立敕令之事,但有就他事务颁发敕令,而于其中牵涉某省之事件者。当此之时,则当先问某省于该事件先有特别之法律与否,若无特别法律,则其敕令亦当有效。若某省于该事件先有特别之法律已经裁可者,则前此之法律不能因此失其效力也。如是,则独立敕令效力之区别可以定矣,先分独立敕令为二:关于全国公共利益之敕令,则有超越直省法律之效力;其关于直省寻常事务之敕令,或关于全国事务之敕令而牵涉直省,则该省先无法律时,其敕令为有效,若该省本有法律,则不能不仍从该省之法律也。至此种事项,苟能先分种类,豫定标准,则岂不善然。将来冲突之端何自而起,有不可得而逆料者,故惟有先定敕令,超越法律之效力。至敕令颁布之后,各省省务长官察看情形,若该省既有特别法律业经裁可施行者,或特别法律未经奉旨取消者,此种法律与现奉敕令冲突之时,由该省省务长官奏请收回成命,仍用旧律或另发敕令。似此办理较为妥善,舍此无他道也。

以上四种之敕令,盖由学理上而分之者,按其实际则惟紧急命令截然不同,其余则或为执行法律敕令,或为发法律委任敕令,或为独立敕令,常相混同,无从判别。是故,除紧急敕令有决绝超越之效力外,其余三种则凡遇各直省先有特别法律之时,省务长官当皆有上奏之权,而或从敕令或从法律,一凭旨意以为断。如是,则直省行政之独立或不至为中央政府侵蚀无余也。盖直省事项与帝国事项本已截然区分,而属于直省应办之事件,直省既有法律,则后来之敕令与直省法律冲突时窃揣宸裁,亦必断直省之法律为有效。如是,则中央政府与地方政府两可办理之事项发生问题时,虽中央政府敕令之效力出于地方法律之右,而可有救济之手段。揆诸制定直省法律保护直省行政独立之意,庶无大悖也。至于直省既有法律,而中央政府颁发敕令时省务长官得上奏请旨,而当未经奉旨之前,法律、敕令孰为有效,亦一问题。夫中央政府发行敕令,要非即时施行,施行之期间,至短须一月有半,而于其间由省务长官请旨裁夺。故帝国之法律、敕令施行期间,至短不能在一个月或一个半月以内,以留奏报往返之余地,但有时施行期间已届,而尚未奉旨,则法律、敕令孰易适从,尚为一问题。然以意揣之,奏报尚未达天听,将来或奉旨收回敕令,亦未可知,似宜仍留直省法律之效力为是也。

按,德国成例,则敕令效力无论如何,皆出地方法律之右,是为极端偏重敕令之制。反之,则凡地方既有特别法律者,皆不得以敕令变更之,是为极端偏重地方法律之制。而折衷之制,则或从法律或从敕令,由省务长官请旨裁夺。三者各有是非,平心论之,似以折衷论为是。盖若偏重敕令,则与保护直省行政独立之意背驰;而偏重地方法律,又与特设中央政府责任之制相戾,故终以请旨裁夺为能得其平也。

又按,以上所拟办法,罪漏犹多,非敢踌躇满意,惟揭其要点,以供厘定官制者之考镜而已。若本此意而引申攻究之,则庶乎其不差矣。

又按,参事院之制,其最良之制乎。夫立宪政体以多设合议机关为上策,凡属于行政职权之事,多设合议之机关,询谋佥同,以昭慎重。如是,则省务长官责任既轻,而人民信赖之心亦可以厚,较之总督独断专行者,不可同日语矣。

第五节　中央会计与地方会计之关系

第一款　豫算概论

欲研究中央政府会计与地方政府会计之关系,当先明一般会计(豫算)之事。兹其概论也。

第一,立宪政体之发生,实自豫算始,故会计者实宪法政治之滥觞也。降至今日,会计一事犹为宪政至要之端,各国历史罔不如是。中国宪政之行,原因或不尽由此,惟宪政既行,则国民皆相率研究他国之政学,耳濡目染中于其心,他日为议员之人莫不深明豫算之故,而议院事业遂以豫算为最要。此则所宜豫为之计者也。

考宪政之发生,实始于英国,而英国宪政之发生,实由于租税问题。英国自古本无所谓租税者也,王家会计皆征集于封建各诸侯,金帛牺牲相输于道,其时本不必取盈于民。数传以来,国用不足,乃课税于人民。于是人民不平,聚众相抗,乃举代表,集于王宫,与王约法以若干之税额交易权利、自由。当日之王宫,即今日英国国会之议事场也。父老相传,史乘具在,是故英国人民言及宪法,而会计之事即时感触于胸中。英史既然,流风遂播于世界。继英国而发布宪法者为北美合众国,考合众国之独立亦由于租税之问题。英国国会并不召集合众国之议员,而妄以英国所定租额课于合众国国人,遂群起反对,此实为独立之起原。继合众国而起者,为法兰西革命之宪法。其原因所存,不仅法王之压制而已,自路易十六世财政已告支绌,至十七世而益困难。于是以增税之故,召集人民与为约议,遂成惯例,此实革命之原因也。法史如此,故至德、奥诸邦制定宪法,鉴于前辙,皆于豫算严设科条。其以豫算为法律,意即在此。而德、奥宪法史中,争议豫算之事,前后亦不绝书焉。此皆从宪政之历史而言,以证豫算之关系重大者也。

更从宪法政治之实质考之,则豫算一事(会计)尤关重要,实论理上自然之因果,其理由固灿然也。夫宪法政治之旨趣,在使人民参于国政而已。然人民参与国政,其所参与者果属何事? 政治之事则有司存,固无须人民之越俎者。故人民之所参与者不外二事:一则行政之经费,二则国防之兵队也。夫人民日出而作,勤劳于下节事畜之资以奉之于政府,亦求政府举行善政以惠我蒸黎而已。故人民以期望政府举行善政之心而宣于议场,监督执政。所谓种瓜得瓜,自然之结果,抑亦理义之正者也。中国今日于豫算一层,似尚不甚注意。观于《宪法大纲》豫算事件,仅揭二条而已。然此实立宪政治最关切要之问题,不可不豫为之计者也。

此外尚有当注意者一事,则政府政治之方针及各部行政之计画,皆于豫算发露无遗,故豫算者,实政治方针及行政计画之撮影也。夫政府方针所视为重要事项,则需款必多;其从缓者,则需款较鲜,各部之事务亦然。因其计画之如何,而需款之缓急亦异。故人民对于政府之方针及计画,务从其初益较多之处以相责望,其喧哗监督非惟沾沾然于出纳之明确而已。凡豫算上所表现之方针及计画,利害如何,实为人民十手十目之所集。利则求多,害则务去。此实人民责望政府之事,而豫算之监督,其要义亦即在此。

是故,制定宪法必先举会计及豫算之大概规定于宪法之内,然此属宪法上至难之端。遍览各国宪法,其规定罕有完备者。夷考其故,实以豫算制度沿革孔多,故不尽由豫算本来之旨趣,而辄参之以他种之旨趣也。夫豫算本来之旨趣,惟以定每年政府岁入岁出之标准而已,使其止此,亦殊易辨。然此外更有二义:其一则因有豫算制度,政府遂不得不每年召集议会,而人民遂借豫算以留不得不召集议会之地也。其二则据豫算以考核政府之方针及各部之计画,若方针、计画乖方失宜,则人民亦可借豫算以开弹劾国务大臣之途也。豫算既参以此二义,故无论何国,至于今日,其制度终未完全。考法兰西革命之前,政府以议会徒足掣肘,于是不复每年召集,而任意施行庶政。故革命宪法有鉴于此,严立科条。苟非每年召集议会,则豫算无由成立,豫算无由成立,则国用无所自出,以此为每年召集议会之保障。德意志宪法,国会本无弹劾大臣之权,大臣之任免,一任君主之意,故人民虽甚不满于现任之大臣,苟君主一日不罢其官，即政府一日不更，方针一日不变。于是人民欲求更迭其所不满意之大臣，乃利用豫算要挟政府，此实德、墺诸邦宪法史之陈迹，以此种旨趣并合而来，故今日之豫算已非纯然由豫算之本旨而出者矣。

日本起草宪法之初，伊藤博文赴欧考察，其时西方学者皆谓会计条项，各国宪法无足观者，日本今方新定宪法，不可徒泥他国之成规，而当采用各国之阅历，挈长去短，以编制一最完全之规则而后可。伊藤从其言，归订宪法，于会计一事，规定独详。日本宪法优于欧美，实在于此。仅以此章条文论，已较他国为多。夫日本当时固以为无复遗憾矣，而时势推迁，至于今日，不完之点又次第发见焉。

按，日本编纂宪法，于豫算一章所以优于欧美者，即《日本宪法》第七十一条及第六十七条是也。第七十一条曰："帝国议会不议定豫算或豫算不成立时，政府得施行前年度之豫算。"第六十七条曰："基于宪法上之大权，既定之岁出及由于法律之结果或法律上属于政府之义务之岁出，不得政府之同意，帝国议会不得废除或削减之"云云。此两条盖即所以防议会以每年召集及弹劾大臣之旨趣而利用豫算者，故于会计章中豫为规定，以杜之于先。夫议会固须每年召集，然决不许因豫算不成立之故致政府经费无所自出。抑议会亦可弹劾政府，然决不许其以豫算为手段而减除国务必要之经费。每年召集及弹劾大臣，与豫算划为两事，毫不相涉，此实第七十一条及第六十七条之本意。前条之意，因豫算不成立或至否决，皆非善计，故立施行前年度豫算之规定。次条之意，即令豫算成立，而或不免削减等情，亦非善计，故立既定岁出之规定也。盖天皇之于豫算，无所谓不裁可者，盖豫算之裁可与法律之裁可不裁可，意义全异。即如德、墺各邦以豫算为法律，而亦无不裁可之例，议会议决之后，君上直确定之而已，确定之后则势不得不遵照施行。然如官吏薪俸、衙署费用以及军储量额等项，议会若妄为削减，则大不便，故豫防其弊，而限以既定之岁出焉。此二条之规定，其防弊之意不可谓不周，而孰知尚有不完之点，至日后而始发明焉。日本得台湾后，台湾行政经费指拨军事费开支，然军事费非可永远开支者。自中日战争告终，日本台湾行政经费动用军事费者已历三年，势不得再用军事费，而当编入于普通行政费之内。然在开始第一年，则无所谓既定之岁出，而当为自由讨议，凡自由讨论，议会例可减削、废除者也。时松方内阁之方针不容于议会，于是内阁所要求之台湾行政经费，议会不肯承诺，然台湾之行政开始已非一年，一切经费在势不能削除。松方内阁以此辞职，伊藤继之，三月之中，以与大藏大臣意见龃龉，亦即罢免，其原因亦生于豫算问题。故豫算既定而后举办事业，则不至有司农仰屋之嗟。若事业既兴而豫算不成，则不免有进退维谷之势，此则日本编订宪法之时，所未料及。此者《俄国宪法》后于日本，鉴其前辙规定为独详云。

按，《俄国宪法》第七十四条曰："国家之岁计，若于该豫算年度之始未经裁可时，则前年度依法定手续而经裁可之豫算，于其裁可之后以执行法律为要件而变更之者，至次年尚有效力。"惟《俄国宪法》本年度豫算尚未成立而行前年度豫算时，亦不得超过前年度豫算之额。又，前年度之豫算分十二个月，以实际必需之限度渐次支出，盖其意仍为豫算成立之计（何日成立即自何日起，按照本年度豫算计算也）。日本无每月匀分之规定，但云用前年度豫算，盖为豫算不成立之计，此与俄国不同之处也。又，俄国用前年度豫算时，而前年度所有本年度所无者，亦许流用。

会计之难如此，然则宪法之中不可不先为厘定，其故可知矣。

按，中国《宪法大纲》于会计事项未有规定，而《议院法要领》则载有第三、第四两条，将来或于宪法之中另立专章，或规定于议院法之内，尚未可知。日本之例，系另立专章，俄国则规定于宪法议院章之内，似以取法日本为宜也。

又按，《议院法要领》第三条亦有大权所定及法律上必需之一切岁出云云，与日本第六十七条相似。虽然，犹有问题。夫议院新开之第一年尚未有法律，则所谓法律上必需之岁出无所根据，故何者当作为法律上必需之岁出，必豫为规定而后可。《日本宪法》第七十六条曰："凡法律、规则、命令等一切现行法令，与此宪法不相矛盾者，皆有遵行之效力"，所以保守旧法律之效力也。是为宪法补则，同条第二项曰："凡岁出关乎政府义务之现存契约及命令者，悉照第六十七条之例"，即以保守旧来有效之法律，其必需岁出之效力也，是为会计法补则，两者并存，故第一次议会豫算案中列举某项岁出作为法律上之岁出，实根据于第七十六条也。夫何者可作为法律上之岁出，何者不可作为法律上之岁出，本可推定。今于议会未开以前，先为推定。苟议会开后，何者当为法律上之岁出，举而先行发布之，此则中国所宜取法者也。

又按，第三条君上大权所定岁出云云，亦当有制限其君上有发布命令之权，此《大纲》所规定者也。日本称为敕令，故君主以敕令所定之事业，其一切费用可视为君上大权所定之岁出否？此为一问题。《日本宪法》则解为非君上大权所定之岁出，盖若定为君上大权所定之岁出，则议会势必不得削减、废除，而议会对于豫算之权，未免太狭。夫在一面则无论何事，皆可以敕令出之，而他一面则非经政府同意，议会不得减削、废除，所谓立宪政治之主旨，无由达矣。故日本以敕令规定之事业皆属于自由讨论之列，似为制之善者也。

《宪法大纲》之中既以会计法另立专章，定其大概，则当从速厘定会计法，否则诸多不便。其不便之故，请继此而详之。

第一，会计年度不可不规定也。

中国将来会计年度，将从正月初一日起算，至十二月三十日止为一年度乎？抑别有所取法乎？此当于会计法规定之，而不必定于宪法者也。年度之规定大抵以便民为主，日本夙称农国，故虽维新以来采用西历，而会计年度则不得不取便于农家。农家冬末收成，以米易货，非至西历正二月间不能毕事。故会计年度若从西历正月初一日起算，未免太早。故日本定为西历四月一日起至次年三月三十一日止为一会计年度；且日本议员亦多起自田家，五谷未登，则纳租税、应召集均多阻碍。故日本定于每年阳历十二月杪召集议会，亦所以图议员之便也。议会既于阳历十二月召集，则会计年度非自四月起算不可。盖会计豫算若定于阳历正月初一日起算，则豫算非于前年十二月内成立不可，十二月内豫算欲图成立，则非于十月内召集议院不可。盖议定豫算至少须费两个月工夫也。中国亦称农国，则将来年度或亦以农事为标准。

按，中国虽亦称农国，然禹贡方物，九州已殊，故将来年度之制，不能尽以农业为标准。又二十余省，壤地广漠，气候悬殊，即以农业为标准，而收成之期南朔东西亦难一律，故其归不能独取何事为标准，惟有沿用旧例而已。旧例则户部年度之制，以每年正月起算，至十二月而一结。将来或即沿用此制乎，亦一问题也。日本宫内省会计以阳历正月一日起至十二月三十一日止为一年度云。前者指全国豫算之会计年度而言，若各省豫算，其会计年度则尤难规定，若遵照全国豫算之年度，则与各省之情形不合。若依各省之情形为准则，又有参差不齐之病，此亦一问题也。此外尚有一问题，与年度有关系者，则历数是也。中国将来应否改用新历暂可勿论,惟今日则实际中历与西历并用,如海关税务,外国人司其事者,率用西历,殊为参差,而将来规定年度,尤不能不首加画一者也。又,旧历与年度之制不便者,则五年再闰之制,此亦不能不谋改革者也。

第二,岁入岁出不可不区别也。

即某款指用某项者,不能挪移流用,即所谓分科规程是也。日本豫算表有款项、节目之区别,款为最大统括一部,下分项及节目。款项所载不许流用节目,则许之第三出纳官吏,不可不分任也,即收支之事不可以一人任之。收款则归于国库,支款则别派专员也。盖收款者事实之问题,支款者权利之问题,即法律之问题(对于某人有不可不支付之者,故曰"法律问题")。故不可不分为两事,然有时因特别之事业,其局署所收之款,即于其局署用之,例如铁道,由铁道所收入之款,即以充铁道经费之用,不入于国库。此为特别会计,亦当另订特别会计法,以别于一般会计法也。

故在一般会计法中,则收支官吏当加区别,即依特别会计法以一官吏兼掌收支,而支出之事则皆由国务大臣担负责任。一切官吏皆为国务大臣所委托者,故国库款项,虽一文之少,苟为豫算所不载,而妄费之,国务大臣当负责任,其严重如此。其实出纳之事,国务大臣其势不能一一躬亲,故以各种方法委任于各衙署之官吏,其委任之手续亦不可不规定者也。日本一般会计之豫算与特别会计之豫算,其手续亦各不同。考一般会计豫算之手续,豫算定后按照豫算制支付豫算,而分委于各衙署之长官(裁判所则由司法大臣委之,地方官则由内务大臣委之)。又,金库本附设于银行,故亦送支付豫算一份于银行(金库之事,本委之银行办理,故颁送支付豫算,使按照委任之款项,如数支付),而本金库即时汇款于支金库,以备支付(各地方衙署所在地皆设有支金库)。一面,更送一份于会计检查院,应送支付豫算者,凡三处(即各衙署长官、银行及会计检查院三者是也),于是各地方之金库当各衙署官吏持支付命令来库支款时,以其所持之支付命令与已所受之支付豫算,对照相符,则如数支付,不符则不付也。特别会计之豫算亦然,各衙署长官、各金库及会计检查院亦各送一份,其办法与一般会计同。

现金支付事务颇非易办。盖支出命令虽精算明析,而支付现金之时,或有过付者或有误付者,误付者所付之人之错误也。过付者所付之款之逾额也，此非支出之误，而支付之误。故金库所设之银行，支付有误时，银行负其责任，或金库先以现金交付官吏，由官吏支付时，其官吏负其责任，此种手续皆当详为规定者也。以原则论，一切款项皆存于金库，用款时乃向金库所附设之银行支取。然实际亦有不便，故日本制度，每一衙署每年豫支现金五百元以备购买零件之用，以省每次奔走之烦。又，旅费非官吏自行携带不可，故亦豫支。又，外国公使馆费，因所在无本国金库，故直接送交使馆。此种事项，会计中皆当规定，如必因如何情事而后豫交现金于官吏，及其责任之如何是也。日本豫交现金时，必收取身元保证金，将来公款如有亏蚀情事，即从身元保证金中扣除。若犹未足，则更依他法追缴，凡此皆会计法所宜规定者也。

又，政府如包办工程、采买物件，必用竞争入札之法（即投标之顺），决不使官吏与商人直接交涉。但琐屑事件则直接交涉，亦无不可。惟何种不得直接交涉，何种可以直接交涉，皆当于会计法之内，明定范围。日本则至极琐屑事件，而后乃许直接交涉，此外皆投标也。

以上所陈特其要点，当速于会计法中厘定之者，此外尚不胜枚举。凡此皆当使官吏豫为历练，若今日颁行法律，明日即使实行，必致阻碍万端，是何异未能操刀而使割乎？故议院未开以前三四年间，当作为议院已开观，一切之事，豫为训练，而后议院开时，可收驾轻就熟之效。否则，议院既开，始行历练，则纷扰滋多矣。

按，今日各省财政之紊乱，实为施行会计时一大障碍，故于议院开设以前，不可不彻底清理。惟清理旧案颇非易事，今惟有分划新旧案为二：旧案则按照旧法渐次整理，而定自某年起作为新案，一切岁入岁出，俱按照新定会计法办理。此则积弊太深之故，不得不然者也。

又按，货币制度亦与会计有关，故先须整顿货币，废部库、司库之制，而以国库委之银行，此则亦须设备者也。

第二款　国库制度

会计之根本观念，实自国库始。夫国家行使公权，纯为公法上之行动，然以有财政关系之故，于是虽属国家之事，亦不能无民法上之行动，而不能专用公权焉。例如，国家告贷于个人或与个人订立契约，此皆民法上之行动。国家因有此种行动之故，乃特创设法人以司其事，斯即国库之滥觞也。

国库之业务孔多，约言之可分为三，胪举如左：

第一,国库者,国家财产之所有主也。

国家为公然行使公权之机关,而管有财产则属于私法上之事。故国家但能征收金钱于人民,而不能将所有征收之金钱视为民法上之所有主,故以国库代之,而举其所征收之金钱存之于国库焉。

第二,国库者,代理国家为民法上行动之机关也。

例如卖买、契约、贷借皆民法上个人之行动,非以命令所得行者。故特设国库,与个人立于同等之地位,而为国家之代理,即国库于民法上代表国家也。

第三,国库者,代表国家办理民法上之裁判事件也。

国家与个人不同,不能提起诉讼,亦不能躬受裁判。故特设国库,关于民法上之事代表国家提起诉讼及躬受裁判焉。

国库之业务如此,然国库无特设之公所,国家之官衙即国库之所在也。官衙一面为行使国家公务之所,一面即为国库之所。故国库实普通之官衙兼办之,而大藏大臣总其大成,为全体国库之代理人,各官衙中皆有官吏一人,为国库之代表,此以敕令定之者也。大藏大臣为全体国库之总理,是为会计法之所定。此外,又据敕令,每一官衙特派官吏一人代表国库,其人不必为长官,另以会计官吏充之,大抵非局长则课长也。

国库以其现银藏置银行,然银行非照寻常存款办理,特于其中另设一所,称为"金库"。日本国库之现银存于日本银行,然日本银行于国库存款,不得与银行存款合并办理,乃另设一部,专办国库之存款,名曰金库,是为中央金库,又于地方银行之中设地方金库焉。

按,中国将来亦须以国家款项存置银行为是,惟银行存款与国库存款必需分开计算,不得混合,此为最要。若金库款项不足时,可向银行挪借,而国库款项决不得挪借于银行。如是,则银行虽一旦倒闭,而国库款项不至动摇,此则当以法律规定之者也。

又按,各省官库归布政司管理,常以官款发交盐、典等商,敛收利息,然至官款不能清还时,则官库并非提起诉讼,而以官府之权力强制追缴,即不用私法上之手段,而用公法上之权力也。盖中国官库非法人,而为官府,故其结果如是。此与各国通例不合,亦宜改正者也。

至中国中央政府与各省财政之关系,亦全视国库制度之如何以为别,故欲定财政之关系,非先定国库制度不可。东西各国,有全国只一国库者，有全国有数国库者，其制度大抵可分三种：

第一，置国库于中央，而自中央分拨款项于各省；

第二，置国库于各省，而各省各解款项于中央；

第三，中央及各省各置国库。

三者必居一于此矣。

日本为中央集权之国，故全国但有一国库，一切赋税皆汇集于中央，而自中央分拨于各府县。顾实际则各府县所征收之税，即留充各府县费用者居多，然此特金库之便宜办法而已。遵照法律，则一切赋税皆当先解中央政府之国库，复由中央国库分拨于各地方，豫算表即系此办法，此为第一种之制度。

地方分权之制度则否。观于德意志帝国，可知德国各联邦皆有国库，而各邦各解其收入之一部以贡于帝国，所谓惟正之供也（德语称为供养费，谓儿子供养其父母之费也）。故德意志帝国之经费，实仰给于各邦，此例为毕士马克所创，是为第二种制度。然如是，则帝国财政为各邦所把持，不能指挥自如，故毕士马克旋悔，之后乃变计，以关税一项归于帝国直接赋课。其关税采用保护主义，收额甚多，皆不归各邦而归于帝国。于是，各邦之正供虽时有不继，而帝国经费仍有恃而无恐焉。

第三种制度，则中央及各省各设国库，而国家行政事务按照上文所分之类别，为直辖官治、间接官治、地方官治三种。直辖官治及间接官治为中央政府之事务，其经费由中央国库支出之。至地方官治之事务，则其经费由各省国库支出，而特设中央国库与各省国库联属分合之规定焉。以上三种制度之中，孰为最良？采决之时，颇非易事，大抵当从公法、私法两面考究之。从公法一面考究，将以中央政府之财政方针统辖地方政府之财政方针乎？抑地方政府亦可定财政之方针，但使勿碍中央政府之方针而已乎？夫妨碍中央政府财政之方针，诚非善策，然于无碍中央政府方针范围之内，而使地方政府得以独立自定其方针，亦事之必要者也。方针既当独立，则国库亦不可不独立，此自公法一面而观，中央国库与各省国库必当分设之故也。至从私法一面考究，则各省特设法人（国库）掌民法上之事，厥利亦多。例如公债一端，若仅赖中央政府募集，则时虞不足，不如使各省自行募集之为愈。又如国家财产有不能属于中央而可属于各省者，故从私法一面而观，亦以分设中央国库与地方国库为是。故三种制度之中，似以第三种为最善。

按,以中国现在制度而论,似亦与第三种制度相近,将来必采用无疑。

中国地大物博,财政上不可不立全国财政之方针,然仅立全国财政之方针,则又有偏倚不齐之愚。盖各地方财政之情形不同,或则商业所归,或则农业特盛,各地方不能不自立其财政之方针,此就公法上而言也。即就私法上而言,欲求财政之充裕,必以国库多有财产为上,以此财产所收之利息,举办庶政,不必事事取求于租税,此裕国之要术也。然全国殖产不如各省殖产之为易,盖各省殖产,则人民势必格外踊跃。若为全国殖产,则各省盈绌无常,必且取此有余济彼不足,勤苦输将,终于无补。若为本省之殖产,则无挹彼注兹之事,而有一劳永逸之利。盖本省财产厚则租税亦从而轻减,故其输将必且踊跃,此就私法上而言也。故从公、私法两面言,中国国库皆以分设中央、地方为是也。

国库既分立为二,则豫算亦当分立为二矣。豫算分立为二者,即分全国豫算及各省豫算为二之谓也。然分为二事,则其规则当如何规定,颇须研究,下篇再详论之。

第三款　中央会计与地方会计

中央政府编制豫算,大抵来年度之豫算当本年度之初即当着手。例如编制宣统二年之豫算,则宣统元年正月即须着手也。盖编制豫算需时孔多,若着手过迟,万一内阁之中议论不和,致豫算案不能编就,则贻误匪浅。故宜及早开始,以留余地也。顾实际则仍不能如所豫计者,例如日本每一年度从四月一日起算,而该年度之豫算,自上年五月即着手编制,豫计八月内可以告成,然实际往往逾期,有时至将召集议会而豫算尚未告成者。盖其间有因议定豫算致内阁更迭者,故必以早日着手为是。编制豫算之次序:第一,中央政府各部所属之官衙,先就该管事务,调集编制岁入概算书及岁出概算书之资料以送于各部,而各部据以编制岁入概算书及岁出概算书。日本之例,限于五月终编制完竣。按日本会计年度,系从四月一日起算,故五月以内必须竣事。中国会计年度若从正月初一日起算,则各部之岁入概算书及岁出概算书必当定于上年三月内告竣而后可。而各部编制豫算之材料,系从所属官衙调集,而所属官衙多散在各省。中国土地广漠,交通不便,函件传递动需时日。故最下级之官衙必于正月以内举所有材料,汇集齐备以送于各部,否则有不及之患也。岁入豫算书及岁出豫算书,分经常费、临时费二部，而二部之中又各细分款项，而每款项中比较前年度有加减，均须附载事由于后。

各部编成岁入豫算书及岁出豫算书之后，送交度支部，度支部据为底本，综合为一，另编岁入、岁出总概算书，约须一月之力，乃能编就。此总概算书乃据各部所送之岁入概算书及岁出概算书而合编之者，故来年度进款、出款之概略，于此可睹焉。日本之例，总概算书限于六月终提出内阁。中国各部所编制之岁入概算书及岁出概算书，若定于三月内送交度支部，则度支部所编制之总概算书必当定于四月内提出内阁矣。至阁议期限，日本大约定为一个半月，当此之时，最为纷扰。盖据总概算书，则支出之数常患太多，而收入之数常苦不足，其势非有所减削不可。然各部大臣于其所管事项，往往坚持不肯减削，此其所以纷争也。阁议约须一个半月，故日本定为七月十五以前议毕。中国则当定为五月十五日以前议毕。然而，能不逾限者尽难矣。

按，岁出豫算书，例非各部编制不可。至岁入一项，则日本多属大藏省之事，似可统归大藏省编制。然各部虽无大宗收入，而手数料等则所在皆有，虽为数无多，仍当归于各部编制。若某部无收入时，则于岁入柱下注"无"字，此日本之例也。

又，日本大藏省总概算书系以各部所送之岁入概算书及岁出概算书为底本而编制之者，大抵并不另加调查。若大藏大臣意见以其款可以裁减时，则于阁议之时发表意见。惟各省概算书中核算有未洽时，则知照各部，使自订正。而款项之削减，则不由大藏大臣与各省大臣直接商议，皆按照所开缮送阁议也。所谓核算未洽者，例如某项可俟来年度编入者，或某项应入此项而误载于彼项者，凡此皆手续细故。至关于政略问题，则属阁议之事，大藏大臣不能问也。至于核算之未洽者，大藏大臣知照各省之后，如各省仍不订正，则大藏省亦不能强使订正，惟大藏大臣可附载意见，申送阁议而已。

就今日日本之实际观之，则各省咨送岁出入概算书于大藏省时，大藏省虽有减削之权，然依同官之谊，有时以酌减之事先商之各省大臣者，各省大臣有时亦从其请。若各省大臣不从其请，则大藏大臣只得为之照送内阁，不得留难也。

付阁议后，岁入一项即时确定，别无增减。岁出一项，则阁议确定之后，复以其额数知照各部，于是各部据文另纂豫定经费要求书。盖依照内阁所决定额数,正式行文于大藏省,以要求来年支出之金额也。各部豫定经费要求书即为编纂豫算之底本焉。豫定经费要求书,日本限于八月三十一日内提出,中国则当定于六月三十日内提出者也。此种豫定经费要求书为编纂豫算之底本,故大藏大臣提出豫算于议会时,将此项要求书附于卷末,以为豫算之参考书。盖豫算表所载,不外款项、节目之大纲而已。至其细条,则大致详于要求书,而要求书所定某款指拨某项之费,他日不得任意流用。例如要求书载某款为建筑费,则非用于建筑不可。至于节目,虽许流用,而亦必得大藏大臣之许可,其标准皆豫定经费要求书定之。

豫算案提出议会之期,日本当编纂会计法之时,本拟限以定期,后因豫算每年延缓,至于今日则常延至十二月杪。惟至召集议会之际,则豫算案必须全部告成云。

日本召集议员之敕令,必于开会四十日以前发布。近年惯例召集议院,常在十二月杪,此时仅举行开院式而已。议事则在正月以后,议事之始,即提出豫算,然提出豫算虽在议事开始以后,实则年假之中,政府已延致各党派之领袖,先将所拟提出之豫算案印刷颁示,日本称为"内见",内见之法果与宪法无违背否,亦《日本宪法》上之疑问。据《日本宪法》,但定每年召集议会之明文,则年内先行召集,办事俟之来年似无不可。然严格言之,召集本为办事起见,则召集之后,自以即日办事为是。又,日本议院办事延至次年年假之后,而议院三个月期限,则从行开院式之日起算,故实际办事实不满三个月(年假约有一个月,故实际议院办事不过两个月而已)。自开院式之日起算,满三个月后,若政府以为议院可以闭会时,则请旨按期闭会;若政府所提重要之事,议院尚未议毕,则可请旨延长会期,此亦先行之例也。

依日本会计法所定,则八月三十一日以内,豫算当全部告成,近年则往往延搁至九月或至十月,最迟有至十一月者,按法规定之期,距召集议会有三个月之余地也。故中国若定十月召集议会,则非留七八九三个月之余地不可。然照上文所拟,则实无三个月之余地,上文所拟豫定经费要求书,限于六月内提出,而度支部编纂豫算案约须一个月,计七月终方能告竣,所余者惟八九两月而已。其间有无意外之事不致迫促与否,不可不豫为之计。查日本前内阁之更迭,实为豫算之故。西园寺内阁罢后,桂太郎继之组织新内阁,重定方针,另编豫算,而一切手续

（如阁议等），仍须照章办理，计前后不过两个月耳。夫以两个月工夫办理全案，则迫促可想矣。

议会收到豫算案，依《议院法》所定议决之。议院议决豫算需时颇多，豫算照例先送众议院议决，议决之后移于贵族院。苟两院意见冲突时，又开协议会以议决之。议定之后，奏请裁可，裁可公布之后，各部大臣依照豫算表所定，编成支付豫算，以委任于其所属之官署。另缮二份，分送大藏省及会计检查院。例如文部省，凡官立学校皆属其所管辖，乃编成支付豫算，分送于各学校，即委任各学校以支付之权也。而一面又另缮支付豫算二份，分送于大藏省及会计检查院，而大藏大臣转送于金库焉。

委任各官署之支付豫算，有全年并为一次委任之者，又有分为半年两次委任之者，又有每月一次委任之者。又业经委任之后，尚得变更，惟变更之时，须编更订计算书，并缮送大藏省及检查院，而由大藏省通知金库焉。

国家行政事务，如前章所叙，大概可分直接官治事务、间接官治事务及地方行政事务三种。其第一种直接官治事务由中央政府特派官吏于各省独立执行其事务，而不属于该省督抚之管辖者。此种事务应由该官吏（如司道之类）编纂岁入概算书及岁出概算书，送呈中央政府。中央政府收此概算书后，即编入中央政府豫算之内，此与地方豫算毫无关系者也。第二种间接官治事务，即关涉帝国全体之事务，委任各省督抚办理之者。此种事务应由各省督抚编纂岁入概算书及岁出概算书，咨送各部（例如教育事务概算书则送学部，邮政、电信等事务则送邮传部）。各部据以编入中央政府豫算之内，此亦与地方豫算无关系者也。中央政府豫算确定之后，其属直接官治者，则由中央政府编纂支付豫算，委任于派赴各省之官吏；其属间接官治者，亦由中央政府以支付豫算，委任于各省督抚，将来即有变更情事，则照寻常更订豫算书之法办理，亦无不可，此支出之办法也。至收入之办法，则各省所征收之租税，照例必全数解送中央政府，再由中央政府分拨于各省。然此不过计算上之次第而已，实际则各省所征收之租税，即留存于各省之支金库，而各省支金库即按照支付豫算，随时支付。如是，则可省往来解汇之烦。大抵收入之款，划分若干解送中央政府，截存若干拨归直接官治事务及间接官治事务所应支出项下，而实际则将此项存款暂放支金库，以备随时支付焉。

以上皆中央豫算之办法也。以下更论地方豫算之办法。

地方豫算之办法则以各省作为法人而编制特别之豫算,是为第三种地方官治事务之豫算也。此种办法拟定如左:

一,直省收入之款项,大别可得八种:

第一种国税,即国税之附课税也。例如国税当征一成五分,顾国家但收一成二分,余三分归之各省征收,即国税附加之法也。第二种省税,即各省自行征收之租税也。第三种各省所收之手数料、使用料、免许料等。第四种各省所有财产之收入。第五种各省所营官业之收入(如各省自办之铁路,各省自采之矿山等)。第六种则过怠金、寄附金等。第七种则筹捐等。第八种省债。省债可分二种:一、暂时省债(有的款可以指偿者,一俟该款收入之时立即偿还,故曰暂时)。二、长期省债(无的款可以指偿者,即收入不足之时,借此敷衍,当俟将来筹偿者,故曰长期)。以上所列,计凡八种,大抵可以为省之收入。此外,察看地宜,相度时势,或尚可以扩张也。

二,直省支出之款项。

第一,地方官治事务之经费,此种经费不必悉数由直省收入项下开支,可分派若干委诸自治团体。各府、厅、州、县为自治之大团体,皆可分派,令其编入于该团体豫算之内也。例如,府县所设中小学校,其经费不必悉数由直省收入项下开支,可分其一部,派令府县自治自行筹办,由该府县自治收入项下开支。至其事务由直省官吏直接办理者,例应悉数由直省收入项下开支。然有时直省官厅以若干款项分派于自治团体,自治团体亦不能辞其责。日本自治规则,凡地方官厅命令自治团体协筹款项时,自治团体有筹措之义务,中国亦宜特设明文为是。

按,中国租税,各省应解若干本有定额,而每州县应解若干亦有定章。欲收租税,一律责成州县,不及额时亦惟州县是问。故州县者,缺优则自行赔垫,额绌则亏欠官款,习为故常。他日宪政成立,则每年收入皆于豫算明白规定,征收租税皆有法律,收税官吏惟奉行法律而已。若因荒歉凶灾,租税短欠时,则收税官吏势不能任其咎。此事必成问题,然此事半属于天,非人所能为力。查日本制度,凡收入豫算征收不足时,则无论何人不负责任。然苟不足之额,必须筹补,则由大藏大臣斟酌情形,或招募公债,或售卖官业。无论如何,必筹他途收入之法。

惟日本至今,尚无此事,盖收入豫算,一面虽有短少,而一面或有浮多,大藏大臣兼握收入支出之权,则可以挹彼注兹,截长补短,故因收入不足而招公债、售官业之事,殆未之见云。

又,中国租税如地丁钱粮一项,征收不及额者居多。故他日编算之时,必当取最近数年之额,比较折衷,以立豫算之标准。否则,豫算表开列收入之数不副其实,则不免具文矣。

按,日本豫算分别款项、节目,然支出一面制限极严,而收入一面则否。故支出则款项所列,绝对不许流用,至收入一面则流用之范围极宽。故大藏大臣斟酌流用之款,惟于决算中声明而已,不必更求议会之承诺也。

按,豫算之体例,日本与英国不同。英国收入亦以款项规定之,某项收入指充某项支出,故收入不敷支出,即因以无着。盖于每项之中,举收入、支出两项,并定之也。日本则收入亦有款项之别,然非以某项收入充某项之支出,而以全体之收入充全体之支出也。故中国将来豫算,若仿英国,则当另立一条,某项收入不足时,得以他项收入有余者补充,以免临时支出无着之弊。若仿日本,则无须此,似以仿照日本为宜。

按,收入不足时,以他项收入有余补充,是为弥补之一法。然苟他项收入又不足时,则其势必须另筹收入之道。日本制度,大抵收入额短少时,则由大藏大臣自行筹补;若短额多,则须召集临时议会,求其承诺;又,短额无多之时,亦得暂行注欠,俟来年度支付。至来年度,则举其短额若干编入支出豫算之内,而作为来年度之新支出焉。(按,逾额之时,日本内阁屡有所谓国库剩余金支出之举,此实违反会计法,不足法也。)

此外,如饥馑灾凶,日本亦有蠲免之例,蠲免以特别法律行之。盖一面增收他税,当求议会之承诺,而一面蠲免租税,亦当得议会之承诺也。蠲免租税之事,日本制度当依法律,非大权或行政权所得而定之者,《日本宪法》第二十一条曰:"臣民依照法律所定,有纳税之义务。"故纳税义务规定之时既依法律,则蠲免之时亦必依法律明矣。至日本不以属之君主大权之故,盖因属之大权则君主可以随意蠲免,在所蠲免之地方,人民固受其惠,然因蠲免之故,而国家收入减少,其势必以他法征之。是一方减人民之负担,而一方则增人民之负担也。此其所以必经议会之承诺也。(按,义务免除之事,德、俄间有行之。)

如此所述,则地方豫算与中央豫算,其体例不可不画一明矣。例如,年度之始末款项之区分,其须画一,固不俟论。即至预备费等事,中央与地方豫算虽有区别,而办法亦须一律。盖不如是,则全国统计无从着手也。统计一端,为谋国者之要务,所以征既往,测将来而为政治之龟鉴者也。然豫算不画一,则统计势无由行,故地方豫算与中央豫算虽分为两事,而办法则不可不一律也。例如,直省编纂豫算,当先由府直隶厅、直隶州汇呈岁出概算书及岁入概算书,而督抚即据之以编纂岁出入总概算书。在中央政府,此时当付之阁议,而直省则交参事院议决之。议决之后,则下府、厅、州,令依照所议决之数,各具豫定经费要求书以送于督抚衙门,督抚衙门据之以编纂豫算案,照章提出于省议会(咨议局)焉。凡此,皆所以谋中央豫算与地方豫算画一之办法也。

于此最难规定者,其中央政府对于地方豫算(即直省豫算)监督权之范围乎?夫中央政府对于直省豫算,不能无监督权。苟无监督权,则各省任意赋敛,民力已耗,中央政府必受其影响。故中央政府必不可无监督之权,而监督权之范围,则颇难规定耳。监督之事就最显著者举之,如赋课、国税、招募省债等。凡此皆须以法律规定之事,而此种法律,则属于请旨之法律,不得即时施行者。故一年以内奉旨依议时,则见诸施行;如不蒙裁可,则此法律即当作废,故赋课、国税、招募省债,当以此种法律规定者也。

招募省债可分两种,有暂时省债,有长期省债。招募暂时省债,可由督抚自行决定;若长期省债,则必奏请裁可,而由度支部大臣议奏焉。至省有财产发售时,亦必咨商度支部大臣,不得由督抚擅行发售,凡此皆监督事项之问题也。

各省豫算编定后,应否咨报度支部大臣而请度支部大臣之认可,此为一问题,颇难解决。夫各省民力,止有此数,若各省豫算之内尽行赋敛无余,则中央政府必且坐困。不然,则省自为省,中央政府自为中央政府,不相闻问,各自赋课,人民势必大受其敝。盖人民之负担力一而已矣,乃豫算则有二,苟两豫算并行,则人民将疲于奔命矣。由此观之,则各省豫算虽经各直省议会承诺,之后尚须再送中央政府,而受其认可。庶无流弊,是或一说。然如是,则地方政府为中央政府之方针、政略所拘束,又背特建行省之本意,故当取何法而后能使两者之间既不相妨碍，复不用拘束，诚未易言耳。

按，此次《清理财政章程》，政务处与度支部之争，即在此点，诚非易决之问题也。

又，各省官库，亦须分别设立，即国家之支金库与各省之官库不得混合为一也。实际则同归一银行管理，亦无不可，惟计算上则不得不严分为两事耳。会计检查院，各省无庸特设，即由中央检查院派遣官吏于各省，使司各省会计检查之事可也。故会计检查院兼办中央及地方之决算，其属于中央者则报告于中央政府，而提出于帝国议会；其属于地方者则报告于地方政府，而提出于省议会焉。

按，就以上所陈者观之，则各省行政以独立之豫算行之，会计法仅可变通规定非不可能之事也。其最难者惟监督之问题，虽然中央政府，苟有监督权，则各省会计短绌时，中央政府势当为筹补助之道。若不与筹补助，则势不能有监督权，故监督权之有无与补助之事正有关系也。

按，度支部奏《清理财政章程》原折亦有补助之方法。如此，则度支部既承认为筹补助，自可行使监督权矣。

又，以中国之情形观之，则中央政府殆不能无监督权。盖中国各省肥瘠不同，贫富迥异，间有受协省分，每年入款仅供目前之行政经费而不足者，故不得已而有协饷之办法，由中央政府定之。故中央政府苟无权利，则势不能指挥各省，令其协助。由此观之，亦以中央政府有监督权为宜也。

又按，协饷之事，倘不能废，则各省豫算议决之后，一面当送交中央政府审定，而中央政府势须求中央议会之承诺。盖有协饷，则有以彼省之收入拨为此省之用者，其势非得彼省议院承诺不可，此其所以必须提出于中央议会也。既须提出中央议会，则须提出中央政府无可疑也。

会计一事，亦有地方官治会计与地方自治会计之关系。行政事务可归地方自治办理者，例如教育一端，师范学堂则经费当归地方官治豫算之内。至中学校，则其经费或以一半归诸自治，或以全部归诸自治，皆无不可。前所称自治团体大之而府、厅、州、县，小之而城、镇、乡，无不包含在内。教育事务固属国家行政事务，而自经费上言之，则不必尽由国家支出也。